南开大学"十四五"规划精品教材丛书

法理学
案例教材

（第二版）

王彬 主 编

李晟 副主编

南开大学出版社

NANKAI UNIVERSITY PRESS

天津

图书在版编目（CIP）数据

法理学案例教材／王彬主编；李晟副主编.
2 版. — 天津：南开大学出版社，2025. 1. —（南开大学"十四五"规划精品教材丛书）. — ISBN 978-7-310 -06647-6

Ⅰ. D903

中国国家版本馆 CIP 数据核字第 20243CT131 号

法理学案例教材(第二版)

FALIXUE ANLI JIAOCAI (DI-ER BAN)

南开大学出版社出版发行

出版人:刘文华

地址:天津市南开区卫津路 94 号　　邮政编码:300071

营销部电话:(022)23508339　营销部传真:(022)23508542

https://nkup.nankai.edu.cn

天津创先河普业印刷有限公司印刷　全国各地新华书店经销

2025 年 1 月第 2 版　　2025 年 1 月第 1 次印刷

240×170 毫米　16 开本　18.5 印张　3 插页　322 千字

定价:65.00 元

如遇图书印装质量问题,请与本社营销部联系调换,电话:(022)23508339

修订说明

 2023 年，为进一步推动习近平新时代中国特色社会主义思想进教材、进课堂、进头脑，贯彻党的二十大精神，本书结合习近平法治思想，对书中案例进行了全面的增补修订。本次修订在深入研究、全面理解马克思主义理论的基础上，选取了二十个具有代表性的案例，深入阐述了习近平法治思想中法治的核心地位、法治与德治的关系、以人民为中心的法律观、宪法的最高法律地位、社会主义核心价值观的法律适用、基层社会治理等重要问题。

 本书运用理论和实践相结合的方法，将习近平法治思想的基本观点与案例教学相结合，深度挖掘提炼法学案例中所蕴含的思想价值和精神内涵，科学合理拓展法学课程的广度、深度和温度，将党对意识形态的指导有机融入课程教学。此外，本次修订还增补了近十年来的热点案件，确保教材与时俱进，使教材更具针对性、有效性、实用性。由此，使同学们能运用习近平法治思想的基本概念和基本原理来指导实践问题的解决，树立起正确的法治理念和价值观，为法理学专业知识的学习奠定基调，以更好地为中国社会的法治建设贡献力量。

 本次修订由本书主编南开大学法学院王彬教授及博士研究生董焱焱、冯勇负责。董焱焱负责第一章、第二章、第四章、第六章、第八章、第九章的修订和增补，冯勇负责对第四章、第五章、第七章、第九章、第十章进行增补，最后由王彬教授统稿校对。

王彬

2024 年 8 月 26 日

前言（第二版）

　　法理学作为法学的基础学科，是法律人的世界观与方法论，试图解答法学中的最基本问题："法律是什么""法律由哪些要素构成""法律如何产生和发展""法律如何运行""法律如何适用""法律与其他社会现象之间具有什么关系"等。在这个意义上，法理学似乎是法科学生应当首先学习的入门学科，因此，在课程设置上，法理学往往承担了"法学导论"的角色。但是最基本的问题往往又是最难回答的，每个问题的回答都会遭遇"奥古斯丁"式的困境，这些问题的回答既需要一定的思辨能力，又需要具备对法律的整体把握，然而这些知识储备往往又是初学者所不具备的。法理学的这一特色似乎让法理学的学习陷入一种"解释学循环"，学习法理要从最基础的法律知识入手，但是只有具备整体的法学知识框架，才会对法学原理有更深的了解和体悟！难怪学生经常反映，在大一时学习法理学往往懵懵懂懂，在学完法学的核心课程后再回顾法理学往往又会豁然开朗、柳暗花明。

　　法理学的学科特征为法理学教学提出了挑战，这要求教师能够在法学的生活经验和哲学思辨之间游刃有余，要求法理学的教学既要在谷峰顶上，又要在红尘浪里，要求教师用最浅显的语言、最生动的故事去讲授最深刻的法学道理。这种法理学讲授的方式无法脱离案例教学，这就要求教师要从案例中提炼法理，用法理阐释案例，通过案例教学为法科学生打开法学之门，而这正是本书编写的目的所在。为此，本书选取了数十个具有代表性、经典性的案例，通过案例讲授法理学教材中的基本知识点，为法理学教师提供案例素材，帮助法科学生更好地理解法理学教材。因此，本书既是一本教师参考用书，也是法科学生的辅助教程。

本书的编写具有两个特点。第一，本书选取了法理学通行教材的重点章节，打破了通行教材的编写体例，对现有教材体系进行了整合。本书共分十章：第一章，法律的概念；第二章，法律的渊源与效力；第三章，法律的基本范畴；第四章，法律要素；第五章，法律程序；第六章，法律方法；第七章，法律运行；第八章，法律价值；第九章，法律与社会；第十章，法治。第二，本书根据"案例材料、法理分析、文献扩展"的体例进行编写，既为使用者进行基本的案情描述，又针对个案进行具体的法理剖析，同时为使用者进行深入学习提供文献线索。

本书是一部集体作品，由八位从事法理学教学研究的教师和一位从事司法实务工作的法官共同完成，作者简介及具体分工如下：

陈光，法学博士，辽宁师范大学法学院教授、院长，硕士生导师，主要从事立法学和法律社会学研究，主持国家社科基金等课题多项，出版专著和教材各一部，在核心期刊发表论文十余篇，负责本书第七章内容的撰写。

戴津伟，法学博士，华东政法大学法律方法研究院副研究员，主要研究方向为法律方法论，在《求是学刊》《天府新论》《时代法学》等刊物发表论文二十余篇，负责本书第六章内容的撰写。

龚艳，法学博士，中共天津市委党校、天津市行政学院教授，硕士生导师，研究方向为人权法学和言论自由，出版《仇恨言论法律规制研究》学术专著一部，在《人权研究》《求索》《甘肃政法学院学报》等发表论文三十余篇，主持国家哲学社会科学规划项目、天津市哲学社会科学规划项目等五项，负责本书第八章内容的撰写。

姜新东，法学博士，济南大学马克思主义学院讲师，在《法律适用》《东岳论丛》《山东社会科学》等期刊发表论文二十余篇，作为主要人员参与国家社科基金、省社科基金各一项，主持多项厅级、校级科研项目，有两篇论文曾获省级一等奖；主讲过"民商法学""经济法学""法律基础"等课程，负责本书第三章内容的撰写。

李丹阳，法学博士，贵州大学法学院副教授，在《学习与探索》《河南大学学报》《学术交流》等刊物上发表论文多篇，负责本书第五章内容的撰写。

李晟，法学博士，中国海洋大学法学院教授，博士生导师，曾在《中外法学》《法商研究》《法学家》等核心期刊发表论文多篇，主持教育部人文社科青年基金项目等课题多项，负责本书第九章、第十章内容的撰写。

李鑫，法学博士，青岛科技大学法学院教授，吉林大学法学博士后流动站研究人员，主要从事法理学的教学与科研工作。近年来，出版专著、教材两部，在《法学论坛》等核心刊物发表论文十余篇，主持省部级项目两项，获得省部级奖励两项，负责本书第四章内容的撰写。

唐娜，法学硕士，天津市高级人民法院法官，曾在《法律方法》《法制日报》《人民法治》《湖南警察学院学报》《人民法院案例选》等刊物发表文章十余篇，负责本书第二章内容的撰写。

王彬，法学博士，南开大学法学院教授，博士生导师，法理学教研室主任，曾在《法商研究》《法制与社会发展》《环球法律评论》《法学论坛》《政治与法律》等核心期刊发表论文七十多篇，主持国家社会科学基金项目、教育部人文社会科学基金项目等课题多项，负责本书第一章内容的撰写。

需要说明的是，本书的编写过程也是理论研究与实务操作互动的过程，邀请了从事司法实务工作的法官同志承担部分内容的撰写任务。本书由王彬进行统稿，由李丹阳统一校对，南开大学法学院硕士研究生刘巧巧、王潇、唐雅蓉、温慧超、朱厚东、邹斌等同学对各个章节进行了认真校对，感谢各位同学的辛苦付出！

王彬

2023 年 12 月 20 日

01

第一章

法律的概念

📖【材料 1-1】安提戈涅的抗争

《安提戈涅》是古代希腊的著名悲剧，讲述了这样一个故事：底比斯王俄狄浦斯得知自己弑父娶母，罪孽深重，因此去位，并客死他乡，留下二子二女。二子为争夺王位，刀兵相见。一子波吕涅刻斯率岳父城邦的军队攻打底比斯，另一子厄特俄科勒斯率底比斯军抵抗，两人都战死沙场。克瑞翁，俄狄浦斯王之母/妻的弟弟，继任底比斯城邦的王位。为惩罚叛徒，克瑞翁下令（一个实定法）不许安葬波吕涅刻斯，违者处死。俄狄浦斯之女安提戈涅挑战克瑞翁的政令，认为哥哥即使是叛徒，也应当得到安葬，因为人死了入土为安是天神制定的永恒不变的不成文法。克瑞翁判安提戈涅死刑——将安氏关进墓室，让其自然死亡。安提戈涅的未婚夫、克瑞翁之子海蒙为了爱情而自杀，并导致其母即克瑞翁的妻子自杀，克瑞翁因此陷于极度的痛苦之中。[1]

---

[1] 苏力. 自然法、家庭伦理和女权主义？——《安提戈涅》重新解读及其方法论意义[J]. 法制与社会发展，2005（6）.

【法理分析】在该剧中安提戈涅在对抗克瑞翁时有一段常常被法学家所引用的台词："我并不认为你的命令是如此强大有力，以至于你，一个凡人，竟敢僭越诸神不成文的，且永恒不衰的法，不是今天，也非昨天，它们永远存在，没有人知道它们在时间上的起源。"以这段话为依据，这一经典悲剧被视为西方自然法思想的源头。安提戈涅对克瑞翁法令的挑战代表了永恒不变的自然法、高级法对实定法的挑战，因此，希腊经典戏剧《安提戈涅》被视为反映自然法思想的最早历史标志之一。

在该剧中，安提戈涅的要求仅仅是埋葬她的兄长，尽管她的兄长是十恶不赦的叛国者，但是，在安提戈涅看来，神法（即自然法）强调兄妹之间天然的血缘关系，安葬自己的兄长，那是神法所要求的。因为，依照当时的宗教观，人们普遍信仰死后灵魂不灭，应当安葬墓中，无墓的灵魂必然游荡而贫困，所以葬礼就成为家族中的头等大事。安提戈涅认为，埋葬兄长那是神法所要求的义务，如果她服从城邦的法律，使其兄长暴尸田野，那么她就会受到神法的惩罚。因此，安提戈涅主张自然法高于实定法。但是，克瑞翁也面临着两难选择，如果他同意安提戈涅埋葬叛国者，也就意味着纵容叛国者，这不仅仅难以告慰那些为国捐躯的英雄亡灵，更难以维护城邦法律的权威与尊严，这样城邦的统治必将瓦解。

安提戈涅与克瑞翁的冲突往往被视为自然法思维和法律实证主义思维的冲突。所谓的自然法学思维实际是典型的二元论思维，即对事物的认识以应然与实然的区分作为逻辑起点，在自然法思想看来，存在着理想的和现实的两种不同的法律秩序，并用理想的法律秩序来评判现实的法律秩序。但是，何为应然的法律秩序，不同的自然法思想有着不同的解说，"自然"观念的模糊不清也导致人们在何为自然法的问题上莫衷一是。就该戏剧而言，自然法既可以是习惯法（在古代希腊社会，安葬自己的亲属是不成文的家族习惯法），也可以是上帝的律法（在古代希腊，人们普遍信仰灵魂不灭），也可以是按照人类理性普遍设计的法律，也可以是自然规律。因此，自然法就成为批判现存制度的话语模式，在一定程度上，自然法不过是一个提升规则之权威位阶的一种技术性论辩手段。尽管按照安提戈涅的观点，国王克瑞翁的人定法违背了自然法，是不正义的。但是，按照历史唯物主义的观点，该剧所反映的自然法和实定法的冲突其实体现了家族伦理和政治伦理在特定历史背景下的冲突。俄狄浦斯弑父娶母代表着通过血缘关系维系的社会已经"礼崩乐坏"，安提戈涅以家族伦理对抗国王法令，其实代表着对传统血缘社会的维系，而克瑞翁力图通过严刑苛法维护城邦社会的政治伦理，以此重建政治秩序和社会秩序反而代表了当时历史发展的方向。因此，很难在自然法的维度上评价两者在道德上孰优孰劣。

在不同的历史时期，自然法的论证理路是不一样的，随着人们关于何为"自然"的观念变迁，自然法思维先后经历了古典自然法、经院自然法和近代自然法等几个阶段。在古希腊，自然的概念并非指向现今我们理解的自然界，而是指向"本质"。在希腊人看来，人的理性是对世界智慧的分享，人可以用理性发现自己生活的法则。自然法来自理性的思考，是永恒不变的正确法则，而习俗中的正义和法律则不完全是这样，习俗的法律是人为的约定，是因时因地因人而异的。这种自然与习俗的对立，是贯穿于希腊哲学中的最重要主题之一。进入中世纪，自然的含义从"本质"转向了"神谕"。所谓符合自然法就是符合上帝的旨意。按照神学家托马斯·阿奎那的观点，法律分为永恒法、自然法、人法、神法等类型。永恒法是上帝所创立的永恒规则，是一切法则的来源。自然法是由人的理性所参与的永恒法，体现了人对上帝智慧的分享。神法是圣经启示的体现，无法通过人的理性来把握。阿奎那是一位经院哲学家，但是，从他对自然法的论述中可以发现，他并没有完全否定人的理性的作用，理性与信仰在他的经院哲学中有机统一起来，这实际上意味着西方的自然法思想开始走向世俗化。近代自然法是世俗化的自然法，经历文艺复兴的思想启蒙，上帝被驱逐下历史的舞台，大写的"人"的形象得以树立。此时，所谓的自然是指"理性的要求"。这里所说的理性其实是自然科学的发展所带来的两种研究方法——"分析-综合法"与"欧几里得几何证明法"，前者将研究对象分解为基本的要素，将其理念化后形成一定意义的秩序；后者试图从不证自明的公理出发通过演绎法得出定理。建立在理性基础上的近代自然法，是以人的本性和社会本性作为出发点的，所要解决的核心问题是应当创造何种法则，使人类可以共同生活。这又分别对应着自然状态和社会契约论的思想。根据启蒙思想的观点，在自然状态下，根据理性法则，人们拥有某些"自然权利"，但是，为了实现更好的生活，人们让渡自己的自然权利，签订社会契约，并且根据社会契约组织国家和社会生活。根据这种思维方式，自然状态下的理性法则就是"自然法"，人们所签订的社会契约其实就属于人定法。自然法思维的历史变迁，也说明这种思维方式的意义主要在于用理想的价值标准对现实法律进行批判，但是何为理想的法律，却是一个历史性和相对性的问题。

📑 【文献扩展】

1. 苏力. 自然法、家庭伦理和女权主义？——《安提戈涅》重新解读及其方法论意义[J]. 法制与社会发展，2005（6）.

2. 徐忠明. 古希腊法律文化视野中的《安提戈涅》[J]. 中山大学学报（社会科学版），1997（4）.

3. 强世功. 文学中的法律：安提戈涅、窦娥和鲍西娅[J]. 比较法研究，1996（1）.

📖 【材料 1-2】纽伦堡审判

1945 年 10 月，一个由英、法、美、苏 4 个国家组成的"国际军事法庭"云集在纽伦堡，开始一次史无前例的"世纪审判"。他们要审判的对象是第二次世界大战之后德国的 23 名纳粹党匪首和战争狂人，他们肩负的任务是按严格公正的司法程序去进行一场公正的审判，伸张人类的正义，而他们面对的最大挑战是怎样用人类固有的法律正义去裁决纳粹党徒们那些"史无前例"的罪行？

在审判过程中，以战争狂人戈林为首的纳粹党羽在法庭上无比蛮横，在公诉人对他们的战争罪行进行指控时，这批战犯们无一例外地回答说自己只是奉"上级命令"行事。国际法庭的公诉人之一、美国的杰克逊大法官却给了他们雷霆万钧的当头一击。他义正词严地对着法庭发表了他那篇义薄云天的演说："有一个不容否认的事实是纳粹党徒，在一个相当大的范围里对人类犯下了前所未有的残酷罪行！谋杀、拷打、奴役、种族屠杀这些行为，不是早已被全世界的文明人认定了是一种罪行吗？我们的提议，就是要惩罚这些罪行！"杰克逊法官接着说："德国法西斯党的种族屠杀、践踏公民权利的'法律'与'法令'，是与人类最基本的道德与人性完全相悖的'恶法'。任何一个有良知的人，都不会执行这样的'恶法'；而这样的'恶法'，也不能成为任何人拿来为自己的犯罪行为做辩护的理由。一句话，'恶法非法'！"①

【法理分析】在纽伦堡审判中，杰克逊大法官与纳粹战犯的法律观可谓针锋相对。在杰克逊大法官看来，纳粹国家所制定的法令践踏公民基本权利、纵容纳粹战犯进行种族屠杀，与人类的基本道德和良知相违背。如果说杰克逊大法官坚持了"恶法非法"的自然法观点，那么纳粹战犯实际上在利用"恶法亦法"

---

① 恶法非法：纽伦堡大审判[N]. 上海法治报，2014-04-16.

的法律实证主义观点为自己辩护。

根据法律实证主义的观点，法律应当具有这样的品性：首先，法律具有正式性。尽管法律规则与道德规则、礼仪规则、宗教规则和习惯在内容上一致，但是法律与后者的区别在于，其经过了官方的正式公布，存在一个明确的制定者。按照这种观点，纳粹政权是纳粹法律的明确制定者，而所谓的道德原则则不具有明确的制定主体，法律比道德更为明确。其次，法律具有客观性。法律体现了立法者的意志，尽管这种意志可能不符合人们的理性，不符合人们的道德直觉，不符合人们朴素的正义观念，甚至有些法律条文在人们看来荒诞不经甚至是离经叛道，但是法律所体现的意志是客观存在的，这种意志不管人们是否同意，因为这种意志的存在，法律规则才构成对人们行为的约束力。最后，法律具有强制性。法律的这种强制性是由国家权力来保证的，权力本身意味着统治者和被统治者之间的某种强制关系，这说明统治者将利用国家权力对违法者进行惩罚。一旦法律规则经过官方正式公布，则意味着违背这一法律规则将会遭受法律的制裁。在纳粹战犯看来，服从命令是军人的天职，他们的战争行为是遵守统治者命令的"守法"行为。

"纽伦堡审判"导致了西方自然法的复兴，这体现了西方文化中关于法律的二元论的观点。在西方文化中，"法"和"法律"并非同一概念，这两个概念的差异体现了"自然法"（理想法、正义法、应然法）与"实在法"（现实法、国家法、实然法）的二元划分。所谓自然法（"法"），指的是永恒的、普遍有效的正义原则和道德公理，而所谓实在法（"法律"）则是指国家机关制定和颁布的具体行为规则。自然法是评判法律本身是否"合法"的更高位阶的评判标准。自然法与实在法的划分体现了法学思维中应然与实然的二分，法的"应然"是指"法应该是怎么样的"，即根据自身特性应达到某种理想状态的法，而法的"实然"是指法在当下已经实际存在的状态，即"法实际上是怎么样的"。法的应然问题涉及的是人们对法应当达到的理想状态的价值判断，是对法之好坏善恶的评价；而法的实然是根据社会经济条件所制定出的实在法，但是这种法有时候并不能体现人们的理想和正义观念。

📋【文献扩展】

1. 何勤华，朱淑丽，马贺. 纽伦堡审判[M]. 北京：中国方正出版社，2006.
2. 刘星. 西方法学初步[M]. 广州：广东人民出版社，1998.

📖【材料 1-3】告密者困境

1951 年，《哈佛法律评论》摘要报道了一个德国法院裁决的告密者案。第二次世界大战期间，被告决定摆脱她的丈夫而向当局告密，被告丈夫是一个长期服役的德国士兵，丈夫在探亲期间向她表达了对希特勒的不满。1944 年，被告向当局告发了丈夫的言论，并出庭作证，军事法庭根据纳粹政府 1934 年和 1938 年发布的两部法令，判定该士兵犯有发表煽动性言论罪和危害帝国国防力量罪，处以死刑。经过短时期的囚禁后，他未被处死，又被送往前线。战后，被告和军事法庭的法官被交付审判，检察官根据 1871 年《德国刑法典》第二百三十九条，起诉二人犯有非法剥夺他人自由罪。1949 年，班贝格地区上诉法院在二审中判定涉案法官无罪，但被告罪名成立，因为她通过自由选择，利用纳粹法律导致了她丈夫的监禁，而这些法律违背了人们的道德良知和正义观念。被告的抗辩理由如下：据当时有效的法律，她丈夫对她所说的关于希特勒及纳粹党的言论已经构成犯罪，她告发她的丈夫是一个公民应当履行的义务。①

【法理分析】这个案件引起了法律实证主义与自然法的著名论战。著名的法律实证主义学者哈特对这个案件的判决提出了批评，在哈特看来，要么不处罚告密行为，要么溯及既往地创设法令惩罚告密者。因为，尽管溯及既往地创设刑事法律是邪恶的，但将其公开适用于案件中，至少体现了坦率的美德。因此，对于是否惩罚告密者，只能在两种邪恶中选择其一，要么放纵告密者在道德上的邪恶使其免受惩罚，要么放弃法律不溯及既往这一法律体系中珍贵的道德原则。这就是哈特所提出的"告密者困境"。

"告密者困境"反映了人类在关于法律的概念问题上的两难选择。简单而言，自然法研究"法律应该是什么"的问题，而法律实证主义研究"法律是什么"的问题。自然法更为关注法律的正义性，更为关注评判法律自身合法性的价值标准，但是自然法这个概念又过于含糊，一切强调法价值的法律理论都被冠以"自然法"的标签，这些价值标准往往言人人殊，人们在什么是正义的问题上很难达成共识，反而容易造成人们采取某种道德立场来批判国家实在法，严重侵害了法律自身的安定性。法律实证主义较为关注法律的形式特征，更为强调法律的权威性，但是法律实证主义不是一个关于法律性质的全面的理论，它只是较好地解决了法律效力的问题，并不能全面回答"法律是什么"的问题。

---

① 柯岚. 告密、良心自由与现代合法性的困境：法哲学视野中的告密者难题[J]. 法律科学，2009（4）.

因为，法律实证主义只是客观描述实在法性质尤其是实在法有效性的理论，它并不关注法律本身的目的问题，甚至否定人们关于法律目的的价值判断，容易导致法律适用的僵化。

德国法学家拉德布鲁赫试图调和自然法和法律实证主义的对立，在其著名的文章《法律的不法与超法律的法》中，他提出了一个拉德布鲁赫公式：通常情况下法的安定性应居于首位，即便法律不善也不能动摇安定性，但如果安定性与正义的冲突达到了"不能容忍"的程度，法律已经沦为"不正当的法"，那么法律就必须向正义屈服。拉德布鲁赫深刻地揭示了法律实证主义与自然法的分歧，深刻剖析了法律的安定性与正义性之间的二律背反。他的观点事实上是相对主义的自然法的观点，他所说的"超法律的法"不再是古典自然法意义的超越国家、超越历史、放之四海而皆准的永恒法则，而是"一种内容可变的自然法""在不同的时代针对不同的人而变化"。可以说，拉德布鲁赫肯定了法律价值的历史性和相对性，但是他也没有明确提出衡量法律是否正义的标准，拉德布鲁赫公式中的"不能容忍""不正当""不善"仍旧是含糊不清的。

📑【文献扩展】

1. 柯岚. 告密、良心自由与现代合法性的困境：法哲学视野中的告密者难题[J]. 法律科学，2009（4）.

2. 柯岚. 拉德布鲁赫公式与告密者困境——重思拉德布鲁赫-哈特之争[J]. 政法论坛，2009（5）.

3. 强世功. 法律的现代性剧场：哈特与富勒论战[M]. 北京：法律出版社，2005.

📖【材料 1-4】秋菊的困惑

张艺谋导演的电影《秋菊打官司》讲述了这样一个故事：为一些并不很紧要的事，一位农民同村长吵起来了，骂村长"断子绝孙"（村长的确只生了四个女儿）。这种话在中国的社会背景（尤其在农村）下是非常伤人的。愤怒的村长因此和这位农民打了起来，向村民的下身踢了几脚，村民受了伤。这位村民的妻子——秋菊为此非常愤怒，她认为，村长可以踢她的丈夫，但不能往下身踢。她要讨个"说法"，大致是要上级领导批评村长，让村长认个错。由于这种纠纷在中国农村并不少见，而且伤害也不重，因此乡间的司法助理员没有给予这位村长正式的处罚，而是试图调解一下。这种调解不能令秋菊满意，于是她到了县城、省城讨"说法"。经过种种努力，最后在一位律师的帮助下，上级派来了公安人员调查，发现该村民受到了轻伤害（但不是下身受到伤害），村长应当受到治安处罚。村长被抓了起来，判处了15天行政拘留。但是在秋菊被告知这一决定、村长被带走之际，秋菊疑惑道怎么把人给抓了，她只是要个说法。她跑到村外的公路边，看着远去的警车，满脸的疑惑不解，她不懂得为什么法律是这样运作的。①

【法理分析】秋菊的困惑来源于法律与社会之间的矛盾。在秋菊看来，乡土社会的社会规范才是真正的法律，根据乡土社会的法则，她只要求村长一个正式的道歉，而不愿看到村长受到法律的制裁，因为村长作为乡土社会的"能人"乐于助人，对秋菊一家也有帮助，在熟人社会里有很高的威望。若村长因为秋菊的诉讼而吃了官司，则意味着秋菊将背负村里舆论的谴责。在律师看来，村长的行为构成了对他人的人身伤害，应当受到法律的惩罚。但是法律的干预并没有带来乡民眼中的"正义"，反而破坏了乡土社会中稳定的社会关系，甚至有可能给秋菊带来更大的麻烦。秋菊的困惑说明国家法律必须融入社会生活中去，必须为维系法律的民众所信仰，从而在社会中取得合法性，使国家法律由强力的推行变为通过信仰体系维系的合法统治。而国家法律要获得民众信仰的支持，就必须深入民间习惯法中，将法律内化为民众生活中的活生生的经验，因为法律不仅仅是一套规则，它是分配权利义务、定分止争、创造合作关系的活生生的程序。秋菊的困惑就在于城市社会的法则在乡土社会没有获得支持，国家的正式法则与乡土社会的民间习惯存在冲突。因此，我们在学习法律的过程中不仅仅要关注纸面上的法律，还要关注"行动中的法律"；不仅仅要关注国家颁布的正式法则，还应当关注存在于社会中的"活法"。我们不能孤立地观察法律，而必须将法律放置到社会的整体背景下进行理解。

在法律的概念的问题上，社会法学不同于自然法学强调法律的价值，也不同于分析实证法学关注法律的形式，而是更为强调法律在社会层面的运行。社会法学是以法律为社会现象之一，用社会学的方法，以它和宗教、道德、政治、经济等邻接社会现象，以家庭、社会、国家等邻接社会形态的关联来研究，以发现法律的成立、变化、发展和消灭的法则。一般而言，社会法学是在人类的行为模式中抽象出法律的概念。在社会法学看来，第一，法律与国家并不存在必然联系，法律并非由国家创造的，而是从社会中演变产生的；第二，法律在

---

① 苏力. 法治及其本土资源[M]. 北京：中国政法大学出版社，2004.

具体的社会群体中起作用,社会法学强调社会群体人与人之间的社会连带关系,强调人们对规则的认同,强调法律应当在实际运作中去发现,而不能一味简单认为国家制定的法律才是法律,如果法律在社会层面不起作用,那么,这样的法律也不是真正的法律;第三,在法律的保障机制方面,社会法学并不注重法律的制裁,而是认为人们所处的社会关系使得法律具有了强制性,利益诱导比制裁在使人们守法方面更有意义。

【文献扩展】

1. 苏力. 法治及其本土资源[M]. 北京：中国政法大学出版社，2004.
2. 桑本谦. 法治及其社会资源[J]. 现代法学，2006（1）.

【材料1-5】洞穴奇案

　　"洞穴奇案"是美国法学家富勒虚构的一个经典案例,这个案例是以真实案例为素材虚构而成,讲述了一个十分传奇的故事：五名洞穴探险爱好者进入一个洞穴后,因发生山崩而被困于洞穴之中,因为他们没有按时回家,一支营救队伍火速赶往事发现场进行营救。但是营救并不顺利,营救过程中山崩仍然不断发生,已经有十名营救人员被夺去生命。由于探险者没有带充足的食物,营救人员担心被困人员在得到营救之前就已饿死,在被困的第二十天,营救人员才得知探险人员自带了一个无线电通信设备,营救人员迅速与被困洞穴的探险人员取得联系。探险人员询问还有多久才能得救,工程师回答至少还需要十天,又询问现场医疗专家在没有食物的情况下,他们是否可能再活十天,专家告诉他们几乎没有可能。随后,洞里的无线设备就沉寂了。之后,探险者请求与医生再次通话,其中的一名队员威特莫尔代表全体探险队员询问,如果他们吃了其中一个成员的血肉,能否再活十天。尽管很不情愿,但医疗专家还是给予了肯定答复。威特莫尔又问,通过抽签决定谁应该被吃掉是否可行,没有医疗专家愿意回答。威特莫尔又问政府官员、法官或牧师、神父能否给予答复,但是没有人愿意对此提供意见。之后,洞里再也没有传来任何消息,大家推测是探险者的无线设备电池用光了。当受困者获救后,大家才知道,在受困的第二十三天,威特莫尔已经被同伴们杀掉吃了。

　　洞穴探险队的四名队员被告上了法庭,根据四名被告给陪审团提供的证词,是威特莫尔首先提议大家可以吃掉其中一员以维持生命,同样也是他首先提议抽签,他正好带了一副骰子。四名被告起初并不同意这一残酷的提议,但是后来他们接受了，并反复讨论保证了抽签公平性的数学问题，最终同意用掷骰子的方式决定生死命运。然而，在掷骰子之前，威特莫尔后悔了这一约定，其他人指责他出尔反尔，坚持继续掷骰子。轮到威特莫尔时，一名被告替威特莫尔掷骰子，同时要求威特莫尔就投掷的公平性表态。威特莫尔没有表示异议，很不幸的是，威特莫尔中签了，因此他就被同伴杀死吃掉了。

这就是富勒于 1949 年在《哈佛法律评论》中所虚构的洞穴奇案的基本案情，富勒还进一步虚构了最高法院上诉法庭五位大法官对此案的判决书，哲学家萨伯对该案借题发挥，将五份判决书扩展到十四份，比较全面生动地展现了西方主要的法理学思想，这个假想的案例也成了西方法学院必读的文本。①

【法理分析】"洞穴奇案"中的十四份"法官意见书"展示了法官不同的法律推理风格，但是，在不同的司法技艺背后深刻地体现了不同"法律概念论"的差异。"法律是什么"这一基本问题是法哲学的永恒主题，可以说，对"法律是什么"的回答决定了"法律应当如何适用"，也就是说，关于法律的本体论决定了法律的方法论。

对于"洞穴奇案"，法官之所以有不同的判决，在根本上缘于法官在"法律是什么"这个问题上的认识差异。对于该案，假想案例中的法典存在明确的条文："任何人故意剥夺了他人的生命都必须判处死刑"。特鲁派尼法官认为，法律是由明确的条文组成的，正义的实现不能损害法典的字义，不能鼓励任何漠视法律的行为，因此应当判决被告有罪。福斯特法官则认为，法律不仅仅存在于表面的字义规定中，还包含在立法精神中，应当根据法律的目的对法律进行解释，所以违背法律表面规定的行为未必违反法律本身，根据法律的精神，不能认定被告有罪。但是唐丁法官却不同意福斯特法官的意见，在他看来，法律的目的是混杂的、多元的，运用不同的法律目的对法律条文进行解释，有可能会得出不同的答案，因为法律是一个包含着多重目的、相互矛盾的规则体系，根据法律的目的判案远远不如遵循先例来得实在，所以"洞穴奇案"是一个没有先例的疑难案件。基恩法官则从法律的产生与运行的角度来认识"法律是什么"，在他看来，司法者服从立法者制定的法律，这是已经形成的法治传统，因此，根据立法至上的原则，法律有义务忠实适用法律条文，根据法律的平实含义解释法律，不能参考个人的意愿或正义观念，所以应当判决被告有罪。汉迪法官则认为法律是一套符合人性的规则，法律不能违背常识和人性，所以民意

---

① 萨伯. 洞穴奇案[M]. 陈福勇，张世泰，译. 上海：生活·读书·新知三联书店，2009.

和常识是判案中必须参考的因素，根据民众的意见，应当判决被告无罪。……法律是主权者的命令，还是经过人们同意达成的社会契约？法律是由平实文义构成的规则，还是体现特定的目的和精神？法律是体现少数立法精英的专业理性，还是应体现多数社会公众的意志和常识？法律是应当体现一命换夺多命的社会功利，还是应当平等尊重个体的生命价值？这十四份判决书作出了不同的回答，可见"法律是什么"是任何时代的永恒主题，是任何法律人都必须决断的问题，也是我们每个法科学生学习法律的起点，我们也期待大家在学习法律后作出第十五份判决。

《洞穴奇案》一书可以说是西方法哲学的缩影，在西方的法律思想史上，关于"法律是什么"的回答可谓异彩纷呈。罗马法学家吉尔苏斯认为，法律乃善良公正之术；英国法学家奥斯丁说，法律乃主权者命令；哈特则认为，法律是由第一性规则和第二性规则组成的规则体系；美国法律现实主义的代表人物霍姆斯认为，法律是法院将要做什么的预测，他还认为，法律的生命在于经验而不在于逻辑；弗兰克的观点则更进一步，他认为法律无非是法官早餐吃了什么；法律社会学的代表人物埃利希则认为，法律的重心不在立法，也不在司法，而在社会本身；马克思却认为，法律乃是统治阶级意志的集中体现。可见，立足于不同的立场，关于"法律是什么"的问题就会有不同的回答，就像博登海默所说，我们去追问何为法律时，正如拿着手电筒走进一间黑暗的房子，我们所看到的只是用手电筒照亮的房间的某个角落。

📑【文献扩展】

1. 萨伯. 洞穴奇案[M]. 陈福勇，张世泰，译. 上海：生活·读书·新知三联书店，2009.
2. 王彬. 摆脱道德困境的三条红线[N]. 检察日报，2010-06-24.
3. 廖奕. 洞穴奇案的司法哲学[N]. 检察日报，2010-01-21.

📖【材料1-6】诈骗救妻案

2007年，北京下岗工人廖某的妻子患上尿毒症，因家庭经济窘困，廖某无能力为妻子筹资换肾，只能通过透析维持生命，因此，他们每月的固定支出就需3000余元。因廖妻是外地户口，不能享受北京的医保，又因患病花光了家中所有积蓄，为挽救妻子生命，廖某铤而走险，通过私刻医院公章，在长达四年的时间里，从医院为妻子骗得400多次免费透析，总计金额为17.2万元。但是，法院仍然以诈骗罪判决廖某有罪。这个案件发生后引起舆论媒体的强烈关注，在社会上引起了人们的争议。有的人认为廖某为了救自己的发妻铤而走险，是纯性情的"真汉子"；有的人则认为廖某诈骗救妻的社会悲剧缘于我国医疗保险制度的不健全，不能让一个人肩负社会分配不公带来的悲剧；而法律专家则认为，廖某的行为尽管在动机上值得在道德上予以肯定，但是他的犯罪行为完全符合我国刑法所规定的诈骗罪的犯罪构成要件，理应受到法律的惩罚。①

【法理分析】这个案例反映了法律规范与道德规范的区别。夫妻之间患难与共是中华民族的传统美德，是为人们所提倡和追求的家庭伦理，但骗保救妻的行为又的确违背了我国的刑事法律，符合刑法中关于诈骗罪的相关规定。在道德意义上，廖某的行为得到人们的同情和肯定，而在法律意义上，廖某的行为应受到法律的惩罚。道德评价和法律评价的不同体现出法律具有如下特征：第一，法律与道德都是调整社会关系的行为规范，但是法律主要是对人的行为作出合法与否的评价，而道德主要是对人的行为作出善恶与否的评价，前者更为关注人们的外在行为，而后者更为关注人们行为的内在动机。对于廖某骗保救妻的行为而言，不管他的诈骗行为是出于何种动机，只要他侵犯了值得法律保护的利益，就应当受到法律的惩罚，只不过他的犯罪动机可以作为减轻处罚的量刑情节加以考虑。第二，法律是由国家制定和认可的行为规范。法律规范是国家创制的社会规范，具有国家性。这表现为法律是以国家的名义创制的，适用范围是以国家主权为界限的，但是道德规范是人们在社会交往中自发形成的，它的适用范围也不一定以国家为界限，往往是以一定的文化圈为界限。如本案中，我国刑法中关于诈骗罪的规定是由我国立法机构制定和颁布的，并且适用于我国的主权范围内，但是夫妻患难与共的家庭伦理并不受到国别的限制，并不具有国家性，而是人们在社会交往中约定俗成、共同认可的社会规范。第三，法律是规定权利和义务的社会规范。通过权利和义务的调整机制是法律调整与道德调整的区别，道德主要是通过规定人对人的义务的方式来调整社会关系，而法律的调整方式不仅仅要求人们履行义务，更注重保障人们应有的权利，这使法律为人们提供了比道德更广泛的选择自由和机会，更有助于发挥人们的积极性和主动性。第四，法律是由国家强制力来保障的，而道德主要是通过社会舆论来保障的。廖某的诈骗行为，终将受到法律的制裁，这体现了我国刑法的

---

① 钱兆成. 拿什么来拯救"诈骗救妻"的社会悲剧[EB/OL]. 人民网，2012-07-13. http://news.sohu.com/20120713/n348089887.shtml.

强制性，但是他的救妻行为则得到社会舆论的更多同情或肯定。所以，道德是依靠人们的内心信念、社会舆论来保障实施的，违反道德要受到社会谴责，而违反法律却将遭到强制性的制裁。

📑【文献扩展】

1. 庞德. 法律与道德[M]. 陈林林，译. 北京：中国政法大学出版社，2003.
2. 哈特. 法律的概念[M]. 张文显，译. 北京：中国大百科全书出版社，1996.

📖【材料 1-7】"行乞权"问题

随着一些城市颁布了禁止乞讨的规定，乞讨行为进入公众的视野，引起人们的强烈关注。比如，《北京市轨道交通运营安全管理办法（送审稿）》中第二十条"运营安全禁止性规定"中禁止各种危害轨道交通运营安全的行为，其中包括"在车站出入口、车站和列车内乞讨、卖艺"。江苏省公安厅出台了《关于妥善处理大中城市流浪乞讨问题的意见》，要求对未满 16 周岁的流浪乞讨人员，要一律送儿童福利机构抚养，流浪乞讨问题严重的城市可对流浪乞讨区域、时间范围予以一定限制。上海市针对地铁乞讨、散发小广告、违规设摊、卖报等行为的整治行动开始"升级"，对违规者的处罚将从批评教育、经济处罚上升到拘留。随着这些规定的颁布，游荡于城市中的行乞人员的利益诉求和权利诉求成为社会的一个热门话题，尤其是当政府救助和社会救助并没有从根本上解决乞讨问题的时候，"行乞权"究竟是不是一种合法的权利？城市能不能以维护自身形象作为理由而拒绝行乞，或者限制乞讨者的行为自由？[①]

【法理分析】这个案例反映了法律的价值属性。法律作为调整社会生活的规范体系，从终极意义上说，法律的存在本身并不是目的，而是实现一定价值的手段。也就是说，社会中所有的立法和司法活动都是一种进行价值选择的活动。因此，我们对于社会中存在的法律现象就应当采取一种价值分析的方法，而价值分析方法就是通过认知和评价社会现象的价值属性，揭示、确证或批判一定社会价值或理想的方法。北京等地的立法体现了各地立法机构的价值选择，即维护城市的文明形象或以维护社会秩序为目的而限制乞讨者的行为自由。但是这一价值取向并非正确的或者是理想的选择，这需要我们在应然意义上揭示法律的价值属性，也就是借助于价值分析的方法批判现实社会中的立法行为。

---

① 行乞权：穷人的道德权利[N]. 法制日报，2004-02-05.

首先，行乞权的本质是乞讨者这一群体的生存权。贫困是行乞现象存在的根源，贫困不是罪恶，行乞也非罪过，尤其是在现代社会，社会成员的经济权利、社会权利和文化权利的最终实现是国家和政府的道德责任，国家与政府才是人权的义务主体，个人在生存权无法得到满足的时候，他有请求国家或政府给予物质帮助的权利，对于这一点，我国具有明确的宪法依据。因此，从人权的角度看，确保公民权利的义务主体是国家或政府，所以面对乞讨这一社会现象，人们不能单纯地看待行乞现象因对城市形象的破坏而形成的对社会秩序的冲击与挑战，而应着眼于如何建立一套消除贫困的、能够覆盖全社会的，并使人人都受益的保障救济制度。在普遍社会保障制度缺失的前提下，乞讨权就成为那些处于社会弱势地位的贫困者即穷人为谋求生存而享有的道德权利。

其次，行乞权的行使是不受法律干预的一种行为自由。法不禁止即自由，对于行乞行为，我国法律并未明确禁止，根据权利保留原则，对这一自由的限制就不能由地方性法规作出，即使要作出明文禁止，也必须获得法律的明确授权；根据权利推定原则，行乞权就是法律之外的自由权，是由生存权利这一基本权利派生出来的次级权利，因此，只要这一权利的行使没有损害国家、集体、他人的利益就不受法律的干预和侵犯。所以，凡是法律不禁止的权利，属于依据权利推定产生的权利，是人民保留的权利。对于行乞权的限制，不能因维护城市形象而一味禁止，不能为了行政执法的方便剥夺人民的基本权利，而应区分为了生存的行乞行为与妨碍社会秩序和他人行为自由的行乞行为，前者作为一种自由权不应当干预，后者作为一种违法行为，应当禁止或制裁。

再次，行乞权的正当性具有广泛的人性基础。孟子说过："无恻隐之心，非人也""恻隐之心，仁之端也"。英国哲学家休谟也曾经说过，同情是人最原始的情感，是"我们对一切人为的德表示尊重的根源"。因此，权利的行使有赖于人们的同情，对于不幸者的同情正是行乞权作为道德权利的人性基础。"人同此心，心同此理"，同情与怜悯是人们进行施舍的心理动机，贫困与饥饿则是人们希望获得施舍的心理需求，所以施舍行为作为一种善良的无偿赠与行为，是以同情心为基础的道德义务，而行乞权则是以生存为目的的道德权利。

最后，行乞权的行使具有一定的限度。任何权利的行使都具有一定的限度，行乞权作为一种道德权利也不例外。在现实社会中，以行乞之名欲达行骗之实，或组织、指使、强迫儿童或老人行乞以谋取不正当利益的行为，都是一种欺诈和侵害他人合法利益的行为。这些不尊重他人或侵害他人利益的行为，都属于权利滥用的行为，这种行为才是应当为法律所限制或禁止的，也是政府制裁与惩治的对象。

行乞权问题反映了法律的价值属性，自由与权利、道德与人性，正是行乞权得以存在的价值基础，不管实证法是否规定或认可行乞权，行乞权所反映的价值判断却是普世的、广泛的，现实的实证法也理应反映这些最基本的价值，而运用这些理想的价值标准对现实法律进行批判则体现了一种价值分析的研究方法。所以，我们学习法律的一个任务就是要认识和学习法律的价值属性，并运用价值分析的方法对各种利益进行评价,确定它们在价值序列中的相应位阶，并学习运用对各种价值权衡的原则。

📃【文献扩展】

1. 林哲."行乞权"之争的法理误区——兼评"法无明文禁止之处即可作权利的推定"命题[J]. 北京行政学院学报，2004（3）.

2. 林彦. 乞讨行为规制与乞讨权诉讼——美国经验及对中国的启示[M]. 北京：法律出版社，2011.

📖【材料 1-8】"祭奠权"纠纷

2007 年 3 月 3 日，中央电视台《今日说法》栏目"说法周刊"报道了一起所谓"祭奠权"纠纷案或"尽孝权"纠纷案。2006 年中秋节前夕，家住河南禹州的魏玉平准备去大哥家看望年迈的母亲,谁知却听到了一个令她震惊的消息，母亲已经去世 20 多天了，她作为女儿却不知道！她赶紧给家住许昌的姐姐魏玉枝打电话，谁知姐姐也一无所知。姐妹俩急忙去找大哥、二哥，可是哥哥们就是不见她们。两兄弟为什么会是这种态度？为什么在母亲去世时不通知姐妹俩来尽孝呢？原来，母亲去世前分别在大哥、二哥家生活，哥俩说两姐妹出嫁以后不照顾母亲。可姐妹俩说母亲穿的衣服都是她俩买的。就在母亲去世前，因为钱的问题，二哥还和妹妹发生争执并打了她，之后兄妹之间就不再来往了。所以，兄弟俩就没有通知姐妹俩母亲去世的消息，独自为母亲举办了丧事。而姐妹俩认为兄妹之间无论有什么恩怨,哥哥也不应该在母亲去世时不告知她们，于是将兄长告上了法庭。禹州市法院经审理认为，姐妹俩要求对去世的母亲尽孝的权利，在法律上虽然没有明文规定，但这是每个子女的基本权利。法院遂作出一审判决，支持了原告魏玉枝、魏玉平的诉讼请求，判决两兄弟向两姐妹赔礼道歉。①

【法理分析】该材料反映了法律的社会属性。法律作为调整社会生活的规范体系，并运行于一定的社会文化环境中，法律规范只有符合一国的社会文化土壤，才能发挥其重要的社会功能。因此，我们学习法律，必须充分重视实证研究的方法。所谓实证研究的方法就是在价值中立的条件下，以经验事实的观察为基础来建立和检验知识性命题的各种方法。也就是说，对于法律知识，我们不能轻易按照某种主观的价值标准对法律规范进行评判，而是应当立足于社会，通过研究事物之间的因果关系，制定出符合本国社会与文化的法律规范。

关于该案，法学界聚讼纷纭，有人主张祭奠是一种人格权利，它的根据在于中国传统的文化习俗，有人却认为祭奠作为权利并没有明确的法律依据，不能列入人格权的范畴。事实上，祭奠纠纷的缘起在于中国传统法律文化与现代法律的错位。作为一种风俗习惯，祭奠在中国传统文化中具有独特的地位，它体现了中国文化传统中"孝"的理念。而孝道是中国传统礼法文化的核心理念。所谓孝，是子女奉养父母的道德义务和行为规范。根据《礼记·祭统》，孝主要体现在以下三个方面——"孝子之事亲也，有三道焉：生则养，没则丧，丧毕则祭。养则观其顺也，丧则观其哀也，祭则观其敬而时也。尽此三道者，孝子之行也"。作为一种观念，孝道为儒家思想所推崇；作为一种制度，孝则被写入历朝历代的法典中。随着国家转型与社会变迁，孝道成为沉淀于中国民间社会的历史记忆，体现孝道的祭奠行为则成为存活于社会的民间习俗。随着中国法制现代化进程的不断深入，西方法学思想不断输入，作为"法治后发型"国家的中国，西方的规则体系在中国不断建立，西方化的"权利话语"也充斥于中国社会。但是，法律不仅仅是一种"纸面的法"，而是存在于具体文化环境和社会环境的社会规范。法律体系只有扎根于社会，具有本土化的社会根基，法律才能够真正运行起来。

因此，法律移植造成了国家法律与中国社会的错位，但是只有真正立足于中国社会和中国文化，按照中国传统的法律文化制定相应的法律规则，这样的法律才能真正在社会层面运行起来，这样的法律才能真正有效力，并为人们所信仰。在这个意义上，祭奠行为具有中国文化的本土化根基，而祭奠权就应当获得本土法律的支持。

---

① 姜福东. 祭奠的习俗与祭奠权纠纷[J]. 河北法学，2008（5）.

📄【文献扩展】

1. 费孝通. 乡土中国[M]. 北京：人民出版社，2008.
2. 姜福东. 祭奠的习俗与祭奠权纠纷[J]. 河北法学，2008（5）.

📖【材料 1-9】刘海洋伤熊案

清华大学生物系的学生刘海洋携带一瓶硫酸，出于观察狗熊承受能力的实验目的，来到公园将硫酸泼向了几头狗熊，造成了狗熊的严重伤害。此事发生后，引起了刑法学界的讨论。有的法学专家认为，应以"故意毁坏财物罪"而不是"非法猎捕、杀害珍贵、濒危野生动物罪"定罪。刑法第三百四十一条第一款对"非法猎捕、杀害珍贵、濒危野生动物罪"的描述如下：非法猎捕、杀害国家重点保护的珍贵、濒危野生动物的，或者非法收购、运输、出售国家重点保护的珍贵、濒危野生动物及其制品的，处五年以下有期徒刑或者拘役，并处罚金；情节严重的，处五年以上十年以下有期徒刑，并处罚金；情节特别严重的，处十年以上有期徒刑，并处罚金或者没收财产。该条款明确写明构成该罪的要件是"猎捕"或"杀害"珍贵野生动物，而刘海洋的行为是向熊泼硫酸，既不是猎捕，也不是杀害，属伤害。刑法第二百七十五条对"故意毁坏财物罪"的描述是：故意毁坏公私财物，数额较大或者有其他严重情节的，处三年以下有期徒刑、拘役或者罚金；数额巨大或者有其他特别严重情节的，处三年以上七年以下有期徒刑。部分法学家认为刘海洋的行为符合该罪名的构成要件。但是，这种观点也遭到了反驳，部分法学专家对其持以"非法猎捕、杀害珍贵、濒危野生动物罪"定罪的观点，他们认为"故意毁坏财物罪"中的"财物"指的是无生命，而狗熊是有生命的动物，不能理解为该罪名所指的"财物"。关于该案，人们聚焦于以下问题的讨论：作为生活在动物园里的珍稀野生动物是否具备财物的资格？对财物的毁损达到什么程度才能构成犯罪？①

【法理分析】该案的讨论体现了法律的逻辑属性和语言属性。刘海洋以实验为目的伤害狗熊的行为，是否为"故意"？刘海洋伤熊行为是否是"毁坏"？公园里的狗熊是不是"财物"？这些问题都体现出法学专家对法律概念的争论，而法学专家的讨论都是通过逻辑分析和语义分析的方法来完成的。所谓逻辑分析的方法是借助逻辑推理的方法进行分析，在本案的讨论中法学专家主要通过

---

① 法学家建议"伤熊"以"故意毁坏财物罪"定罪[N]. 中国青年报，2002-03-23.

分析法律规则与案件事实的逻辑关系来完成，其试图以法律规则和案件事实分别作为大小前提，顺利地完成一个逻辑推理。所谓语义分析的方法是通过分析语言的要素、句法、语境来揭示词和语句意义的研究方法。逻辑分析法和语义分析法也是法学学生学习法律的基本方法。

逻辑分析的方式是学习法律和研究法律的重要方法，这种方法对于法律具有十分重要的意义，这是因为：首先，法律规则本身就是由各种概念构成的逻辑结构严谨的命题；其次，法律规则并非完全杂乱无章的矛盾组合体，而是具有逻辑一致性的有机整体；最后，在解决案件纠纷时，只有严格地进行逻辑推理才能防止法官个人的主观恣意，这样的司法判决才能对当事人和社会公众有说服力。比如，在本案中，法官在解释"财物"这一概念时，必须保持法律概念在法律规则之间的逻辑一致性。我国刑法中其他法律条文将"财物"界定为无生命物，并没有将狗熊这样的动物列入"财物"的范畴。另外，根据非法猎捕、杀害珍贵野生动物罪的立法意旨，对野生动物的保护并不在于其经济价值，而在于保护生物种类的多样性，对于这样一种特殊的"物品"，野生动物并没有被作为"财物"来对待。通过语义分析的方法，对本案中的关键概念进行解释，狗熊为圈养动物，也非《中华人民共和国野生动物保护法》所列举的珍贵野生动物，所以狗熊也非野生动物的范畴。

因此，根据逻辑分析方法和语义分析方法对该案进行逻辑判断和语义解释，我们很难在案件事实和法律规则之间建立起一一对应的逻辑关系，所以，该案是一个没有明确立法意图或法律规定的疑难案件。但是这并不意味着法官对这样的案件无法裁判。因为逻辑分析和语义分析的运用是以价值共识为前提的，我们运用法律知识分析案件的过程尽管是一个语言的操作过程，但是只有我们在对事物的利益属性和价值判断没有争议的时候，我们对于法律用语的解释才没有疑义，法律适用的逻辑推理才能顺利完成。所以，对于语义上存在疑义的案件，我们必须考察语义背后的价值判断，对于刑事案件而言，就不能局限于法律条文的字面含义及法律条文之间的逻辑关系，而必须探究法律条文所保护的"法益"，并据此对法律进行解释或者漏洞补充。对于刘海洋案，我们应当认识到圈养狗熊所具有的环境属性，更应当认识到它所具有的财产属性，尽管从法律的字面含义无法直接推出，但是这是刑法所实质保护的"法益"。

📑【文献扩展】

1. 吴丙新. 刑事司法的性质——从刘海洋案切入[J]. 国家检察官学院学

报，2004（4）.

2. 黄明儒. 刘海洋伤熊行为无罪之辩[J]. 法学，2002（5）.

3. 郭立新. 刘海洋的行为不具有刑罚性[J]. 法学，2002（5）.

4. 文宏祥. "伤熊"事件的刑法学思考[J]. 法学，2002（5）.

5. 殷哮虎. 对"伤熊"事件评价的法律思考[J]. 法学，2002（5）.

【材料 1-10】肖志军拒签事件

2007 年 11 月 21 日下午 4 时左右，怀孕 41 周的李丽云因难产和感冒并发症，被以夫妻名义与其长期（三年）同居的肖志军送到北京市朝阳医院京西分院。肖、李身无分文（又有报道带了不足 100 元），但鉴于病情危急，医方决定让李免费入院治疗，并做好了剖宫产的一切手术准备。虽已被告知不手术或不及时手术孕妇就会死亡，肖志军从一开始就拒绝手术，于 4 时 30 分在手术同意书上签下了拒绝剖宫产手术生孩子，后果自负。医方一再劝说无效，紧急调来已下班的神经科主任，认定肖志军精神正常；又请警方紧急调查孕妇户籍，试图联系她的其他家人；医方还紧急报告北京市卫生系统各级领导，试图破例，终因相关法律的明确规定，不能手术。近 30 名医生、护士以各种方式抢救 3 个小时后无效，李丽云死亡。①

【法理分析】该事件反映了法律的局限性。人们对该案的讨论集中于亲属签字制度的合理性问题及医院坚守这一制度的正当性问题，绝大多数网民都认为肖志军应当对这一悲剧负责，但主流媒体则都强调生命尊严高于一切，倾向于绕开亲属签字制度进行强行救治。然而，这一主流观点忽视了否定了亲属签字制度所带来的后果，事实上，我们不能赋予法律太多的负担，法律不能解决一切问题，因为法律具有自身的局限性。

我们应当肯定亲属签字制度的正当性，医院对肖志军事件的处理完全遵照了法律所规定的程序，并无不当。首先，治疗并非单方行为，治疗的开展及其效果取决于医患双方的合作，亲属签字制度充分保障了患者的知情权，充分告知患者治疗的方案、治疗的风险及治疗的替代措施，是医院应当履行的义务，也是治疗的组成部分。按照目前中国的法律规定，医方已经最大限度地履行了自身的职责，医方的行为在法律上无可挑剔。其次，亲属签字制度是一种法律责任的分配制度，这一制度通过规则预先分配权利和责任，让人们能够合理预

---

① 苏力. 医疗的知情同意与个人自由和责任——从肖志军拒签事件切入[J]. 中国法学，2008（2）.

期自己的行为，并通过合理安排规避可能的法律风险。正是通过亲属签字制度能够明确医院的责任，避免了只是根据结果好坏来分担责任，减少了事件处理的不确定因素。比如，在本案中，如果医院没有经过亲属签字进行强行救治，但手术失败造成了患者死亡的话，则医院可能要承担过失致人死亡的法律责任；即使救治成功，医院行为也不符合法律程序，而仅仅获得某种道德优势。最后，是否接受治疗方案是患者的一种自由，法律不能强行干预公民选择的自由。但是，自由总是伴随着责任和风险。肖志军和李丽云作为心智健全的成年人，放弃治疗是他们的自由，医院无权强行干预，但是他们应当自行承担这一自由选择的风险。当然，对于肖志军的行为也伴随着责任，肖志军之所以放弃对自己"妻子"的治疗，若是出于迷信或者想逃避责任，那么法律就应当对这样的行为进行制裁（比如承担刑事责任），这样肖志军对于拒签行为就会谨慎选择，也不至于将责任推诿给医院。

同时，我们必须意识到否定亲属签字制度所带来的负面后果。一方面，如果没有这一制度，医生的权力将无法受到制约，一些不良医生可能受利益驱动，以紧急救治之名，不征求患方同意，进行一些患方反对或者不必要的治疗，或者强迫患方接受一些不必要的药物，这最终将会严重侵犯患方的利益。另一方面，如果可以不经亲属签字医院有强行救治的权力，会强加给医方过多的义务和责任。比如，患方会指责医方没有给其充分的时间来考虑，如果救治失败，医方会因此承担这一后果带来的风险。所以，亲属签字制度作为一种微观的法律制度安排，通过规则形成对法律权利、义务和责任的预先分配，能够有效地化解医患纠纷。

但是，法律具有自身的局限性，在目前的制度环境下，无法避免肖志军和李丽云的悲剧。这是因为，法律的治理作为一种规则之治，不允许一般意义上的特事特办，不允许有太多的个人裁量，人们只能按照规则的安排最大限度地规避可能的法律风险，所以，对于李丽云之死，医院的行为在法律上无可厚非，我们不能予以过多指责。因为规则之治是一种"冷峻的仁慈"，尽管它并不完美，但是，"所有可能的制度选择中，它是一个最不坏的制度"。同时，法律只是调整社会关系的一种方法，除了法律之外，道德、习俗、宗教、政策等社会规范对社会生活也起着调整作用。在本案中，法律评价与道德评价可能并不一致，法律判断可能不同于情感判断，法律实施的效果也可能并不符合人们的预期，但是，这可能是我们追求法治、实现法治所必须付出的代价。此外，法律的漏洞和不完整是难以避免的。比如，对于亲属签字这一微观的制度安排，需要一些相应的配套制度，以避免亲属拒签所带来的危害后果。

【文献扩展】

1. 苏力. 医疗的知情同意与个人自由和责任——从肖志军拒签事件切入[J]. 中国法学，2008（2）.

2. 祝彬. 患者知情同意权代理行使的规制——丈夫拒签字致妻儿死亡事件法律视角的审视[J]. 南京医科大学学报（社科版），2007（4）.

3. 方礼纲. 李丽云之死能否激活社会管理[N]. 新京报，2007-12-04.

4. 孙东东. 丈夫拒绝手术，孕妇难产而亡[N]. 新京报，2007-11-23.

5. 韩玉胜. 肖志军涉嫌间接故意杀人还是过失致人死亡[N]. 财经，2007-11-26.

【材料 1-11】孝经入判决案

在刘柯妤诉刘茂勇、周忠容共有房屋分割案中，被告刘茂勇、周忠容是一对老夫妻，原告刘柯妤是他们的独生女儿。2012 年，原被告双方共同购买一处房屋，合同约定刘柯妤占 90%，刘茂勇、周忠容均分剩余份额。2014 年，该房产交房时办理了房产证，但没有对产权份额进行明确。此后，原被告双方因装修问题产生纠纷。原告刘柯妤请求分割房屋，支付被告 10% 部分转让费后收回全部产权，但刘茂勇、周忠容明确表示不愿转让其份额。被告二人仅有这一套共有的房屋作为居所，诉讼发生时暂借他人房屋居住。

在北京市东城区法院（2010）东民初字第 00948 号民事判决书中，法官引用《孝经》进行裁判说理："我国自古以来就有'百善孝为先'的优良传统，儒家经典《孝经》中把'孝'誉为'天之经、地之义、人之行、德之本'。由此可见，为人子女，不仅应赡养父母，更应善待父母，不应因一己私利而妄言、反目。本案被告已经是 85 岁高龄的老人，原告作为被告的女儿，理当孝顺母亲、善待母亲，但其从被告处取得房产后，不仅不支付购房款，而且在法院判决确定给付义务后仍未履行，在此期间其又将该房产以明显低价转让给第三人，使被告的债权不能得以执行，其行为不仅违反法律规定，而且与当今构建和谐社会相悖。"法院还指出："公民的合法财产权益受法律保护。原告刘柯妤和被告刘茂勇、周忠容按份共有的该房屋是双方基于居住目的而购买，该房屋系成套住宅，是一个整体，具有不可分性。双方虽作为按份共有人有权转让自己享有的份额，但不能未经其他按份共有人同意而强行购买他人享有的份额，二被告不同意将自己享有的份额转让，符合法律规定，原告应当尊重二被告的意见。现二被告无其他房屋居住，上述房屋是其唯一可行使居住权的场所，二被告为安度晚年生活，有权居住。二被告与原告间的父母子女特殊关系，从赡养关系上原告亦应支持二被告居住该房屋，且二被告装修房屋并未造成原告损失。"最终，法院认定原告的诉讼请求在法律上、道义上均不能成立，驳回原告的诉讼请求。

【法理分析】该案体现了在中国特色社会主义法治中法律与道德的关系。习近平法治思想的"德法"关系蕴含着中华民族自古至今绵延不断的治理智慧，在法治与德治的问题上，既吸收了中国传统文化中的本土经验和优秀的法律传统，比如礼法并用、德主刑辅的理念，又在历史考察和反思中温故知新，将法律和道德功能精确概括为"法安天下，德润人心"。这也就是说，在国家和社会治理的宏观层面，法律和道德是相互补充、相互促进、相得益彰的，法律是成文的道德，社会主义道德是法律法治的价值源泉，是制定法律、实行法治的法理依托，是评价良法善治的核心标准之一。发挥法治对德治的促进和保障功能，需要把道德要求贯彻到法治建设中去。

然而，在司法的微观层面，基于"依法裁判"的职业伦理，法官不能在裁判中径行适用道德理由直接作出裁判，否则会因"道德司法"而有损法律的安定性，或因迎合普罗大众的道德情感而形成"民粹司法"。根据法教义学的基本立场，道德理由不可以作为独立证成判决结论的正当化理由，道德理由的影响力只能在法律标准之内发生，并不具备必然适用的拘束力。因此，道德理由须在法教义学的框架内证立后，根据道德理由的"后果考量"才成立。

在本案中，道德理由作为一阶理由影响了裁判结论的证立。在案件具有明显伦理倾向的情况下，道德作为规范性理由会形成对人们行为正当与否的评价，但是，道德理由只具有"一阶理由"的地位，只具有初显的优先性（prima facia），即道德理由表达了人们对某种良善价值的追求，在具体情境中具有"分量"的维度，只有经过通盘考虑，道德理由才会形成对人们行为的明确指引。在这个意义上，在司法裁判中，道德理由必须经过法官的估量和权衡，转化为具有排他性的"二阶理由"，才能作为裁判理由支持裁判结论。

本案中，法官援引了《孝经》进行判案，但并非直接将之作为裁判依据，而是经过说理将之转化为"法内"理由。在法官看来，"百善孝为先"一直是中国社会各阶层所尊崇的基本伦理道德。同时，法官依据《物权法》第七条的规定，将子女在精神上慰藉父母作为在行使物权时应当履行的法定义务，从而将

"道德理由"转化为排他性的"法内理由"。该案的裁判要旨则将之上升为裁判规范进行表述：父母出资购房将产权登记在子女名下，具有赠与性质。子女不仅应在物质上赡养父母，也应在精神上慰藉父母，努力让父母安宁、愉快地生活。子女对父母赠与的房屋依物权法分则行使物权，将损害父母生活的，人民法院可依物权法总则的规定不予支持。由此，也提高了判决书的裁判说理水平，使得判决结论更具有说服力。司法裁判在总体上反映伦理道德要求，才能更好地调整社会关系和规范社会行为，也才能获得社会成员的内心认同和自觉服从，实现以法治激励崇德向善、以法治引领道德发展的要求。

📄【文献扩展】

1. 唐娜，王彬. 结果导向的裁判思维——基于法官审判经验的实证研究[J]. 法律适用，2020（4）.

2. "刘柯妤诉刘茂勇、周忠容共有房屋分割案"判决书[J]. 最高人民法院公报，2016（7）.

3. 杨旭. 论共有物分割请求权的限制[J]. 政治与法律，2017（4）.

02

第二章

法律的渊源与效力

📖【材料2-1】张学珍、徐广秋雇主责任案

被告张学珍、徐广秋是雇主，承包拆除厂房工程，因违章施工发生事故，使一位雇工受伤住院并在治疗中感染败血症死亡，死者的亲属要求被告支付赔偿金。因为雇佣合同上有"工伤概不负责"的约定，因此被告拒绝赔偿。被告的抗辩理由是雇佣合同上有"工伤概不负责"的约定条款。那么这个约定条款是否有效？被告是否应当承担赔偿责任？

法院在审理这个案件中考虑到，如果采纳被告的抗辩不让其承担责任，有违社会正义，因此请示到最高人民法院。《最高人民法院关于雇工合同"工伤概不负责"是否有效的批复》〔（88）民他字第1号〕指出："对劳动者实行劳动保护，在我国宪法中已有明文规定，这是劳动者所享有的权利。张学珍、徐广秋身为雇主，对雇员理应依法给予劳动保护，但他们却在招工登记表中注明'工伤概不负责'。这种行为既不符合宪法和有关法律的规定，也严重违反了社会主义公德，应属于无效的民事行为。"①

【法理分析】最高人民法院对本案的处理实际上运用宪法关于劳动保护的原则性规定，解释民事法律规范，确认民事行为无效。《中华人民共和国宪法》（简称《宪法》）第四十二条规定："国家通过各种途径，创造劳动就业条件，加强劳动保护，改善劳动条件。"最高人民法院认为，劳动保护是劳动者的权利受法律保护，任何个人和组织不得侵犯，这是个强行性的和禁止性的规定。按照这个规定，雇主要对劳动的安全条件负责，要保障劳动者的人身安全，当劳动者在劳动中遭受伤害时，应当由雇主按照劳动保护的规则给予补偿。《中华人民共和国民法典》（简称《民法典》）颁布实施前的《民法通则》和《合同法》关于合同内容违反法律无效有规定，但没有禁止约定"工伤概不负责"这样的规定，从民法的角度不能说"工伤概不负责"这样的约定条款违法。最高人民法院引用宪法关于劳动保护的规定，本案被告预先在招工登记表中规定"工伤概不负责"，剥夺劳动者享有的受劳动保护的权利，已构成违法。这里采用的方法，是用宪法的规定解释民法的规定。

通过该案，我们可以发现，法官发现法律的路向不同，基于不同的法律渊源，法官将会得出不同的裁判结论。如果法官仅仅局限于《民法通则》和《合同法》裁判此案，基于合同自由和意思自治的原则来裁判的话，难以得出该条款无效的结论。而最高人民法院的司法批复则进行了较为深入的法律发现，将《宪法》作为法律渊源，根据《宪法》解释《合同法》，认定该合同条款违背了《宪法》中关于劳动权利的规定，从而认定该条款无效，得出符合社会正义的裁判结论。

立足于司法立场，所谓法律渊源，是指法官发现法律的场所，或者是法官用于裁判的法律。可以说，法官的司法哲学或司法理念决定了法官发现法律的路向。那么，具体案件的判决究竟应当从哪里寻找法律渊源及选择法律渊源的标准是什么？这个永恒而又古老的法理学问题并没有统一的答案。在自然法学派看来，神的意志或人的理性作为更高位阶的法律渊源，高于国家实在法；在分析法学看来，除了国家制定法以外的法律材料都不应当作为法律渊源；而在社会法学看来，法官寻找法律渊源的过程则是一个自由的法律发现的过程，存在于社会中的"活法"才是真正的法律渊源。在我国的司法实践中，法官究竟应当是严格按照制定法来裁判还是应当在更广阔的法律渊源中寻找裁判依据？

---

① 张连起、张国莉诉张学珍损害赔偿纠纷案[J]. 中华人民共和国最高人民法院公报，1989（1）.

这个问题不仅仅是一个思想性问题，还是一个制度性问题，需要我们在学习中继续深入思考。

📑【文献扩展】

1. 格雷. 法律的性质与渊源[M]. 马驰，译. 北京：中国政法大学出版社，2012.

2. 陈金钊. 论法律渊源[J]. 法律科学，1991（4）.

📖【材料 2-2】齐玉苓诉陈晓琪案

齐玉苓、陈晓琪均系山东省滕州市第八中学 1990 届初中毕业生。陈晓琪在 1990 年中专预考时成绩不合格，失去了升学考试资格。齐玉苓则通过了预选考试，并在中专统考中获得 441 分，超过了委培录取的分数线。随后，山东省济宁市商业学校发出录取齐玉苓为该校 1990 级财会专业委培生的通知书。但齐玉苓的录取通知书被陈晓琪领走，并以齐玉苓的名义到济宁市商业学校报到就读。1993 年毕业后，陈晓琪继续以齐玉苓的名义到中国银行滕州市支行工作。1999 年 1 月 29 日，齐玉苓在得知陈晓琪冒用自己的姓名上学并就业的情况后，以陈晓琪及陈克政（陈晓琪之父）、滕州市第八中学、济宁商业学校、滕州市教委为被告，向枣庄市中级人民法院提起民事诉讼，要求被告停止侵害，并赔偿其经济损失和精神损失。1999 年 5 月，枣庄市中级人民法院作出一审判决。法院认为，陈晓琪冒用齐玉苓姓名上学的行为，构成对齐玉苓姓名权的侵害，判决陈晓琪停止侵害，陈晓琪等被告向齐玉苓赔礼道歉并赔偿精神损失费 35000 元，但驳回齐玉苓其他诉讼请求。齐玉苓不服，认为被告的共同侵权剥夺了其受教育的权利并造成相关利益损失，而原审判决否认其受教育权被侵犯，是错误的，遂向山东省高级人民法院提起上诉，请求法院判令陈晓琪等赔偿其各种损失 56 万元。二审期间，山东省高级人民法院认为该案存在适用法律方面的疑难问题，于 1999 年以〔1999〕鲁民终字第 258 号请示，报请最高人民法院作出司法解释。最高人民法院经反复研究，于 2001 年 8 月 13 日公布了法释〔2001〕25 号《关于以侵犯姓名权的手段侵犯宪法保护的公民受教育的基本权利是否应承担民事责任的批复》，明确指出：根据本案事实，陈晓琪等以侵犯姓名权的手段，侵犯了齐玉苓依据宪法规定所享有的受教育的基本权利，并造成了具体的损害后果，应承担相应的民事责任。2001 年 8 月 23 日，山东省高院依据《宪法》第四十六条、最高人民法院批复和《民事诉讼法》有关条款，终审判决此案：（1）责令陈晓琪停止对齐玉苓姓名权的侵害；（2）陈晓琪等四被告向齐玉苓赔礼道歉；（3）齐玉苓因受教育权被侵犯造成的直接经济损失 7000 元和间接经济损失 41045 元，由陈晓琪、陈克政赔偿，其余被告承担连带赔偿责任；（4）陈晓琪等被告赔偿齐玉苓精神损失费 50000 元。2001 年 11 月 20 日，齐玉苓案执行完毕。①

【法理分析】该案涉及《宪法》作为法律渊源的问题。《宪法》是我国的根本大法，具有最高的法律效力，但是在司法过程中，《宪法》能否作为直接法源在裁判中加以援用，却是一个比较复杂的问题。

本案中，最高人民法院运用民法理论，将公民受教育权理解为作为一般人格权的人身自由权，用保护人格利益的方式来保护公民的受教育权，并通过司法解释性的批复，明确指出了以侵犯姓名权的手段来侵犯公民受教育的宪法权利应当承担民事责任，从而为该案的终审裁决提供了依据。山东省高级人民法院依据《宪法》第四十六条确认侵权者的行为不合法，再依据最高人民法院的批复和《民事诉讼法》第五十三条的相关规定作出被告应承担民事责任的终审判决，使这一具有宪法性争议的权利纠纷案件得到比较合理的解决。

一般而言，有关公民基本权利的宪法规范有两种：一种是未将该种基本权利规范具体化为下位法规范，另一种是已将该种基本权利规范具体化为下位法规范。在前一种情况下，有关公民基本权利的宪法规范是否适用，有三种观点——肯定说、折中说、否定说。多数学者认为，法院可以直接适用宪法规范作为判断涉及公民基本权利宪法争议的依据之一。在后一种情况下，即宪法规范和下位法规范同时存在的情况下，宪法规范是否适用，也有不同意见。一种意见认为，如果下位法规范符合宪法规范，则直接适用下位法规范，无须适用宪法规范；如果相抵触，则可直接适用宪法规范。另一种意见则认为，如果两种规范不抵触，那么两种规范均可适用，但作用不同：适用宪法规范在于裁断行为是否合法，适用下位法规范则在于具体追究某种法律责任。本书认为下位法规范与宪法规范不相抵触，不能排斥宪法规范的直接效力，即宪法规范的直接效力不以下位法规范是否抵触宪法为前提。

在该案中，有两个问题值得探讨。一是宪法规范可否直接作为审判依据？就我国法律规定来看，全国人大常委会为宪法解释机关，人民法院未被赋予宪法解释权；宪法为原则性规定，在司法审判中不易具体操作，法院解释宪法有

① 王磊. 宪法实施的新探索——齐玉苓案的几个宪法问题[J]. 中国社会科学，2003（2）.

越权造法的嫌疑，所以在司法实践中法院往往不轻易解释宪法。二是宪法规范可否作为判断下位法合法性的依据？从理论上来讲，宪法是根本大法，任何规范性法律文件都不得违背宪法，但是人民法院是否具有违宪审查的权利？人民法院是否能对其他机关的立法行为进行合宪性判断？事实上，我国的宪政体制尚未赋予人民法院这样的权力，而是将违宪审查权交给了最高的立法机构。因此，我国法院不具有宪法解释权，不能在判决文书中直接对宪法进行解释，同时也不具有根据宪法宣布其他规范性法律文件是否有效的违宪审查权。但是这并不妨碍宪法在法院层面的实施，法官在司法过程中具有合宪性解释权，即根据宪法解释部门法的权利，在推定部门法合宪的前提下，将宪法的解释落实到部门法中，在部门法的解释过程中扩充宪法的意义空间。

📑【文献扩展】

1. 朱应平. 适用宪法处理齐玉苓案并无不当[J]. 华东政法学院学报，2001（6）.

2. 王磊. 宪法实施的新探索——齐玉苓案的几个宪法问题[J]. 中国社会科学，2003（2）.

3. 强世功. 宪法司法化的悖论——兼论法学家在推动宪政中的困境[J]. 中国社会科学，2003（2）.

📖【材料2-3】顶盆继承案

石君昌为青岛市李沧区石家村村民，拥有平房一套，其妻子与孩子均相继去世，石君昌最后也患病死亡，因此，其住宅被村民认定为"凶宅"。该村仍盛行"顶盆发丧"的风俗，一般由长子为死者发丧，如为绝户，则可以将顶盆者过继为嗣子，由顶盆者为其发丧，并继承其遗产。但石君昌已为绝户，无后人为其顶盆，只有一兄石坊昌。村民证实，当时石坊昌因嫌弃其住宅为"凶宅"，拒绝为其弟发丧。石君昌有一远房侄子石忠雪为人厚道，眼看叔叔无人发丧，愿意为其顶盆，并继承其住宅，获得该房子的房产证和土地证，一住就是八年。八年后，因城区扩建该村拆迁，石忠雪也成为拆迁户，因而可以获得新居一套。但这时，石坊昌向法院起诉主张该房产的所有权。石坊昌诉称，该房已经由其弟在去世半年前赠与他，并有赠与合同和国家公证书为证，而且其为该房产的法定继承人，拥有该房产的继承权。石忠雪辩称，当时石君昌是为获得单位福利分房而与石坊昌签订的假赠与合同，并由证人徐某证明；其已经按照民间风俗为死者顶盆过继为嗣子，获得该房的继承权，而且石坊昌的诉求已过法律规定的两年诉讼时效，所以应该由其获得该房。法院经审理认为，本案中赠与合同的权利义务相对人仅为石坊昌及石君昌，因此，原告以赠与合同是否有效起诉石忠雪于法无据，本院不予支持；另外，被告石忠雪是因农村习俗，为死者石君昌戴丧发孝而得以入住石君昌留下的房屋，被告并非非法侵占上述房屋，因此，原告主张被告立即腾房的诉讼请求本院不予支持。判决之后，原告石坊昌不服，提出上诉，青岛市中级人民法院作出了维持原判的终审判决。①

【法理分析】该案涉及习惯作为法律渊源的问题。顶盆继承是存在于我国广大农村地区的一项丧葬习惯，这一习惯其实来自中国古代的"宗祧继承制"，作为死者亲属的顶盆者通过顶盆可以成为死者死后过继的儿子，被称为"嗣子"，并因此获得对死者财产的继承权。就该案而言，顶盆继承在当地被广泛认可，是当地人事实上的惯行，并具有法的确信，是可以分配权利义务的习惯法，因此，可以作为法律渊源。无论是判决当时所依照的《继承法》还是《民法典》继承编，虽然规定了"养老育幼，照顾伤残"的继承法原则，但是并未完全体现中国社会传统的"老有所养，死有所终"的伦理追求。在本案中，尽管争夺遗产的石坊昌和石忠雪都没有对被继承人履行过扶养义务，但是在是否给被继承人送终问题上，两者在态度和行为上具有明显的差别。尽管石坊昌可以根据继承法主张其作为法定继承人的继承权利，但是，继承法也对不尽扶养义务的继承人做了排除规定，显然继承法中的权利规定不仅仅体现了继承权的身份权属性，也强调了权利和义务的对应。如果不予保护为死者履行过"送终"义务的嗣子利益，显然不符合当地的公平正义观念，对社会公共利益有所损害，这说明我国的继承法律制度存在缺漏。如果对为被继承人进行送终的嗣子利益进行保护，则体现了我国民法中的公平、诚信原则，对继承法的制度也没有损害，因为这在一定程度上反映了继承权行使时权利与义务的统一。因此，顶盆继承这一民间习惯法可以作为法官审判的依据。

习惯是一定群体共同遵守的社会规范，是特定社会群体通过长期社会生活而形成的文化认同和价值认同，是人们在长期社会生活中通过反复的博弈行为而逐渐形成的行为模式，法学语境中的习惯具有社会性、重复性、地方性的特征。法学意义上的习惯并非个人的生活习惯，而是能对人们的社会生活起到调

---

① 王彬. 民间法如何走进司法判决——兼论"顶盆继承案"中的法律方法[M]//民间法（第7卷）. 济南：山东人民出版社，2008.

整作用的群体习惯，比如婚俗、葬俗等群体性的生活习惯，都属于法源意义上的习惯。经过法官的识别，习惯也可以在司法审判中起到定分止争的作用。

惯例是人们在日常社会生活或者从事某种特定行业的过程中，因习惯性的行为积淀而成的成例。所以，惯例是比习惯更为高级的规范形态，是得到特定社会共同体认可的习惯，可以直接作为民间仲裁或者民间调解依据的规范形式。惯例相较于习惯更具有行业意义。从我国所颁布的部分法律条文来看，我国一些法律明示了惯例的法源地位。比如《消费者权益保护法》第二十二条规定："经营者提供商品或者服务，应当按照国家有关规定或者商业惯例向消费者出具发票等购货凭证或者服务单据；消费者索要发票等购货凭证或者服务单据的，经营者必须出具。"惯例一般指行业惯例，习惯与惯例相比，习惯具有地方性，但惯例不具有地域的限定性，甚至具有全球意义上的广泛性。因此，惯例的构成要件和习惯是有差别的。美国学者吉尔莱特认为，商业惯例必须具有的品质或构成要件应当包含以下内容："法律要求惯例应当是确定的、统一的，是众所周知的，并且存续了足够长的时间以确保它应当是合理的，其在实践操作中不会造成非正义的后果。为了创造一种知识推论的根据，惯例必须是普遍适用的，也就是说，它不能仅仅被一个孤立的事件所证明，但其应用可以被限定在一个相对较小的地方，比如一座城市。"从吉尔莱特的论述可以看出，惯例更具有广泛的社会认可和普遍适用的特征，所以惯例是比习惯更为高级的规范形态。

习惯法为一定地域内国民对之所产生法之确信并予以事实上惯行，对权利义务进行分配的事实性规范，习惯法是符合现代法治原则并具有社会可接受性的特殊条件下的法源。习惯法就是那些已经成为具有法律性质的规则或者安排的习惯，但尚未得到立法机关或者司法机关的正式规定。

习惯与习惯法成为法律渊源需具备以下条件：第一，有事实之惯行，这要求有习惯存在的事实；第二，对该惯行，其生活（交易）圈内的人对之有法的确信，这要求人们在主观上必须认可该习惯；第三，惯行的内容不违背公序良俗，这要求法官必须根据法律原则对习惯的内容进行实质上的审查。

学界关于习惯法的鉴定标准，一般认为习惯法不能违背国家强行法和法律原则。所以，在法源地位上，习惯法被视为"非正式法源""次位法源"，或者"补充法源"，这一学说的根据在于习惯法在形式上的非正式性。所以，习惯法在司法过程中往往起着漏洞补充的作用。但是，对于处于社会转型的中国而言，一方面，我国正处于法制现代化的进程中，属于后发型的法治国家，法治秩序正在建立，现代性的法治观念正在形成，国家推进的现代性的法律秩序难免与乡土社会的实质正义观念存在脱节与错位；另一方面，立法理性的有限性使法律难免会出现规范漏洞、规范冲突等不足，而民间习惯法作为社会上的"自生自发秩序"更为符合转型社会的正义观念，并对社会转型带来的利益冲突起到调整作用。在国家正式法秩序严重不符合社会正义观念或者法律规范存在冲突情况之下，民间习惯法在这时往往起到优位法源的作用，以解决那些"合法而不合理"的案件。所以，在某种意义上，我们难以将习惯法仅仅作为"非正式法源"来对待，在疑难案件中，民间习惯法作为优位法源的情况也不在少数，而将其称为"特殊条件下的法源"似乎更为合适。在疑难案件中，为增强判决的可接受性，习惯法可以作为优位法源而存在，但是习惯法不得与公序良俗原则相违背，法官在运用习惯作为优位法源时，必须考察习惯法背后所体现的法律原则，以及与习惯法相冲突的法律规则背后的法律原则，通过法律原则进行习惯法与国家法之间的价值权衡。

习惯与习惯法的区别是一个比较复杂的问题，其核心区别在于两者是否直接关涉权利义务的分配。习惯作为事实上的惯行，属于事实的范畴，而习惯法则是对人们权利义务进行分配的社会规范。另外，不能以是否经过国家认可作为区分习惯和习惯法的标准。对于法官而言，习惯作为重复的惯行并不具备规范形态，需要通过当事人的举证责任进行证明。未被国家正式认可的习惯法则作为法官适法的经验法则而存在，如果与一般社会正义和国家强行法不相违背，法官可以在审判中直接适用，无须经过国家机关的正式认可；经过国家机关认可的习惯法则已经上升为国家法的层面，作为一种正式的法源而存在。

📑【文献扩展】

1. 王彬. 民间法如何走进司法判决——兼论"顶盆继承案"中的法律方法[M]//民间法（第 7 卷）. 济南：山东人民出版社，2008.

2. 姜福东. 法官如何对待民间规范？——"顶盆过继案"的法理解读[J]. 甘肃政法学院，2007（4）.

📖【材料 2-4】非法经营国际电信业务案

被告人方某为南极星公司的直接负责人，南极星公司和上海呼叫公司签订"合作"协议，租用上海呼叫公司的因特网专线和模拟电话线，并先后在呼叫公司租用的上海声讯信息有限公司机房和呼叫公司机房内设立语言转接平台，非法经营澳大利亚至中国的国际电信来话转接业务。经查，上述期间非法经营国际电信业务通话时间长达 820 万余分钟，共造成我国电信资费损失人民币 1766 万余元。2003 年年底，被告单位南极星公司和被告人方某作为南极星公司的直接负责人因涉嫌非法经营罪，被起诉至上海市第一中级人民法院。

然而，方某的辩护律师却"向最高人民法院叫板"，提出被告单位南极星公司和被告人方某无罪的意见，理由是《刑法》第二百二十五条规定的非法经营罪中"其他严重扰乱市场秩序的非法经营行为"只限于全国人民代表大会制定的法律和国务院制定的行政法规规定的"非法经营行为"，而不包括最高人民法院的司法解释。而国务院 2000 年 9 月 25 日第 291 号令公布实施的《中华人民共和国电信条例》(以下简称《电信条例》)对扰乱电信秩序的行为只规定了行政处罚，而没有刑事处罚。最高人民法院于 2000 年 4 月 28 日通过的《关于审理扰乱电信市场管理秩序案件具体应用法律若干问题的解释》不仅早于国务院的《电信条例》，而且其第一条的规定"违反国家规定，采取租用国际专线、私设转接设备或者其他方法，擅自经营国际电信业务或者涉港澳台电信业务进行营利活动，扰乱电信市场管理秩序，情节严重的，依照刑法第二百二十五条第（四）项的规定，以非法经营罪定罪处罚"直接违反了刑法和刑法所指引的行政法规的规定，是违法无效的。①

【法理分析】在该案中，法院的审判依据是国务院的《电信条例》还是最高人民法院的司法解释？该案反映了司法解释的法源地位问题，对于这个问题，学术界和实务界都是存在争议的。

所谓司法解释，是指最高人民法院和最高人民检察院所做的规范性法律解释。长期以来，我国立法奉行"宜粗不宜细"的方针，在这一立法思想的指导下，对于法律的细化任务落到"两高"(最高人民法院和最高人民检察院)身上。根据 1981 年《全国人民代表大会常务委员会关于加强法律解释工作的决议》第二条规定："凡属于法院审判工作中具体应用法律、法令的问题，由最高人民法院进行解释。凡属于检察院检察工作中具体应用法律、法令的问题，由最高人民检察院进行解释。最高人民法院和最高人民检察院的解释如果有原则性的分歧，报请全国人民代表大会常务委员会解释或决定。"根据这一法律文件，我国立法机构授权"两高"进行法律解释。2000 年，《中华人民共和国立法法》出台，这一法律规定法律解释权归全国人大常委会所有，这一法律并未提及司法解释。但是《中华人民共和国立法法》颁布后，1981 年《全国人民代表大会常

---

① 非法经营国际 IP 电话案：律师质疑最高院司法解释[N]. 21 世纪经济报，2004-05-17.

务委员会关于加强法律解释工作的决议》并未废止，最高人民法院仍然可以针对法律的具体适用问题作出司法解释，所做的司法解释能够作为裁判依据。法发〔2007〕12号《最高人民法院关于司法解释工作的规定》指出："最高人民法院发布的司法解释具有法律效力。"最高人民法院所做的司法解释主要有以下四种形式：①"解释"。对在审判工作中如何具体应用某一法律或者对某一类案件、某一类问题如何应用法律制定的司法解释，采用"解释"的形式。如《最高人民法院关于审理破坏电力设备刑事案件具体应用法律若干问题的解释》。②"规定"。根据立法精神对审判工作中需要制定的规范、意见等司法解释，采用"规定"的形式。如《最高人民法院关于审理企业破产案件确定管理人报酬的规定》。③"批复"。对高级人民法院、解放军军事法院就审判工作中具体应用法律问题的请示制定的司法解释，采用"批复"的形式。如《最高人民法院关于在裁判文书中如何引用刑法修正案的批复》。④"决定"。修改或者废止司法解释，采用"决定"的形式。

对于司法解释能否作为法源的问题尚有争议。据1986年《最高人民法院关于人民法院制作法律文书如何引用法律规范性文件的批复》规定："最高人民法院提出的贯彻执行各种法律的意见以及批复等，应当贯彻执行，但也不宜直接引用。"这说明司法解释具有普遍适用性，已经成为事实上的法源。1997年《最高人民法院关于司法解释工作的若干规定》指出："最高人民法院制定并发布的司法解释，具有法律效力。"该文件明确规定司法解释可以在判决文书中援引，但在将司法解释作为判决依据时，应当先引用适用的法律条款，再援引相应的司法解释条款。2009年《最高人民法院关于裁判文书引用法律、法规等规范性法律文件的规定》则进一步对司法解释作为法院裁判文书引用的依据作了明确规定。因此，就目前我国相关的法律规定来看，司法解释应当作为正式的法律渊源来对待。

但是我国的司法解释大多是通过最高司法机构颁布规范性法律文件而形成的，因此这些司法解释带有准立法的性质，实际上是司法权向立法权的越位，更为严重的是，制定司法解释的过程缺乏严格的程序控制，司法解释究竟应该由谁来制定、谁来讨论、谁来监督、谁来制约，在程序上缺乏明确的法律规定；同时，规范性司法解释代替了法官在个案中的价值选择，限制了法官的自由裁量权，也破坏了人们对法律的信仰，因此，当今的司法解释是少数精英凭借自己不完备的法律修养和知识储备而出台的。一方面，司法解释因僭越立法权而缺乏合法性；另一方面，司法解释的出台因缺乏广泛论证和对社会的深刻洞察而产生错误价值选择的危险性。如何在合理的程序内制定司法解释从而创制公共政策，发挥最高人民法院在转型期作为公共政策法院的职能，是值得研究的一个课题。

就南极星公司案而言，最高人民法院所做的司法解释不能突破立法意图，更不能违背立法意图，对某一罪名罪状的规定应当通过法律来规定，该司法解释实际上是对"非法经营罪"做了扩张解释，这在一定程度上有违罪刑法定原则和刑法的谦抑性。所以，应当建立针对司法解释的审查机制，只有经过最高立法机构审查并认定为没有违背宪法和上位法的司法解释，才具有真正的法源地位。但是，在审查机制不健全的情况下，我国法院往往将司法解释作为法律的组成部分来对待，在这个意义上，在司法实务中司法解释的效力往往也高于行政法规的效力。

📑【文献扩展】

1. 陈春龙. 中国司法解释的地位与功能[J]. 中国法学，2003（1）.

2. 曹士兵. 最高人民法院裁判、司法解释的法律地位[J]. 中国法学，2006（3）.

3. 沈岿. 司法解释的"民主化"和最高法院的政治功能[J]. 中国社会科学，2008（1）.

📖【材料2-5】"武松打虎"著作权纠纷案

1954年，画家刘继卣创作了组画《武松打虎》。1980年山东省景阳冈酒厂对刘继卣组画中的第十一幅进行修改后，作为装潢用在其所生产的白酒酒瓶上。之后，该厂又于1989年将该图案向商标局申请商标注册并被核准。1996年，画家刘继卣的继承人以景阳冈酒厂未经《武松打虎》著作权人（即该继承人）的同意或许可，擅自对该画加以修改并使用，破坏了组画的完整性，侵害了著作权人的署名权、使用权及获得报酬权，于是便起诉到法院。经过审理，法院最后判决被告停止在其产品景阳冈陈酿系列酒的瓶贴和外包装装潢中使用《武松打虎》图案，并赔偿原告经济损失20万元。在法院审理本案的同时，原告还向国家工商行政管理局商标评审委员会提出撤销景阳冈酒厂《武松打虎》图注册商标申请。1997年2月，国家工商行政管理局商标评审委员会作出终局裁定，认为被告将《武松打虎》图案作为商标注册的行为已构成《中华人民共和国商标法实施细则》第二十五条第（4）项所指的侵犯他人合法在先权利进行注册的行为，决定撤销被告《武松打虎》图注册商标。

　　鉴于被告使用该作品已达多年，且其商标已具有一定的市场知名度，实际上已在该作品之上添附了相当大的经济价值，如判令被告停止侵权不符合诉讼效益要求。另外，通过对判决结果进一步预测，被告因多年使用该商标并通过苦心经营，被告的商品具有很高的市场声誉和很好的收益，如若判令被告停止使用，则会给被告的生产经营带来极大的打击，甚至影响到地方经济。况且，法院若判决被告停止使用该商标，原告若许可他人使用该商标，客观上会使新商标权人获得不该获得的而又是被告损失的财产利益。因此，如若不能在当事人之间做到权利义务的平衡，与其停止侵权，不如在经济补偿上加大些力度，使两者各得其所，即法院判决被告继续使用原告的作品，如此，被告的商誉可以继续维持，商标不会被撤销，而原告也可以获得额外的许可费用。①

　　【法理分析】该案体现了政策的法源地位。政策通常是指一定的社会政治组织为调整特定的社会关系和实现特定的政治、经济、社会、文化等目标而规定的行动方向和准则。在一个特定的社会中，国家组织、政党、社会团体、宗教组织、经济文化组织等，都可以制定不同层次和方面的政策，其中有可能成为法律渊源的政策，主要是国家和执政党的政策。它们的政策又可以分为总政策、基本政策和具体政策三个层次。按照西方英美法系法学家的观点，作为法律渊源的政策可以区分为公共政策和法律政策。公共政策主要指"尚未纳入法律中的政府政策和惯例"，指依据特定时期的目标，在对社会公共利益进行选择、综合、分配和落实过程中所制定的关于社会某些经济、政治或社会问题的改善的行为准则，以及为解决公共问题、达成公共目标，以实现公共利益而制定的方案。如美国联邦最高法院在1940年的一个判决中承认，"政府官员所采取的业已确立的和运用一贯的行为惯例，由于是该州'公共政策'的反映，所以可以被视为合法的法律渊源"。②而法律政策则"是一种发布于宪法规定、法规或判例中的重要规范性声明，这种规范性声明还反映了什么是对社会有益的普遍有利的社会观点"。③

　　政策能否成为法源，关键要看有无立法认可，《民法通则》第六条曾规定：民事活动必须遵守法律，法律没有规定的，应当遵守国家政策。所以，在当时，

---

① 高荣林. 检讨在先著作权与在后商标权冲突的解决之道——以法律经济学为视角[J]. 中国版权，2010（6）.

② ［美］E. 博登海默. 法理学：法哲学及其方法[M]. 北京：华夏出版社，1987.

③ ［美］E. 博登海默. 法理学：法律哲学与法律方法[M]. 邓正来，译. 北京：中国政法大学出版社，2004.

政策就作为法律的一种补充法源。但《民法典》中并没有类似第六条的规定，因此，有学者认为"国家政策"在民法领域的法源地位并未得到一般性认可。除非在民事单行法中针对具体情形个别地认可国家政策的法源地位，否则国家政策在民事裁判中就只能作为裁判理由，起到增强裁判说服力的作用。①

本案中存在著作权和商标权的冲突，承办该案的法官在当时通过将政策作为法律渊源，有效兼顾了两种权利的协调，实现了法律效果与社会效果的统一。首先，法官将政策作为法源，是出于维护公共利益的目的。2007年1月，全国法院知识产权审判工作座谈会的会议纪要中申明，"对于一些在诉讼中继续存在的特殊侵权行为，也要根据案件具体情况，合理平衡当事人之间以及社会公众的利益，考虑执行的成本和可能性，对于判决停止侵权将导致执行结果明显不合理或损害公共利益的，可以适当加重侵权人的赔偿责任而不判决停止有关的销售、使用行为"。判令停止使用，虽然有效保护了作者的著作权，但是将会产生一些不利的社会后果，严重损害公共利益。比如，著作权人将商标有偿转让给制造假冒伪劣商品的商家，将严重侵犯消费者利益，扰乱市场秩序，并严重侵害原商标权人的利益。其次，法官将政策作为法源，是在法律存在漏洞的情况下作出的。该案中，景阳冈酒厂的商标权存在瑕疵，对他人的著作权造成侵犯，但是对于这样的驰名商标如何保护，法律并未作出明确规定，因此需要法官根据公共政策进行漏洞补充。最后，法官将政策作为法源，并未与法律形成冲突。法官判令景阳冈酒厂继续有偿使用该商标，一方面维护了著作权人的著作权，另一方面平衡了著作权人和商标权人的利益，这符合依法保护知识产权的法律精神，并未破坏法律的权威。

📑【文献扩展】

1. 高荣林. 检讨在先著作权与在后商标权冲突的解决之道——以法律经济学为视角[J]. 中国版权，2010（6）.

2. 孔祥俊. 裁判中的法律、政策与政治——以知识产权审判为例[J]. 人民司法，2008（13）.

📖【材料2-6】王林祥、陈卫东诉雄都旅行社旅游合同纠纷案

原告王林祥、陈卫东因与被告江苏省扬州市雄都旅行社发生旅游合同纠

---

① 雷磊. 法的渊源：一种新的分类法及其在中国语境中的运用[J]. 河北法学，2021（11）.

纷，向江苏省扬州市中级人民法院提起诉讼。二原告诉称：被告在组织旅游中不履行安全告知义务，以致原告之子王呈在海滨浴场玩耍时死亡。被告还没有按规定在出发前为旅游者办理每人 30 万元的旅游意外保险，以致王呈死亡的事故发生后，原告不能获得保险公司理赔。请求判令被告给付原告 30 万元保险金额的损失，给原告赔偿精神抚慰金、人身损害赔偿金 20 万元。被告辩称：原告王林祥和其子王呈去海滨浴场游泳，既不是被告安排的旅游项目，也不在被告安排的时间内。王呈死亡后，原告已从事故单位海滨浴场获得赔偿。王呈死亡与被告无关，不能由被告承担责任。按照中国人寿保险公司江苏分公司的旅游意外保险适用条款，王呈不满 16 周岁，不能参加保险，而且王林祥缴纳的旅游费用中也不包含王呈在内几名小孩的保险费。原告要求被告承担赔偿责任，缺乏法律依据，应当驳回其诉讼请求。该案的争议焦点之一是旅行社是否应该在旅游出发前为旅游者办理旅游意外保险。扬州中院根据国家旅游局颁布的行政规章《旅行社办理旅游意外责任保险暂行规定》对该案进行审理，指出旅行社有为旅游者办理旅游意外保险的义务，并根据国务院颁布的行政法规《旅行社管理条例》对该行政规章的合法性进行了说明，体现了对行政规章的"参照适用"。①

【法理分析】该案体现了行政规章的法源地位问题。行政规章是指国务院各部、委员会、中国人民银行、审计署和具有行政管理职能的直属机构根据法律和国务院的行政法规、决定、命令，在本部门的权限范围内制定的规范性法律文件。部门规章规定的事项应当属于执行法律或者国务院的行政法规、决定、命令的事项。

行政规章作为法律渊源，在司法审判中如何适用呢？《中华人民共和国行政诉讼法》第六十三条规定："人民法院审理行政案件，以法律和行政法规、地方性法规为依据。地方性法规适用于本行政区域内发生的行政案件。人民法院审理民族自治地方的行政案件，并以该民族自治地方的自治条例和单行条例为依据。人民法院审理行政案件，参照规章。"如何理解行政诉讼法所规定的"参照"呢？在行政诉讼法起草过程中，这一问题引起了较大的争议，立法专家顾昂然对这个问题进行了解读：一方面，对规章应有的地位、作用和效力应当给予肯定。国务院部委有权根据法律、行政法规和国务院的决定、决议和命令制定规章，这是宪法规定的。我国各地情况十分复杂，发展很不平衡，有些问题

---

① 王林祥、陈卫东诉雄都旅行社旅游合同纠纷案[J]. 中华人民共和国最高人民法院公报，2002（3）.

专业性、地方性很强，不可能都由法律、行政法规来规定。因此，规章是不可少的，规章也是行政机关行使管理职权的依据。行政规章与道德规范不同，公民如果不遵守，是要强制执行的。另一方面，行政规章是由国务院的部委和地方政府制定的，同时，有些部门和地方政府对制定规章缺乏严格的程序，因而存在一些问题。有的规章与规章之间互相矛盾；有的规章与法律、法规相抵触；也有的内容本应由法律、法规规定的，没有提请法律、法规，而由行政规章规定了，等等。因此，对规章的法律地位和效力，又应当与法律、法规有所区别。所以，行政诉讼法规定，人民法院参照规章审理行政案件。①

1986年《最高人民法院关于人民法院制作法律文书如何引用法律规范性文件的批复》规定："国务院各部委发布的命令、指示和规章，各县、市人民代表大会通过和发布的决定、决议，地方各级人民政府发布的决定、命令和规章，凡与宪法、法律、行政法规不相抵触的，可在办案时参照执行，但不要引用。"这说明，立法明确规定了行政规章的法源地位，规章应当作为司法审判的依据。但是，"参照适用"为附条件适用，规章在合法有效时，与法律、行政法规具有同样的法律效力，不合法的不予以适用。另外，实现行政规章"参照适用"，须完善配套制度，赋予法院对行政规章进行合法性审查的权力，以对行政行为进行司法监督。行政规章为何在行政诉讼中只能"参照适用"呢？原因有二。一是规章作为人民法院的审判依据，不符合行政诉讼法的立法目的。行政诉讼中，行政机关作为一方当事人，行政规章作为行政机关颁布的规范性法律文件，如若作为审判依据，则违背了任何人不能自己审判的法理，有违司法公正。二是规章作为人民法院的审判依据，不符合审判机关只向权力机关负责的原则，如果要求严格适用规章，有行政权向司法领域延伸的嫌疑。

随着国家对社会的不断干预，绝对性私法自治的时代已经结束，政府部门开始通过颁布行政规章干预民事行为。如司法部的《提存公证规则》《遗嘱公证细则》，原铁道部的《铁路旅客运输损害赔偿规定》。那么这些涉民性行政规章或民事性行政规章在民事诉讼中具有什么样的法源地位呢？在民事审判中，行政规章同样应"参照适用"，即法院在以行政规章作为审判依据时，人民法院应当根据私法自治的原则对行政规章进行审查，不能因为行政规章的适用导致侵害私权的结果。所以，在本案中，法官对行政规章的"参照适用"体现如下：第一，根据上位法即国务院颁发的行政法规，对该行政规章的合法性进行审查；

---

① 顾昂然. 行政诉讼法起草情况和主要精神[M]. 北京：人民法院出版社，1989.

第二，通过适用行政规章，体现了国家行政权力对合同的干预，充分保障了公民的私权。

【文献扩展】

1. 蔡定国. 浅谈行政规章在行政诉讼中的地位和作用[J]. 中南政法学院学报，1991（2）.

2. 江必新. 人民法院审理行政案件如何参照行政规章[J]. 人民司法，1989（11）.

3. 宋全中. 谈人民法院审理行政案件参照规章[J]. 政治与法律，1992（6）.

【材料 2-7】天价过路费案

2010 年 10 月 17 日，河南省平顶山市人民检察院指控河南农民时建锋：2008 年 5 月 4 日至 2009 年 1 月 1 日，时建锋为谋取非法利益，非法购买伪造的武警部队士兵证、驾驶证、行驶证等证件，并购买两副假军用车牌照，悬挂到自己购买的两辆自卸货车上，雇佣他人驾驶车辆，通行郑石高速公路运送沙石，累计骗免通行费 368 万多元。2010 年 12 月 21 日，河南省平顶山市中级人民法院以诈骗罪判处时建锋无期徒刑，剥夺政治权利终身，并处罚金 200 万元。媒体报道该案后，此事引发社会各界关注，不少网友对是否应以无期徒刑来惩罚逃费者以及高速公路的收费标准提出疑问。在本案中，关于偷逃过路费的计算方法是人们普遍关注的问题。过路费的计算方法是由河南省交通厅和发改委联合发文规定的，由厅局所联合发布的行政规定或红头文件，这属于"其他规范性法律文件"的范畴，对此，法院不能将其作为法源，也不能参照适用，而可以对该文件进行合法性审查。①

【法理分析】本案中关于时建锋诈骗罪的量刑问题存在极大争议，问题的关键在于偷逃过路费数额的计算问题，而这一计算办法是由原河南省交通厅和河南省发改委联合发文规定的，这就涉及行政规定的法源地位问题。

行政规定也是我国行政机关所颁布的规范性法律文件。所谓行政规定，即其他规范性法律文件，是指行政法规、规章以外的"行政机关制定、发布的具有普遍约束力的决定、命令"。其包括国务院各部门的规定、县级以上地方各级人民政府及其工作部门的规定、乡镇人民政府的规定、国务院各部门的司局发

---

① 周安平. "天价过路费案"对法律常识的偏离[J]. 法学，2011（3）.

文。行政规定不包含国务院部委规章和地方政府规章。从我国的立法体系来看，上述范围的行政规定主要包括两大类：一是行政机关有明确根据可以制定的行政规定，具体有①国务院各部委根据法律和国务院的行政法规、决定、命令，在部门的权限内，发布具有普遍拘束力的命令和指示；②县级以上地方各级人民政府依照法律规定权限可以规定行政措施，发布具有普遍约束力的决议和命令；③乡镇人民政府可以发布具有普遍约束力的决定和命令。二是事实上存在的行政规定，具体为县级以上地方各级人民政府工作部门所发布的具有普遍约束力的决定和命令。这类行政规定是行政实践中的客观存在，但是往往并不具有法律的明确授权。

那么，行政规定是否是法律渊源呢？行政规定在司法审判中如何适用呢？简单来说，行政规定并不属于法律渊源，因为行政规定是行政机关对法律、法规和规章的具体应用解释，它只是具体的执法措施，而不是立法解释，不具有法律约束力。对于本案而言，原河南省交通厅和河南省发改委联合发布的行政规定，是为执法所制定的规范性法律文件，应当具有明确的法律授权，而且不应当违背上位法。但是，这一计算办法造成了合法地保护"暴利"，实际上是通过法律的方式强制执行了运输者与高速公路收费公司的合同，导致了时建锋等"被迫地犯罪"。所以，这一行政规定不能直接作为法院审判的依据，在作为证据来计算高速公路收费的偷逃数额时，法院必须对这一行政规定进行司法审查，对其合法性进行判断。

📑【文献扩展】

1. 周安平."天价过路费案"对法律常识的偏离[J]. 法学，2011（3）.

2. 刘宪权."天价过路费案"定性分析[J]. 法学，2011（3）.

3. 朱芒. 论行政规定的性质——从行政规范体系角度的定位[J]. 中国法学，2003（1）.

📖【材料2-8】某公司北京分公司诉北京市质量技术监督局案

1999年8月31日，北京市质量技术监督局对某公司北京分公司沙河煤场进行日常监督检查，对该公司5800吨低硫煤进行了抽样，后委托北京市煤炭产品质量监督检验站对检验样品进行检测，1999年9月22日该站出具检验报告，检验结论为全硫含量0.56%，灰分量小于等于10%。由于北京市质量技术监督局1998年7月23日发布了低硫优质煤及制品的北京市地方标准，即DB11/097-

1998 标准,规定合格燃煤的标准为含硫量小于等于 0.5%,含灰量小于等于 10%,所以认定原告某公司北京分公司沙河煤场库存低硫煤为不合格产品。

原告收到检验报告后不服,于 1999 年 10 月 13 日向被告北京市质量技术监督局提出复检,北京市质量技术监督局受理了申请并委托北京市煤炭产品质量监督检验站进行复检,1999 年 11 月 16 日检验站出具的检验报告中结论为全硫含量 0.97%,灰分量为 10.10%。依据 DB11/097-1998 标准,仍判定某公司北京分公司沙河煤场库存低硫煤为不合格产品。

2000 年 6 月 5 日,北京市质量技术监督局作出(京执)技监罚字〔2000〕92 号行政处罚决定书,认定原告某公司北京分公司在京销售不合格低硫煤 1800 吨,依据《北京市产品质量监督条例》第三十八条第一款,《中华人民共和国行政处罚法》第五十一条第一项的规定,没收原告违法所得,处以违法所得一倍罚款,责令停止销售不合格低硫煤。

原告认为被告北京市质量技术监督局依据检验报告,认定公司销售不合格低硫煤证据不足,请求法院予以撤销处罚决定。

法院在裁判理由中,首先论述了北京市质量技术监督局所制定地方标准的合法性,接着,法院在裁判理由中展开了进一步的分析,说明技术标准可以作为行政机关开展行政活动的依据,据此进行的事实认定结果可以作为行政诉讼的证据:《北京市产品质量监督管理条例》第十条规定,地方标准是监督检查及检验产品质量的依据之一。被告北京市质量技术监督局将低硫优质煤及制品的北京市地方标准(DB11/097-1998)作为监督检查及检验产品质量的依据是符合法律、法规的规定的。本案中,原告某公司北京分公司销售的燃煤经北京市煤炭产品质量监督检验站、国家煤矿质量监督检验中心三次检验,均不符合低硫优质煤及制品的北京市地方标准即 DB11/097-1998 标准,检验结果均为不合格。据此,被告北京市质量技术监督局认定原告某公司北京分公司销售不合格煤的违法事实,证据充分,原告某公司北京分公司认为被告北京市质量技术监督局作出的行政处罚决定认定事实不清、证据不足的理由不予采信。①

【法理分析】该案反映技术标准在司法审判中的法源地位问题。所谓技术标准是重复性的技术事项在一定范围内的统一规定,它以科学技术和实践经验的综合成果为基础,经有关方面协商一致,由主管机关批准,以特定形式发布,作为共同遵守的准则和依据。我国现行标准根据适用范围不同分为国家标准、

---

① 北京市高级人民法院行政审判庭. 北京行政诉讼案例研究(第 2 卷)[M]. 北京:法律出版社,2003.

行业标准、地方标准和企业标准四级体系；根据法律效力不同，技术标准又可分为强制性标准和推荐性标准。

技术标准不直接规定人们的权利与义务，并不具有法的外观，技术标准并不具有正式的法律渊源地位，但是技术标准是行政机关进行事实认定并作出法律结论的重要依据，还对侵权责任的成立与否、刑法上罪名的构成要件成立与否发挥着很大作用。在本案中，技术标准实际上为判定案件事实构成要件的重要基准，在司法审判中，根据构成要件进行事实认定过程，是将社会生活中的事实进行类型化并上升为法律上的概念的过程。在本案中，北京市质量技术监督局制定的关于低硫优质煤的地方标准，构成了判断低硫优质煤的重要基准，这体现了法院事实上对行政机关制定的标准的充分尊重。但是技术标准并非正式的法律渊源，法官在裁判时不能在判决正文中直接援用，因此本案法官只是在裁判理由部分对地方标准的合法性以及审判依据、地位等问题进行了论述和铺陈。

📑【文献扩展】

1. 宋华琳. 论行政规则对司法的规范效应——以技术标准为中心的初步考察[J]. 中国法学，2006（6）.

2. 宋华琳. 论技术标准的法律性质——从行政法规范体系角度的定位[J]. 行政法学研究，2008（3）.

📖【材料2-9】洛阳种子案

2003年，洛阳市汝阳县种子公司与伊川县种子公司发生合同纠纷，洛阳市中级人民法院对此案进行审理。在审理过程中，伊川公司同意对汝阳公司进行赔偿，但在赔偿损失的计算方法上却与汝阳公司存在差异。汝阳公司认为，玉米种子的销售价格应依照《中华人民共和国种子法》（以下简称《种子法》）的相关规定，按市场价执行；伊川公司则认为，应当依据《河南省农作物种子管理条例》确定的政府指导价进行赔偿。时年30岁的拥有刑法学硕士学位的承办法官李慧娟在提交审委会讨论后作出判决："《种子法》实施后，玉米种子的价格已由市场调节，《河南省农作物种子管理条例》作为法律位阶较低的地方性法规，其与《种子法》相冲突的条款自然无效，而河南省物价局、农业厅联合下发的通知又是依据该条例制定的一般性规范性文件，其与《种子法》相冲突的条款也为无效条款。"2003年10月，河南省人大常委会法制室发文称，经省人大常委会主任会议研究认为,《河南省农作物种子管理条例》第三十六条关于种子经营价格的规定与《种子法》没有抵触,应继续适用。且"洛阳中院在其民事判决书中宣告地方性法规有关内容无效,这种行为的实质是对省人大常委会通过的地方性法规的违法审查,违背了我国的人民代表大会制度,侵犯了权力机关的职权,是严重违法行为",要求洛阳市人大常委会"依法行使监督权,纠正洛阳中院的违法行为,对直接负责人员和主管领导依法作出处理,通报洛阳市有关单位,并将处理结果报告省人大常委会"。2003 年 11 月 7 日,根据省、市人大常委提出的处理要求,洛阳中院党组拟出一份书面决定,准备撤销相关庭的副庭长职务和李慧娟的审判长职务,免去李慧娟的助理审判员资格。

被告不服一审判决,向河南省高级人民法院提起上诉。河南省高级人民法院受理后请示最高人民法院。最高人民法院于 2004 年 3 月 30 日作出《关于河南省汝阳县种子公司与河南省伊川县种子公司玉米种子代繁合同纠纷一案请示的答复》,指出:根据《中华人民共和国立法法》(以下简称《立法法》)和《最高人民法院关于适用〈中华人民共和国合同法〉若干问题的解释(一)》第四条的规定,人民法院在审理案件过程中,认为地方性法规与法律、行政法规的规定不一致,应当适用法律、行政法规的相关规定。河南省高级人民法院据此作出终审判决,维持洛阳市中级人民法院的初审判决。洛阳市中级人民法院对相关法官的处理决定最终也未实施,结果仍然是有惊无险。①

【法理分析】该案反映了法律的效力冲突以及选择问题。对于该案存在这样三个基本问题:①法官有没有选择适用法律的权力?②法官有没有宣布法律无效的权力?③李慧娟应当怎么做?

首先,法官具有选择适用法律的权力。法官在审判过程中,会面临不同种类的法律形式,如何去发现法律、何种法律才是正确的审判依据,这是法官在审判工作中绕不过去的问题,因此,法官唯有具有选择适用法律的权力,才能独立地进行司法审判。对于法律的选择适用是法官"依法审判"的应有之义。但是法官在进行司法审判时,法律依据并不会自动出现,而是一个能动性的法律发现的过程。

法院适用冲突规则选择法律的权力不仅在事实上享有,而且也具有法律上的依据。我国《宪法》第一百二十七条第二款明确规定,上下级法院之间系监督关系,而这种监督是审级监督制度实现的,是通过审判来实现而非通过"请

---

① 韩大元. 中国宪法事例研究(一)[M]. 北京:法律出版社,2005.

示"来实现的。因此，法院可自主地适用冲突规则，而不必请示最高人民法院给出答复。但是在司法实践中，法院对地方性法规往往会有所顾忌，主要是因为地方性法规是由作为法院的产生者、监督者的地方人大制定的。但是，人大对法院的监督不能妨碍法院的司法独立，制定机关应当尊重法院的选择适用权，并主动对自己制定的规范性法律文件进行审查。

不同种类的法源发生冲突时，法官必须遵从一定的处理法则。具体而言，法官所面临的法律冲突分为两种类型：一是积极冲突，即两种规范之间的冲突，也就是法律规定"不一致"的情形或者下位法超出了上位法规定的范围；二是消极冲突，也就是下位法的规定缺乏相应法律依据的情形。根据我国《宪法》和《立法法》的规定，上位法优先于下位法，这是我国法院对于处理法律冲突的最基本规则，该规则适用于地方性法规与法律、行政法规的冲突，国务院文件与法律之间的冲突，地方政府规章与行政法规的冲突，部门规章与行政法规的冲突。就本案而言，全国人大常委会制定的法律优先于河南省人大制定的地方性法规，对此，最高人民法院所作的批复对此进行了肯定，因此李慧娟选择适用法律并没有错。

其次，法官并没有宣布法律无效的权力。对于法律法规的效力审查，我国实行立法机构审查的模式，即由全国人大常委会行使对地方性法规的效力审查的权力。所以，法官在面对法律冲突时，只能就法律的适用或者不予适用作出说明，这是法官作出裁判时的一项义务，但是法官对法律的评判权也是有限的，法官并没有宣布法律无效的权力。这是因为，法院作为司法部门，不能从事立法工作，不能一般性地否定某规范性法律文件的效力，甚至宣布其无效或者予以撤销，而只能说明不能在本案中适用的原因。

最后，对于该案，什么才是正确的做法。法官李慧娟选择适用法律的权力是法律所赋予的，对于如何选择适用法律并不需要最高人民法院进行批复。但是，法院作为司法部门，并不具有对地方性法规进行审查的权力，她应当报请全国人大常委会对河南省人大颁布的地方性法规进行审查，由最高立法机构来决定该地方性法规的效力，而不能在该案的判决书中进行宣布。

【文献扩展】

1. 王贵松. 法院对法律冲突问题的应对：现状与前瞻[J]. 法商研究，2010（2）.

2. 孔祥俊. 论法官在法律规范冲突中的选择适用权[J]. 法律适用，2004（4）.

3. 杨小君. 行政法律规范的冲突[J]. 国家行政学院学报，2006（3）.

📖【材料2-10】强制婚检案中的法律冲突

2003年7月30日，国务院出台了《婚姻登记条例》，该行政法规根据2001年4月28日修订的《中华人民共和国婚姻法》（以下简称《婚姻法》）有关规定，没有规定婚姻登记中的强制婚检制度，这被认为是婚姻登记改革的一大进步。但是后来人们发现，在1994年颁布的《中华人民共和国母婴保健法》（以下简称《母婴保健法》）第十二条则要求"男女双方在结婚登记时，应当持有婚前医学检查证明或者医学鉴定证明"。2005年6月，黑龙江省修正的《黑龙江省母婴保健条例》，以地方性法规的形式恢复了强制婚检。此举一出，引起各方关注，5位公民联名上书向全国人大常委会提出立法审查建议，认为《黑龙江省母婴保健条例》关于强制婚检的规定与《婚姻登记条例》规定相抵触。

一种观点认为，《母婴保健法》在前，新《婚姻法》在后，根据新法优先于旧法的适用规则，应以新《婚姻法》为准，新《婚姻法》未强制婚检，而作为配套行政法规，《婚姻登记条例》依据《婚姻法》制定，是对婚姻登记作出的程序性规定。另一种观点认为，《母婴保健法》是母婴保健方面的一般法，《婚姻法》有关结婚登记的规定相对于《母婴保健法》是特别法，根据特别法优先于一般法的规定，《婚姻法》有关结婚登记的规定自动取代《母婴保健法》的相关规定。还有观点认为，在新《婚姻法》对婚检没有作出任何规定的前提下，没有"新法优先于旧法"的问题，又由于《母婴保健法》和《婚姻登记条例》是上位法和下位法的关系，根据上位法优先于下位法的适用规则，凡是在实行婚前医学检查制度的地区，都应当适用《母婴保健法》。[①]

【法理分析】该案比较集中地反映了法律规范的效力冲突及其解决问题。首先，对于《婚姻法》没有明确规定强制婚检制度，应当推定为默认了自愿婚检制度。因为《婚姻法》及《婚姻登记条例》明确了婚姻的成立要件，《婚姻登记条例》没有规定在结婚登记中提交婚检证明，规定只需提交户口簿、身份证、本人无配偶以及与对方当事人没有直系血亲和三代以内旁系血亲关系的签字声明，这说明这两部规范性法律文件事实上规定了"自愿婚检"制度。

其次，对于《婚姻法》和《母婴保健法》的冲突，两者的制定主体并非同一机关，《婚姻法》由全国人民代表大会制定，而《母婴保健法》则由全国人大

[①] 婚检：法律冲突凸显[N]. 人民日报，2005-08-03.

常委会制定，这两部法律并非属于同一位阶，也非同一主体，因此无法适用"新法优先于旧法""特别法优先于普通法"的规则来处理。根据全国人大制定的基本法律的效力优先于全国人大常委会制定的其他法律，《婚姻法》的效力应当优先于《母婴保健法》。对于《母婴保健法》的法律效力，应当由全国人大常委会提起审查。

再次，根据上位法优先于下位法的原则，《婚姻登记条例》符合上位法《婚姻法》的规定，但是《黑龙江省母婴保健条例》与上位法《婚姻登记条例》《婚姻法》发生冲突，不能自行恢复强制婚检制度。

最后，强制婚检的法律冲突凸显了我国存在严重的"立法违法"的问题。对此，我国虽然已经建立了以下三种制度：其一，《立法法》确立了法的效力位阶和法律规范冲突时执法者选择法律规范适用的规则；其二，有关法律、法规建立了法规、规章备案审查制度；其三，根据《宪法》《组织法》和《立法法》，建立了对法规、规章的违宪、违法审查制度。但是，我国还应当制定一部违法审查程序法，通过法律的形式建立一个具有独立性的违法审查机构，规定提出审查的主体、期限、答复程序等，使违法审查程序更具有可操作性，从而更有效地解决当下存在的"立法违法"的问题。

📄【文献扩展】

1. 杨涛. 黑龙江强制婚检并不违法[N]. 检察日报，2005.
2. 季子. 用合宪审查终结"婚检尴尬"[N]. 经济参考报，2005.
3. 张景义. 恢复强制婚检的路能走多远？[N]. 人民法院报，2005.
4. 陈丽平. 黑龙江继续强制婚检并不违法[N]. 法制日报，2005.
5. 刘仁文. 建立法律冲突的良性解决机制[N]. 中国社会科学院院报，2004.

📖【材料2-11】朱某上诉公安交通行政处罚案

2005年1月5日18时10分，朱某驾驶"夏利"牌小型客车，在昆明市人民东路新迎路口因违法驶入公交专用车道被被告交警一大队值勤民警当场查获，民警口头告知朱某的行为违反了《中华人民共和国道路交通安全法》（以下简称《道路交通安全法》）第三十七条相关规定，并依据该法第九十条相关规定，拟作出对其处罚100元罚款的行政处罚，朱某无申辩意见。交警一大队执勤民警当场制作《昆明市公安局交通警察支队公安交通管理简易程序处罚决定书》（以下简称《处罚决定书》）交朱某签名，并告知朱某权利义务及缴纳罚款的相关规定后，当场将处罚决定书送达朱某。民警制作的《处罚决定书》载明内容包括朱某的违法事实、行政处罚的依据、处罚的内容、时间、地点、处罚机关名称、执法民警的盖章及原告朱某的签字。

原告朱某提起诉讼称：被告以原告违反《道路交通安全法》为由，适用简易程序当场对朱某作出的行政处罚决定程序违法，且适用法律错误，该《处罚决定书》无效，侵害了朱某的合法权益，请求人民法院撤销被告对其作出的《处罚决定书》。

官渡区人民法院经一审审理认为：原告朱某的行为属道路交通违法行为，被告作出具体行政行为适用《道路交通安全法》符合法律规定，适用法律正确。被告适用简易程序作出的《处罚决定书》，对原告朱某处以罚款的行政处罚适用程序合法，依法应当予以维持。原告朱某主张撤销被告作出的《处罚决定书》无事实及法律依据，不予支持。官渡区法院遂作出一审判决，维持被告作出的《处罚决定书》。

一审宣判后，朱某不服，上诉至云南省昆明市中级人民法院称：一审判决对适用法律的审查认定错误，认为《行政处罚法》是上位法，《道路交通安全法》是下位法，交警一大队对其作出的行政处罚只能适用《行政处罚法》，而不是《道路交通安全法》。而按《行政处罚法》的规定，对公民处以50元以下罚款的，才可适用简易程序。交警一大队对其处以的罚款金额为100元，适用简易程序构成违法，请求撤销一审判决，改判支持其诉讼请求。

针对上诉人所诉称的法律冲突问题，云南省昆明市中级人民法院经二审审理认为，在我国的立法体系中，全国人大与全国人大常委会都是法律的制定主体，均为行使最高立法权的国家立法机构，全国人大常委会是全国人大的常设机关，在全国人大闭会期间，其可行使国家最高立法权，两个国家最高立法机构所制定的法律不应存在位阶上的"层级冲突"，即不会产生"上位法"与"下位法"之间冲突的问题，故上诉人朱某在该案中认为全国人大制定的《行政处罚法》系"上位法"，全国人大常委会制定的《道路交通安全法》系"下位法"的上诉理由不成立。另外，全国人大制定的《行政处罚法》是对所有行政处罚作出较原则的规范性规定，属于普通法规范；而由全国人大常委会制定的《道路交通安全法》则是对道路交通安全管理的有关事项作具体规定，属特别法规范，按照我国《立法法》第八十三条的规定，"特别规定与一般规定不一致的，适用特别规定"。故本案应当适用特别规定。被上诉人所作行政处罚的证据确凿，事实清楚，适用法律正确，符合法定程序，一审人民法院对该行政处罚决定予以维持无误，一审判决依法应予维持。上诉人的上诉主张缺乏充足的法律依据，其上诉请求依法不应支持。据此，昆明中院依法作出终审判决：驳回上诉，维持原判。①

【法理分析】该案反映了《道路交通安全法》与《行政处罚法》的冲突问题，对此，须明确全国人大制定的"基本法律"和全国人大常委会制定的"其他法律"之间的法律位阶问题。在本书看来，"基本法律"和"其他法律"之间存在法律位阶关系，两者并非同一主体制定，也并非同一位阶，不能适用"新法优先于旧法""特别法优先于普通法"的规则来解决《道路交通安全法》与《行政处罚法》的冲突问题。

尽管我国《立法法》规定，全国人大常委会在全国人大闭会期间，对全国人大制定的基本法律可以补充和修改，但是不得同该法律的基本原则相抵触，因此不能依此认为两者属于"同一机关"。虽然全国人大常委会属于全国人大的常设机构，但是在立法体系中，"机构"和"机关"并非同一概念，在立法意义上，全国人大与全国人大常委会行使不同层次的职权，不应当视为"同一机关"。首先，立法权限不同。全国人大制定基本法律，全国人大常委会制定基本法律之外的"其他法律"。其次，效力等级不同。基本法律具有全局性和原则性，其他法律不能违背基本法律，其他法律不得与基本法律相抵触。最后，立法权性质不同。全国人大常委会在闭会期间可以对基本法律进行修改和补充，但不得违背该法律的基本原则，全国人大常委会所拥有的权力实质是立法修改权，在权力构造上从属于法律制定权。并且，经过全国人大常委会修改的法律仍然属于基本法律的构成部分，全国人大常委会所拥有的基本法律修改权，并不意味着全国人大常委会所制定的其他法律与基本法律具有同一位阶，这两者之间并不具备逻辑关系。

明确"基本法律"与"其他法律"之间的法律位阶关系，有利于解决司法实践中法律适用的混乱问题。对于强制婚检案中《母婴保健法》和《婚姻法》的冲突，也属于"其他法律"与"基本法律"的冲突问题，不能用"新法优先于旧法""特别法优先于普通法"等规则来解决。

【文献扩展】

1. 刘家海. 论《道路交通安全法》与《行政处罚法》的抵触[J]. 法治论丛，

---

① 《法制日报》2007 年 4 月 15 日。

2009（3）.

2. 梁三利. 全国人大和全国人大常委会制定法冲突的问题与出路——刘家海诉交警部门行政处罚案引发的思考[J]. 法治论丛，2008（5）.

3. 黄新波. 道路交通违法当场处罚之法律适用[J]. 人民司法，2011（6）.

📖【材料 2-12】余丽诉新浪网案

2010 年，余丽在新浪网注册了微博账号，并勾选同意了《新浪网络服务使用协议》。该协议明确规定，在使用新浪网络服务时，用户不能传播任何虚假、骚扰、中伤、辱骂、恐吓、庸俗淫秽或其他的非法信息。协议还表明，如果用户违反规定，新浪有权删除、暂停或终止其网络服务。另外，由于网络服务的特殊性，注册用户同意新浪可以随时变更、中断或终止部分或全部网络服务，而无须提前通知用户。

在 2011 年 4 月，余丽发现自己无法登录微博账号。新浪客服解释称，由于她在微博中攻击了他人，属于违规操作，因此新浪在接到举报后关闭了她的微博账号。余丽认为单方面封停账号的行为属于严重违约，决定针对新浪网公司和新浪互联公司提起诉讼。

随后，2011 年 12 月，北京海淀区人民法院一审判决认为，新浪网公司和新浪互联公司在没有充分证据证明余丽利用微博账号侵犯他人权利的情况下，未提前通知她就停止服务，违反了合同约定，应对这一行为承担违约责任。然而，2012 年 4 月，北京市第一中级人民法院的二审裁定书认为，余丽起诉新浪公司不属于人民法院受理民事诉讼的范围，因此驳回了她的起诉。尽管余丽随后向北京市高级人民法院申请再审，但 2013 年 4 月 19 日，北京市高级人民法院认为北京市第一中级人民法院的裁定理由并无不当，因此驳回了余丽的再审申请。

【法理分析】该案的判决显现了宪法在我国司法实践中的法源地位。司法裁判应该贯彻宪法精神，促进宪法的实施，引入合宪性解释的主要目的就是为了促进宪法的实施。习近平法治思想赋予了依宪治国在推进全面依法治国中的重要地位。坚持依宪治国，不仅要党领导人民制定、实施和实践宪法和法律，还要求包括司法机关在内的一切国家机关和武装力量必须以宪法为根本活动准则，都负有维护宪法尊严、保证宪法实施的职责。而在司法实践中，如何引入宪法、充分发挥宪法的最高法律效力是我国宪法实施的难题。

为此，可以通过合宪性解释将宪法的规定或精神落实到司法实践。由于我国宪政体制与西方国家的差异，作为舶来品的合宪性解释在我国的适用还存在一些困难，但是在制度设想上不可否认合宪性解释的此种功能。可以通过选择与宪法内容相一致的法律解释，使宪法精神得到贯彻和落实，维护宪法在我国根本法的地位。此种操作虽未直接援引宪法，通过间接的方式也是促进宪法实施的一种途径。虽然最高人民法院不支持在裁判中直接援引宪法，但并未禁止运用宪法进行说理。进一步讲，合宪性解释在具体案件中的应用，并非依照宪法裁判案件，而是通过法律解释将宪法的精神和价值得以落实，援引宪法只是合宪性解释在司法实践中的表现形式之一，除此之外还存在一些隐性适用。在我国的司法实践中仍然存在适用的个案，以是否在裁判说理部分明确采用合宪性解释方法为标准，我们可以将合宪性解释的司法适用分为显性适用和隐性适用。

分析本案的判决思路，本案中新浪网基于合同的约定单方面解除了与余丽的合同，就其行为本身来看，是否属于违约？使用协议明确约定了合同解除的条件，双方已经明确在何种情形下可以单方面解除合同。根据我国合同法的理论和实践，只要双方约定的合同解除条件成就时，就可解除合同，且法院在审理中也承认了新浪网与余丽之间的合同有效性。从这个角度来看，新浪网单方面终止服务的行为似乎没有什么不妥。但法院在判决中指出，虽然根据双方之间的网络服务协议，被告可以对违规用户采取一切必要的措施，但被告提出的现有证据难以证明余丽存在违规侵犯他人权利或者造成不利影响的情形，且即使余丽存在一定的过激言辞，被告在采取相应处置措施时亦应注意采取措施的适当性，必要措施的采取不应对合法信息的传播造成障碍。

从判决来看，法院虽未直接援引宪法，但从"措施的正当性""必要措施""合法信息的传播"可以看出法院根据宪法中比例原则和适当性原则进行了考量。比例原则作为一项公法意义上通用的基本原则，其关注的核心议题便是国家公权力和公民基本权利之间的关系，国家出于正当目的的强权干预行为不能过度行使，对公民基本权利的损害必须最小。在本案中，如果法院全部支持被告的请求，可能存在侵犯原告言论自由权的风险，法院在作出判决时已经进行了权衡。综上分析，法院的司法推理逻辑如下：余丽与新浪网公司之间的合同涉及她的言论自由权，而新浪网公司解除合同的行为实际上限制了这一权利。为了平衡保护基本权利的有效性，新浪网公司在解除合同时应该遵循比例原则，确保采取的措施不会对合法信息传播造成不必要的障碍。尽管余丽享有言论自由权，但新浪网公司也是有经营自主权的主体，这也是受宪法保障的基本权利。

在这个案件中，海淀区人民法院为合同解除权的行使增加了附加条件，虽然这在某种程度上保护了余丽的言论自由，但同时也限制了新浪网公司解除合同的权利。这种合同解除权体现了新浪网公司的契约自由和经营自主权，对此公权力应当审慎监管，不得进行过度干预。可见，法院正是基于宪法层面的考量对合同法赋予当事人的合同解除权进行了限制，以保护公民的言论自由权不受侵犯，这实质上是进行了合宪性解释，属于合宪性解释的隐性适用。

📑【文献扩展】

1. 杜强强. 论民法任意性规范的合宪性解释——以余丽诉新浪网公司案为切入点[J]. 华东政法大学学报，2014（6）.

2. 张翔. 基本权利在私法上效力的展开[J]. 中外法学，2003（5）.

3. 杜强强. 合宪性解释在我国法院的实践[J]. 法学研究，2016（6）.

📖【材料2-13】知假买假案

孙银山是著名的"职业打假人"，这类人会专门、故意购买不符合食品安全标准的食品，并依据《中华人民共和国食品安全法》向生产者或者销售者要求支付价款十倍的赔偿金，以此牟取金钱。2012年5月1日，孙银山在欧尚超市江宁店购买了香肠十五包。其中，十四包香肠已经过了保质期，属于不符合食品安全标准的食品。孙银山结账后便直奔服务台进行索赔，在索赔失败后将欧尚超市江宁店诉至南京市江宁区人民法院，要求十倍赔偿。

南京市江宁区人民法院在（2012）江宁开民初字第646号民事判决中判定："原、被告双方对孙银山从欧尚超市江宁店购买香肠这一事实不持异议，据此可以认定孙银山实施了购买商品的行为，且孙银山并未将所购香肠用于再次销售经营，欧尚超市江宁店也未提供证据证明其购买商品是为了生产经营。孙银山因购买到超过保质期的食品而索赔，属于行使法定权利。因此欧尚超市江宁店认为孙银山'买假索赔'不是消费者的抗辩理由不能成立。"最终，判决被告欧尚超市江宁店给予原告孙银山十倍赔偿共5586元。宣判后，该案被选为最高人民法院发布的第六批指导性案例，即第23号指导性案例。其裁判要点为"消费者购买到不符合食品安全标准的食品，要求销售者或者生产者依照食品安全法规定支付价款十倍赔偿金或者依照法律规定的其他赔偿标准赔偿的，不论其购买时是否明知食品不符合安全标准，人民法院都应予支持"。

在（2017）苏民申4874号判决中，法院判决指出："以牟利为目的的知假买假行为，却是受惩罚性赔偿的高额回报的驱动，多次购买价格低廉的缺陷产品，再从中谋取高额赔偿，是一种扰乱市场秩序的行为，应不受上述法律规定的保护。"（2018）皖 01 民终 2461 号则判定："以诉讼为手段、以法院为工具的行为，不仅造成司法资源的巨大浪费，也极大影响法院司法权威。蔡伟若出于打击假冒伪劣商品的需要，其完全可以采取向有关行政主管部门举报等方式进行，且成效迅速，这才是一个打假者应采取的手段。"

【**法理分析**】本案体现了指导性案例在我国的"准法源"地位。根据 2010 年 11 月 26 日最高人民法院出台的《关于案例指导工作的规定》第一条、第二条，指导性案例是指由最高人民法院确定并统一发布的、已经发生法律效力且符合以下条件的案例：①社会广泛关注的；②法律规定比较原则的；③具有典型性的；④疑难复杂或者新类型的；⑤其他具有指导作用的案例。指导性案例能够表达最高人民法院对于实践中产生的争议性问题的态度倾向，在第 23 号指导性案例（即孙银山案）中，最高人民法院并不因"职业打假人"故意知假买假而限制其消费者身份，将"职业打假人"作为净化市场的民间监督力量，因此倾向于将知假买假、通过诉讼营利的行为认定为合法。因此，在"职业打假人"知假买假的后续诉讼中，许多判决运用了第 23 号指导性案例作出了类似的裁判结果。

然而，在实践中，也存在（2017）苏民申 4874 号、（2018）皖 01 民终 2461 号等大量认定知假买假行为不合法的判决，出现指导性案例参照情况不理想、实际援引率偏低的现象。这是因为我国的案例指导制度不同于英美法中的判例制度，并不属于正式的法律渊源，在最初仅具有"应当参照"的效力（2010 年 11 月 26 日最高人民法院发布的《关于案例指导工作的规定》第七条规定："最高人民法院发布的指导性案例，各级人民法院审判类似案件时应当参照。"）。"参照"不同于"遵照"，从第 23 号指导性案例的后续引用情况来看，裁判者在诉讼一方申请参照指导性案例时，并不会完全按照指导性案例进行判决，而是在判决书中隐性参照甚至否定、推翻。2018 年，最高人民法院发布《关于加强和规范裁判文书释法说理的指导意见》，首次明晰裁判文书的释法说理除了依据法律和司法解释之外，首要的辅助性论据就是指导性案例。这一意见明确了指导性案例作为法律论证理由、裁判依据的优先顺位，仅次于法律和司法解释。在司法运行中，指导性案例虽然不具备制度上的强制约束力，但由于指导性案例由最高人民法院所发布，其裁判要旨和司法观点有权威的背书，在类案中援引指导性案例进行说理有利于类案类判，提高裁判的说理效力和群众对判决的信赖。

可以看出，指导性案例既不同于英美法中作为法源的判例，也不同于民法体系中非法源的判例，而是具有制度性功能的"准法源"。一方面，指导性案例能够基于最高人民法院对下级法院的权威和影响力而获得规范拘束力，这就使得指导性案例的效力超过仅具有价值约束力的一般判例，而具有了一定的法源性质。另一方面，在政治框架和实践传统中，司法机关并不具有造法的权力，因此，指导性案例的拘束力相对较弱。在具体案件中，指导性案例的援用也可能被实质理由所阻断，如"知假买假类"案中，由于司法实务界尚未形成普遍共识，根据知假买假者的具体购买数额，也可能偏离第23号指导性案例中将职业打假人认定为消费者的裁判要旨，最终根据价值判断等现实因素来作出决策。

📑【文献扩展】

1. 雷磊. 指导性案例法源地位再反思[J]. 中国法学，2015（1）.

2. 孙光宁. 否定参照指导性案例的理由及其启示——以指导性案例23号为分析对象[J]. 山东法官培训学院学报，2020（5）.

03

第三章

法律的基本范畴

📖【材料 3-1】陶莉萍的"亲吻权"应否得到支持

2001 年 6 月 1 日晚，原告陶莉萍途经广汉市西康路顺滨西路证券公司时，被告吴曦驾车将其撞伤。车祸造成陶莉萍上唇裂伤、全身多处软组织挫伤、两颗门牙折断、脑震荡。陶莉萍被医疗部门鉴定为十级伤残。陶莉萍被撞伤后，两颗门牙折断，影响她正常撕咬食物。陶莉萍还称自己再也感受不到亲吻的甜蜜。为此，陶莉萍于 7 月 10 日向广汉市人民法院起诉，为"亲吻权"索赔 10000元。法院认为，我国现有的法律、行政法规均无关于亲吻权的规定，故亲吻权的提出于法无据。原告嘴唇裂伤，不能亲吻或亲吻变成一种痛苦的心理体验，属于情感上的利益损失，当属精神性人格利益，但利益并非都能得到司法救济。法院认为，被告因过失而偶致原告唇裂，故对原告因其不能亲吻而要求被告赔偿精神损害抚慰金的诉求不予支持。但法院同时认为，被告撞伤原告致其门牙折断、口唇裂伤，侵犯了原告的身体权、健康权，给原告造成肉体和精神痛苦，应给付 500 元的精神损害赔偿金。①

【法理分析】这个案例涉及什么样的利益主张可以作为权利得到法律上的支持，进一步说，还涉及何谓权利的问题，这是法学中的基本问题。在当前我国的法治进程中，由于公众权利意识的高涨，这个问题屡屡被推到法庭上，比如人们在诉讼中提出了各种各样的权利主张，除了本案中的"亲吻权"，还有"悼念权""拥抱权""乞讨权"等，不胜枚举。上述权利主张是否可以得到法律上的确认呢？为此我们首先要回到权利的概念上来。

关于权利的概念有许多学说，但是都不能否认权利的正当性内涵，权利的正当性是权利的核心要义。回顾西方法律思想史中的权利观念，理性主义的权利观念具有两种进路。一种是本质主义的进路，又可称为本体理性主义，这种权利观念源于古希腊的柏拉图、亚里士多德的理性主义法治观，经过启蒙思想家、自然法学家和哲理法学家的继承与发展，形成了本体理性的权利观念，把实质的合理性当成权利的正当性来源；另一种进路源自古罗马的职业法学家，经过法律实证主义者的逐步发展，形成了形式主义认知理性的权利观念，把合法性也就是法律制度的认可当成权利正当性的优先考虑。无论哪种进路，都不能否认权利的正当性。因此，一种主张能否在法律上作为权利确认并受到保护，首先要看这种主张所要求保护的利益是否具有正当性。由于诉讼中的新型"权利主张"都是法律中没有明文规定的权利，因此这里的正当性只能是实质的合理性而不是制度合理性。不具有正当性的利益当然不应当受到法律保护，更不可能作为法律权利得到确认。具有正当性的利益是否都可以得到法律确认则需要具体分析，首先需要分析这种利益没有被立法作为权利规定下来的原因。因为民事权利的定型化和体系化是一个理性的过程，各种利益要经过比较、衡量和选择，最终符合民法理念的利益按照逻辑关系顺序规定下来。因此对于那些没有作为权利予以规定的利益，我们首先需要分析原因，看立法者是否已经做了判断。一些利益要求，不可谓不是正当的要求，但是根据社会的政治、经济、文化观念和习俗等情况，不适合用法律调整，如朋友关系、恋爱关系等，立法者对此已经做了判断因而没有规定，这主要依靠道德的观念予以调整。人们在诉讼中主张的各种新型"权利"主张，当事人都认为具有正当性，但是其推理过程往往是根据"法不禁止即自由"的推理方式进行推断的。"法不禁止即自由"强调的是只要法律没有明文禁止，主体的利益要求和行为没有侵犯他人的利益、

---

① 因车祸造成上唇裂伤 亲吻权受损应否赔偿？ [N]. 法制日报，2001-08-29.

自由和公认的公共利益，主体就可以按照自己的意志进行活动，对主体的这种行为没有法律责任的施加，但是也不能认为这种行为或利益要求就获得了其他的正当性评价，如道德上的或者习俗上的。例如，所谓的"同居权"就不适合通过法律调整。还有一些正当的利益要求，法律之所以没有纳入调整的范围，则是属于法律的"漏洞"，究其原因有两个方面。一是由于立法者的局限性。立法者是人而不是神，他的理性是有限的，不可能对纷繁复杂的社会生活作出全面的考量和预测，设计出完美无缺的规范体系。而且，即使立法者在某些情况下预见到了一些情形，但由于人类所使用语言的局限性，也难以准确地表达一切立法意图。二是由于法律的相对静止和利益的"生长"之间的矛盾。法律具有相对静止性，正如梅因所说："社会的需要和社会的意见常常是或多或少地走在法律的前面，我们可能非常接近地达到它们之间缺口的结合处，但永远存在的趋向是要把这缺口重新打开来"。因此，随着人们权利意识的增强，一些新的利益要求不可避免地出现，许多利益要求上升到权利的地位。这些属于立法者疏漏的利益和新的利益需求往往具有正当性和合理性，但是由于其内涵和外延往往不清晰，加上立法过程的滞后性和周期性，需要在司法实践中率先作出判断和回应。例如，在人格权相关领域，近年来民众要求保护个人隐私的诉求越来越强烈，虽然现行民法没有规定隐私权，但是又不能否认这种诉求的合理性，在2010年《侵权责任法》出台之前，法院把隐私纳入了名誉权进行保护，最高人民法院在《关于审理名誉权案件若干问题的解答》中指出："对未经他人同意，擅自公布他人的隐私材料或以书面、口头形式宣扬他人隐私，致他人名誉受到损害的，按照侵害他人名誉权处理。"

对于司法实践中的新型"权利"主张，法官首先需要判断的是该权利是否属于法律调整的范围。法官判断的标准是根据当下的政治、经济和社会文化观念，而且这种标准也是与时俱进的。对于不属于法律调整范围的要排除，对于属于立法者的疏漏且随着社会的发展具有法律调整必要性的，法官应当在自己的权限范围内进行裁判。在我国，法官应当尊重大陆法系立法权和司法权的界限，尽量不要超越司法的权限范围去创设新的权利，要通过解释、补充法律，力争在现有的法律框架内解决问题，因而法官要回答的是当事人所主张的权利是否可以通过法律保护，以及在现有的法律框架内该以何种方式进行保护的问题。毫无疑问，本案中法官的判决体现了这种观念。法官根据现有法律规定判决对原告的身体健康权给予了赔偿，没有承认其"亲吻权"的主张。

📑 【文献扩展】

1. 梁士斌. 亲吻权受损应否赔偿[N]. 法制日报，2001-08-29.
2. 王成. 侵权之"权"的认定与民事主体利益的规范途径——兼论《侵权责任法》的一般条款[J]. 清华法学，2011（2）.

📖 【材料 3-2】如此琴声，是乐音还是噪声？

某退休工人爱好弹钢琴，退休后在家里弹钢琴，其家中安置了两架钢琴，除了平时自己弹奏，还招了几个学生进行教学活动。邻居对钢琴声逐渐不能容忍，感觉严重影响了自己的生活，多次提意见。后来居委会、派出所多次出面协调，但都无济于事。最后邻居诉诸法庭。本案中，由于钢琴声没有达到环保法关于噪音的规定标准，邻居也没有证据证明自己的精神受到了损害，法庭最后以"公民在行使自己的权利和自由时，不得损害他人的权利和自由"为依据判决被告在自己的房间中加装隔音设施，并承担本案的诉讼费用。①

【法理分析】权利冲突是立法、司法过程尤其是社会生活中发生的普遍现象。人作为一种社会性的动物，权利是基于人与人的关系而存在和主张的，因而生活在孤岛上的鲁滨逊就无所谓权利的问题。由于人都有自己的权利主张，因而权利的冲突不可避免。

权利冲突是指拥有权利的各方在权利实现的过程中所发生的竞争、对抗和相互排挤的现象。权利冲突中各方的权利都是合法的和正当的，否则就构成了侵权而不是权利冲突。如果我们采纳权利概念的通说"利益说"，那么可以把权利冲突的实质归结为利益冲突，而冲突的根源则是资源的有限性。本案中被告不管是出于教学需要还是娱乐需要，弹奏钢琴都是他的权利，而安宁休息是原告的权利。但是由于居住资源的有限性，这两种权利"不期而遇"。由于我国城市居民一般居住在户户相邻的楼房里，而不是独门独院的别墅，因此尽管被告的钢琴声没有达到环保法规定的噪音标准，但是每天长达八小时不得不听的钢琴声对于邻居也构成了一种折磨。那么，这种权利冲突如何解决？学界一种占主流的观点是权利具有位阶性，当权利的冲突发生在不同位阶的权利之间时，应当优先保护高位阶的权利，因为高位阶的权利相对于低位阶的权利代表着更高的价值或者更为重要的社会利益。但是并不是每种权利冲突都可以很轻易地

---

① 李舒，李自良. 如此琴声，是乐音还是噪音？ [N]. 检察日报，2001-06-13.

对冲突的权利依据某种标准作出这种位阶划分，诚如博登海默所言，"人的确不可能凭借哲学方法对那些应当得到法律承认和保护的利益作出一种普遍有效的权威性的位序安排"，本案即属于这种情况。对于本案，我们可以从权利的内在限制角度和利益平衡的角度进行分析。从权利的性质来说，每一种权利的行使都有其内在的制约，那就是不得侵犯或损害其他主体的权利。权利的行使如果违背了其内在的制约或者越出了权利的边界就应当得到纠正。谢晖先生认为，权利行使的限度在于，一是能满足权利行使者自身的需求，二是对与权利行使者相对的人而言，无所损及。我国《宪法》第五十一条规定："中华人民共和国公民在行使自由和权利时，不得损害国家的、社会的、集体的利益和其他公民的合法的自由和权利。"

本案中退休工人弹奏钢琴是他的权利和自由，但是声音进入了邻居的空间范围，打扰了邻居的安宁。在自己家中发出声音被邻居听到确实构成了一种侵扰，但是生活中谁也做不到一直安静，也不可能永远不发出被邻居听到的声音，如偶尔剁剁排骨等，这里就有一个限度问题。在此，日本的忍受限度理论可供我们借鉴，其对忍受限度的界定是以常人所能忍受的限度为准，忍受限度也把是否遵守环境标准作为重要的因素。[①]不过，常人所能容忍的限度是与社会公众的认知与感受密切相关的。例如，对于现在我国所盛行的广场舞所产生的噪声，人们越来越难以忍受，对其噪音音量所能容忍的程度逐渐降低，导致近几年发生了针对广场舞的"泼粪"事件和"鸣枪"事件等比较极端的冲突。何谓常人所能忍受的限度，还需要法官在个案中根据自身阅历、经验和当下的民情调研作出判断。权利限制最终取决于一个国家的政治、经济和社会制度，也取决于传统的文化、风俗等，这些都需要法官有很深的体悟并融入个案解决方案中去。法官解决类似的权利冲突也需要利益平衡协调，我国最高人民法院对此也有规定。最高人民法院在《关于在审判执行工作中切实规范自由裁量权行使保障法律统一适用的指导意见》第七条规定："正确运用利益衡量方法。行使自由裁量权，要综合考量案件所涉各种利益关系，对相互冲突的权利或利益进行权衡与取舍，正确处理好公共利益与个人利益、人身利益与财产利益、生存利益与商业利益的关系，保护合法利益，抑制非法利益，努力实现利益最大化、损害最小化。"因为在每一个权利冲突的个案中，权利各方在主张自己的权利时，必然都要使自己的利益最大化，竭力提出对自己有利的主张。除非一方代表重要的

---

① 范跃和. 全国首例公路噪声污染案评析[N]. 人民法院报，2002-05-19（3）.

社会利益，否则法官就要尽可能地尊重冲突各方的利益，综合考虑各方的具体情况、社会认可的价值观念和社会习俗，以达成冲突各方的妥协和让步，尽可能地保证各方权利的并存，给相互冲突的利益以共存的空间。如果断然否定一方权利的行使，容易造成权利的低效益，也不利于判决的执行。因此，这种利益衡量要尽量消解权利各方的激烈冲突或斗争，提出更加符合中国人文化传统或者性格的解决方案。

📑【文献扩展】

1. 刘作翔. 权利冲突的几个理论问题[J]. 中国法学，2002（2）.
2. 王克金. 权利冲突论——一个法律实证主义的分析[J]. 法制与社会发展，2004（2）.

📖【材料 3-3】贾桂花的肖像权

《秋菊打官司》摄制组在陕西宝鸡进行纪实性摄影时，摄下了一位在场卖棉花糖的公民贾桂花的形象。贾氏本人自称因"生理缺陷"（贾氏患过天花，脸上有麻子）从来"连照相都不愿"。影片公映后，贾氏形象公之于众大约 4 秒钟（但并不能明显看出患天花的痕迹）。有熟人嘲弄贾氏"成了明星""长得那样还上电影"，其子在校也遭人戏谑，使贾氏极为痛苦。为此，贾氏经律师代理在北京市海淀区人民法院向《秋菊打官司》剧组所属的北京电影学院青年电影制片厂提出诉讼，认为剧组侵犯了她的肖像权，要求影片摄制者向其公开赔礼道歉，剪除影片上贾氏的镜头，同时赔偿贾氏精神损失费 8000 元。海淀区人民法院1994 年 12 月一审判决认为剧组的行为不构成侵权，驳回贾氏的诉讼请求。贾氏上诉至北京市中级人民法院，剧组给予贾氏 3500 元经济补偿，贾氏撤诉。①

【法理分析】本案是艺术创作自由与肖像权的冲突，是曾经备受媒体、法学界关注的一个案件，经过《焦点访谈》和《法制日报》的报道，以及苏力等法学家的评论争辩，引发了权利是平等的还是具有位阶性的争议。"权利位阶说"认为，按照诺贝尔奖获得者、经济学家科斯的理论，不同的初始权利配置将产生不同的社会总价值。在权利冲突时，法律应当按照一种能避免较为严重的损害或者说产出最大化的方式配置权利。具体到本案，是言论自由和肖像权的位阶的问题（力主"位阶说"的苏力先生把艺术创作自由归为广义的言论自由）。

---

① 苏力. 法治及其本土资源（修订版）[M]. 北京：中国政法大学出版社，2004.

苏力先生认为，判断一种权利的相对重要性，需要一种机制或一个市场，使得利益相关人能够表达他们的观点。因此，言论自由本身就是这样一种公共选择或社会选择得以进行的先决条件和前提条件，具有一种逻辑上的先在性。而且，在我国当下的国情下，言论自由优先配置也会产生巨大的实际效益。正是由于其制度效用和逻辑上的先在性，言论自由被规定为宪法中的基本权利，而肖像权一般由民法来保护。① "权利平等说"认为，国家的法律体系有位阶关系，但权利体系并没有位阶关系，权利体系内的各权利种类之间应是平等的。在具体的事件中权利是具体的和现实的，而不是抽象的和理念的，因为在具体的事件和案件中，权利都是具体的权利、现实的权利，而不是抽象的权利、理念的权利，因此不能笼统地说哪种权利优于哪种权利。② 也有学者承认权利体系中存在一定的权利位阶，但否认权利位阶的整体确定性，如林来梵、张卓明就在《论权利冲突中的权利位阶——规范视角下的透析》一文中提到："权利位阶之所以没有整体的确定性，最主要是由于涉及价值判断而很难确定，基于人类对价值问题认识的有限能力，我们无法脱离具体情形而先在地把每个权利正确地镶嵌在权利体系的图谱之上，以此解决任何可能出现的权利冲突"。笔者认同权利与权利之间是存在位阶的，对此法律也做了一些规定，例如，《民法典》物权编和其他法律规定的物权优先于债权等权利。

除了法律明确规定的一些权利优先的情形，在权利冲突时可以确定优先性的是生命权，生命权相对于财产权当然具有优先性，因为相对于人的生命，财产只不过是一种手段，而人是目的。生命权相对于其他人格权也应当具有优先性。这里需要提及的是"罗伊诉韦德"案，该案中美国联邦法院根据对胎儿生命的理解和胎儿生长的不同阶段确认胎儿生命权和母亲隐私权的不同关系，尽管被一些人指责为确定生命起点的随意性，但是当胎儿被确认为具有体外独立存活的可能时，胎儿的生命权就具有了优先性。"权利位阶说"的好处在于，对于有些案例，可以把它们都抽象为某一类的权利，通过权利位阶的比较得出结论。比如可以把生命权优先于财产权当作大前提，如果案件事实可以归为生命权与财产权的冲突，那么就可以作为小前提，得出结论。但是更多情况下，由于案件的复杂性，这种三段论推理无法适用。

一方面是大前提难以确定，除了法律明确规定的情形和一些典型的可以确

---

① 苏力. 法治及其本土资源（修订版）[M]. 北京：中国政法大学出版社，2004.
② 刘作翔. 权利冲突的几个理论问题[J]. 中国法学，2002（2）.

定哪种权利具有优先性的情形，很多案例中是无法确定权利的位阶的。另一方面是由于案件事实中某些条件的加入，如时间、地点或者主体的特殊性，小前提的具体性和特殊性就可能成为影响大前提演绎适用的关键因素。就本案来说，大前提就难以确定：言论自由和人格权何者优先？在两种权利发生冲突时，能否因为一种权利规定在宪法中，另一种权利规定在民法典中，以此为理由确定宪法中的权利具有优先性？按照传统法律理论，宪法中的基本权利与民法中的权利最为直接、最为明显的区别是权利指向的义务人不同，宪法基本权利指向国家，约束公权力；民法典中的权利指向平等主体的私人，保护权利主体免受私人的侵犯。宪法的基本理念是近代市民革命中自然法学关于国家权力与公民权利关系的思想，在这种理念中，国家权力来自人民权利的让与，相对于人民权利的目的性，国家权力只是手段。但是作为手段的公权力如果不受限制，就会成为作为目的的基本权利的最大威胁。为了防止国家权力对人民权利的侵犯，必须将人民的权利作为基本权利用宪法固定下来。因此，一种权利作为基本权利在各国宪法中加以规定，是出于对公权力被滥用的担忧，目的是防范公权力对基本权利的侵害，但是不能以此为理由在二者发生冲突时认定基本权利相对于民法典中的权利具有优先性。正如有的学者所言，确定权利的位阶性应当考虑另外一些因素，比如权利的基本性质与目的、社会政策目标等。再者，就人格权在宪法中的地位而言，我国学术界的主流观点认为宪法上的人格尊严在法律上体现为人格权。宪法规定的人格尊严不受侵犯，通常被认为是指民法意义上的人格权，包括姓名权、名誉权、肖像权等不受侵犯。德国联邦宪法法院在《基本法》第一条第一款"人的尊严"条款的指导下，通过第二条第一款"每个人有权自由发展其人格"推导出宪法中的一般人格权，并在多个判例中确认了人格权相对于言论自由的优先性。德国联邦宪法法院在 1957 年的"艾佛斯案"中表示，"自由的人格及其尊严"在宪法秩序的内部中具有"最高位阶的法价值"（"艾佛斯案"涉及的是门兴格拉德巴赫市市长提起的宪法申诉，他延长护照的要求遭到拒绝，仅仅因为其多次在外国集会并经常发表批评联邦德国的意见。联邦行政法院维持了护照机关的决定，理由是原告行为明显威胁到联邦共和国的利益。联邦宪法法院依据《基本法》第二条第一款"自由发展其人格"推导出"一般行为自由"作出判决）。因此，我们不能泛泛地说言论自由优先于人格权。由于言论自由是民主政治的前提条件，在政治领域和社会公共生活领域，对于公众人物，当新闻报道涉及他们的肖像等人格权时，一般不构成侵权，这时公众人物的人格权受到限制。本案中贾氏不是公众人物，而拍摄影片也不是新闻报道，更多具有盈利的性质，这时所谓的艺术创作最多可以归为商业性言论的范畴。具备了商业性和非公众人物这两个要素，所谓的言论自由应当受到限制，而贾氏的人格权应当得到优先保障。在国外，为了避免这种纠纷，剧组是非常注意的。在美国，这种"群众演员"的人格权是非常受尊重的。美国的剧组在拍摄电影、电视剧时，有专门的工作人员盯紧镜头，一旦拍到签约演员以外的人脸，必须马上冲上前去，请对方签"免责协议"，如果对方不同意，就苦苦哀求；对方还是不同意，就哭着哀求；再不愿意，就只能掏出珍贵的 50 美元了。如果找不到这个人，尽管重拍很贵，镜头也只能剪掉。

【文献扩展】

1. 苏力.《秋菊打官司》案、邱氏鼠药案和言论自由[J]. 法学研究，1996（3）.
2. 张红. 肖像权保护中的利益平衡[J]. 中国法学，2014（1）.

【材料 3-4】谁动了我的下铺？

2015 年 4 月 5 日下午，吴弘钦登上即将由重庆开往福州的 K1270 列车，发现自己的下铺位上睡着一名陌生妇女，遂拿出自己的车票叫醒那名妇女，这时旁边一名男子说："我妻子怀着娃呢，她的位置在你上铺但不好爬，麻烦和你换一下。"吴弘钦不同意，于是引发争吵。随即列车员闻讯赶来调解，提出由孕妇夫妻补偿两倍的上下铺差价给吴弘钦，但是吴弘钦仍然不同意，列车员便向列车长做了汇报。随后列车长与两名乘警来到车厢，列车长当即作出决定：吴弘钦去孕妇原来的上铺，其下铺归孕妇使用，同时孕妇将上下铺车票的差价照价补偿给吴弘钦。这一决定顿时引起吴弘钦的强烈不满，冲动之下，吴弘钦突然揪起孕妇欲夺回床位，二人撕扯在一起，孕妇丈夫和乘警见状连忙上前分开双方，并将吴弘钦控制住带离车厢，随即将吴弘钦带下车交由铁路民警处理，列车开动驶往福州。事后，重庆铁路警方以扰乱公共秩序对吴弘钦作出行政拘留十二日的处罚决定。[①]

【法理分析】这个案例涉及法律义务与道德义务的区分。义务是法律和道德公用的一个核心概念，法律义务所要求的一般也是道德义务所要求的，比如"不得杀人""不得盗窃"，既是道德义务，也是法律义务。但是道德义务所要求的，

---

① 周永坤. 当区分道德与法律——简议吴弘钦行政处罚案[EB/OL]. 法律博客，http://guyan.fyfz.cn/b/848784.

只有一部分内容作为法律义务规定下来，这些作为法律义务规定的内容是道德义务中最基本、最重要的内容，往往事关重要的社会秩序、社会关系及最基本的人身权利和财产权利,而另外一些不是这么重要的道德义务留守于道德当中。那么，如何区分法律义务与道德义务呢?

一般来说，对于道德义务中的内容，凡是法律中已经做了规定的，就是法律义务，除此之外的都是道德义务。在人们的一般观念中，道德义务和法律义务是大致能分得清的。例如，"不得撒谎"是道德义务，但是如果虚构事实或隐瞒真相是为了骗取数额较大的公私财物，就属于诈骗了，这是法律义务予以规定的范围，而不仅仅是道德义务的领地了。在历史的长河中，法律义务和道德义务二者是流变的关系，有些本来属于法律领地的义务，随着社会政治形势或伦理观念的变化，可能转移到道德领地，当然，也可能发生反方向的转移。甚至有时会发生有些本来违背法律义务的行为完全成为合法的行为，并且也不属于道德义务的范围。例如，我国 1979 年刑法中关于投机倒把罪中的部分犯罪行为，本来属于违反法律义务的行为，1997 年之后就成为正常的市场经济活动，既不属于法律义务的领地，也不属于道德义务的范围。

从来源上来说，道德义务是法律义务的内在因素和保证，遵守法律义务是因为法律义务符合道德的正当性要求。尽管有少数人是由于害怕法律的制裁和惩罚而遵守法律义务，但是社会上大多数人是出于善良的道德义务而遵守法律义务，是基于自己内心认为的应当遵守而去遵守法律义务，也就是哈特所说的"从内在的视角"看待法律，这种内在的视角也就是道德上的认同。

道德义务的要求比法律义务的要求高，法律是最低的道德。法律义务的内容是基于一般人都应该做到而规定的，具有普遍性；而道德义务的标准要高于一般人。因而，在二者的实现手段方面，法律义务以国家强制力为后盾来保障人们去遵守，一旦违反法律义务，要受到国家暴力工具的制裁；而道德义务是以社会舆论等力量来规制，主要通过宣传、说服等柔性手段去实现，不能强制实施。

本案中，孕妇占了小伙子的下铺，孕妇丈夫要求小伙子换铺，依据的是应该给孕妇等弱者予以照顾的道德义务。小伙子拒绝换铺，依据是他与铁路部门的合同，他有权利占用该铺位。也就是说，在法律上，孕妇有义务对号入座，腾出所占据的下铺；在道德上，小伙子有义务把下铺让给孕妇。当列车长出面解决纠纷时，这种道德义务与法律义务的冲突在列车长身上得到了集中体现。按照铁路部门与小伙子的合同，列车长作为铁路部门的工作人员，保证小伙子按照火车票上的铺位乘车，是列车长的法律义务；按照社会上的一般道德义务的观念，列车长应当说服小伙子给孕妇让出方便的下铺。当法律义务和道德义务发生冲突时，应当优先保障哪种义务的实现？实际上，立法者对于这个问题已经作出了判断。正如前面所言，作为法律义务规定的内容是道德义务中最基本、最重要的内容，往往事关重要的社会秩序、社会关系及最基本的人身权利和财产权利，而另外一些不是那么重要的道德义务留守于道德当中。对号入座是小伙子和铁路部门通过合同确定的权利，也是铁路部门应该履行的合同义务，保障的是普遍的运输秩序，相对于给孕妇让座这种道德义务对于个别弱者的帮助，具有更重要的意义。因此，法律义务应当优先得到实现。在本案中，列车长如果通过说服等柔性方式让小伙子让出下铺，但小伙子仍然不同意更换铺位的情况下，列车长没有权力让其强行更换，只能帮助孕妇寻求其他乘客的帮助。

【文献扩展】

1. 袁建平. 构建和谐社会应区分法律义务与道德义务[J]. 清华法学，2010（5）.

2. 刘金凌. 论法律义务与道德义务[D]. 北京：清华大学，2005.

【材料 3-5】延安"黄碟案"

2002 年 8 月 18 日晚 11 时许，陕西省延安市万花山派出所接报，称其辖区内一居民家中正在播放黄色录像，即派四名民警前去调查。民警来到张某诊所门外，见大门紧锁，便绕到诊所侧面，从窗户缝里看到房间内的电视机中的确正在播放淫秽录像。于是，民警以看病为借口进入该居民家中并径直来到放录像的房间。房间内有张某夫妻二人，此时电视机已经关闭。四名民警虽着警服，却未佩戴警号和警帽，其中两人去取碟，要抱走电视机和影碟机。张某阻止，警察将其反剪双臂抓住头发按在床上。张某挣扎中抄起窗户旁一根约 1 米长的棍子抢了起来，打伤了民警尚某的左手。警察以妨碍警方执行公务将张某带回派出所。作为播放淫秽录像的证据，警方将三张淫秽光碟连同电视机、影碟机一起带回派出所。①

【法理分析】本案涉及权力和权利的界限问题。国家权力的设定是"社会契约"的结果，人民让渡部分权利的目的是保障社会每个主体基本权利的实现，

---

① 卢建平. 延安"黄碟案"引发的法学思考[J]. 法学家，2003（2）.

权力来源于权利，权力是权利的保障，权力的行使必须是为了保障权利。权力受权利的制约，权力的行使必须以权利为界限，不得侵入权利的领地。权利的边界在于，所有主体平等地享有法律权利，不能妨碍别人的正当权利。法律的禁止性规定也是权利的边界，超出即违法。正如孟德斯鸠所说："自由是做法律所许可的一切事情的权利；如果一个公民能够做法律所禁止的事情，他就不再有自由了，因为其他的人也同样会有这个权利。"权力和权利是一种反比关系，正如谢晖在其《法学范畴的矛盾辨思》一书中提到的，"即权力扩张，则权利必然相反地缩减；反之，权利扩张，则权力必然相反地缩减。权力与权利间的这种反比关系表明：只要权力无限制地扩张，则权利便朝夕难保"。

　　本案中权力的启动是具有正当性的，目的是对权利的保障。万花山派出所接到居民报警称"有人在看黄碟"，因而出警，按照《中华人民共和国人民警察法》的规定，对于公民报警的案件，应当及时查处。派出所的出警既是职责的要求，也是对公民权利的回应。看黄碟这种私密的行为，如何被别人知晓？可能是声音过大影响到了别人，也可能是遮挡等保密工作没有做好被别人发现，有人担心孩子看到而报警，这涉及权利的冲突。当然，也不排除是有人想方设法地窥视而得知的可能性。但是如果警察询问报警人如何知道时，我们相信没人会说是自己窥视的。因此可以说，权力的启动是为了权利，具有正当性。那么，权力的行使过程中是否存在越界侵犯公民权利的问题？从程序上来说，没有搜查证，警察是否有权进入这对夫妇看碟的场所？这必须分析看碟场所的性质是公共场所还是住宅。万花山派出所所长认为诊所是公共场所，因为随时可能有人来看病。但是我们应该注意到的是，诊所分为前屋和后屋，既是诊所也是夫妻居住的地方。夫妻是在后屋看碟，而且这时已经是晚上 11 点，夫妻俩已经把大门紧锁，这时的诊所应当视为住宅。中华人民共和国公民的住宅不受侵犯，禁止非法侵入或搜查，这是我国宪法规定的公民权利，这也是对公权力的限制，是公权力的权力界限，因而警方是无权进入搜查的。警方辩称是从诊所侧面的窗户缝里看到房间内的电视机中的确在播放淫秽录像才决定进入住宅的，那么警方在窥视的那一刻起，就已经构成了对公民住宅的侵犯。林来梵在其《从宪法规范到规范宪法：规范宪法学的一种前言》一书中提到，"对住宅的侵犯或搜查，不仅指的是直接侵入住宅的物理空间内部的行为，在法解释学意义上，还可包括在住宅外部直接或间接地通过一定的器具窥视或窃听住宅内部的一般私生活情景等行为"。警方以该夫妻看黄碟违法为理由进行查处，那么夫妻看黄碟的行为是否违法？实际上，该案中的碟片是否属于黄碟还不能确定，因为在我国淫秽物品须经专门机构和程序进行鉴定。为了讨论可以继续进行，我们假定夫妻看的碟片属于黄碟，我们来看一下我国关于淫秽物品管理的相关规定。《中华人民共和国治安管理处罚条例》第三十二条规定："制作、复制、出售、出租或者传播淫书、淫画、淫秽录像或者其他淫秽物品的，处十五日以下拘留，可以单处或者并处 3000 元以下罚款；或者依照规定实行劳动教养；构成犯罪的，依法追究刑事责任。"我国刑法第三百六十三条、三百六十四条、三百六十五条、三百六十六条规定了制作、复制、出版、贩卖、传播淫秽物品牟利罪、为他人提供书号出版淫秽书刊罪、出版淫秽物品牟利罪、传播淫秽物品罪、组织播放淫秽音像制品罪、组织淫秽表演罪等涉及淫秽物品或表演的犯罪。夫妻这种家庭成员小范围观看黄碟显然不能归为传播行为，法律并没有明确禁止，按照"法无规定即自由"的权利原则，对于这种法律没有禁止的行为，公权力不能干预。公权力的强行干预就侵入了公民权利的范围，逾越了公权力的界限，属于违法行为。需要补充的是，本案中既然权力的启动源于公民的举报，具有正当性，应当如何行使呢？正确的做法是警察对于这种举报，应当作为普通的权利冲突案件来处理，告诫被举报夫妻家中看电视等行为不要影响邻居休息即可。

📑【文献扩展】

1. 姚晓茹，刘建华. 从延安"黄碟案"看公权力与私权利的行使界限[J]. 辽宁师范大学学报（社会科学版），2007（5）.

2. 陈卫东，李训虎. 延安"黄碟案"引发的法学思考[J]. 法学家，2003（3）.

📖【材料3-6】赌博引起的债务

2006 年 11 月 25 日，居住在新疆生产建设兵团农六师芳草湖二场的王某冬天闲着无聊，与三个朋友相约打麻将，因四人手头均无钱，便拿扑克牌当现金空喊，每张扑克牌算 50 元，当王某手里的扑克牌输光时，他已经欠了三方的钱。不给钱出不了门，王某被迫无奈，分别给三人打了三张欠条，价值四万余元。回到家里，王某将此事告诉了妻子和父亲。王父当即带领儿子和两个邻居，前往另三人家里询问此事，当得知确有此事时，王父随即去派出所报了案。2008 年 8 月的一天，王某突然接到法院送来的李俊要求偿还 3500 元欠款的诉状及开庭传票，王某经过仔细辨认，才想起欠条是 2006 年与李俊玩麻将时所写，王某还将事情经过向法庭做了陈述。法院经过向证人及派出所调查取证，证实王某所述属实，随即以赌资不受法律保护为由，驳回了李俊的起诉。①

【法理分析】本案例涉及法律关系概念中所内含的合法性与国家意志性。法律关系是指在法律规范调整社会关系的过程中所形成的人们之间的权利和义务关系。法律关系是根据法律规范建立的，必然体现国家的意志。法律对社会关系的调整是有选择的，法律只对部分社会关系予以调整。人类社会关系错综复杂，宗教关系、师生关系、恋爱关系，不一而足，不过对这些社会关系法律都不调整，法律关系只调整部分重要的社会关系。法律关系对社会关系的调整有时要结合当事人的意志，这种情形主要体现在民事法律关系中，民事法律关系有许多是相关主体主动地依据法律来形成的某种关系，反映了当事人的意志，如一对恋人根据婚姻法到民政部门登记形成的婚姻法律关系。也有些法律关系是由于特定事实的出现法律强加而形成的，如刑事法律关系。法律关系的国家意志性还表现在法律对社会关系的合法性作出判断。例如，在民法的一些领域中，只有合法的社会关系才能成为民事法律关系并受到法律的保护，而对于非法的社会关系法律并不予保护。

本案中王某和李俊的纠纷首先需要判断是否属于借贷法律关系。一种民事关系要成为法律关系受到国家强制力的保护，必须符合国家意志，具有合法性，不但要符合法律中的具体规则，还要符合法律的基本原则。本案中李俊虽然持有王某亲笔书写的欠条，但是由于欠款是赌博所欠，而赌博属于违反《中华人民共和国治安管理处罚条例》的行为，因而不能作为借贷法律关系受到法律的保护。

【文献扩展】

1. 覃远春. 论"赌债"分离可能性及其司法处理——自然债之于传统问题民法新视角的贡献[J]. 河北法学，2011（9）.

2. 姜楠. 试论赌债的性质[J]. 法制与社会，2010（19）.

【材料 3-7】公安局处理的邻里纠纷

崔三妮家新规划宅基一处，1997 年 3 月 8 日崔三妮家建房时，因郭素梅家在崔三妮宅基后大路上堆放有 200 余块砖影响施工，崔三妮家人将砖挪开，为

---

① 赌博导致的债务纠纷是否受法律保护？[EB/OL]. 法律快车网，http://www.lawtime.cn/info/zhaiquan/zqzwdt/2011120142901.html.

此双方发生口角，相互辱骂并引起厮打，双方互有伤情。1997 年 3 月 8 日至 9 日，郭素梅在宝丰县前营乡医院医治用去医疗费 323.90 元，同年 3 月 11 日至 20 日，又在宝丰县铁路医院住院医治用去医疗费 860.30 元。1997 年 3 月 11 日至 14 日，崔三妮在宝丰县商酒务卫生院治疗用去医疗费 212 元。1997 年 3 月 31 日，郭素梅的伤情经宝丰县公安局鉴定为轻微伤。1997 年 4 月 17 日，宝丰县公安局认定郭素梅辱骂他人，依法给予其警告处罚。1997 年 12 月 25 日，宝丰县公安局认定崔三妮殴打他人，依法对其给予警告处罚，并根据《中华人民共和国治安管理处罚条例》第八条对崔三妮作出第 24 号裁决，赔偿郭素梅经济损失、负担医疗费用共计 10008 元。崔三妮不服，向平顶山公安局申请复议。1998 年 2 月 27 日，平顶山公安局宣布维持原裁决。同年 3 月 3 日，崔三妮向河南省宝丰县人民法院提起诉讼，以公安机关超越职权、认定事实不清，要求撤销公安机关所作出的第 24 号裁决。①

【法理分析】本案涉及不同种类的法律关系。法律关系具有不同的表现形式和内容，可以按照不同的标准划分为不同的种类，这种划分在学理上可以加深对法律关系的理解，在实践中有助于按照法律关系的性质和内容迅速找到解决法律问题所依据的部门法以及更加细致分类的部门法中的相关法律依据，从而也适用相关的原则、规则与方法。

法律关系一般有以下几种常见的划分方法：第一，依据赖以生成的法律基础的不同，法律关系可以分为宪法法律关系和民事法律关系、行政法律关系、刑事法律关系等其他部门法法律关系，实体法法律关系和程序法法律关系。第二，以法律关系涉及主体的立场的不同，法律关系可以分为双边法律关系和多边法律关系，如两个人作为双方当事人签订的买卖合同关系就是一种双边法律关系，世界贸易组织（WTO）实质上就是一种多个不同立场的民族国家与其他国际主体共同设立的多边法律关系。第三，按照法律关系主体法律地位的不同，法律关系可以划分为平权型法律关系和隶属型法律关系两类。平权型法律关系表现为法律关系主体间的法律地位是平等的，不存在基于权力的服从与隶属关系，一定程度上法律关系主体间各方的权利义务发生、变动尊重各方的意愿，如民事法律关系；隶属型法律关系表现为法律关系主体间的法律地位是不平等的，存在着基于公权力的服从与隶属的关系，如行政法律关系。第四，按照构成法律关系的主体是否具体化，将法律关系分为绝对法律关系和相对法律关系。

① 《村民不服公安局裁决中的法律关系》，郑州大学远程教育学院文字案例第十章第一节。

在绝对法律关系中，权利主体一方是特定的，而义务主体一方是除了权利主体之外的其他所有人，是不特定的，如物权法律关系、人格权法律关系；在相对法律关系中，权利主体和义务主体都是特定的，如债权中的法律关系（需要指出的是，一般法理学教材中对法律关系的这种分类是根据民法学中的绝对权和相对权的分类作出的，我们注意到，一般民法学中并没有绝对民事法律关系和相对民事法律关系的划分，当一方主体不具体确定时，这种关系能否称为法律上的关系还有待商榷，因此在下面的民法法律关系具体分析中，我们称为绝对权法律关系。在行政法律关系中，主体也都是具体确定的，是否可以称为相对行政法律关系？那么何谓绝对行政法律关系？如果没有绝对行政法律关系的说法，那么也就不存在相对行政法律关系）。第五，按照法律关系之间的因果联系，法律关系可以分为第一性法律关系和第二性法律关系，又称为调整性法律关系和矫正性法律关系。第一性法律关系是法律关系主体之间依据法律规定就存在的法律关系或者主动按照自己意愿和法律规定设定的法律关系，如合同法律关系；第二性法律关系是由于第一性法律关系遭到侵犯或破坏而形成的旨在保护、救济第一性法律关系的权利义务关系，如侵权赔偿法律关系。

崔三妮和郭素梅作为民事主体，二者之间存在着多种民事法律关系，与本案有关的有人格权法律关系和物权法律关系。崔三妮拥有人格权，在崔三妮和他人之间存在着人格权法律关系，这是一种绝对法律关系，权利主体是崔三妮，义务主体是包括郭素梅在内的所有人，权利主体是具体的、特定的，义务主体是不具体的、不特定的。郭素梅作为民事主体，拥有人格权和物权，在郭素梅和他人之间存在着人格权法律关系和物权法律关系，这两种法律关系也是一种绝对法律关系，权利主体是郭素梅，义务主体是包括崔三妮在内的所有人。本案中由于崔三妮和郭素梅之间的纠纷，存在着基于人格权、物权受到侵害而产生的侵权赔偿法律关系，这是一种民事法律关系。由于纠纷中郭素梅身体受伤、财产受损，在侵权赔偿法律关系中，郭素梅是权利主体，崔三妮是义务主体，这种法律关系是相对法律关系，权利主体和义务主体都是具体确定的。以上的人格权法律关系、物权法律关系、侵权赔偿法律关系都是平权型法律关系，法律关系主体间的法律地位是平等的，不存在基于权力的服从和隶属关系。人格权法律关系、物权法律关系是第一性法律关系，侵权赔偿法律关系是第二性法律关系。

宝丰县公安局基于《中华人民共和国治安管理处罚条例》对崔三妮和郭素梅作出处罚，在宝丰县公安局和崔三妮、郭素梅之间各构成行政法律关系。公安局基于公权力对二人的打架行为依法作出处罚，法律关系主体间的地位是不对等的，存在着服从关系，属于隶属型法律关系。在宝丰县公安局和崔三妮的行政法律关系中，宝丰县公安局是行政主体，崔三妮是行政相对人；在宝丰县公安局和郭素梅的行政法律关系中，宝丰县公安局是行政主体，郭素梅是行政相对人。本案中派出所是宝丰县公安局的派出机关，仅能代表县公安局而不能以自己的名义行使行政权力，也不能独立地承担法律责任，因而不是行政主体，宝丰县公安局才是行政主体。

宝丰县法院、宝丰县公安局、崔三妮和郭素梅之间是行政诉讼法律关系，这是一种程序法法律关系。宝丰县法院是行政审判主体，崔三妮和宝丰县公安局是行政诉讼当事人，郭素梅是行政诉讼中的第三人。

📑【文献扩展】

1. 郑春燕. 现代行政过程中的行政法律关系[J]. 法学研究，2008（1）.

📖【材料 3-8】胎儿的权利

2004 年年初的一个早上，胡某驾驶出租车开始新的一天的生意。为了抢客源，胡某看到周围无交警，便闯红灯飞速行驶，车到一个菜市场的时候由于速度较快，刹车不及，撞到了一位正在买菜的老太太李某和有五个月身孕的王某。经交警部门认定，该交通事故由胡某负全部责任，经过法医鉴定，李某当场死亡，王某构成十级伤残。王某分娩后，发现婴儿残疾，经鉴定，婴儿伤残是因为王某受伤后服用的恢复药物所致（为治疗必须服用）。于是在检察院对胡某以交通肇事罪提起公诉的时候，王某也以婴儿的名义提起了刑事附带民事诉讼，要求胡某赔偿其医疗费、伤残补助费和对孩子的伤害费等。①

【法理分析】该案涉及法律关系的主体资格问题，具体来说，是胎儿的法律关系的主体资格问题。法律关系的主体即法律关系的参加者，是法律关系中权利的享有者与义务的承担者。法律关系的主体包括两类：自然人与拟制人。自然人是指生物学意义上的个人。拟制人是指基于法律承认在特定范围内具有法律关系主体资格的各种组织、集体。本案涉及的是自然人的主体资格问题，具体来说，是民事法律关系中胎儿的主体资格与利益保护的问题。在民事法律关系中，法律关系的主体资格称为民事权利能力。

---

① 何政泉，杨莉. 关于胎儿权益保护的法律思考[J]. 经济师，2008（3）.

当今世界各国对胎儿的民事权利能力和利益的保护有三种立法主义。第一，总括的保护主义。就胎儿利益的保护，一般将胎儿视为已出生，瑞士采用这种立法模式，《瑞士民法典》第三十一条第二款规定："胎儿，只要其出生时尚生存，出生前即具有权利能力的条件。"第二，个别的保护主义。即胎儿原则上无权利能力，但于若干例外情形视为有权利能力。法国、德国、日本均采用此主义。所谓例外情形有权利能力，如《日本民法典》第七百二十一条胎儿有基于不法行为的损害赔偿请求权，第八百八十六条、第九百六十五条胎儿有继承权、受遗赠权等。第三，绝对主义。即绝对贯彻胎儿不具有民事权利能力的原则，当时的我国民法通则即属于此种立法主义。根据当时《民法通则》第九条规定："公民从出生时起到死亡时止，具有民事权利能力，依法享有民事权利，承担民事义务。"不过当时我国《继承法》第二十八条规定："遗产分割时，应当保留胎儿的继承份额。"梁慧星先生认为，此特别规定，系贯彻以出生为民事权利能力之开始，不认胎儿有权利能力，与总括的保护主义及个别的保护主义均不相同。《民法通则》对胎儿利益的保护具有相当的不足，在制定《民法典》时已经考虑到这一问题并予以修改，《民法典》第十六条承认了胎儿的民事权利能力。

本案中婴儿的残疾与胎儿期间的车祸具有因果关系（药物为治疗必需，不影响因果关系的成立），尽管胎儿不具有权利能力，但是出生后的婴儿和胎儿具有一体的连续性，因此，就胎儿时期所受的伤害，婴儿应当有权以自己的名义提起民事诉讼并得到赔偿。王某不应作为婴儿所受残疾的原告提起诉讼，因为受到伤害的是婴儿本人。

📑【文献扩展】

1. 史丕功. 关于我国胎儿权益保护的法律思考[J]. 榆林学院学报，2013（1）.
2. 周平. 论胎儿权益的法律保护[J]. 律师世界，2000（3）.

📖【材料 3-9】王金荣等诉中国老年基金会北京崇文松堂关怀医院擅自使用原告已逝母亲肖像案

1997 年 4 月 1 日，原告母亲孙静歧因病住进被告松堂关怀医院，并于同年10 月 12 日在该院去世。孙静歧在该院住院治疗期间，曾被该院拍摄过照片。1998 年 12 月 11 日，松堂关怀医院与公交广告公司签订广告合同，约定由松堂关怀医院提供资料，公交广告公司负责设计、制作、安装和维修，期限为两年，金额为 10 万元，但经双方商定实际金额为 7 万元。此后，松堂关怀医院向公交广告公司提供了材料，公交广告公司选定了孙静歧在医院所拍的照片，经松堂关怀医院同意，用该照片制作成汽车广告，于 1999 年 1 月 16 日安装在第七客运分公司所属 110 路汽车第 4835 号汽车车身上。同年 1 月底，原告发现该广告，遂与松堂关怀医院、公交广告公司交涉，要求摘下该广告，并诉请崇文区法院判令被告停止侵害、赔礼道歉、销毁复制版，并赔偿经济及精神损失共计人民币 2 万元。崇文区法院依法判决：被告松堂关怀医院、公交广告公司不得再使用孙静歧的肖像做广告，并采用书面形式向原告赔礼道歉；被告松堂关怀医院赔偿原告人民币 3000 元，公交广告公司赔偿原告人民币 1000 元。①

【法理分析】本案涉及的是死者的人格利益保护的问题，实质上是死者的法律主体资格的理论问题。因为按照传统的人格权理论，姓名、肖像等人格权属于权利人固有的权利，具有专属性，不能转让和继承，理论上随着人的死亡，其主体资格消失，人格权也就陷入"皮之不存，毛将焉附"的局面。虽然近年来对于死者的人格利益保护已经达成共识，但是围绕着以何种名义保护还存在理论争议。朱力宇主编的《法理学原理与案例教程》中提到，关于死者人格利益保护问题最初主要有以下几种观点：①死者权利保护说。自然人死亡后，民事权利能力部分继续存在，仍然可以享有部分人格权。②死者法益保护说。自然人死亡后，尽管民事权利能力终止，但某些人身利益应该得到保护。③近亲属权利保护说。死者的名誉往往牵涉其近亲属的名誉，近亲属对于某些侵害死者名誉的行为可以以自己的权利受侵害为由提起诉讼。④人格利益继承说。人格权是专属权，但是人格利益具有一定的继承性。在司法实践领域，2001 年《最高人民法院关于确定民事侵权精神损害赔偿责任若干问题的解释》规定："自然人死亡后，其近亲属因下列侵权行为遭受精神痛苦，向人民法院起诉请求赔偿精神损害的，人民法院应当依法予以受理：（一）以侮辱、诽谤、贬损、丑化或者违反社会公共利益、社会公德的其他方式，侵害死者姓名、肖像……"这个司法解释并没有授予死者的主体资格，而是受理以死者近亲属遭受精神痛苦为由以近亲属的名义提起的诉讼。实际上，当前对死者姓名、肖像等人格要素的利用大部分是商业化的利用，不见得是侮辱、诽谤等方式，死者近亲属感到痛苦往往是没有得到允许和基于获取经济上的利益。

---

① 北京市崇文区人民法院（1999）崇民初字第 1189 号。

与我国的保护方式不同的是，美国通过创设人格权之外的新型权利进行保护。美国是一个无限商业化的国家，姓名、肖像等人格要素的商业使用现象早已有之，以上问题也曾困扰美国司法界。在美国，姓名、肖像最初是作为隐私权进行保护的。但是隐私权是纯粹的精神权利，不能继承和转让，而商家为了获得独占性权利，名人为了使其人格要素的商业价值得到更为充分的利用，要求承认它的转让性和继承性，于是美国法院通过判例确立了一项新型权利——形象权（the right of publicity）。所谓形象权，是指自然人对自己的人格要素的商业价值所拥有的权利，它是一种财产权，可以继承和转让。迄今为止，美国已有 25 个州通过州立法保护这种权利，美国联邦最高法院也通过判例承认了这项权利，现在美国大部分学者认为形象权属于知识产权。德国在人格权制度范围内解决人格权益中经济价值的法律保护问题，而不将人格权中的经济价值作为一种独立的权利进行保护，将人格权视为一个统一的权利，其包含两个部分，一部分旨在保护人格的精神利益，另外一部分保护人格的财产利益，该部分可称之为使用权，二者统一构成人格权。德国这种方式也为我国许多学者所接受。通过国内外理论与司法实践可以看出，对于死者的人格要素的利用，都通过某种方式进行保护，但是都不承认死者的法律主体资格，而是作为近亲属的权利或者对人格权财产化、人格权部分内涵的经济化进行保护。

本案中死者的法律主体资格已经不存在，但是未经许可使用死者的肖像，对于死者的近亲属来说，既可能带来由于观念上的不能接受而引发的痛苦，也可能触及近亲属对于死者的思念甚至伤及对死者的尊敬，这是一种精神上的损害。对于死者肖像的商业化利用还能带来一些经济利益，这种经济利益如果归于近亲属以外的其他主体，也是不公平的。因此，本案中法院的判决是符合我国的司法理论与实践的，其经济赔偿应当包括精神损害赔偿和物质利益损失的赔偿。

【文献扩展】

1. 霍银泉. 死者人格利益保护的法律分析[J]. 中共郑州市委党校学报，2010（2）.

2. 张红. 死者人格精神利益保护：案例比较与法官造法[J]. 法商研究，2010（4）.

📖【材料 3-10】玻璃门破裂致人伤害案

2013 年 9 月 5 日 17 时许，原告陈某博由其母亲唐某平携带，在被告钟某雄个体经营的花艺坊购买盆栽。当唐某平与店员在收银台结账时，该店铺进出的玻璃门突然破裂倒砸下来，将站在玻璃门边的原告右小腿割伤。事发后，原告当即被送往闽东医院治疗，至 9 月 22 日出院，原告为此支出医疗费等损失共计 11556.4 元。福安市人民法院经审理认为，公民的身体健康权受法律保护，被告钟某雄作为从事经营活动场所的商户业主，未履行合理限度的安全保障义务，致使原告在其经营场所内受到损害，应当承担相应的民事赔偿责任。原告作为无民事行为能力人，其监护人未妥善履行监护职责，对事故的发生也有一定的过错，应适当减轻被告的责任。根据本案原、被告双方当事人的过错程度，酌情确定被告承担总损失 70%的赔偿责任，30%由原告自行承担。根据责任比例，判决被告赔偿原告 8089.48 元。①

【法理分析】本案涉及法律责任的承担问题。法律责任是基于法律规定或约定而强加给主体的一种不利后果（法律责任的概念存在诸多争议，在此采用周赟先生的观点②。一般来说，在现行法律体系中，按照归责原则的不同可以将法律责任分为过错责任和无过错责任，过错责任是法律责任的主流，无过错责任只是随着大工业时代的到来，对过错责任的不足的一种补充。本案即是按照过错责任判决的典型案例。

所谓过错责任，是指以过错作为归责的构成要件和最终要件，并且把过错当作确定责任范围的依据。过错责任的哲学根据是意思自由论，即行为人出于自由的意思实施了过错行为。过错责任中，当事人承担法律责任一般要同时具备以下几个条件：第一，行为人具有适合的主体资格。对此不同的法律有不同的规定。例如，刑法规定承担完全刑事责任的年龄是 16 岁；民法关于责任能力的规定一般与民事行为能力相一致，只有具备完全行为能力，才能独立地承担民事责任。第二，行为人具有法律上的过错。法律上的过错包括故意和过失，其中故意是指行为人明知自己的行为会发生危害社会的结果，并且希望或者放任这种结果发生的一种心理状态；过失是指行为人应当预见到自己的行为可能发生危害社会的结果，因为疏忽大意而没有预见，或者已经预见到了而轻信能

---

① 《最高人民法院发布未成年人审判工作典型案例 98 例》，2014 年 11 月 24 日。

② 周赟. 法理学[M]. 北京：清华大学出版社，2003.

够避免，以致这种结果发生时所具有的心理状态。对此心理状态的判断是以一般人处于行为人处境时所应当具有的心理状态为标准。所谓一般人，司法实践中是指合理的、谨慎的人。第三，行为人有相应的违法或违约行为。法律规范的是人的行为，只有行为人具有相应的行为，才能承担法律责任（在一般民事侵权中，此要件聚焦于行为的违法性。一般民事侵权构成要件中，有的学说包括此要件，有的学说不包括此要件，把此要件融入过错要件当中①。第四，行为人的行为和损害结果之间具有因果关系。在民事侵权中，关于因果关系有两种学说：一种是必然因果关系说，认为只有当行为人的行为与损害结果之间具有内在的、本质的、必然的联系时，才具有法律上的因果关系；另一种是相当因果关系说，认为造成损害的所有条件都具有同等价值，如果缺乏任何一个条件，损害都不会发生，因此，各种条件都是法律上的原因。一般来说，必然因果关系在实践中应用得更多一些，但近些年来，在注重过错要件的前提下，相当因果关系说也得到了一些应用。

本案中原告的右小腿受伤的事实与被告经营场所的玻璃门破裂倒砸具有因果关系，被告作为经营场所的负责人具有过失，这种过失的心理状态是疏忽或懈怠，其过失的确定形式是推定方式，推定玻璃门的管理人有过失，认定其对玻璃门未尽注意义务，无须受害人证明。被告除非能证明自己已尽相当注意义务，即无过失，才能推翻推定，免除自己的赔偿责任，显然本案中被告对此不能证明。按照当时的《侵权责任法》第二十六条规定，"被侵权人对于损害的发生也有过错，可以减轻侵权人的责任"。《侵权责任法》的这条规定也体现了过错责任把过错当作确定责任范围、双方分担责任的依据。本案中，原告是无民事行为能力人，没有意识能力，因此不存在过错，但是原告的监护人对原告疏于照顾、监督，原告的监护人具有过失。因此由被告、原告监护人共同承担法律责任，分担经济损失。

📑【文献扩展】

1. 魏盛礼. 民事权利能力与民事责任承担的逻辑应对关系——兼评《侵权责任法》关于被监护人侵权责任的规定[J]. 南昌大学学报（人文社会科学版），2010（3）.

2. 王轶. 论侵权责任承担方式[J]. 中国人民大学学报，2009（3）.

---

① 王利明，杨立新. 侵权行为法[M]. 北京：法律出版社，1996.

【材料 3-11】张敏华诉新余保险公司保险合同纠纷案

1998年9月30日，张敏华与新余保险公司签订保险合同，合同约定：被保险人梁虹霞，女；投保人张敏华，男，与被保险人系配偶关系；受益人张敏华，受益份额100%；保险名称为重大疾病终身保险，基本保险金额30000元，保险期间为终身，保险责任起止时间为1998年9月30日零时至终身，缴费期20年，缴费方式为每年缴纳保费765元，并以重大疾病终身保险条款为保险合同的组成部分。合同签订同时，张敏华向新余保险公司缴纳保险费765元，1999年11月29日缴纳第二年保险费765元。1997年7月1日，被保险人在医院生育一个女孩，后于2000年1月25日生病住进了新余市第二人民医院，经诊断，被保险人患有产后抑郁症。被保险人住院前在家多次打开煤气开关，用布上吊等。2000年3月12日，被保险人在医院住院期间随张敏华请假回家后独自到北湖水库溺水身亡。2000年3月14日，新余市第二人民医院出具居民死亡医院证明，证明导致被保险人直接死亡的疾病是产后抑郁症，发病到死亡已有四个月许。被保险人死亡后，张敏华向新余保险公司要求按合同给付保险金，新余保险公司于2000年4月4日作出拒付案件通知书称："经审核在合同订立或复效之日起2年内自杀不属于保险责任范围，此案拒付。"为此，张敏华向法院起诉。

江西省新余市渝水区人民法院经审理认为，本案属保险合同理赔纠纷。《中华人民共和国保险法》第四十四条第一款规定的"自杀"这一除外责任条款，无疑是为避免蓄意自杀者通过保险谋取保险金，防止骗保。因此，《中华人民共和国保险法》意义上的"自杀"应当是具有主观上的故意，企图剥夺自己生命的行为。本案被保险人自杀系精神失常不能控制自己的行为所致，其情形不符合《中华人民共和国保险法》所特指的蓄意自杀。保险公司依法应当给付张敏华保险金，不能免责。依据《中华人民共和国保险法》有关条款的规定，判决新余保险公司给付张敏华保险金9万元，并支付滞纳金。新余保险公司不服上诉，新余市中级人民法院为正确审理本案，对如何理解《中华人民共和国保险法》第四十四条第一款"自杀"的含义，特向上级法院请示。江西省高级人民法院的倾向性意见如下：《中华人民共和国保险法》第四十四条第一款的"自杀"仅指故意自杀，不包括精神失常的自杀。经咨询专家，产后抑郁症属于一种精神疾病，病人临床表现自杀意图明显。从第四十四条第一款立法目的来解释，法律规定被保险人在合同订立后两年内自杀的，保险公司免责只是为了防止道德风险的发生。本案被保险人自杀不是故意的，保险公司应给付保险金。另一种意见认为，《中华人民共和国保险法》第四十四条明确规定被保险人在投保后两年内自杀的，保险公司可免除保险责任，这里的"自杀"含义是无论被保险人精神正常与否，如果由于其本人行为而造成死亡，保险公司只负返还已缴保险费的责任。江西省高级人民法院就本案保险公司应否承担保险责任问题，向最高人民法院提出书面请示。

最高人民法院关于如何理解《中华人民共和国保险法》第四十四条第一款"自杀"含义的请示的答复如下："本案被保险人在投保后两年内患精神病，在不能控制自己行为的情况下溺水身亡，不属于主动剥夺自己生命的行为，也不具有骗取保险金的目的，故保险人应按合同约定承担保险责任。"[①]

【法理分析】本案中所涉及的法律事实是被保险人梁某因患产后抑郁症而自杀的行为。法律事实是法律所规定的，社会生活中出现的，能够引起法律关系发生、变更和消灭，并且能产生一定法律后果的客观情况。法律事实有多种形态，主要可以概括为两类：事件和行为。事件是法律规定的能够引起法律关系发生、变更和消灭而又不由当事人意志支配的客观存在的现象。行为是法律规定的能够引起法律关系发生、变更和消灭的人们有意识有目的的某种活动。法律事实在法律规范体系中具有重要意义。法律规范的结构是由假定、处理和制裁三要素构成的。假定是法律规范中指明该法律规范适用条件的部分，法律事实就是法律规范的假定部分；处理是法律规范中关于人们的具体行为规则，在民法中民事法律关系就是民事法律规范的处理部分，规定人们的权利义务；制裁是法律规范中主体违反处理部分的法律后果，也就是法律责任。法律规范对社会生活的调整是通过法律事实的出现启动的，只有当法律事实出现，当事人纳入法律关系之中，当事人之间才能依法产生、变更、消灭一定的权利义务关系。但是法律对法律事实也规定了一定的条件，只有符合法律规定的事实，才能在当事人之间构建起法律关系。由于"生活事实须以法律理念为导向来进行典型建构与形成"，因此，生活中人们一般也自觉地按照法律规范的要求，去建构一些法律事实，这主要表现在法律行为当中。但是由于社会生活本身的复杂性和对法律理解的差异性，有时人们努力试图按照法律建构的事实在发生纠纷时是否确实符合法律的要求，还需要法官的判断。而法官在对生活事实按照

[①] 吴庆宝. 保险合同案件应适用不利解释原则——对一起因自杀引起的保险索赔纠纷案件的分析[J]. 人民司法，2002（6）.

法律规范进行解释的过程中，又涉及对相关的法律规则、法律原则和法律精神的理解和解释，法官根据对法律的理解对生活中的事实作出解释判断，最终判断当事人按照法律规范所建构的"法律事实"是否构成符合法律规范的法律事实。本案即属于这种情形。

本案保险法律关系的成立需要发生一定的法律事实。《中华人民共和国保险法》第四十四条第一款规定"自杀"这一除外责任条款，无疑是为了避免蓄意自杀者通过保险谋取保险金，防止骗保行为的发生。根据法律规定，"蓄意自杀"的行为是免除保险责任的法律事实，而非蓄意自杀这一法律事实则会引起保险法律关系的产生、变更或消灭。本案中的"自杀"行为是在患精神疾病后不能根据个体意志控制个体行动的行为，并非"蓄意自杀"，因此，并不构成保险法律责任的免除，反而引起保险法律关系的发生。可见，自杀行为是一种生活事实，脱离具体的法律规范，该事实并不具有法律意义。但是，在保险法法律规范之下，患有精神疾病所导致的自杀具有特定的法律意义，会导致保险法律关系的产生。

【文献扩展】

1. 王轶. 论民事法律事实的类型区分[J]. 中国法学，2013（1）.
2. 陈金钊. 论法律事实[J]. 法学家，2000（3）.

【材料3-12】悬赏广告案

2009年6月，著名学者阎崇年校注的《康熙顺天府志》一书由中华书局出版发行。当年9月，阎崇年邀请记者访谈，其间，阎崇年提到"希望读者来监督，挑出一个错，奖励1000元"，之后有关媒体对此进行了报道。对此，阎崇年未向报社或记者提出异议。2010年3月，山西大学副教授白平偶然看到上述有关《康熙顺天府志》一书的"悬赏"报道，便购买了此书，没想到得书后发现了420处错误。随后他通过朋友辗转找到了一个能联系阎崇年的电话号码，接听电话的是位女士。在他说明事由后，对方给了他一个邮箱地址，但他将挑出的错误发过去后，再联系，却得不到任何回应了。对此，白平认为，阎崇年是在"躲债"。在多次联系未果后，白平将阎崇年告上法庭，要求阎崇年支付"奖金"42万元，后升至62万元。2011年4月14日，朝阳法院作出判决，认为《北京晨报》等媒体的相关报道不能被视为是发布了悬赏广告，因此驳回了原告白平的全部诉讼请求。①

　　【法理分析】悬赏广告是"以广告声明对完成一定行为之人给予报酬的意思表示"。②本案的焦点就在于媒体发布的关于书籍勘误的报道是否意味着悬赏广告成立。有学者认为阎崇年应当对其悬赏广告承担责任，但本案一审与二审法院均认为阎崇年与记者的谈话及相关报道不构成悬赏广告，故驳回原告的诉讼请求。接下来将对这两种观点进行分析。

　　《民法典》第四百九十九条规定并未对悬赏广告的性质作出明确规定，目前，对于悬赏广告的定性存在"合同说"与"单方行为说"两种观点，在此，我们并不对二者进行比较，仅以"单方行为说"对该案进行分析。"单方行为说"将悬赏广告认定为一种单方法律行为，也就是说仅需悬赏广告的广告人单方的意思表示即可成立。因此，对本案来说，悬赏广告是否成立需要认定阎崇年是否具有发布悬赏广告的意思表示。本案悬赏广告的发布者并非阎崇年，而是由相关媒体发布的，一般而言，经他人发布悬赏广告的，则意思表示发出之时，即在交代发布人其意思表示之内容并指示发布公告时，悬赏广告就已成立。但本案的特殊之处在于，"挑出一个错，奖励1000元"系阎崇年与记者会餐时所言，且新闻刊发并未经阎崇年授权，记者行为属于无权代理，仅就此而言，难以表明阎崇年发布了悬赏广告。但该报道刊发后在社会上引起了一定的反响，阎崇年并未对报道中的"千金挑错"进行澄清。阎崇年对记者发布的千金挑错信息采取默认的态度，符合当时《民法通则》第六十六条之规定"本人知道他人以本人名义实施民事行为而不作否认表示的，视为同意"。这刚好填补了悬赏人不直接发布广告的漏洞，说明阎崇年有发布悬赏广告的意思表示。我们无法确切得知阎崇年对记者说千金挑错时的内心意思，这是一个待证细节，或许当时真的只是他因对自己的学术自信而开的玩笑，但我们都无从考证，仅有的两个事实是媒体对千金挑错进行报道和阎崇年明知却不加否认，二者也恰好构成阎崇年发布悬赏广告的事实，由此看来，本案的悬赏广告成立。

　　但在法院看来，鉴于悬赏广告的重要性，其发布应当是明确、具体、严格、正式的，在本案中，阎崇年在与记者会餐时以聊天的方式作出悬赏表示，其不能认定为表意人真意，因此该悬赏广告不成立。对此，有学者认为，法院所表

---

　　① 孟勤国. 法律规则的确定性及其局限 对白平诉阎崇年和诉中华书局悬赏挑错案的分析[J]. 中国审判, 2011（7）.

　　② 王泽鉴. 债法原理[M]. 北京：北京大学出版社，2013.

达的正是戏谑行为之原理。①从表面看来，戏谑行为与悬赏广告都属于广义的单方法律行为，仅从外在表达来看，二者十分相似，但可以从意思表示构成方面加以区分：一是目的意思的区别。作为目的意思的基础，二者在动机方面存在差别，悬赏广告的动机在于满足悬赏人具有一定急迫性的需求，而戏谑行为可能仅为追求某种心理满足，如吹牛行为，并不追求某一急迫利益。二是效果意思的区别。悬赏广告的效果意思在于以法律来约束自己以换取悬赏目的的实现，对于完成特定行为的应征人要支付一定的报酬。而戏谑行为则没有效果意思，行为人并不期望其戏谑表达中所追求的法律后果实现。三是外在表示行为的区别。悬赏广告的发布更具有严肃性，行为方式更加正式，且谨慎的受领人会认定内容为真。针对上述特征而言，戏谑行为则刚好相反。②

根据上述观点，将本案的悬赏认定为戏谑行为的依据如下：第一，对阎崇年而言，对书挑错并不具有一定的急迫性，相反，这更像是为满足虚荣心的自负的吹牛行为。因此，其不具有悬赏广告的目的意思。第二，尽管记者认为阎崇年千金挑错的表述是向广大读者发布的，但这仅属于记者个人的主观感受，这一点从仅有一名记者发布挑错酬金即可印证，因此，并不能证明阎崇年有积极追求悬赏目的实现的效果意思。第三，阎崇年千金挑错的表述是在一个宽松、随意的氛围中提出的，并不具有严肃性和发布行为的正式性。因此，阎崇年千金挑错的表述是一种戏谑行为而非悬赏广告。

在认定为戏谑行为后，法院未要求阎崇年承担赔偿责任，但戏谑行为并非在任何情况下都免于承担责任，因为法律行为本质上是法律上可期待的信用，对单方法律行为来说，这种可期待信用将产生具有法律约束力的信赖关系。在戏谑行为中，这种信赖关系要求戏谑行为人承担谨慎义务，即不能使一个理性的受领人将戏谑表达信以为真从而建立信赖关系，否则就应对受领人受损的信赖利益承担赔偿责任。在本案中，阎崇年作为有一定社会影响力的学者，其希望通过奖励方式来促使读者对自己进行学术监督的这一行为符合常理，可能使理性受领人认为这是有效的法律行为。因此，阎崇年违反了谨慎义务，其应就原告因信赖其承诺而造成的损失承担赔偿责任。

综合上述两种观点，阎崇年无论如何都应对其行为承担责任，只不过需要加以区分：当法院认定悬赏广告成立时，其应当依声明向原告支付报酬；当法

---

① 冉克平. 真意保留与戏谑行为的反思与构建[J]. 比较法研究，2016（6）.

② 杨立新，朱巍. 论戏谑行为及其民事法律后果——兼论戏谑行为与悬赏广告的区别[J]. 当代法学，2008（3）.

院判决悬赏广告不成立时，其应就原告因信赖其承诺而造成的损失承担赔偿责任。

📑【文献扩展】

1. 姚明斌. 悬赏广告"合同说"之再构成——以《民法典》总分则的协调适用为中心[J]. 法商研究，2021（3）.

2. 杨立新，朱巍. 论戏谑行为及其民事法律后果——兼论戏谑行为与悬赏广告的区别[J]. 当代法学，2008（3）.

04

第四章

法律要素

📖【材料 4-1】赵安受贿案

　　2003 年 12 月 12 日，北京市第一中级人民法院对原中央电视台文艺节目中心副主任兼文艺部主任赵安受贿案进行宣判。北京一中院审理查明，赵安于 1994 年至 2000 年期间，利用先后担任中央电视台文艺节目中心、文艺部副主任、主任，中央电视台 1995 年春节联欢晚会、"春兰杯"颁奖晚会总导演、2000 年春节联欢晚会总导演职务上的便利，多次接受词作者张俊以的请托，使张俊以创作的作品得以在上述晚会及赵安主管的各类文艺晚会上演出，使宣传张俊以的专题片得以在中央电视台播出。为此，赵安收受张俊以给予的人民币 11 万元及价值人民币 50 万元的音像设备。法院认为，赵安身为国有事业单位中工作人员，利用职务上的便利，非法收受他人财物，为他人谋取利益，其行为已构成受贿罪。鉴于赵安能坦白部分犯罪事实，且受贿的款、物已被全部追缴，可酌情从轻处罚。据此，作出判决，以受贿罪判处赵安有期徒刑 10 年，并处没收个人财产人民币 20 万元。一审判决作出之后，赵安不服提出上诉，2004 年 1 月 18 日，北京市高级人民法院对赵安案件进行了二审，并作出了维持原判的判决。①

【法理分析】法律概念是一个由一般概念来推导并予以证明的概念，是法学家从现实中抽象和概括出的具有一般性和概括性的术语，它是文化发展的必然产物，涉及法律价值并服务于法律理想的实现。法律概念是不是与法律规则和法律原则相并列的法律要素是可以探讨的。因为法律规则和法律原则中都包含了法律概念，法律概念与法律规则和法律原则不是同一层次上的存在。例如，"法律面前人人平等"这一法律原则中就包含了"法律""人""平等"这三个法律概念。但是，法律概念又是与法律规则和法律原则不同的存在，在认识和表达法律中有它特殊的作用，所以，从这个意义上来说法律概念可以认为是法律要素的组成部分。法律概念作为法律规范的细胞，为我们提供了法律思维的工具。尽管法律语词只是一些文字，但多年的法律实践证明，人们确实能够理解这些概念，并能用其调整人们的思维和间接地调整人们的行为和社会关系。

法律中存在着大量的法律概念，这些概念构成了法律体系的基石。法律文本中的法律概念，与日常生活中相对应的概念有相通之处，但也会存在差别，有一些法律概念是属于法律中专有的，在其他领域看不到，是法律的创造性产物。在法律实施的过程中，不同的人基于特殊的知识背景或利益考量，可能会对同一法律概念作出截然不同的理解，而如果放任这种不同理解的存在，则必然会损害司法审判的权威性和统一性。因此，为了防止因在理解和适用上的不一致而带来的混乱，立法者便采用了法律概念的形式，在法律文本中对出现的重要名词、概念作出详细的权威说明。法律概念最大的作用与价值，是统一了人们对某些概念的认识，避免了法律适用中不必要的争论与混淆，从而提高了司法审判的效率与正确性。

在本案中，法院以受贿罪对被告人作出了惩罚。依据我国《刑法》第三百八十五条的规定："国家工作人员利用职务上的便利，索取他人财物的，或者非法收受他人财物，为他人谋取利益的，是受贿罪。"在这里，要判断赵安是否构成受贿罪，首先要解决的一个问题就是他是否属于刑法中的"国家工作人员"，这属于犯罪构成要件中的主体问题。一般说来，在国家行政、司法、立法机关从事公务的人属于"国家工作人员"没有疑问，但是在电视台这样的事业单位中工作的人是否属于"国家工作人员"可能就会存在争议，尤其是被告人为了减轻或逃避惩罚可能死活不会愿意承认自己是"国家工作人员"，在这种情况

---

① 《中国审判》2008 年第 11 期。

下，假如法律没有明确规定，法庭上控辩双方激烈的争斗和司法操作中各地的差异便不可避免。为了防止在受贿罪以及其他国家工作人员职务犯罪的认定上出现上述问题，《刑法》在第九十三条作出规定："本法所称国家工作人员，是指国家机关中从事公务的人员。国有公司、企业、事业单位、人民团体中从事公务的人员和国家机关、国有公司、企业、事业单位委派到非国有公司、企业、事业单位、社会团体从事公务的人员，以及其他依照法律从事公务的人员，以国家工作人员论"。据此可以得出结论：在中央电视台这个事业单位从事公务的赵安，属于刑法中的"国家工作人员"，因此在受贿罪的主体资格上，不存在任何问题。

【文献扩展】

1. 孙笑侠. 法律程序剖析[J]. 法律科学，1993（6）.

2.［英］H L A Hart. 法律的概念[M]. 许家馨，李冠宜，译. 北京：法律出版社，2006.

【材料 4-2】许霆案

许霆同郭安山两人在广州市商业银行网点用 ATM 提款时，发现银行系统升级出错，取 1000 元卡里才扣 1 元。因此，两人多次从该提款机取款。许霆共提取现金十多万元，之后携款潜逃。本案一波三折之后，法院认为其行为构成盗窃罪，终判处其有期徒刑五年。本案事实部分无关宏旨，所争议之处在于许霆的行为是否构成盗窃罪。

本案审理法院认为：被告人许霆以非法占有为目的，伙同同案人采用秘密手段，盗窃金融机构，数额特别巨大，其行为已构成盗窃罪。现有证据足以证实被告人主观上有非法占有的故意，被告人的银行卡内只有 170 多元，但当其发现银行系统出现错误时即产生恶意占有银行存款的故意，分 171 次恶意提款 17 万多元而且非法占有，得手后潜逃并将赃款挥霍花光，其行为符合盗窃罪的法定构成要件。[①]

【法理分析】法律概念，以是否确定为标准，可以分为两类：一类是确定的法律概念，另一类是不确定的法律概念。确定的法律概念，如自然人、法人、配偶、汇票等，这类概念已约定俗成地涵盖所要描述对象的一切有意义的特征，

---

① 《中国审判》2008 年第 5 期。

因而定义清楚、外延明确，在适用时可单依逻辑推理操作。但这种确定的法律概念在全部法律概念中所占的比重不大，而大多数法律概念或多或少都具有不确定性，因而属于不确定的法律概念。不确定的法律概念，其不确定性的程度有所不同：一种是内涵不确定，但外延是封闭的；另一种是内涵不确定，但外延是开放的。前者称为封闭的不确定概念，如危险、物、违法性、法律行为、直系血亲等，后者如合理、不合理、公平、显失公平、善意、恶意、重大事由等。

要解释法律概念的不确定性，首先要进行法律概念的界定。法律概念，即现行有效的法律条文中具有特定法律含义的概念。法律概念的不确定性由理解法律概念之人的主观误解所致。

在本案中，盗窃属日常用语被"借用"到法律条文的法律概念之典型，其在司法实践中被约定为指以非法占有为目的，秘密窃取数额较大的公私财物或者多次盗窃公私财物（的行为）。本案之争源于"盗窃"作为法律概念时所具有的不确定性，要认定许霆的行为是否属于现行刑法上的盗窃行为，争议在于许霆的行为是否具有"以非法占有为目的"之主观故意，而非"非法占有为目的"这一概念本身有争议。其争议之因，源于对人的行为的主观目的的心理判断，而此种判断，也是主观判断。本案中的另一个争议在于许霆的行为是否"秘密"及"取款机"是否属于"金融机构"（的范畴）。以常理，"取款机"当属"金融机构"之组成部分，否认者不是哗众取宠便是个人理解与普通认识不一致，因此"取款机"是否属于"金融机构"的争议是主观误解所致，而非因为这两个概念本身有不确定性（未形成通常定义或没有达成普遍认识）。至于许霆的行为是否"秘密"之争，也是主观原因所致，即其争议源于对许霆行为考察角度不同所致，而非对"秘密"一词理解不一致而生。

📋【文献扩展】

1. 蔡琳. 不确定法律概念的法律解释——基于"甘露案"的分析[J]. 华东政法大学学报，2014（6）.

2. 尹建国. 不确定法律概念具体化的说明理由[J]. 中外法学，2010（5）.

📖【材料4-3】李宁组织卖淫案

2003年，李宁先后伙同刘某、冷某等人，采取张贴广告、登报招聘公关的手段，招募、组织多名男青年在酒吧内与男性消费者从事性活动。警方对李宁等人提请批捕后，对案件如何定性出现了争议。由于争议很大，警方无奈放人，向上级有关部门汇报。省委政法委有关负责人认为，李宁等人的行为已造成较为严重的社会危害，符合犯罪的基本特征。但由于刑法对"组织卖淫罪"的规定过于笼统，而且没有相关立法或司法解释，因此，会议决定，由省高级人民法院立即向最高人民法院请示。最高人民法院接到请示后，随即向立法机关全国人大常委会汇报。全国人大常委会下属专业委员会作出口头答复：刑法规定的"组织卖淫罪"中的"他人"既包括"女人"，也包括"男人"。警方以此答复为依据再次行动，李宁等人落网，随后被检方提起公诉。本案辩护律师陈议辩称：根据国务院颁布的《中华人民共和国治安管理处罚条例》《全国人民代表大会常务委员会关于严禁卖淫嫖娼的决定》和《中华人民共和国刑法》相关法律法规规定，卖淫是指妇女出卖肉体的行为，后来也指男性，但对于同性之间的性交易是否是卖淫，上述三个法律法规都没有明确规定。另外，按常理解释（指字典），权威的《法学大辞典》（中国政法大学出版社出版）对卖淫罪的解释是女性为获取报酬与其他男性进行非法性性交活动的行为。

陈律师的观点引起了南京大学法学院孙国祥教授的反驳：刑法中组织他人卖淫的规定并没有把"他人"限定为妇女，而且卖淫并不是特指异性之间的真正性交，而应理解为一切性活动。另外，最高人民法院、最高人民检察院下发的《关于执行〈全国人民代表大会常务委员会关于严禁卖淫嫖娼的决定〉的若干问题的解答》规定，组织、协助组织他人卖淫中的"他人"，主要是指女人，也包括男人。该解释虽然不是法律条文，但是对审判具有指导意义。

李宁被秦淮区人民法院以组织卖淫罪判处有期徒刑 8 年，并处罚金 6 万元。

一审判决后，李宁不服，以"自己的行为不构成组织卖淫罪及量刑过重"为由，向南京市中级人民法院提起上诉。南京中院经审理后认定一审判决事实清楚、适用法律正确，遂作出终审裁定，驳回上诉，维持原判。①

【法理分析】 本案争议焦点在于对现行刑法第三百五十八条之规定"组织、强迫他人卖淫的，处五年以上十年以下有期徒刑"中的"他人"及"卖淫"两个概念的理解不一。关于对"他人"这一概念的理解，在上述最高人民法院和最高人民检察院于 1992 年印发的《关于执行〈全国人民代表大会常务委员会关于严禁卖淫嫖娼的决定〉的若干问题的解答》的通知中，将组织卖淫罪中的"他人"解释为主要指女人，也包括男人；案发当年，全国人大常委会下属专业委员会也作出相同的口头答复："组织男青年向同性卖淫，比照组织卖淫罪定罪量

---

① 熊选国. 刑事审判参考[M]. 北京：法律出版社，2004.

刑。"但本条适用最为关键之处不在于是否"组织他人",而在于被组织者是否从事"卖淫"活动,即"卖淫"作何解释。上述机关则对此保持沉默,但本案辩护律师则深谙此道,其辩称:并无法律条文对"卖淫"进行解释,既然如此对其只能依据通常理解。而据相关权威字典对其解释,其仅指"女性为获取报酬与其他男性进行非法性性交活动的行为"。退一步而言,即使依据当下社会通常理解,男性从事卖淫活动的对象也限于女性。辩护律师的结论如下:法既无明文解释,以通常理解又不适用,李某的行为当然不为罪。而孙国祥教授则言不在理,将"卖淫"理解为所有性活动,无论是在法律或是常识上均无据可依。即使退一步如其所言,其所谓所有性活动在通常理解上是否包括同性之间进行与性器官相关的亲密行为,也并非无疑。

"他人"及"卖淫"非如"诉讼请求"之类概念。"诉讼请求"是一个法学术语,是法律学家创造出来的,后来被立法者放入法律条文,这种概念本来就具有特定的法律含义。而"他人"及"卖淫"是立法者制定法律条文时"借用"在法律条文中的日常用语,立法者也没有在法律条文中赋予其与通常含义不一致的特定法律含义。虽然"他人"及"卖淫"这两个概念本来没有特定的法律含义,只能依据其通常含义理解,但是可以明显看出,在本案中对"他人"及"卖淫"的通常含义产生了争议。本案最终结果是李宁被南京市两级法院以组织他人卖淫入罪并判刑,即"他人"依据通常理解,"卖淫"则被非通常化解释,两个概念虽同出,却殊途。亦即"卖淫"原本作为日常用语,被放进法律条文之后立法者并没有赋予其特定的法律含义(即与其通常含义不一致的含义),在本案中司法者改变了其通常含义并同时被赋予了特定的法律含义。也就是在本案中,"卖淫"通常的理解(女性为获取报酬与其他男性进行非法性性交活动)被改变,被司法者赋予了特定的(一切性活动)法律含义。而"他人",其通常含义包括男人和女人,在本案中没有被司法者所改变。

在法律适用过程中,对法律条文中的某个概念的通常含义会有理解不一致的情形发生。如果对法律条文中的某个概念的通常含义理解不一致,那么该概念的通常含义就可能被司法者所改变,该概念在法律条文中就不再是普通概念,即它被司法者人为特定化了。这说明某个法律条文中的概念如果被冠以法律概念之名(既然非得如此),其在被"借用"到法律条文时所被限定的或其在被适用时所解释的含义即不能与其固有通常含义完全一致。否则,其仅仅还是一个普通概念或其他专业概念,而不能被特别地称为法律概念,也即法律概念必须是现行有效法律条文中被立法者或司法者赋予特定法律含义的概念。当然,这仅限于法律条文中"借用"来的概念，至于诸如"诉讼请求"之流，则不存在是否被法律化的问题，因其自始即被法学家赋予了相关法律（规范）意义。也就是这些法学术语，在被放进法律条文时就具有特定的法律含义。反之，这些法学术语可能已经或是将来某一天被日常生活或其他专业所借用，却已与法律概念的界定无关。

【文献扩展】

1. W N 赫菲尔德. 司法推理中应用的基本法律概念（上）（下）[J]. 陈端洪，译. 环球法律评论，2007（3）（4）.

2. 刘星."法律"概念是怎样被使用的——在中西近代日常话语实践的交流中比较考察[J]. 政法论坛，2006（3）.

【材料 4-4】无锡胚胎案

沈杰为沈新南、邵玉妹夫妻二人的儿子；刘曦为刘金法、胡杏仙夫妻二人的女儿。沈杰与刘曦无法自然生殖，因此于 2012 年 2 月前往南京市鼓楼医院生殖医学中心，采用人工辅助生育技术来尝试生育后代。医院计划在 2013 年 3 月 25 日进行胚胎移植手术，但在胚胎植入母体前一天，沈杰和刘曦因一场车祸不幸身亡。受到传统观念与风俗习惯的影响，沈新南、邵玉妹与刘金法、胡杏仙两对失独老人都将冷冻胚胎视为已故夫妇二人生命的延续，想以其延续家族"香火"，因此两家之间产生了争执。而鼓楼医院则认为，胚胎不具有财产的属性，原告、被告都无法继承，应当遵循沈杰、刘曦生前签署的手术同意书，将过期胚胎丢弃。在争议无法调和的情况下，原告沈新南、邵玉妹将被告刘金法、胡杏仙诉至法院，要求获得 4 枚冷冻胚胎的继承和处置权。

宜兴市人民法院一审判决认为："体外受精胚胎具有发展为生命的潜能，是含有未来生命特征的特殊之物，不能像一般物一样任意转让或继承，故其不能成为继承的标的。沈某夫妇已死亡，通过手术达到生育的目的已无法实现，故手术过程中留下的胚胎不能被继承。"由此，原被告均不能继承冷冻胚胎。原告上诉后，江苏省无锡市中级人民法院二审认定，沈新南、邵玉妹和刘金法、胡杏仙要求获得涉案胚胎的监管权和处置权合情、合理，且不违反法律禁止性规定，应予支持。判决如下：一、撤销宜兴市人民法院（2013）宜民初字第 2729 号民事判决；二、沈杰、刘曦存放于南京市鼓楼医院的 4 枚冷冻胚胎由上诉人沈新南、邵玉妹和被上诉人刘金法、胡杏仙共同监管和处置；三、驳回上诉人沈新南、邵玉妹其他诉讼请求。

【法理分析】从对象上来区分，法律概念分为涉人概念、涉事概念和涉物概念；从功能上来区分，法律概念分为描述性概念和规范性概念；按确定性程度划分，法律概念分为确定性概念和不确定性概念；从涵盖面大小来区分，法律概念分为一般法律概念和部门法律概念。本案是法律概念无法及时适应实践情境的变迁而产生不确定性的一个例子，以胚胎技术为代表的新医学科技对建立在两性自然生殖基础上的现行法律制度带来了巨大冲击，导致法律之认识与法律之表达的扭结遭到破坏。

在本案中，关键的争议点是冷冻胚胎是否属于民法上的"物"，是否能够纳入我国继承制度中可继承的"遗产"的范围。依《民法典》颁布之前的民法体系，对"物"的概念界定为存在于人身以外，能够被民事主体所支配和利用，并能满足人类生活需要，可以构成人们财产的一部分的物质财富。然而，这一法律概念在词义的范畴上无法涵盖具有潜在人格权特征及发展为未来生命的可能性的冷冻胚胎，无法适用关于物的规则来进行转让和继承。法律概念来自法律人对日常生活中有关法律的事物、状态、行为的概括和吸纳，而"胚胎"与"物"的概念互斥问题之所以存在，是由于法律订立时人工生殖技术带来的新型社会关系还不存在，因而法律概念未能将其囊括在内。由于法律的局限性和滞后性，不确定的法律概念很多时候难以在立法阶段被消解，需要在司法实践之中予以确定化，为完善法律体系、厘清复杂的权利义务关系并最终解决纠纷提供基础。

确定法律概念所涉及的问题并非相对独立，而是与其他法律规范息息相关，如本案中对漏洞的补充就需要考虑与民法、继承法的系统协调。在保障法律体系内部融贯的基础上，法律解释和确立裁判基准的方式，由法院根据法律生活的需要、事理、优位之法律伦理性原则来进行确定化，如依习惯确定、依诚信原则确定、以比较法确定等。本案的二审判决中即诉诸情感与伦理来进行价值判断和利益权衡，从而填补了成文规范的空白。二审判决写道："……沈杰、刘曦遗留下来的胚胎，则为双方家族血脉的唯一载体，承载着哀思寄托、精神慰藉、情感抚慰等人格利益。涉案胚胎由双方父母监管和处置，既合乎人伦，亦可适度减轻其丧子失女之痛楚。"因此，原告方获得了胚胎的监管权和处置权。二审判决符合习近平法治思想中对于法律道德性的要求：法律要符合人民群众的道德期待，要反映社会情感共识和公共道德标准。只有在法律与道德高度契合的基础上，法律才能起到有效维护社会公正和秩序的作用。除了诉诸伦理道德之外，判决还使用了目的性扩张的法律方法来确定法律概念：目的性扩张指为贯彻法律目的，将本不该为该法律规定的文义所蕴含的概念包含于该法律概念的适用范围之内。判决指出冷冻胚胎不仅含有死者夫妇的 DNA 等遗传物质，而且含有双方父母两个家族的遗传信息，双方父母与涉案胚胎亦具有生命伦理上的密切关联性。它不仅仅是一种伦理道德层面上的存在，同时还是受到婚姻家庭法律所保护的法律意义上的重要利益。而对血缘背后的伦理利益的保护，本身就是婚姻家庭法律及亲属间权利义务关系规范的一个重要目的。如此，将继承法第三条中定义模糊的可被继承物概念解释为包含冷冻胚胎在内，实现了不确定性法律概念的确定化，弥补了实践与概念之间的缝隙。

【文献扩展】

1. 孙良国. 夫妻间冷冻胚胎处理难题的法律解决[J]. 国家检察官学院学报，2015（1）.

2. 刘士国. 中国胚胎诉讼第一案评析及立法建议[J]. 当代法学，2016（2）.

3. 郑英龙. 人体冷冻胚胎法律属性及处置权问题研究[J]. 浙江社会科学，2020（7）.

【材料 4-5】中国妇女发展基金会诉太子企业案

2003 年 1 月 10 日，北京太子童装有限公司、北京太子奶生物科技发展有限责任公司和北京太子奶生物美容化妆品有限责任公司 3 家企业与中国妇女发展基金会签订了《捐赠协议书》，承诺捐赠 100 万元，用于购买 10 辆"母亲健康快车"。1 月 12 日，太子企业方面在北京人民大会堂召开了隆重的向"希望工程"和"母亲健康快车"项目捐赠的仪式，并将象征"母亲健康快车"的金钥匙交给了中国妇女发展基金会的法定代表人。然而过了一年，太子企业方面一直未履行捐赠协议。中国妇女发展基金会多次催促，太子企业方面却以种种理由搪塞、推托。在协商无效的情况下，中国妇女发展基金会将 3 家太子公司一起推上被告席，要求法院判令它们兑现承诺。①

【法理分析】在所有法的要素中，法律规则无疑是最重要的一类，它是明确的关于权利、义务的记载和表述，是立法者意图的集中体现。法律规则数量庞大，内容繁杂，涉及范围广泛，是一部规范性文件的主体部分。

---

① 《中国青年报》2015 年 01 月 28 日第 8 版。

与其他法律要素相比，法律规则具有明显的特点，主要表现如下：①从内容上讲，法律规则是关于权利和义务的具体表述，法律原则只涉及抽象的权利和义务，而法律概念只阐释和界定某个概念。当我们说法律是关于权利和义务的规定时，主要指的是法律规则。正是通过法律规则，立法者把某些权利或职权分配给或赋予有关的法律主体，规定他们可以或不必去为某种活动，与此相对应，通过另一些规则，立法者要求一些法律主体必须为或不为某种活动。据此，人们可以把法律规则划分为两大类，一类是授权性规则，另一类是义务性规则。可以说，权利和义务是法律的基本内容，法律的要求、意志或理想，均是通过权利和义务的规定即通过法律规则来表现和实现的。②从形式上讲，法律规则具有明确性。法律规则的明确性或确定性是相对于法律原则而言的。在实践中，有些法律规则的规定十分确定，在适用时只能遵守该规定的要求而无权进行自由裁量，比如"房屋买卖必须签订书面合同"等，当事人除了遵守之外没有任何选择权。但在另一些法律规则中，相关内容的规定则比较灵活，在适用的时候需要执法者根据具体情况自己作出决定，比如对"嫖娼者处5000元以下罚款"的规定，执法者可以在5000元以下酌情决定具体的罚款数额。法律规则之所以有这些不同的确定性，是由其所调整的对象或涉及的问题决定的。有些问题比较单纯或确定，那么就需要作出确切的规定；有些问题比较复杂，有多种表现情况，那么相应的规定就可以灵活而有弹性。但是无论如何，法律规则都是明确的，它给了当事人和法官以确定的指导，使之可以信心十足地进行法律实施与操作。③从结构上讲，法律规则内部具有严格的逻辑结构。法律规则是明确的行为规范，这不仅表现为其文字表述的明确和详尽，还表现为其内部具有的逻辑结构。按照国内法学界的通说，法律规则由行为条件、行为模式和法律后果三部分构成。行为条件规定了适用这一规则的前提、条件或情况。行为模式规定了法律关系主体可以或应当作为或不作为，可以或应当如何作为。法律后果则表明遵守或不遵守行为要求之后可能在法律上产生的评价与结果。行为模式一般的表述方式是"当事人可以或有权……""当事人必须……""当事人不得……"等。法律后果则有两种：合法行为受法律保护，违法行为不受法律保护甚至应当承担法律责任。这种严格的逻辑结构，使法律规则具有可操作性与形式理性的特征。

应该说，上述特点决定了法律规则在法律构成中的地位，法律规则因此成为法律规范的最主要载体，也成为法律构成的最主要因素。

在司法审判中，除疑难案件外，几乎所有普通案件的审判都是以法律规则为依据的。尤其在崇尚规则的大陆法系国家，法官对法律规则的重视和依赖达到很高的程度，以至于没有法律规则就几乎无法进行司法审判。在审判的过程中，如果所引用的规则是绝对确定的，那么法官就不假思索地直接适用并作出裁决；如果所引用的规则是相对确定的，那么法官就要结合具体案情详加考虑与琢磨，最终运用司法自由裁量权，在规则许可的范围之内作出裁判。

在本案审判时，《民法典》尚未生效，审判涉及的法律规则是《中华人民共和国合同法》（简称《合同法》）第一百八十六条的有关规定："赠与人在赠与财产的权利转移之前可以撤销赠与。具有救灾、扶贫等社会公益、道德义务性质的赠与合同或者经过公证的赠与合同，不适用前款规定。"在这条规则中，第一款是就一般赠与问题所作的统一规定，第二款是针对几种特殊赠与问题作出的专门规定。应该说，这是一个很典型的法律规则，能够体现法律规则的所有特点——清晰、确定、结构严谨、操作性强。结合该案件的具体情况可以看出，太子企业与中国妇女发展基金会签订了《捐赠协议书》，双方之间产生了赠与的民事法律关系，由于捐款的目的是向社会上的贫困母亲提供医疗服务，所以不是私人间的赠与，而是具有社会公益性质的赠与，因此应当适用当时《合同法》第一百八十六条第二款的规定，确认合同有效，太子企业应当履行承诺，兑现捐款。

📑【文献扩展】

1. 雷磊. 法律规则的逻辑结构[J]. 法学研究，2013（1）.
2. 谢晖. 论法律规则[J]. 广东社会科学，2005（2）.

📖【材料4-6】莒县酒厂诉文登酿酒厂不正当竞争纠纷案

原告山东省莒县酒厂以被告山东省文登酿酒厂侵害了该厂商标专用权为由，向山东省临沂地区中级人民法院提起诉讼。

原告诉称：被告采用与原告生产的"喜凰"牌白酒注册商标相近似的文字、图形，作为被告生产的白酒的特定名称及装潢，造成消费者误认误购，使其"喜凰"牌白酒销量下降，原告蒙受重大经济损失。因此请求被告立即停止对原告商标专用权的侵害，并赔偿由此而造成的经济损失100万元。

被告辩称：被告产品的注册商标是"天福山"牌，原告产品的注册商标是"喜凰"牌。被告生产的白酒名称是"喜凤"酒，原告生产的白酒名称是"喜凰"酒。双方白酒的商标既不相同也不近似，不存在侵害商标专用权的事实。

　　临沂地区中级人民法院依法组成合议庭，经公开审理，查明：

　　原告山东省莒县酒厂于1987年1月30日在国家商标局核准注册了圆圈图形喜凰牌商标1枚，用于本厂生产的白酒。此酒的瓶贴装潢上，除印有圆圈图形喜凰牌的注册商标外，还印有"喜凰酒"这一特定名称。

　　被告山东省文登酿酒厂生产的白酒，注册商标为圆圈图形天福山牌。被告为与原告争夺市场，拿着带有原告商标标识"喜凰"酒的瓶贴装潢到莱州市彩印厂，让其除把喜凰牌注册商标更换为天福山牌注册商标、喜凰酒的"凰"字更换为"凤"字外，其余均仿照印制。被告将印好的天福山牌喜凤酒瓶贴装潢用于本厂生产的白酒，从1987年2月至1988年8月，被告共生产4509320瓶，销售3421308瓶，销售金额达2443284.34元。

　　被告的瓶贴装潢由于在设计构图、字形、颜色等方面与原告的近似，因此造成消费者误认误购。被告同时还在同一市场中，采用压价的手段与原告竞争，致使原告的"喜凰"酒滞销，客户与原告签订的合同因此不能履行或不能完全履行，给原告造成重大经济损失。原告为此曾通过山东《大众日报》刊登过不得侵害其商标专用权的声明。山东省工商行政管理局商标广告管理处也通知被告立即停止使用"喜凤"酒瓶贴装潢，但被告置之不理。

　　临沂地区中级人民法院审理认为：原告生产的喜凰牌"喜凰"酒已由国家商标局核准注册，发给注册证，依照《中华人民共和国商标法》第三条的规定，其注册商标专用权受法律保护。被告违反国家工商行政管理局、轻工业部、商业部1980年10月11日《关于改进酒类商品商标的联合通知》中关于"酒的商标应当同其特定名称统一起来"的规定，在同一种商品上，使用与自己的注册商标不同、却与原告的注册商标相近似的文字作为酒的特定名称，从而使消费者极易把被告的"喜凤"酒误认为原告的"喜凰"酒购买。《中华人民共和国商标法实施细则》第四十一条第二项规定："在同一种或者类似商品上，将与他人注册商标相同或者近似的文字、图形作为商品名称或者商品装潢使用，并足以造成误认的"，属于商标法第三十八条第三项所指的侵害注册商标专用权的行为。依照《中华人民共和国民法通则》第一百一十八条的规定，原告要求被告停止侵害，赔偿损失，是正当的，应予支持。根据被告的侵权行为，依照商标法实施细则第四十三条的规定，应处以罚款。

　　据此，临沂地区中级人民法院于1989年8月5日判决如下：

　　一、被告立即停止侵权行为；

　　二、收缴被告未使用的喜凤酒瓶贴，并消除现存喜凤酒和包装上的商标标识；

三、被告赔偿原告实际损失 263139 元。另对被告处以罚款 3 万元，判决生效后 10 日内上缴国库。

一审宣判后，被告山东省文登酿酒厂不服，以"原审判决离开被上诉人的注册商标，依其没有注册的装潢和酒的特定名称与上诉人的近似，认定上诉人侵害了被上诉人的注册商标专用权于法不符"为由，向山东省高级人民法院提出上诉。

山东省高级人民法院二审认为：商标法第三十七条规定"注册商标的专用权，以核准注册的商标和核定使用的商品为限"。依此规定，被上诉人山东省莒县酒厂在本厂生产的白酒上使用的圆圈图形"喜凰"牌注册商标，属商标专用权的保护范围。除此之外，被上诉人瓶贴装潢上的图案、文字、颜色等，不属于注册商标专用权保护之列。上诉人山东省文登酿酒厂仿照被上诉人的瓶贴装潢，制作了与被上诉人相近似的瓶贴装潢，使用在自己生产的白酒上，原审判决把这种行为认定为侵害商标专用权，是适用法律不当。

但是，上诉人为与被上诉人竞争，违反国家工商行政管理局、轻工业部、商业部关于酒的商标应当同其特定名称统一起来的规定，使用与自己的注册商标完全不同的"喜凤酒"三个字作为自己酒的特定名称，从而制作出与被上诉人相近似的瓶贴装潢，造成消费者误认误购。同时，上诉人还在同一市场上采用压价的手段与被上诉人竞争，致使其在经济上遭受一定损失。上诉人的上述行为，不仅违反了民法通则第四条规定的公民、法人在民事活动中，应当遵循诚实、信用的原则，而且违反了第五条的规定，侵害了被上诉人合法的民事权益。依照民法通则第七条的规定，上诉人的这种行为，还损害了社会公共利益，扰乱了社会经济秩序，是不正当的竞争行为，必须予以制止。被上诉人由此遭受的经济损失，必须由上诉人赔偿。

山东省高级人民法院依照《中华人民共和国民事诉讼法（试行）》第一百五十一条第一款第二项的规定，于 1990 年 1 月 2 日判决如下：

一、撤销临沂地区中级人民法院（1988）临中法经字第 5 号民事判决。

二、上诉人文登酿酒厂必须立即停止对被上诉人莒县酒厂合法民事权益的侵害；销毁现存的喜凤酒瓶贴；已出厂的喜凤酒应更换瓶贴后出售。

三、上诉人赔偿被上诉人实际经济损失 276838 元，判决生效后 10 日内付清。①

【法理分析】法律原则作为与法律规则在结构上不同的规范类型，与法律规则相比，主要有两个不同点：一是不具有规则那样完整的规范结构，很多法律原则都没有事实构成要件和效果要件，因此，法律原则指向的范围更广泛，具有更强的价值性与目的性，也就更不明确；二是对于相关个案的确定性而言，法律原则具有分量的维度，也就是说对于个案并不具有决定性的后果。因此，对于法律规则来说，能否成为裁判规范就是法律规则适用的标志。但是，对于法律原则来说，其适用的标志在绝大多数情形下都不是成为裁判规范。那么，法律原则是在何种情形下被适用，适用的方法又是什么呢？

要想确定法律原则可以在何种情形下适用，首先必须明确法律原则是如何在司法裁判过程中发挥作用的。其实，法律原则作为整个法律体系，或者某一类法律关系的价值理念与目标追求，其可以在整个司法裁判的过程中发挥作用。

司法裁判的一般过程可以简要地分为三步。首先，法官根据其"法感"就个案事实与法律之间的关系得出一个初步的结论，这可以称之为"前理解"；其次，法官根据个案事实寻找与之相关的法律规定，也就是法律发现；最后，法官根据相关的法律规定得出个案裁判，也就是寻求裁判规范的过程。法律原则在这三个过程都起着非常重要的作用。

法律原则具有引导"前理解"形成的作用。面对一个新的案件事实，有经验的法官会对案件事实经由自己已然形成的法律类型化经验对这个案件事实进行归类，进而形成一个大体的法律事实，获得对这一案件裁判的大致认识，这就是所谓的"法感"或者"前理解"。在这一过程中，法律原则具有引导法官"前理解"形成的作用。因为法律原则是一种价值判断，而且是社会中占支配地位或主流地位的价值判断。由于法官也是现实社会中活生生的人，无论是在日常生活中，还是在接受普通教育和职业教育的过程中，都会受到主流价值观的影响，所以社会中占支配地位的价值观或者说价值体系肯定会对法官有很大的影响。实际上，"前理解"这种直觉判断或所称的"法感"事实上是法官在长期的审判工作中所形成的经验、法官的学识、法官对秩序和公正的总体感觉、法官与法律共同体的和谐共处要求等多项内容在法官脑海中的整体反映。因此，作为占社会支配地位的价值观或者说是价值判断之集大成者的法律原则就具有引导"前理解"形成的作用。

---

① 《中华人民共和国最高人民法院公报》1990 年第 3 期。

接下来，我们再讨论一下法律原则在法律发现及裁判规范形成过程中的作用。需要注意的是，我们在这里只是讨论法律原则作为裁判理由而不是作为直接的裁判规范所起的作用，也即在引导裁判解释中所起的作用，作为裁判规范的法律原则适用的场所正是本书下一步所要讨论的问题。让我们来看一下法律原则在引导裁判解释中所起的作用。我们所说的裁判解释，是指法官在进行个案裁判的过程中，针对法律法规所作出的解释，与"两高"（最高人民法院和最高人民检察院）所谓的司法解释，也即有权解释是不同的。由于语言的模糊性，法律规则实际运用中肯定会产生"模糊""不明确""相互矛盾"的情况，这个时候就需要法官进行解释，进而确定法律规则的意义。要想确定法律规则的含义，就需要运用解释方法对法律规则进行解释，一般而言，法律解释的方法或者说要素是由萨维尼所提出来的，即文法、逻辑、历史和体系因素，并指出这些要素不应个别地发挥作用，应相互合作。当然，后来随着解释方法不断发展，又有合宪解释方法、社会学解释方法、利益衡量方法及法律论证方法等。

法律原则在裁判规范形成中的作用可以从以下两个方面来理解：一方面，法律原则可以对法律规则的解释方法进行指导。一是因为根据法律原则进行解释有助于避免不同解释方法所造成的矛盾，这是由法律原则作为法律体系的伦理性基础所决定的；二是因为法律原则是法律的理由，是法律的精神，可以为解释方法提供解释的依据，正是基于此，法律推理和法律解释可以以法律原则为依据，保证裁判解释方法的运用和裁判结果的选择不至于偏离根本的方向。另一方面，对于一条法律规则，依据不同的解释方法可能会有不同解释的可能性，面对这些不同的解释结果，我们只有诉诸法律的精神和理念，才能得出符合法律精神和目的的结果。而法律原则是法律精神与理念的载体，所以说法律原则对于理解和应用法律至关重要，它们不仅指导法律推理的方向，还确保推理的结果符合法律的目的。在实践中，法律原则通过引入价值判断来确保司法过程和结果与法律规定和意图一致，从而起到连接法律精神与具体规则的作用。

法律原则不仅可以在引导"前理解"的形成、法律发现及裁判规范形成的过程中发挥作用，而且在特定情形下可以作为裁判规范适用。在一般案件中，法律原则很难直接作为裁判规范适用，而只能作为法律推理和解释的依据。法律原则的直接适用一般是与疑难案件相联系的。那么疑难案件是如何产生的呢？

疑难案件的产生取决于两个方面的原因：一是法律规则的不能性；二是个案事实的复杂性。一个判决之所以能够作出，是由于个案事实能够等置于法律规则的事实构成要件之下。然而，由于人类理性的有限性，在制定法律规则之时，无法完全预测到将来所发生的事情，只能以先前的经验来推测将来的事情，如此，规则的普适性与案件事实的多样性难免会发生矛盾。而且，由于语言的模糊性及情境导向的特征，对于社会生活也难以完全把握，因此必然会产生规则不能的情况，于是就产生了疑难案件。具体而言，疑难案件主要有四种类型："一是由于法律规则本身属于模糊不清或概念太抽象，造成语言解释有歧义；二是如果直接严格适用法律规则就会导致不公正的法律后果；三是法律未作明确的规定或规定有漏洞；四是既可适用这种规则又可适用另一种规则，而这些可适用的法律规则之间存在相互冲突"。①当然，疑难案件包括两种类型：一种是事实上的疑难案件，指的是案件事实无法查明，也就是客观真实无法查明的案件；另一种是法律上的疑难案件，主要指法律规定有缺陷或争议而陷于困境的案件。本部分仅探讨法律上的疑难案件，事实上的疑难案件不在讨论之列。

　　法律原则作为裁判规范适用的场所必然产生于疑难案件的这四种情况之中，但并不是每一种情况都要由法律原则来解决。例如第一种规则模糊的情况就并不必然要由法律原则作为裁判规范来解决，其可以通过文义、历史等方法来使模糊的规则变得明确就可以以规则为裁判规范进行个案的裁判。又如在规则冲突的情况下，很多情况都可以通过协调法律规则冲突的准则来解决，比如不同位阶的法律规则之间的冲突可以由"上位法优于下位法"来解决，同一法律位阶层面的可由"新法优于旧法""特别法优于一般法"来解决。

　　其实上面四种疑难案件的类型，可以以有无法律规则为标准分为两种情况：一种是有规则的情况，包括规则模糊、规则冲突、规则悖反；另一种是没有规则的情况，包括规则漏洞。因为如果个案中存在相关规则的时候，一定会有相关原则存在，所以有规则存在就有原则存在。在规则模糊的情况下，法官可以通过法律解释方法来使模糊的规则变得清晰，而法律原则可以起到指导解释方法适用的作用，但这里的原则并不是直接适用。在规则冲突的情况下，又可以分两种情况：第一种情况就是在同一法律体系中，针对一种情况有两种截然相反的规则来规制，从而导致不同的结果；另一种情况不如第一种情况那么明显，即两个相类似的案件事实因为适用不同的规则，从而导致不同的结果。正如上文所指出的那样，规则冲突可以通过冲突规则来解决，但是处于同一位阶的规则无法通过冲突规则来解决，那又如何解决呢？这种情况只能认为规则不存在，即存在规则漏洞，可用原则填补漏洞的方式来解决。在规则悖反的情

---

① 张保生. 法律推理的理论与方法[M]. 北京：中国政法大学出版社，2000.

况下，也就是说一条规则的适用会导致严重的个案不正义，也即与某条原则相冲突，那么就要以衡量原则与规则何者更重要来决定是适用原则还是规则。在存在规则漏洞的情况下，会有两种情况：一是只有一条原则与之相关联，没有其他原则与之相冲突，那么就可运用此原则进行漏洞补充；二是存在两条冲突的原则与之相关，那么必须通过衡量来决定适用哪条原则。由此，我们可以发现，法律原则作为裁判规范适用的场所主要有三种情形：规则存在漏洞的情况、规则悖反的情况及规则冲突无法通过冲突规则加以解决的情况。而且在我国的司法实践中，已经出现了相应的司法判例。

规则存在漏洞的情况，如"莒县酒厂诉文登酿酒厂不正当竞争纠纷案"就反映了这种情况。在此案中，被告用仿照原告瓶贴装潢的手段来进行不正当竞争，从而获取利益。但是由于瓶贴装潢不在商标权保护范围之内，所以不存在相应的规则规定，也就是存在法律漏洞。当时法院在面对这种情况时，直接运用了《民法通则》第四条诚实信用原则、第五条保护合法权益原则和第七条尊重社会公德原则，认定被告的行为损害了社会公共利益，扰乱了社会经济秩序，是不正当的竞争行为，必须予以制止。规则悖反的情况，如"第三者"遗赠案：黄某在婚姻存续期间与张某同居，对外宣称夫妻，后来张某在黄某重病期间悉心照顾，于是黄某立下遗嘱一份，且加以公证，其死后，将住房补贴、公积金、抚恤金和原住房售价的一半赠给张某。但是，黄某的妻子蒋某拒绝执行遗嘱。张某诉至法院。一审、二审都以遗赠协议违背社会公德、内容违反法律和社会公共利益，驳回原告的诉讼请求，虽然黄某立下的是一份形式上有效的遗嘱。这说明法律原则不仅确实有其适用的场所，而且在这些适用的场所已经发挥了裁判规范的作用。法律原则适用的情形主要有以下四种：一是规则模糊，即虽有法律规则的规定，但存在模糊不清或有歧义的情况；二是规则缺失，即对相关问题没有相关规则的规定；三是规则冲突，即对同一事件存在不同的法律规定且相互冲突；四是规则适用显失公平，即将其适用于个案会出现明显的不公正结果。在不同情形下，法律原则的适用方法是不同的。

📑【文献扩展】

1. 庞凌. 法律原则的识别和适用[J]. 法学，2004（4）.

2. 刘叶深. 法律规则与法律原则：质的差别？[J]. 法学家，2009（5）.

📖【材料 4-7】微信商标权纠纷案

2010 年 11 月 12 日，创博亚太公司向商标局提出"微信"商标的注册申请，该时间比 2011 年 1 月 21 日腾讯公司首次发布微信 1.0 for iPhone（测试版）早两个多月，2011 年 1 月 24 日，腾讯公司提出"微信"商标注册申请。

2011 年 8 月 27 日，创博亚太公司的"微信"商标经商标局初步审定公告，指定使用服务为第 38 类信息传送、电话业务、电话通信、移动电话通信等。在法定异议期内，张某以《中华人民共和国商标法》（以下简称《商标法》）第十条第一款第八项"具有其他不良影响"为由，对创博亚太公司的"微信"商标提出异议。2013 年 3 月 19 日，商标局作出（2013）商标异字第 7726 号裁定，对被异议商标不予核准注册。创博亚太公司不服该裁定，于 2013 年 4 月 7 日向商标评审委员会申请复审。2014 年 10 月 22 日，商标评审委员会作出第 67139 号裁定，被异议商标不予核准注册。创博亚太公司遂向法院提起行政诉讼。2015 年 3 月，北京知识产权法院判决维持商标评审委员会的决定。

在商标异议、商标复审和行政诉讼中，该案需要考虑的几个关键事实如下：创博亚太公司和腾讯公司在互不知情的情况下申请使用"微信"，创博亚太公司的"微信"商标申请的时间早于腾讯公司发布"微信"软件，但创博亚太公司未能证明其实际使用了该商标，而腾讯公司的微信软件一经发布，用户急剧攀升，在 2013 年 7 月份用户已达 4 亿，2014 年 11 月份超过 8 亿，且大量政府机关、银行、学校等都通过微信平台开展工作、提供服务。①

【法理分析】在"微信"商标权纠纷案中，法院最终依照《商标法》的规定，认定创博亚太公司对于"微信"商标的注册属于第十条第一款第八项所禁止的"具有其他不良影响"的情形，从而禁止创博亚太公司注册"微信"商标。该案判决引起广泛热议。对该案进行探讨的一个重要问题就是如何平衡《商标法》所确立的"先申请原则"与维护社会公共利益的矛盾。

商标法奉行在先原则，商标权的取得途径有两种：一是以大陆法系为主的"先申请原则"，即先进行商标注册申请的主体获得商标权；二是以英美法系为主的"先使用原则"，即先使用商标的主体获得商标权。我国《商标法》所规定的商标取得采取"先申请原则"。在本案中，创博亚太公司商标申请时间比腾讯公司发布微信软件早两个多月，更早于腾讯公司提出"微

---

① 邓宏光. 商标授权确权程序中的公共利益与不良影响：以"微信"案为例[J]. 知识产权，2015（4）.

信"商标注册申请，单从时间线而言，创博亚太公司有资格注册该商标。但除此之外，法院认为商标的注册核准还应当考虑公共利益和已经形成的稳定的市场秩序。当商标申请人的利益与公共利益发生冲突时，应当结合具体情况进行合理的利益衡量。①在此涉及两个问题：一是允许创博亚太公司取得"微信"商标权是否会损害公共利益；二是在利益衡量中，维持商标评审委员会不予核准注册决定所保护的公共利益是否优于"先申请原则"。

对于商标法上的公共利益，可以从两方面进行阐述：一是不特定多数消费者的利益；二是商标使用所形成的市场秩序。一方面，保护消费者利益是《商标法》的目的之一，消费者以商标来识别产品和服务，从而与其他商品和服务区别开来，商标的使用减少了交流成本，提高了市场效率，商标的角色定位绝不仅是一项私人权利，其亦具有市场领域交流媒介的公共属性，因此，在处理商标权问题上就必须考虑到消费者这一群体所代表的公共利益。具体到本案，"微信"软件具有极大的用户群体，消费者在"微信"与腾讯公司之间建立起唯一对应关系，其涉及的是数亿消费者对"微信"商标的稳定认知。另一方面，商标法要维护市场秩序的稳定。商标法所追求的是发挥商标区分商品来源的功能以促进经济交流，因此，因商标的实际使用而形成的经济秩序亦应受到保护。在本案中，争议商标从申请到公告间隔9个月，其间，腾讯公司在不知情的情况下推出"微信"软件，并迅速拥有庞大的用户群体，"微信"商标已经处于使用的状态，同时"微信"融入社会的各领域，庞大用户群体已形成了稳定的市场秩序和认知关系，若强行破坏基于善意而形成的经济秩序，则会造成经济损失，亦不能为公众所理解。由此看来，"微信"商标权的归属问题的确涉及公共利益。

就"微信"商标权纠纷案而言，维持商标评审委员会不予核准注册决定所保护的公共利益是否优于"先申请原则"？从长远来看，作为商标法的立命基础，"先申请原则"本身涉及商标领域的重大利益，但另一可与"先申请原则"相媲美的公共利益也不容忽视，即对商誉创造的激励和培育功能所涉及的公共利益。②商标法并不旨在鼓励商标的发明创造，而是鼓励对商标的使用，从而创造商标的商誉价值。如果创博亚太公司的"微信"商标得以核准注册，将破坏已使用的商标的价值，变相鼓励通过注册商标侵占他人商

---

① 参考自（2014）京知行初字第 67 号。

② 黄汇. 商标法中的公共利益及其保护——以"微信"商标案为对象的逻辑分析与法理展开[J]. 法学，2015（10）.

誉的"圈地"行为，进而打击市场主体对有价值商标进行开发的积极性。从当前来看，商标权的归属问题涉及数亿消费者对"微信"商标的"稳定认知利益"，创博亚太公司若获得该商标注册将会使消费者产生认知困扰。从这一角度看来，不予核准注册决定所保护的公共利益要优于"先申请原则"。

综上而言，法院判决维持商标评审委员会不予核准注册的决定具有合理性。由此案也可以看出，在司法裁判中，法律原则并非绝对优先的，法律原则的适用仍需在具体情境中加以审视，通过利益衡量来作出合理的选择与判断。

📄【文献扩展】

1. 李杨."公共利益"是否真的下出了"荒谬的蛋"——评微信商标案一审判决[J]. 知识产权，2015（6）.

2. 黄汇. 商标法中的公共利益及其保护——以"微信"商标案为对象的逻辑分析与法理展开[J]. 法学，2015（10）.

📖【材料4-8】泸州第三者遗赠案

黄永彬和蒋伦芳是四川省泸州市天伦集团公司 404 分厂的职工，两人于1963 年结婚，婚后一直未能生育。1994 年，黄永彬与另外一名女子张学英产生感情，在外面租了房子，开始以夫妻名义共同生活，后生育有一子。2001 年 4月，黄永彬在患肝癌晚期的情况下立下了经过公证的遗嘱，将自己依法所得的住房补贴金、公积金、抚恤金及与蒋伦芳的夫妻共同财产中属于自己的部分遗赠给张学英。黄永彬去世后，张学英请求按遗嘱内容取得财产遭到拒绝，遂将蒋伦芳起诉至泸州市纳溪区人民法院。泸州市中级人民法院终审判决以"损害社会公德、遗赠行为无效"为由，驳回了张学英的诉讼请求。[①]

【法理分析】法律原则适用的方法主要有两种：一种是类型化方法，另一种是衡量方法。类型化方法是以类型和类推为其核心内容的，其核心要旨就是如果两个类型被认为是同一种的，那么根据类比推理，这两个类型就应该具有形似的评价。判断两个类型是同一种的标准有两个：一是归列对象之间是具有相似性，这种相似性是一种"整体意义"上的相似性；二是这个"整体意义"是立足于某一"评价观点"之上的。正如卡尔·拉伦茨指出的："类推适用是指将

---

① 余净植."泸州二奶遗赠案"两种分析路径之省思[J]. 法学论坛，2008（4）.

法律针对某构成要件（A）或多数彼此相类似的构成要件而赋予之规则，转用于法律所未规定而与前述构成要件相类似的构成要件（B）。转用的基础在于二构成要件（在与法律评价有关的重要观点上）彼此相类似，因此，二者应作相同的评价。易言之，系基于正义的要求——同类事物应作相同处理。""两个案件事实彼此'相类似'，此意指两者在若干观点上一致，其余则否。假使在所有可能的角度上，两者均一致，则两者根本就是'相同的'。有关的案件事实既不能相同，也不能绝对不同，它们必须恰好在与法律评价有关的重要观点上相互一致。因此，法学上的类推适用无论如何都是一种评价性的思考过程，而不仅仅是形式逻辑的思考操作。法定构成要件中，哪些要素对于法定评价具有重要性、其原因何在，要回答这些问题就必须回归到该法律规整的目的、基本思想，质言之，从法律的理由上来探讨。"而这正是法律原则所蕴含的。

衡量方法主要适用于原则与原则之间相互冲突的情况，当然，原则与规则之间的冲突也可以适用衡量方法，因为规则与原则和规则之间的冲突可以转化为原则与原则之间的冲突。在规则背后都有至少一条实质原则与形式原则作为支撑。那么，两条原则之间的冲突如何衡量呢？根据阿列克西的观点，可以根据衡量法则来进行衡量。所谓衡量法则是指，对于相互冲突的两个原则而言，对某一原则的侵害越强，另一个原则实现的重要性就应当越高。阿列克西认为，衡量法则可以分解为三个步骤："第一步先确定某原则的不满足程度或受侵害程度；第二步再确定与此原则相冲突的彼原则满足的重要性程度；第三步则将第一步确立的受侵害程度与第二步确立的重要性程度相互比较，确定与此原则相冲突的彼原则满足的重要性程度是否足以证立对于此原则的受侵害程度。"[①]不仅如此，阿列克西还在衡量法则的基础上发展出了衡量公式，两条原则在个案中的重要性程度可以由 $G_{1,2}=I_1 \cdot G_1 \cdot S_1/I_2 \cdot G_2 \cdot S_2$ 这一商公式来进行比较。这一公式包含三个变量，即相互竞争的原则在具体个案中的重量（I）、相互竞争的原则的抽象重量（G）及原则的经验性前提的确定性程度（S），分别用 I_1、G_1、S_1 和 I_2、G_2、S_2 来表示这两条原则的三个变量。

"原则的抽象重量指在不考虑具体案件的情况下，某一原则在特定法律体系中的重要性。一般而言，抽象层面的法律原则的重要性是一样的，但是在特定的法律体系下，会有一个或者几个核心原则在抽象层面上具有绝对的重要性，如德国的'人性尊严'原则。经验性前提是指讨论中的措施对在具体案件的情

---

① ［德］罗伯特·阿列克西. 法作为理性的制度化[M]. 雷磊，译. 北京：中国法制出版社，2012.

况下原则 1 的不实现和原则 2 的实现意味着什么。例如，为了保障公众健康，我们需要对艾滋病患者的自由或权利进行限制，假设我们对艾滋病患者采取强制隔离措施，那么这种强制隔离措施对保障人的自由的原则不实现和对保障公共利益的原则的实现是否是合适的和必要的？如果在经验上是合适的和必要的，那么这种措施的可信赖度就大，反之则小。"[1]在个案中，我们就是要根据这三个因素来判断相互冲突原则的重要性。

对于原则 1（P_1）和原则 2（P_2），如果转化成衡量公式就是 $G_{1,2}=I_1 \cdot G_1 \cdot S_1/I_2 \cdot G_2 \cdot S_2$。

运用重力公式的复合形式对相互冲突的原则进行衡量，其结果仍然有三种。

（1）当 $G_{1,2}=I_1 \cdot G_1 \cdot S_1/I_2 \cdot G_2 \cdot S_2 > 1$ 时，原则 P_1 优于原则 P_2 适用，此时 P_1 是决定性原则。

（2）当 $G_{1,2}=I_1 \cdot G_1 \cdot S_1/I_2 \cdot G_2 \cdot S_2 < 1$ 时，原则 P_2 优于原则 P_1 适用，此时 P_2 是决定性原则。

（3）当 $G_{1,2}=I_1 \cdot G_1 \cdot S_1/I_2 \cdot G_2 \cdot S_2 = 1$ 时，无法唯一地决定原则 P_1 和 P_2 的优先关系。

公式中的变量，由大到小分别可以赋值 4、2、1。

法律原则适用包含两种情形：一种是所涉及的原则不存在相互冲突的情况（当然前提是相关的法律原则有两条以上），这就可以直接适用类型化的方法，用类推的方式作出判断；另一种情况就是存在相互冲突的情形，那就要运用衡量方法，在此过程中类型化方法在确定相关变量的时候会发挥作用。

接下来，我们就要结合具体案例来看一下这两种方法是如何实现法律原则的适用的。让我们先来看看不涉及原则冲突的情况下，法律原则是如何适用的。对于该种情形，有我国"宪法适用第一案"之称的"齐玉苓案"可作为典型案例（本案的简略案情参见前文材料 2-2）。

其实"齐玉苓案"实际上就是一起公民的受教育权被其他公民侵害的案例。在齐玉苓案件中，齐玉苓的受教育权被侵害是一个不争的事实，但是我们无法仅凭受教育权这一宪法原则来维护齐玉苓的权益，因为这一原则并未规定行为后果，也没有规定如何进行损害赔偿。既然本案存在侵权行为，那么应当适用侵权机制，而如要适用侵权救济，则被告行为就应该符合当时《民法通则》所

---

[1] 王夏昊. 法律原则的适用方式[J]. 学习与探索，2007（2）.

规定的一般侵权行为的构成要件。而这里的关键问题就是受教育权是不是民事权利的一种，因为侵权损害的客体须为一种民法上的权利或者法益，也就是说，受教育权这一类型是否包含民事权利这一类型。两种类型是否属于同一类型的关键就在于这两者是否可以在相同的评价观点之下具有相同或相似的意义核心。"受教育权作为宪法上的基本权利，其义务对象为国家；但随着社会发展，接受教育已成为一个人获取职业并谋生的必要手段，因此受教育权的享有具有经济利益；此外，受教育还可以丰富人格、扩展身心、促进人格自由发展，因此，受教育又具有精神价值，是一种人格利益。现代各国法制莫不以人为本，财产权与人格权皆为宪法价值所涵盖，因此此种基于受教育而获得的物质与精神双重利益应是一种'法上之利益'，与一般民事权利无异，应该得到侵权责任法的保护。"①也就是说受教育权与民事权利这两种类型在保护人民的利益这一评价观点之下，具有基于受教育而获得的物质与精神双重利益应是一种"法上之利益"这一相同的意义核心，理应受到侵权行为法的保护。这其实也是根植于类型化方法背后的类推思维的应用。但是仅仅论述到这里还是不够的，因为侵权行为法要保护的利益需要在民法上有一定的"名分"，即这种"法上之利益"还要披上权利的外衣。但由于受教育权不在传统民事权利序列中，因此这是一个"法律漏洞"，我们就必须进行"漏洞填补"，即将其"类推适用"，在民法上找一个可以接纳这种"法上之利益"的权利，实现"法之续造"，而这种权利就是被称作为"框架性权利"的一般人格权。在这一类型化方法的适用过程中，我们通过受教育权与一般人格权的价值一致性，从而把受教育权归入了一般民事权利之中。接下来就是要运用类推的方法，使受教育权的侵害得到与一般民事权利被侵害相同的保护，这就是水到渠成的事情了。

下面再让我们看一看在涉及原则冲突的个案中，是如何运用类型-衡量模式来适用法律原则的。有"原则适用第一案"的"泸州第三者遗赠案"可以作为此种情形的典型案例，涉及的是法律原则与法律规则之间的冲突。

在整体上，法律原则的适用可分为两大步骤：第一步是寻找并确定有哪些法律原则可以适用于待决的具体案件。其中一些法律原则提供了支持结论的理由，另一些法律原则提供了反对结论的理由。第二步是一个衡量过程。在这个过程中，要论证并确定结论是来自已收集到的理由，或者说结论是从已收集到的理由中推导出来的。

---

① 张红. 民事裁判中的宪法适用——从裁判法理、法释义学和法政策角度考证[J]. 比较法研究，2009（4）.

　　第一，我们要找出所涉及的法律原则有哪些。由于本案发生于《民法典》颁布之前，因此本案涉及的主要是《民法通则》第七条"民事活动应当尊重社会公德，不得损害社会公共利益，破坏国家经济计划，扰乱社会经济秩序"中所体现的公序良俗原则或称善良风俗原则与《继承法》第十六条"公民可以立遗嘱将个人财产赠给国家、集体或者法定继承人以外的人"之规定相冲突。实际上，问题的核心在于公序良俗原则与个人对自己遗产处置的意思自治原则之间的冲突，后者具体体现为个人遗嘱自由的权利。

　　第二，相互冲突原则彼此重要性的确定需要分三个步骤来进行。第一步，先确定某原则的不满足程度或受侵害程度；第二步，确定与此原则相冲突的彼原则的满足的重要性程度；第三步，将第一步确立的受侵害程度与第二步确立的重要性程度相互比较，确定与此原则相冲突的彼原则的满足的重要性程度是否足以证立对于此原则的受侵害程度。

　　第三，根据衡量公式，确定个案中不同原则的重要性一般要考虑三个因素：相互竞争的原则在具体个案中的重量、相互竞争的原则的抽象重量及原则的经验性前提的确定性程度。

　　那么根据上面的衡量公式，让我们来看看公序良俗原则 P_1 与个人遗嘱自由原则 P_2 在本案中的重要性。在本案中，如果满足个人遗嘱自由原则 P_2 对公序良俗原则 P_1 的损害并没有如一审法院所说的那样严重，即"如果我们按照《继承法》的规定，支持原告张某的诉讼主张，那么也就滋长了'第三者''包二奶'等不良社会风气"。德国联邦最高法院在一个被继承人在遗嘱中立其情妇为继承人的案例中指出："如果被继承人立其情妇为继承人旨在酬谢其满足自己的性欲或旨在决定或加强这种两性关系的继续，那么这种行为是违反善良风俗的，如果旨在给其情妇提供生活保障则该行为是有效的。"因此，满足个人遗嘱自由原则 P_2 对公序良俗原则 P_1 的损害是比较轻的，可以赋值为 1；而满足公序良俗原则 P_1 却是重的，赋值为 4。就抽象重力而言，个人遗嘱自由原则 P_2 与公序良俗原则 P_1 具有同样的重要性，都可赋值为 4。干预措施，也即判决遗嘱自由违法，对于提高整个社会的道德水平、维护公序良俗的经验前提并不是十分确定，因为整个社会的道德水平与多种因素有关，所以公序良俗原则 P_1 的经验确定性较轻，赋值为 1；反之，这一措施对于个人遗嘱自由原则 P_2 的影响的经验前提却是肯定的，所以赋值为 4。根据公式，我们可以得出：$G_{1,2}=1 \cdot 4 \cdot 1/4 \cdot 4 \cdot 4=1/16 < 1$。因此，个人遗嘱自由原则 P_2 比公序良俗原则 P_1 在"泸州第三者遗赠案"中具有更大的重要性，据此认为本案的判决是存在问题的。同样地，公序

良俗原则与形式原则的比较可遵循同样的思路进行，在此不赘述。

通过上述分析，我们明确了法律原则适用的情形及方法，但是我们还必须强调的是，法律原则作为通过类型化方法和衡量方法而成为裁判规范毕竟是法律原则适用的少数情形，在大部分情形之下，法律原则还是作为法律体系的基本理念和价值追求来发挥自己作用的。

【文献扩展】

1. 张红. 民事裁判中的宪法适用——从裁判法理、法释义学和法政策角度考证[J]. 比较法研究，2009（4）.

2. 王夏昊. 法律原则的适用方式[J]. 学习与探索，2007（2）.

第五章

法律程序

📖【材料 5-1】苏格拉底的审判

公元前 399 年初夏的一天，雅典城万人空巷，雅典公民都聚集在了市政广场，因为那里正在进行着对苏格拉底的审判。对苏格拉底的审判源自三位雅典公民的控告，他们控告苏格拉底的罪名有二：不敬神和腐蚀年轻人。根据当时雅典的诉讼制度，这样的公诉案件由 501 名公民组成审判团进行审理。具体的审判程序是由控告人先进行指控陈述，然后由被告人答辩。控辩双方会进行两轮法庭辩论，各自的发言时间都有严格的规定，根据不同情况，由一个水时计进行计时。对这种"水钟"的运作，亚里士多德有过详细的描述："（法庭）那里准备水时计，有小供水管，水由此注入，用以规定申辩时间之长短。"经过事实辩论之后，由审判团对被告人是否有罪进行投票表决。裁判的规则采用简单多数决，即只要有超过一半的有罪票，就认定为指控罪名成立；如果有罪票数不到一半，则被告人无罪；但若有罪票数不足五分之一，控诉人将受"反坐"，被处以 1000 德拉克马的罚款。指控罪名被确定成立后，接下来就是量刑。在古希腊，对何种犯罪应处以何种刑罚并没有明文规定，而是由控辩双方各提出一个方案，审判团投票从中选择其一。在苏格拉底一案中，审判团第一次表决结果是 280 票对 221 票，认定苏格拉底有罪；第二次表决结果是 361 票对 140 票，支持了控诉方的提议，判决对苏格拉底处以死刑。在这两次表决前后，控辩双方都进行了陈述。控诉方陈述内容我们今天已经无从知晓，但苏格拉底的陈述内容则被记录了下来，主要见于柏拉图的《申辩篇》和色诺芬的《回忆苏格拉底》。判决宣布后，苏格拉底再次发言。最后苏格拉底拒绝其学生的逃跑建议，基于对法律的信仰，选择慷慨赴死。①

【法理分析】实证法规定了法律程序，那么如何评价法律程序是否正义？苏格拉底的审判是西方法治精神的源头，除了苏格拉底的守法精神为后世称道外，审判过程也反映出古希腊人对法律程序正义性的认识，即使希腊语中并没有与我们的"程序正义"或"正当法律程序"相对应的术语。首先，对一个人的惩罚只有通过审判的方式才能进行。在人类社会早期阶段，纠纷的解决方式主要以自力救济的方式进行。随着国家的出现，出于秩序和安宁的需要，暴力自我救济的方式被禁止，取而代之的是诉讼，即将纠纷提交给国家专门机关来解决，而该机构作出的裁断以国家暴力为后盾，具有权威性，当事人必须服从。同时，国家有责任也有义务对危害国家安全的行为进行追究。在古希腊，最初的国家形式是城邦，由一群自愿认可和遵循城邦法律的公民组成。古希腊人早在荷马时代就将"正义"与"诉讼"密切联系在一起，只有通过"诉讼"才能实现"正义"。其次，必须给予当事人双方表达意见的机会。审判的理性基础就是控辩陈述。如果不给予双方当事人陈述的机会，审判就无从进行，或者说进行的就不是审判。雅典人非常重视这一点，因此在他们的庭审规则中就明确了双方陈述的次数及时间长短。再次，由身份相同的人担任审判员。诉讼和审判是处理共同体内部矛盾和冲突的纠纷解决机制，由共同体成员来担任审判员最合适不过，因为他们有着共同的价值观和是非观，而在此背后是共同的生活和利益。最后，按照预先设定的程序规则进行裁判。从雅典人设计的严格程序中就可以看出他们对程序规则的重视。对于审判法庭如何组成、法庭辩论如何进行、投票表决如何开展等，雅典法律都作了细致规定。对苏格拉底的判决是根据严格的程序规则作出的，而他本人是完全认可这一程序的。苏格拉底至死都不认为自己是有罪的，即在实体上他并不认为法庭的裁决是合乎正义的，但他仍然接受并服从法庭的裁判，最为重要的原因在于严格的审判程序赋予了裁判以正当性。

---

① 邓继好. 程序正义理论在西方的历史演进[M]. 北京：法律出版社，2012.

　　在古希腊、古罗马之后，中世纪欧洲大陆的诉讼程序为纠问式，主要特征为不告也理、控审合一、有罪推定、秘密审判、书面审理、法定证据等。中世纪法院对纠问式程序弊端所作的极致发挥，从一定程度上对现代诉讼法制的形成起到了倒逼作用。正是经过中世纪纠问式程序的洗礼，欧洲大陆乃至整个西方的审判才实现了从神明裁判向证据裁判、从非理性向理性的转变。

　　程序正义作为一种观念被正式提出始于13世纪的英国普通法，并在美国得到前所未有的发展。程序正义的经典表述在英国是"自然正义"，在美国则是"正当法律程序"。自然正义是英国法治的核心概念，包括两个基本要求：第一，任何人均不得担任自己案件的法官；第二，法官在制作裁判时应该听取双方的陈述。自然正义原则包括了法律程序正当性的基本内容，成为程序正义观念的最早体现。随着英国北美殖民地的建立，程序正义的观念也漂洋过海来到新大陆，并落地生根、枝繁叶茂。很多殖民地通过立法规定程序性权利保障，主要的程序性权利保障如下：第一无书面令状不得进行搜查和扣押、拘捕；第二有正当理由时获得保释的权利；第三法庭之外的自白不具有法律效力；第四案件以合理的速度判结的权利；第五死刑案件由大陪审团起诉；第六知晓指控罪名的权利；第七禁止双重归罪的权利；第八要求陪审团成员回避的权利；第九被告证人与控方对质的权利；第十由陪审团审判的权利；第十一对罪犯处刑适当：禁止滥用肉刑和没收财产；第十二禁止实施残忍的、非常规的刑罚；第十三法律的平等保护（不独立的人——妇女、儿童、奴隶有权进行诉讼）；第十四执法平等——禁止任意使用缓刑和以罚金替代刑罚；第十五上诉权。独立后的美国，通过《联邦宪法》将正当程序的观念宪法化。《联邦宪法》第五条和第十四修正案第一款、作为《联邦宪法》前十条修正案的《权利法案》的第四条到第八条，均是关于正当程序的。随着美国司法实践中对正当程序的演绎，创造性地提出了"实质性正当程序"的概念，并将它与"程序性正当程序"相对使用，其中前者是对联邦和各州立法权的一种宪法限制，它要求任何一项涉及剥夺公民生命、自由或者财产的法律不能是不合理的、任意的或者反复无常的，而应符合公平、正义、理性等基本理念；而后者则涉及法律实施的方法和过程，它要求用以解决利益争端的法律程序必须是公正、合理的。随着社会的发展，既有的程序规则不断被细化，新的程序规则不断被创设，"程序性正当程序"的内容也获得了持续性丰富，主要包括通过判例创制的以下规则：①排除合理怀疑的标准；②陪审团指令和无罪推定；③禁止双重危境；④反对自证其罪的特权；⑤迅速审判权；⑥公开审判权；⑦质证权；⑧强制程序；⑨律师帮助权；⑩禁止残忍和非正常的刑罚；⑪非法证据排除规则；⑫米兰达规则。

程序正义问题不仅在立法和司法实践中被不断涉及，法学界对程序正义理论的研究也颇具历史。在程序正义理论的形成上，边沁提出程序的外在价值论；贝卡利亚的程序法思想提出了程序的内在价值论；罗尔斯的程序正义论则是对功利主义的超越。在程序正义理论对程序价值的揭示方面，庞德提出了法律程序的价值秩序；波斯纳对程序价值进行了经济学分析；德沃金对功利主义程序价值提出了再反思；富勒提出了程序自然法；马肖提出了尊严价值论；达夫对马肖尊严价值论进行了回应；萨默斯提出了走向综合的程序价值论。在程序正义理论对程序公正标准的寻求方面，戈尔丁对程序公正标准作了初步梳理；贝勒斯提出了综合价值论基础上的程序公正标准。在程序正义的法社会学研究方面，蒂博特与沃克的初步研究，以及林德与泰勒的团体价值理论都对程序正义进行了心理学解读；哈贝马斯用交往行为论对罗尔斯的理论提出批判。

程序正义的内涵至今仍然处于不断发展的过程中。或许，人们永远不可能将程序正义的内容揭示到"穷尽"的程度，但无论如何，程序的不公正和非正义都是有着确定标准的，那就是使人仅仅成为手段或者工具，而不使其成为目的。

📑【文献扩展】

1. 陈瑞华. 程序正义论[J]. 中外法学，1997（2）.

2. 陈瑞华. 程序正义理论[M]. 北京：中国法制出版社，2010.

3. 邓继好. 程序正义理论在西方的历史演进[M]. 北京：法律出版社，2012.

4. 樊崇义、夏红. 正当程序文献资料选编[M]. 北京：中国人民公安大学出版社，2004.

5. 陈瑞华. 看得见的正义[M]. 北京：北京大学出版社，2013.

6. LF·斯东. 苏格拉底的审判[M]. 董乐山，译. 上海：生活·读书·新知三联书店，1997.

📖【材料5-2】罗伊诉韦德案

罗伊住在田纳西州的达拉斯城，单身。1970年，她想进行非旨在挽救生命的堕胎手术。霍尔福特是位有执照的外科医生，曾因违反田纳西州的堕胎法律被捕并被起诉。德兹是一对没有孩子的夫妇，由于可能受到药物的影响，暂时不想怀孕，遂要求堕胎。他们认为田纳西州的禁止堕胎法律规定违反了美国《联邦宪法》第一、四、五、九、十四条所保护的相关权利，特别是隐私权，因此他们共同起诉。地区法院没有支持罗伊终止妊娠的请求，其上诉至最高法院，最高法院经审理认为田纳西州的禁止堕胎法律规定违反了《联邦宪法》第十四修正案的正当程序条款。最高法院承认堕胎权是个人隐私权的一个组成部分，但同时也指出，该项权利并非个人的绝对权利，必须从实施管理所涉及的州的利益角度来考虑。鉴于堕胎权的基本性质及影响该项权利刑罚的严重程度，只有关系到州急需考虑的利益时，州的制约才是合理的，而且州法的制定必须完全只是为了体现关系重大的州的合法利益。①

【法理分析】罗伊诉韦德案这一著名宪法案例有多个角度可以分析，本书主要从美国联邦最高法院的裁判依据——《联邦宪法》第十四修正案的正当程序条款这一"实质性正当程序"角度来进行分析和介绍。

美国《联邦宪法》第十四修正案第一款通常被称为"正当程序条款"，它的文本内容为"所有在合众国出生或归化合众国并受其管辖的人，都是合众国和他们居住州的公民。任何一州，都不得制定或实施限制合众国公民特权或豁免权的法律；不经正当法律程序，不得剥夺任何人的生命、自由或财产；在州管辖范围内，也不得拒绝给予任何人以平等法律保护"。随着《联邦宪法》第十四修正案的生效，正当法律程序就获得了实质性含义。将《权利法案》规定的正当程序适用到各州，在某种程度上意味着联邦法院有权对各州的法律是否符合《权利法案》的正当程序条款进行审查，这就是实质性正当程序，其核心问题就是对立法及行政行为进行司法审查及审查的边界。

田纳西州的禁止堕胎法律规定，除非旨在挽救孕妇生命，否则任何受孕阶段的堕胎都是犯罪。在罗伊诉韦德案的初审中，地区法院正是依据这一州制定法判决罗伊败诉。罗伊上诉至联邦最高法院，请求确认田纳西州的堕胎法律违宪，并且限制了她受《联邦宪法》第一、四、五、九、十四条所保护的个人隐私权。联邦最高法院的判决论证思路是这样的，将妇女的堕胎权解释为隐私权的一种，而隐私权是个人自由的一种，属于合众国公民的基本权利，这样，田纳西州的禁止堕胎法律就违背了《联邦宪法》第十四修正案的正当程序条款，是限制了合众国公民基本权利的违宪法律，侵犯了受孕妇女的隐私权，同时指出这一隐私权并非绝对的权利。由于尚未出生的胎儿并非合众国公民，最高法院将胎儿作为"潜在的公民"，将其归于州的利益，并且依据受孕阶段划分保护

---

① 樊崇义，夏红. 正当程序文献资料选编[M]. 北京：中国人民公安大学出版社，2004.

胎儿的"生命权"是否是州急需考虑的利益。只有到达一定受孕阶段的胎儿，才是州急需考虑的利益，州可以立法禁止特定受孕阶段的堕胎。本案联邦最高法院判决所使用的法律依据就是《联邦宪法》第十四修正案的正当程序条款。

《联邦宪法》第十四修正案的正当程序条款所规定的就是实质性正当程序。作为正当程序的实体法一面，实质性正当程序是指联邦和州议会所制定的法律必须符合公平与正义，政府的行政行为应当受到必要的限制。在剥夺个人的生命、自由或财产时，如果政府制定的法律、实施的行政行为不符合公平与正义的标准，法院将宣告这个法律或行为无效。实质性正当程序是美国法院将宪法没有确认的价值予以司法化的途径，也是法院限制行政、立法权力的手段。进入20世纪后，实质性正当程序的发展更是达到了巅峰，主要表现为以下几点：第一，其成为司法审查的主要依据，全部的政府活动，无论是联邦还是各州的，都必须通过实质性正当程序的关卡；第二，其约束的范围不断扩大，不仅政府的行为受其约束，公民的基本权利和公司的财产权也受其保护，并进一步向自由权渗透；第三，依据实质性正当程序，司法权加强了对立法权和行政权的制约，联邦最高法院被喻为"第三议院"或"法官的政府"。正是通过实质性正当程序的适用，美国进入了所谓的"正当程序统治"的时代。

📑【文献扩展】

1. 孙笑侠. 论法律程序中的人权[J]. 中国法学，1992（3）.

2. 方流芳. 罗伊判例：关于司法和政治分界的争辩——堕胎和美国宪法第14修正案的司法解释[J]. 比较法研究，1998（1）.

3. 郑贤君. 美国宪法权利体系是怎样发展的？——以美国法为范例的展开：司法创制权利的保护[J]. 法学家，2005（6）.

📖【材料5-3】世纪大审判辛普森案

美国黑人橄榄球超级明星辛普森被指控于1994年犯下两宗谋杀罪，受害人为其前妻及前妻男友，该案被称为美国历史上最受公众关注的刑事审判案件。辛普森聘用了众多知名律师为自己辩护。检方自信该案证据确凿，提供了DNA证据：凶案现场发现的两处辛普森的血迹，现场提取的毛发与辛普森的头发相同；警方在现场和辛普森住宅发现的血手套是同一副，两只手套上都有被害人和被告的血迹；在辛普森住宅门前小道、二楼卧室的袜子和白色野马车中，都发现了辛普森和被害人的血迹。这样，检方证据堪称"血证如山"，辛普森涉嫌杀人似乎已是无法抵赖的事实。但是辛普森的律师团说服陪审员相信 DNA 证据存在合理怀疑的部分，包括血样证据被实验室科学家及技术人员错误处理、其他证物采集时的环境等。辩护律师团还宣称洛杉矶警察局有其他失职行为。

　　具体而言，该案重要证据之一是沾血袜子。但是沾血袜子作为辛普森案的证据，疑点很多。第一，袜子两边的血迹完全相同，换言之沾血袜子当时不是穿在脚上的，血迹可能是后来拿着袜子滴上去的。另外，辩方专家在检验袜子上的血迹时，发现其中含有浓度很高的防腐剂（EDTA）。辩方律师提醒陪审团，案发之日，警方在抽取辛普森的血样之后，在血样中添加了这种防腐剂。第二，从现场勘查报告来看搏斗很激烈，凶犯理应浑身沾满鲜血，但辛普森的车上只发现微量血迹，并且在辛普森家的门把手、灯光开关和整个住宅内的白色地毯上没发现任何血迹。第三，根据血迹检验报告，警方发现的血滴大小均匀、外形完整。但辩方认为在搏斗或走动中被甩落的血滴的外形不可能完整。第四，辩方专家指控，洛杉矶市警署刑事实验室设备简陋，管理混乱，检验人员缺乏训练，没有按照正常程序采集现场血迹。

　　该案重要证据之二是在辛普森住宅客房后面搜获的黑色沾血手套，可是这只沾血手套同样疑云密布。首先，根据警察的证词，当他发现沾血手套时，其外表的血迹是湿的。辩方用模拟实验向陪审团演示，这是绝对不可能的。其次，假设辛普森是杀人凶犯，当他满身血迹、惊慌失措地从杀人现场逃窜回家，把凶器和血衣藏匿得无影无踪之后，根本没必要多此一举单独溜到客房后面藏匿沾血手套。再次，虽然警方在凶案现场和辛普森住宅搜获了一左一右两只手套，并且在手套上发现了两位被害人和辛普森的血迹，但是这两只手套的外表没有任何破裂或刀痕，在手套里面也没有发现辛普森的血迹，这说明辛普森手上的伤口与血手套和凶杀案很可能没有直接关系。最后，为了证实辛普森是凶手，检方决定让他在陪审团面前试戴那只沾有血迹的手套。在法庭上众目睽睽之下，辛普森折腾了很久，却很难将手套戴上。辩方立刻指出，这只手套太小，根本不可能属于辛普森。检方请出手套专家作证，并声称手套沾到血迹后，可能会收缩一些。但辩方专家认为，这是一种经过预缩处理的高级皮手套，沾血后不会收缩。控辩双方各执一词，争论不休。但是，在一些陪审员眼中，这只沾血手套的确有点儿太小了。

　　警方失职或违规的行为主要包括以下几点。第一，到过凶案现场的警察从凶案现场直接来到辛普森家中，前去的四位白人警官都曾进入过血迹遍地的第一杀人现场勘查，他们的警靴和警服上很有可能已不小心沾染了血迹。第二，在庭审中警署护士出庭作证说，她那天从辛普森身上抽取了大约 7.9～8.7 毫升血液样品，可是辩方专家在警方实验室只发现了 6.5 毫升的血样，换言之，大约 1.4～2.2 毫升的辛普森血液样品竟然不翼而飞，辩方借此怀疑警方携带血样回到第一犯罪现场很可能是为了借机伪造证据。除此之外，辩方打出"种族牌"，提供了录音磁带，证明发现白色野马车上的血迹、客房后的沾血手套、二楼卧室的血袜子等重要证据的同一位警察有过很多极为恶劣的种族歧视言论。

以上辩方提出的质疑有力地影响到了陪审团并对辛普森案产生了合理怀疑。在经历了创加利福尼亚州审判史纪录的长达九个月的马拉松式审判后，辛普森在本案刑事诉讼部分被判无罪，而在受害人家属提起的民事赔偿诉讼部分辛普森被判决败诉。①

【法理分析】辛普森在刑事诉讼中被判无罪，在民事赔偿诉讼中被判决败诉的原因在于两类诉讼证明标准的不同。在法律争议中提交的证据应当达到的说服力程度叫作证明标准，任何案件在审理中都需要用到证明标准。证明标准确立了举证责任，即必须把案件中争议的事实明确地用证据加以证实。在美国的司法制度中，刑事案件判定有罪时使用的证据标准是"超越合理怀疑"，该标准要求检察官向事实确认者（法官或陪审团）证明被指控者犯有所指控的罪行。如果存在合理怀疑，被指控者必须被宣布无罪。合理怀疑不是假想的怀疑，也不是事实确认者创立的用以避开发现某人有罪的怀疑。排除合理怀疑之后的证据是结论性的，足以去掉任何合理的不确定性。在刑事案件中，事实发现者必须排除一切合理的怀疑，才能认定被指控者有罪。合理怀疑标准是被用作推定被指控者无罪的方法的一部分，这种推定要求检察官证明指控被告的案件能令人确信不疑。合理怀疑标准几十年来一直作为普通法传统的一部分而得到使用，并且在 1970 年温希普案中被联邦法院认定为正当程序的要求。合理怀疑是由各种方式的辩护来确立的，其中之一是通过盘诘检方提出的证人。与刑事案件相反，在大多数民事诉讼中，当事人被要求仅仅满足于优势证据标准，它要求一方当事人提供的证据比另一方当事人提供的证据更具有说服力。换句话说，该标准要求说服事实认定者的证据是一方当事人对"事实"的陈述比他方的陈述更有合理性。在优势证据和合理怀疑之间还有一级证据，即反映为"清楚且有说服力"的标准，让事实认定者在心理上确定一种固定的对某一点的信念，该标准适用于某些类型的民事案件。本案中辛普森的明星律师团对检方证据提

---

① 任东来，等. 美国宪政历程：影响美国的 25 个大案[M]. 北京：中国法制出版社，2013.

出的多处关键性质疑，足以使作为事实认定者的陪审团对辛普森是凶手存在合理怀疑，从而认定其无罪。而在受害人家属提起的民事赔偿诉讼中，同样的证据已经达到优势证据的标准，所以产生了同样的证据在刑事诉讼和民事诉讼中判决结果不同的效果。

合理怀疑在西方的起源是受基督教传统的影响。在基督教的古老传统中，判决一名无辜的被告有罪被视为一项潜在的致死罪孽。有许多规则和程序设计，就是为应对这种令人焦虑的可能性的产生，合理怀疑规则就是其中之一，它最初是一个神学教义，旨在向陪审员保证，只要他们对有罪判决不存在合理怀疑，那么他们判决被告有罪就不会冒自己灵魂得不到救赎的风险。"排除合理怀疑"最初是为焦虑不安的基督徒因恐惧地狱之灾而设计的规则。而在现代，"排除合理怀疑"规则的设立目的是保障司法公正和保护被告人人权。刑事审判的关键之处，就是在通往事实裁判之路上设置重重障碍。排除非法证据是当前被告人保护机制的重要组成部分，如同布莱克斯通所言，"宁可放过十个有罪之人，不可冤屈一名无辜"。为了实现正义的目的，现代法律制度将证明被告人事实上有罪变得极其困难。

值得注意的是，我国 2012 年修改后的刑事诉讼法也引入了英美的"排除合理怀疑"作为认定"证据确实、充分"的条件，即该法第五十三条规定的认定证据确实、充分，应当符合三个条件：①定罪量刑的事实都有证据证明；②据以定案的证据均经法定程序查证属实；③综合全案证据，对所认定事实已经排除合理怀疑。新刑事诉讼法引入"排除合理怀疑"来表述"证据确实、充分"的证明标准，改变了过去一味强调一个无法测量的"客观"事实，开始采取一种现实主义的态度，着眼于人的主观判断过程，为法官提供更现实的引导，同时也为被告人的权利提供更大程度的保护。

【文献扩展】

1. 亚伦·德肖维茨. 合理的怀疑：从辛普森案批判美国司法体系[M]. 北京：法律出版社，2010.

2. 孙光宁. "合理怀疑"的接受：辛普森案中的法律论证[J]. 刑事法评论，2009（1）.

3. 赖早兴. 美国刑事诉讼法中的"排除合理怀疑"[J]. 法律科学（西北政法大学学报），2008（5）.

4. 魏晓娜. "排除合理怀疑"是一个更低的标准吗？[J]. 中国刑事法杂志，

2013（9）.

5. 詹姆士·Q. 惠特曼. 合理怀疑的起源：刑事审判的神学根基[M]. 北京：中国政法大学出版社，2012.

📖【材料 5-4】聂树斌案

1994 年 8 月 5 日，河北省石家庄市西郊孔寨村附近一块玉米地里，一名女子被奸杀。当地公安机关遂组成"8·5"专案组，并将犯罪嫌疑人聂树斌抓获。1995 年 4 月 27 日，经石家庄市中级人民法院一审，河北省高级人民法院二审并复核，聂树斌以强奸罪和故意杀人罪被执行死刑。

2005 年 1 月 18 日，河南省荥阳市公安局在当地一砖瓦厂内抓获河北籍逃犯王书金，其坦白的多起奸杀案中有一起与"聂树斌案"高度相似。王书金主动交代自己才是十年前"聂树斌案"的"真凶"。

2005 年以来，聂树斌的母亲多次向河北省高级人民法院提出申诉，都被驳回，理由是无法提供原判决书。据媒体调查，案件自一审、二审到死刑复核，直至聂树斌被枪决，聂树斌的家人从未收到过一审及二审判决书和裁定书。聂树斌的母亲张焕枝一直为寻找判决书绞尽脑汁，各方向法院讨要判决书的所有努力均以失败告终。聂树斌的前代理律师李树亭四次前往河北省高级人民法院索要判决书，法院以领导正在调卷为由拒绝提供。另一位代理律师张思之在正当法律途径无法讨得判决书的情况下，曾试图运用私人关系，但最终也没有结果。

2007 年 4 月，一审被判处死刑的王书金以未起诉他在石家庄西郊玉米地的奸杀案，从而导致无辜者聂树斌蒙冤为由，向河北省高级人民法院提出上诉。

2007 年 4 月，有神秘人以特快专递的方式，分别给聂家寄来一、二审判决书。判决书显示，终审判决是在 1995 年 4 月 25 日作出的，两天后聂树斌便被执行了死刑。

2007 年 8 月 15 日，张焕枝再次来到河北省高级人民法院申诉立案，仍然被拒绝立案。其中一个工作人员回答："上面有交代，你们这个案子比较特殊，我们不能随便接待。"最后张焕枝被法警逐出立案大厅。据媒体报道，张焕枝再赴最高人民法院申诉，得到了受理。

2013 年 9 月 27 日，对于王书金上诉案，河北省高级人民法院经过两次开庭，裁定维持原判，认定石家庄强奸杀人案，即"聂树斌案"并非王书金所为，理由是王书金供述与案情多处不符（包括作案时间差了几个小时、受害人身高差了 20 厘米、被告人颈部缠绕一件花衬衣），王书金因多次强奸杀人被判处死刑。[①]

【法理分析】聂树斌案在程序正义方面存在多个问题值得深入思考。

第一，刑事再审的提起主体问题。本案中聂树斌的死刑终审判决是在 1995 年由河北省高级人民法院作出并复核的，2005 年之后聂树斌的母亲多次向河北省高院申诉，但是一直没有被受理。中国现行法律规定，刑事审判监督程序的提起主体是终审法院的院长、终审法院的上级人民法院和终审法院的上级人民检察院。当事人的申诉原则上由原审法院进行审查，检察机关也可以让下级人民检察院对申诉进行审查，但是由原审机关或由下级人民检察院审查往往会造成当事人的申诉得不到公平有效的处理。在实践中当事人或其亲属会因为蒙冤等因素积极申诉、提供材料，但是又没有启动审判监督程序的拘束力，这就造成其重要性和地位不相称的情况出现。这样的制度安排是对当事人等申诉的轻视和亵渎，使得真正的错案长久得不到纠正。从比较法的视角考察法国的类似情况，法国刑事诉讼法规定对于再审，由专门机关"有罪判决复议委员会"进行审查，这是可以避免原审法院进行审查所带来弊端的有效方法之一。

第二，及时获知裁决权。聂树斌被执行死刑十年后，"真凶"出现，然而案件并没有因此峰回路转，其亲属要求重审的请求历尽周折，原因是申诉人"没有提供原审判决书"，然而事实是自一审、二审到死刑复核，直至聂树斌被枪决，聂树斌的家人从未收到过一审及二审判决书和裁定书，本案中聂树斌家属的及时获知裁决权受到了损害。及时获知裁决权对于救济的实现和程序正义具有重大意义。首先，及时获知才能及时获得救济，不至于让申诉权流于形式。其次，及时获知裁决权作为一项程序权利，其独立价值也可称为对抗程序不公的有力武器。最后，死刑犯及其律师的及时获知裁决权具有特殊性，是实现对死刑犯最后救济的保障，有着纠错时间上的紧迫性。聂树斌案中，法院在对其作出死刑判决后，其家属未及时获知裁决，是很严重的程序不公和错误。

第三，"不能做自己案件的法官"。在王书金上诉案中，王书金坚称自己是聂树斌案的"真凶"，如果王书金是"真凶"，那就意味着二十二年前的聂树斌案是河北省高级人民法院办的冤案、错案。在聂树斌母亲张焕枝申诉案中，聂母申诉儿子没有杀人，而按照相关法律规定，她需要向她认为错判的法院提出申请，让其承认自己当年错判，所以在申诉过程中障碍重重。不管是王书金上

---

① 赵旭光. 论及时获知裁决权于刑事诉讼之必要性——聂树斌案件的证明[J]. 中国刑事法杂志, 2008(2).

诉案，还是聂母申诉案，从程序正义的角度来讲，河北省高级人民法院都不是最合适的审理法院，因为它同时也是在裁判自己是否办错过案。从法理上考虑，在法院审理涉及自身利益的案件时，应该有某种"回避"程序的设计。

第四，"疑罪从无"与"合理怀疑"。在王书金上诉案中，由于对石家庄奸杀案的供述与二十二年前存在多处事实细节不同，根据疑罪从无原则，最终没有认定这桩奸杀案为王书金所为。那么是不是因此聂树斌案就无法申诉了呢？即使不能认定王书金为真凶，也不能因此推断出聂树斌就一定是真凶，反而王书金的供述使聂树斌案产生了合理的怀疑。合情合理的是，在王书金对石家庄奸杀案作出供述后，法院就应该先启动对聂树斌案的再审，其结果也可以回答王书金的主张。

第五，媒体舆论对司法审判及其社会效果的影响。聂树斌案为公众所知源于《南方周末》等媒体的持续、深入报道。实际上无论是社会舆论的声音，还是司法机关的审理，其本质是一样的，共同的目标都是实现法律的尊严，维护司法正义。社会舆论不能干扰司法，司法同时要给予舆论充分尊重，当二者出现激烈争议时，需要司法机关更加审慎地履行职责、还原真相、解释疑点。如果案件疑点得不到有力回应，很可能对司法机关的权威性造成损害，甚至会使人们对法律产生不信任。本案中司法机关的集体失声再一次告诉我们，公平正义不光是结果意义上的，更重要的是在过程中如何让公众感受到。此类案件审理过程的公开透明，不仅能够有助于国民对司法权的监督，而且对于法官也是一种制度性保护。当所有的证据都明白无误地展现在公众面前时，法官的判决就只不过是对水落石出的结果加以确认而已，任何对于判决的指责都将无从发出。

📑【文献扩展】

1. 贺卫方. 辩冤白谤的机制[N]. 南方周末，2011-11-08.

2. 李扬. 权利与权力的博弈——从聂树斌案谈我国刑事诉权的缺失与补正[J]. 中国刑事法杂志，2009（1）.

3. 随亮田. 中国刑事再审程序的提起主体——以聂树斌案、王书金案为例[J]. 中国石油大学学报（社会科学版），2014（1）.

4. 赵旭光. 论及时获知裁决权于刑事诉讼之必要性——聂树斌案件的证明[J]. 中国刑事法杂志，2008（2）.

5. 张远南. 从控辩视角审视王书金故意杀人案[J]. 中国检察官，2013（12）.

6. 张千帆. 从王书金到聂树斌——"疑罪从无"的误用[J]. 民主与科学，2013（5）.

📖【材料5-5】佘祥林案

佘祥林是湖北省京山县一个农民，在派出所当治安巡逻员。1994年1月20日，佘祥林的妻子张在玉失踪，其亲属怀疑是被佘祥林所杀害。同年4月11日，在附近村庄的一口水塘发现一具女尸，经张在玉亲属辨认与其特征相符，公安机关立案侦查。1994年10月，原荆州地区中级人民法院一审判处佘祥林死刑，佘祥林提出上诉。湖北省高级人民法院经审理，认为本案被告人佘祥林的交代前后矛盾，时供时翻，间接证据无法形成证据链，不足以定案。尽管在二审期间，死者亲属上访并组织了220名群众签名上书要求对佘祥林从速处决，省高级人民法院仍然于1995年1月坚决撤销一审判决，以事实不清、证据不足为由发回重审。1996年12月，由于行政区划变更（京山县由荆州市划归荆门市管辖），京山县政法委将此案报请荆门市政法委协调。经协调决定，此案由京山县人民检察院向京山县人民法院提起公诉；在省高级人民法院提出的问题仍有3个无法查清的情况下，对佘祥林判处有期徒刑。1998年6月，京山县人民法院以故意杀人罪判处佘祥林有期徒刑十五年。同年9月，荆门市中级人民法院裁定驳回上诉，维持原判。判决生效后，佘祥林被投入监狱关押。事情的转机发生在2005年3月28日，佘祥林的妻子张在玉突然归来，由此本案真相大白。3月30日，荆门市中级人民法院紧急撤销一审判决和二审裁定，要求京山县人民法院重审此案。2005年4月13日，京山县人民法院重审此案，宣告佘祥林无罪。此时，佘祥林已经付出3995天囚禁的代价。

佘祥林没有杀妻，为什么会在侦查期间供述中承认杀妻呢？冤狱昭雪后，佘祥林愤怒地说，这些供述是在警方的诱供和刑讯逼供下被迫作出的。在1998年的申诉材料中，佘祥林控诉道："我敢说那10天11夜的痛苦滋味并不是每个人都能理解的，鼻子多次被打破后，他们竟然将我的头残忍地按到浴缸里，我几次因气力不足喝浴缸里的水呛得差点晕死。"但在张在玉"复活"之前，佘祥林的申诉材料根本没人理睬。直到佘祥林平反之后，人们才获知刑讯逼供正是这个冤案形成原因之一。此后，曾经参与佘祥林案侦查的原京山县公安局巡警大队教导员潘余均因不堪重压自杀身亡，并写下血字"我冤枉"。从佘祥林的妻子张在玉重现开始，媒体对佘祥林案发展的全过程进行了追踪报道。佘祥林在全国人民的瞩目下获得平反，并获得国家赔偿。①

　　【法理分析】 佘祥林案所反映的程序正义问题有以下几点。

　　首先涉及的是刑讯逼供问题。刑讯逼供已经成为我国刑事司法中的一大顽疾。对于禁止刑讯逼供，我国早在1994年就通过司法解释的形式首次明确，后来也被刑事诉讼法所吸纳。《中华人民共和国刑事诉讼法》第五十二条规定："审判人员、检察人员、侦查人员必须依照法定程序，收集能够证实犯罪嫌疑人、被告人有罪或者无罪、犯罪情节轻重的各种证据。严禁刑讯逼供和以威胁、引诱、欺骗以及其他非法方法收集证据……"第五十六条第一款明确规定："采用刑讯逼供等非法方法收集的犯罪嫌疑人、被告人供述和采用暴力、胁迫等非法方法收集的证人证言、被害人陈述，应该予以排除……"禁止刑讯逼供的积极意义主要有以下方面：其一，有利于遏制非法取证行为，切实保障诉讼参与人权利；其二，促使司法机关及其工作人员提高水平；其三，有利于防止或减少冤假错案。但是法律上的严厉禁止与实践中的禁而不止形成鲜明对比，造成这种状况有多方面的原因：第一，我国现行司法体制中实行的是侦缉合一制度，即由侦查机关行使对犯罪嫌疑人、被告人的羁押权，而非由一个相对中立的机关行使羁押权；第二，非法证据排除规则不彻底，虽然可以排除某一次刑讯逼供所获得的口供，但是侦查机关往往会在刑讯逼供后取得多份口供，有的口供并非在刑讯逼供当时或刚刚结束时取得的，但也是受之前刑讯逼供的心理威慑力影响的，这种口供就无法作为非法证据排除掉。

　　其次也是更深层次上涉及的是司法权独立的问题。司法权包括检察权、审判权与辩护权等。目前在我国存在着警察权过大、检察权尴尬、审判权弱势等问题。审判权的弱势，究其原因是审判权缺乏应有的独立性。人民法院依照法律规定独立行使审判权，不受行政机关、社会团体和个人的干涉，这本来是宪法的规定，也是宪法赋予人民法院的神圣权力，是中国宪法中的司法独立条款。但由于体制上的原因，法院的独立性没有实现。在佘祥林案中，政法委的协调成为造成冤案的一个重要原因。政法委是政法委员会的简称，是中国共产党的内设部门，在县以上党的机构中都设有政法委。政法委以党的名义对同级的公安机关、检察机关和审判机关进行领导，在各个司法机关对某一具体案件存在争议的情况下，政法委往往出面进行个案协调，统一认识，使案件得以处理。但是，从法理上来说，党对司法工作的领导不能违反司法活动的规律，不能违

---

　　① 陈兴良. 中国刑事司法改革的考察：以刘涌案和佘祥林案为标本[J]. 浙江社会科学，2006（6）.

反人民法院依法实行审判权的宪法规定。党对司法工作的领导主要体现在刑事政策的确立，以及政治、思想和组织的领导，至于个案协调，则不能归入政法委的职责范围。事实上，法院服从法律、依法办案就是最大的服从党的领导。

最后还涉及民意与司法的关系问题。民意是指人民群众的意志或意见。在民主社会中，司法应当获得社会认同，因此司法必然受到民意的影响。当然，司法与民意的关系是十分复杂的，司法机关如何正确面对民意，是一个重要的问题。在佘祥林案中，"死者"亲属上访并组织了 220 名群众签名上书要求对"杀人犯"佘祥林从速处决，这种民意想影响司法机关对案件的处理结果，当然没有实现。因为司法是专门性的工作，作为非专业人员的公众是难以对专业问题作出判断的。220 名群众签名要求对佘祥林从速处决，是以佘祥林是杀人犯这一事实为前提的，而这一事实恰恰是司法机关应当通过司法活动予以判定的。司法对于民意不能盲目附和，而应与之存在一定程度的间隔。一旦出现冤案，责任者是司法机关，而非民众，民众的意见只是一种参考。

📑【文献扩展】

1. 陈兴良. 中国刑事司法改革的考察：以刘涌案和佘祥林案为标本[J]. 浙江社会科学，2006（6）.

2. 刘潇潇. 程序正义如何才能实现——佘祥林案的个案分析及其启示[J]. 河北法学，2006（5）.

📖【材料 5-6】李庄案

李庄，北京康达律师事务所合伙人、专职律师，曾为 10 余名职务犯罪和暴力犯罪的犯罪嫌疑人作无罪辩护，并使他们获得无罪释放，使近百名犯罪嫌疑人得到从轻和减轻处罚。2009 年 11 月中旬，重庆涉黑的某团伙主犯龚刚模家属来北京找到李庄，请求其为龚刚模进行辩护。李庄成为龚刚模的辩护人。11 月 24 日、26 日及 12 月 4 日，李庄先后三次会见龚刚模。12 月 10 日，龚刚模检举李庄，称李庄教唆他编造"被刑讯逼供"的虚假口供。12 月 11 日，李庄被其所在的事务所紧急召回北京，并于当天向重庆法院方面书面通报，终止为龚刚模进行辩护。12 月 12 日，李庄因涉嫌伪造证据、妨害作证罪，被重庆市公安机关刑事拘留。12 月 17 日，该案件被移送检察院审查起诉。12 月 18 日，该案件被检察院起诉到重庆市江北区人民法院。12 月 20 日，著名刑事辩护律师高子程、陈有西接受李庄家属委托，为李庄进行辩护。12 月 28 日，高子程提出为龚刚模进行伤痕鉴定，以确定其是否有外伤。12 月 29 日，法医鉴定出炉，经鉴定龚刚模手部没有伤痕。12 月 30 日上午 9 点到 12 月 31 日凌晨 1 点，在长达 16 个小时的庭审后，李庄案一审休庭。2010 年 1 月 8 日，李庄被一审宣判有期徒刑 2 年 6 个月。李庄不服，提出上诉，坚称自己无罪。1 月 15 日，李庄的辩护人再次到看守所会见他，他依旧表示自己无罪。2 月 3 日，李庄案件二审开庭，李庄当庭认罪。2010 年 2 月 9 日，李庄终审被改判有期徒刑 1 年 6 个月。①

【法理分析】这个案例反映了律师帮助权与刑法第三百零六条的冲突。律师帮助权是正当法律程序的内容之一，是指犯罪嫌疑人在侦查、起诉、审判阶段享有获得律师帮助的权利。该权利设立的目的是，从讯问犯罪嫌疑人开始，就强调保障犯罪嫌疑人享有同侦查机关相抗衡的权利。刑法第三百零六条，又称律师伪证罪，规定"在刑事诉讼中，辩护人、诉讼代理人毁灭、伪造证据，帮助当事人毁灭、伪造证据，威胁、引诱证人违背事实改变证言或者作伪证的，处三年以下有期徒刑或者拘役；情节严重的，处三年以上七年以下有期徒刑。辩护人、诉讼代理人提供、出示、引用的证人证言或者其他证据失实，不是有意伪造的，不属于伪造证据"。本案中犯罪嫌疑人龚刚模的律师李庄，就是因为触犯刑法第三百零六条而被定罪判刑的。

刑法第三百零六条从其诞生之日起就面临着当存还是当废的巨大争议，这些争议来自学理或实践中的相关利益群体，李庄案再次使这一争论从幕后转到台前。对刑法第三百零六条建议修改的理由主要有以下三个方面。第一，司法机关观念上的误区。长期以来，在纠问制诉讼模式下，我国司法工作人员存在一种观念上的误区，即认为辩护律师不能对司法机关追究犯罪的活动造成妨碍，否则就是妨害司法。在司法机关认为律师的行为"妨碍"了自己的追诉工作之时，动辄以刑法第三百零六条来追究律师的刑事责任也就不足为奇。但是随着现代法治理念的发展，我国的刑事诉讼不再是单一地追求发现犯罪、打击犯罪，而是同时关注程序正义、保障被追诉人权利等价值。为此，我国刑事诉讼制度设计上强调控辩双方的对抗，而律师对追诉机关工作的"阻碍"正是对抗的应有之义。第二，诉讼结构的不合理。既然要让控辩双方对抗，就要赋予双方大致力量相同的法律武器。但是当前我国立法和司法实践中，辩护律师与公检机关存在着严重的力量不对等。公检机关拥有国家强制力作为武器，而律师只能

---

① 李奋飞，等. 李庄案透射的法律问题[J]. 中国检察官，2010（3）.

凭借尚不完善、许多权利未予确认的律师法等法规保护自身权利，这就造成公检机关随时有可能拿处在其利益对立面的"碍事"辩护律师开刀。第三，追诉程序上的瑕疵，具体表现为行业处罚与刑罚的混同。司法实践中，有不少律师因为调查取证的不规范而受到刑法第三百零六条的追诉，这反映了在律师惩戒方面的漏洞，即本应受行业规范处罚的行为却选择直接用刑罚的方式追诉。这造成了两个方面的不合理。一方面表现为程序的不公正。辩护律师涉嫌违反刑法第三百零六条的行为，其侦查机关竟然是此前与辩护律师直接对抗的检察机关，违反了我国刑事诉讼法管辖和回避的规定。另一方面表现为效果的不经济。以刑法第三百零六条追诉辩护律师的错案率高达 50%，并且即使犯罪成立，其行为一般也比较轻微，采用刑罚处罚的方式并不恰当。

综上，刑法第三百零六条可能需要在一定程度进行限制或修改，才能更好地保护犯罪嫌疑人的律师帮助权，以及律师合法进行辩护工作的权利，从而进一步实现我国法治进程中的程序正义。

📑【文献扩展】

1. 李兰英，等. 刑法第 306 条存与废：倾听法律职业人的声音[J]. 河北法学，2011（10）.

2. 魏东. 辩护人伪造证据、妨害作证罪的三个问题——以李庄案为例[J]. 北方法学，2010（6）.

3. 孙万怀. 从李庄案看辩护人伪造证据、妨害作证罪的认定[J]. 法学，2010（4）.

4. 倪业群. 律师帮助权：犯罪嫌疑人的宪法权利[J]. 当代法学，2002（7）.

5. 蒋丽华. 侦查程序中律师帮助权若干问题研究[J]. 政法论坛（中国政法大学学报），2003（5）.

📖【材料 5-7】复旦投毒案

被告人林森浩与被害人黄某系医学院研究生同学兼室友，林森浩因琐事与黄某不和，逐渐对黄某怀恨在心。因黄某以优异成绩考取博士，林森浩心生嫉妒，故决意采取投毒的方法杀害黄某。林森浩以取实验用品为名，从他人处取得钥匙后进入其曾实习过的某医院实验室，趁室内无人，取出装有剧毒化学品二甲基亚硝胺的试剂瓶和注射器，并装入一只黄色医疗废弃物袋内随身带离。林森浩回到宿舍，将随身携带的上述剧毒化学品二甲基亚硝胺全部注入室内的饮水机中，随后将注射器和试剂瓶等物丢弃。在林森浩的目睹下，黄某从饮水机中接取并喝下被投毒的饮用水。之后，黄某即发生呕吐，于当日至医院就诊治疗，随即因病情严重被转至外科重症监护室治疗。此后，黄某虽经医护人员全力抢救，但仍不幸死亡。经鉴定，黄某符合生前因二甲基亚硝胺中毒致肝脏、肾脏等多器官损伤、功能衰竭而死亡。在黄某住院治疗期间，林森浩两次接受公安人员询问时刻意隐瞒投毒事实，致使黄某错过最佳抢救期，直至经公安机关依法予以刑事传唤到案后，林森浩才逐步供述了上述投毒事实。①

【法理分析】道德义务论主导的司法裁判注重对法律教义的执行而拒斥后果考量，其强调司法过程的"程序正义"。但司法裁判果真能完全回避后果考量吗？答案是否定的。受司法成本的约束，法律对事实的追求是有限度的，因此，在事实存疑的案件中就必然要进行后果考量，但这种后果考量也不是随意的、无序的，其要在社会效益层面接受检验，即后果考量要以寻求最大化社会总体福利为标准，同时，对后果的评价也必须回归到法律体系内部之中。

回归到林森浩案，我们从辩方律师所提出的两个存疑之处出发，对司法裁判的后果考量问题进行探讨：

一是林森浩的投毒行为与黄某死亡之间的因果关系存疑。二审期间，辩方申请法医胡志强出庭质证，胡志强认为黄某死于暴发性乙肝，其诱因是乙肝病毒，而非二甲基亚硝胺中毒。按照这一逻辑，若黄某死于乙肝病毒，则黄某之死属于"多因一果"，林森浩对黄某之死承担部分责任，法院也应对林森浩减轻处罚。控辩双方对此进行激烈的辩论。但二审时黄某尸体已经火化，已无再次进行检验之可能。虽然根据临床统计，急性暴发性肝炎占成人肝炎发病案例的比例极低，但这也不能排除急性暴发性肝炎就是黄某死因，因此，在辩方所提出的归责逻辑下，即使控辩双方都有权威专家意见为佐证，也无法排除投毒行为与死亡结果之间因果关系的疑点。对此，不妨转换思路，针对辩方的归责逻辑来反驳其从轻或减轻处罚的辩护意见。

法律上因果关系的实体性经济基础在于最小化损失预防成本，只有能以合理（低于事故预期损失）成本预防事故的当事人的行为，才会在法律上被认为与损害后果之间存在法律上的因果关系。②即使黄某所患的乙肝病毒与其死亡有科学上的因果关系，但在案件中，黄某本身患有乙肝这一因素并不能抵消因

---

① 上海市第二中级人民法院（2013）沪二中刑初字第 110 号。

② 桑本谦，戴昕. 真相、后果与"排除合理怀疑"——以"复旦投毒案"为例[J]. 法律科学（西北政法大学学报），2017（3）.

投毒行为而要承担的一部分法律责任，若是如此，则相当于苛求受害者在被投毒时，有毒物质所主要损害的器官必须是健康的，否则就会形成多因一果的情形进而会减轻处罚，这于理不合。若依辩方观点而给予其从轻或减轻处罚，则会对潜在犯罪形成不当激励：潜在的犯罪人会用投毒的方式杀害弱抗毒能力者，因为这会由于受害者本身的弱点而形成多因一果的情形，从而可能会使犯罪人从轻或减轻处罚。

　　二是控方证据未能证明投毒达到致死量，因此存在林森浩只是故意伤害而非故意杀人的可能。本案中，控方未能提供质谱图，因此，辩方认为，虽经鉴定毒物为二甲基亚硝胺，但这不足以确定投毒量，若投毒量未能达到致死量，那么林森浩是否存在杀人的主观故意就存在疑问。归根结底，林森浩的投毒量是否达到了致死量是难以证明的，但退一步讲，就算测得了精确的投毒量，我们就能准确观察到犯罪人的犯罪意图吗？就认知过程而言，对犯罪人主观意图的确定只能通过其行为和后果进行推测。在推测犯罪人意图的案件中，通常会采用"行为后果+反证"的逻辑，若未进行充分反证，则行为后果便决定着犯罪人意图。[1]比如故意杀人与故意伤害的区分：当犯罪人的犯罪行为导致被害人死亡，则首先考虑故意杀人，除非有充分证据证明犯罪人有故意伤害的意图，最终导致故意伤害致死；相反，若被害人未死亡，则优先认定为故意伤害，除非有充分证据证明犯罪人有故意杀人意图但因意外导致故意杀人未遂。这种以后果作为推测依据的逻辑能够形成一种正向激励，使犯罪人更加关注被害人的生死。同时，这也是一种边际威慑，由于故意杀人要比故意伤害承担的刑罚更重，这会使实施故意伤害的犯罪人关注自己的犯罪手段以防止致人死亡的情况出现，避免承担更重的刑事责任，从而有可能保护被害人的生命。根据上述分析，林森浩的投毒行为导致了黄某死亡的后果，根据被害人的死亡结果进行分析，犯罪人的犯罪意图首先是故意杀人，在本案中并没有证据证明犯罪人坚信其投毒量不足以致死，因此可以认定其具有故意杀人的意图。退一步讲，即使林森浩不清楚其投毒量是否会导致黄某死亡，但林森浩刻意隐瞒投毒事实从而使黄某错过最佳治疗时间，至少能够证明林森浩存在放任死亡后果发生的"间接故意"。

　　因此，从后果考量的角度可以解决辩方所提出的两个疑点，即可以认定林

---

① 桑本谦，戴昕. 真相、后果与"排除合理怀疑"——以"复旦投毒案"为例[J]. 法律科学（西北政法大学学报），2017（3）.

森浩投毒行为与黄某死亡之间存在因果关系，且林森浩具有杀人之故意。司法裁判的后果考量以容忍错判风险为代价而意在追求社会总体福利，是一种性价比最佳的正义，也是对"程序正义"的一种明晰解读。

【文献扩展】

1. 桑本谦，戴昕. 真相、后果与"排除合理怀疑"——以"复旦投毒案"为例[J]. 法律科学（西北政法大学学报），2017（3）.

2. 王彬. 司法裁决中的后果论思维[J]. 法律科学（西北政法大学学报），2019（6）.

【材料 5-8】米兰达规则

1963 年 3 月 13 日，恩纳托斯·米兰达因涉嫌强奸和绑架妇女在亚利桑那州被捕，警察随即对他进行了审问。经过两小时的审讯，米兰达招供了罪行，并在供词上签了字。后来在法庭上，检察官向陪审团出示米兰达签字的供词，作为指控他犯罪的重要证据。而米兰达的律师则坚持认为，米兰达的供词属于被迫自证其罪，根据宪法，这种供词是无效的。但当庭法官裁决，米兰达的供词是合法的犯罪证据。最后，陪审团判决米兰达有罪，法官判决米兰达二十年至三十年的有期徒刑。米兰达上诉到亚利桑那州最高法院，该法院认为米兰达并没有特别要求辩护律师在场，其宪法权利没有受到侵犯，维持了有罪判决。米兰达后来上诉到美国联邦最高法院。1966 年，联邦最高法院裁决地方法院的审判无效，理由是，警察在审问前，没有预先告诉米兰达应享有的宪法权利。联邦最高法院撤销了原判决，并开创了对犯罪嫌疑人在第一次讯问时必须明确给出"米兰达警告"或称为"米兰达规则"的先例。"米兰达警告"的内容如下：第一，告知犯罪嫌疑人有权保持沉默；第二，告知犯罪嫌疑人如果选择回答，那么他们所说的一切都可能会被作为对其不利的证据；第三，告知犯罪嫌疑人有权在询问的时候要求律师在场；第四，如果犯罪嫌疑人没有钱请律师，法庭有义务为他指定律师。如果违反了"米兰达警告"，那么所取得的证据则不得在审判中采纳。①

【法理分析】本案"米兰达规则"首次确立了犯罪嫌疑人的沉默权。沉默权，即法律明确规定被追诉者（犯罪嫌疑人、被告人）可以不回答国家刑事追诉机

---

① 樊崇义，夏红. 正当程序文献资料选编[M]. 北京：中国人民公安出版社，2004.

关及其官员的提问，国家追诉机关与官员不得强迫被追诉者回答问题，更不能强迫被告人自证有罪。

沉默权的程序价值主要有三个方面。第一，确立沉默权是落实无罪推定原则的内在要求。根据任何人在未经审判机关作出发生法律效力的判决之前被推定为无罪的原则，此人既然被推定无罪，那么，他对讯问就有沉默的自由。因此，沉默权是无罪推定原则的内容之一。第二，确立沉默权原则是为被追诉者提供一个权利保障机制。被追诉者在司法过程中处于十分不利的地位，容易被刑讯逼供或受到其他非法侵害。只有法律赋予被追诉者沉默权，才能以法律的形式约束司法人员的非法行为，保护被追诉者的合法权利不受侵犯。第三，确立沉默权能够促进和保护司法公正。现代刑事诉讼实行控、辩、审模式，控、辩双方处在对立统一关系中，审判居于中立地位。做到控、辩双方力量平衡，是查明案件真实情况的需要，又是实现裁判公正的保障。由于被追诉人处于被追诉的地位，人身自由受到限制，无法收集和提供有力的证据，因此必须赋予他们某些法定的权利，沉默权就是其中一种。这样做，既表明他们不承担证明犯罪的责任，与其被推定为无罪和处于被追诉的地位相适应，又能强化控方承担证明责任的力度，从而最终实现司法公正。

沉默权的内在缺陷有两个方面。第一，很可能使大量确凿证据丧失。赋予被追诉者沉默权后，他就可以据此不提供明明知道并且对查明案情有重要作用的大量证据，这必然造成司法人员本来可以收集到的证据收集不到，甚至使一部分有罪者逍遥法外。第二，必然会增加办案难度和诉讼成本。由于被追诉者行使沉默权，警察和检察官不得不另辟蹊径去收集其他证据，这比按照被追诉者供述的线索去收集、核实证据耗时、费钱、费力得多。

"米兰达规则"刚刚通过判决确立时，很多人都无法接受，其中包括美国总统尼克松，理由包括告知会影响警察的工作效率、不利于打击犯罪等，不一而足。但时至今日，"米兰达规则"广为人知，流利地口述"米兰达警告"是美国警察最基本的业务素质，"米兰达规则"成为逮捕程序中不可缺少的因素。民众也普遍认为，正是"米兰达警告"赋予了警察询问的正当性，而研究表明，在听取"米兰达警告"后，更多的犯罪嫌疑人自愿放弃沉默的权利，主动交代，其中原因可能就是后来程序正义理论研究所揭示的，犯罪嫌疑人因为感受到了尊重，所以更愿意配合。

【文献扩展】

1. 刘根菊. 在我国确定沉默权原则几个问题之探讨（上）[J]. 中国法学，2000（2）.

2. 刘根菊. 在我国确定沉默权原则几个问题之探讨（下）[J]. 中国法学，2000（3）.

3. 孙长永. 沉默权与中国刑事诉讼[J]. 现代法学，2000（2）.

4. 谢杰，潘琳琳. 伦奎斯特：在合理的限制中发展米兰达规则[J]. 中国刑事法杂志，2006（3）.

【材料 5-9】中国辩诉交易第一案

2002 年 4 月 11 日，黑龙江省牡丹江铁路运输法院开庭审理一起故意伤害案。根据牡丹江铁路运输检察院的指控，2000 年 12 月 18 日晚，被告人孟广虎在黑龙江省绥芬河火车站北广场内，因车辆争道与吊车司机王玉杰发生争执。随后，孟广虎和王玉杰等数人争吵，孟广虎打电话叫来了 6 个人，与王玉杰等人发生互殴，最后导致被害人王玉杰脾脏破裂、小腿骨骨折，经法医鉴定为重伤。这是一起共同犯罪案件。但公安机关没能抓获与孟广虎同案的其他犯罪嫌疑人。牡丹江铁路运输检察院欲以故意伤害罪起诉孟广虎。孟广虎的辩护人、牡丹江天元律师事务所律师丁云品认为，由于本案的其他犯罪嫌疑人在逃，因此无法确定被害人的重伤后果是何人所为。公诉机关则认为，由于本案系多人参与混战的特殊背景，即使抓获所有犯罪嫌疑人，证据收集也将困难重重，但无论如何，被告人孟广虎对找人行凶造成被害人重伤后果理应承担重要或全部责任。公诉方建议辩护人同意采用案件管辖法院准备试用的"辩诉交易"方式审理此案。辩护人在征得被告人同意后，向公诉机关提出了"辩诉交易"申请。而后，控辩双方进行了协商，达成三点合意：被告人承认自己的行为构成故意伤害罪，愿意接受法院的审判，自愿赔偿被害人因重伤而遭受的经济损失，请求法院对其从轻处罚；辩护人放弃本案具体罪责事实不清、证据不足的辩护观点，同意公诉机关指控的事实、证据及罪名，要求对被告人从轻处罚并适用缓刑；公诉机关同意被告人及其辩护人的请求，建议法院对被告人从轻处罚并可适用缓刑。控辩双方达成协议后，由公诉机关在开庭前向法院提交了"辩诉交易"申请，请求法院对双方达成的"辩诉交易"予以确认。牡丹江铁路运输法院受理了该申请后，由合议庭对双方达成的"辩诉交易"进行了严格的程序性审查，认为该"辩诉交易"协议及申请文本内容齐全，签字、印鉴清晰，格式规范，决定受理。同时，法院又组织被告人和被害人双方就附带民事赔偿进行庭前调解，并达成了由被告人赔偿被害人人民币 4 万元的协议。在开庭审理中，合议庭对双方达成的"辩诉交易"实体内容进行了认真的审查。首先由公诉人向法庭陈述与辩方就被告人的刑罚进行"辩诉交易"的过程及"辩诉交易"的主要内容。法官当庭询问被告人是否委托其辩护人就其刑罚问题与控方交易，对"辩诉交易"内容是否清楚，是否明了法院一旦确认"辩诉交易"其将面临的刑罚后果，是否基于自愿，在交易过程中是否存在贿赂交易和强迫交易的情况等。同时，因本案被害人出庭参加诉讼，法官当庭询问被害人是否已就附带民事赔偿与被告人达成协议、该协议是否已经实际履行、对被告人的刑事处罚有什么意见等。法庭休庭合议后，继续开庭宣判，对控辩双方达成的"辩诉交易"予以确认，并依照刑法的有关规定，以故意伤害罪判处被告人孟广虎有期徒刑三年、缓刑三年。至此，国内第一例试用"辩诉交易"方式审理的刑事案件宣告结束，整个开庭时间仅用了 25 分钟。①

【法理分析】本案涉及的是辩诉交易制度及其对正当程序的冲击。辩诉交易制度产生于 19 世纪的美国，当时正值美国资本主义蓬勃发展时期，人口流动性增强，城市化发展迅速，犯罪率出现惊人增长。为利用有限的人力、物力迅速处理案件，一些大城市的检察官开始采用辩诉交易方式处理案件。所谓辩诉交易，是指检察官和被告人律师在庭外进行磋商和谈判，检方以撤销部分指控、降格诉讼或者建议法官从轻判刑等许诺换取被告人作认罪答辩，以便节省审判所需要的时间和开支，特别是避免审判的不确定性。在此磋商过程中，检察官和律师可能要经过激烈的讨价还价，如同市场交易那样，故称辩诉交易。

辩诉交易在诉讼实践中有以下几方面积极意义。第一，节约诉讼成本，提高诉讼效率。由于辩诉交易采取的是被告人主动认罪，此举降低了定罪所需要的证明程度，减轻了检察官的举证责任，极大地节约了司法资源，加速了诉讼进程。以本案为例，如果采取常规程序，由于其他同案犯在逃，辩方认为事实不清、证据不足，公诉方势必要继续追逃，这将需要大量的时间、人力和物力；而且由于涉及多人混斗，证据的收集也会困难重重。但由于本案采取了"辩诉交易"的方式，仅用了 25 分钟就审结了案件，其效率令人叹为观止。第二，有利于维护司法公正。公正在法律中的含义之一便是效率，如果案件久拖不决，

---

① 王晓杰，徐东良. 中国"辩诉交易第一案"质疑[J]. 经济与法，2002（9）.

对于受害者来说，迟来的正义非正义，因为受害者在最痛苦的时候没有得到补偿和抚慰；对于社会来说，有损于司法公正在人们心目中的崇高地位。本案在通过"辩诉交易"迅速定罪、量刑的同时，法官还当庭询问被害人是否已就附带民事赔偿与被告人达成协议、该协议是否已经实际履行、对被告人的刑事处罚有什么意见等，及时给予了受害者补偿和抚慰，维护了司法公正。第三，有利于维护被告人的合法权利。辩诉交易通过磋商、协调的方式处理案件，无疑在一定程度上使被告人掌握了自己的命运，体现了对被告人权利的尊重和诉讼的民主性。同时，由于缩短案件处理时间或从轻处刑，使得有罪的被告人也有更大可能复归社会。

对于辩诉交易制度，在美国存在很多批评的声音。辩诉交易的批评者一般认为，辩诉交易破坏了美国人引以为豪的"正当法律程序"的理想。辩诉交易带来极不公正的起诉和判刑程序，它允许检察官故意减轻控诉的罪行，也默认被告人被判处与其罪行不相适应的刑罚。它实际上将司法权力从法官转移给检察官，从而降低了刑事程序的尊严和权威。检察官和律师毫无顾忌地进行讨价还价，也大大降低了公众对刑事司法制度的信任。

目前我国法律尚未规定辩诉交易制度，辩诉交易在我国仍然仅仅处于学术讨论阶段。但是法律同经济生活密切联系，使其无法完全摆脱效益标准的考量。尽管盛行于英美法系国家的辩诉交易制度毁誉参半，但其中的合理成分的确值得我国吸收和借鉴。

【文献扩展】

1. 张景义，等. 聚焦国内"辩诉交易"第一案[EB/OL]. 中国法院网.

2. 周领军. 试论辩诉交易何以可行——由国内辩诉交易第一案谈起[J]. 政法论丛，2002（4）.

3. 陈瑞华. 美国辩诉交易程序与意大利刑事特别程序之比较（上）[J]. 政法论坛（中国政法大学学报），1995（3）.

4. 陈瑞华. 美国辩诉交易程序与意大利刑事特别程序之比较（下）[J]. 政法论坛（中国政法大学学报），1995（4）.

【材料 5-10】张氏叔侄"强奸"案

2003 年 5 月 18 日，张高平、张辉叔侄俩从老家安徽歙县开车前往上海，途中带上了女同乡王某去杭州。次日，这名女子被发现死于野外，下身赤裸。

4天后，在王某上车的地方，张高平、张辉落案。2004年4月21日，杭州中级人民法院一审判处张辉死刑、张高平无期徒刑。2004年10月19日，浙江高级人民法院终审改判主犯张辉死缓、从犯张高平有期徒刑15年。杭州中级人民法院、浙江高级人民法院先后在一、二审判决书上认定：在2003年5月19日凌晨1时30分到达杭州西站后，王某借张高平的手机给朋友打电话要对方过来接她，但朋友要她打出租车到钱江三桥后再联系。随后，张辉与张高平共谋，在驾驶室内，张辉对王某实施强奸，张高平帮忙揪住王某的腿脚。在实施强奸的过程中，张辉掐住王某的脖颈，致其死亡。

但是张高平、张辉叔侄俩并不认罪。张高平在家信中请求家人为其申诉、申冤。在认定张氏叔侄实施强奸杀人行为的证据中，除了两被告的口供外，整案中唯一直指张辉杀人的证据来自一名叫袁连芳的书面证言。对于这份证言，张氏叔侄案的一审判决书上记载：张辉的同室犯人袁连芳书面证言证实，张辉在看守所关押期间神态自若，向他详述了强奸杀人的经历。这一证言被法院采信。后来证明袁连芳是一名协助公安机关"工作"的"神秘证人"，其证言存在严重伪造的嫌疑。在2011年11月22日，警方通过DNA对比找出了王某被杀案真正的犯罪分子——勾海峰。面对张氏叔侄"强奸杀人"一案真相一步步被揭开，社会舆论哗然。

2013年3月26日上午，浙江省高级人民法院依法对张辉、张高平强奸再审案公开宣判，撤销原审判决，宣布因强奸致死被判处死缓的张辉、判处有期徒刑15年的张高平无罪。再审宣判后，浙江省公安厅和浙江省高级人民法院等司法机关分别以不同的方式向张氏叔侄两人道歉。不过，此案让人们感到唏嘘的除了两人的不幸遭遇外，还有在重审的法庭上，张高平对法官们所说的一段话：今天你们是法官和检察官，但是你们的子孙不一定是法官和检察官，如果没有法律和制度的保障，你们的子孙也可能被冤枉，徘徊在死刑的边缘。[1]

【法理分析】张氏叔侄"强奸杀人"案曾是2013年度社会的热点案件之一，并且被写入了最高人民法院的工作报告中。其实，近年来所披露的一起起类似案件并不鲜见，只是案件的"主人公"即当事人不同，具体情节的演绎或者离奇度各异，然而，此类案件所指向的对象，以及所带给我们的反思大致却是相同的，那就是司法为何偏离了轨道，不但没有救济权利、惩恶扬善，反而不明就里，制造冤假错案。在诸多可以分析到的原因中，有一个原因是相同的，那

---

① 江勇. 从"张氏叔侄强奸案赔偿案"谈国家赔偿制度完善[J]. 中国审判，2014（1）.

就是这些案件的司法活动都未遵循程序正义的要求，违背了"以事实为依据，以法律为准绳"的司法原则。

作为法律价值之一的正义是人类社会的最高追求，正义天然地和法律结合在一起，它既是法律所欲达到的最高目标，同时也是衡量法律良善的重要标准。在西方关于正义的众多论述中，正义可以分为实体正义和程序正义，法律人多秉持此种分类。实体正义与程序正义的界分主要在于两者追寻过程中所关注的价值是不同的，实体正义比较关注社会之中的实体性价值，包括财富、地位、权力、秩序、和平等；而程序正义比较关注有助于实现实体正义的方式和程序，以及这些程序是否符合一定的良善标准，如保护人权、平等对待、保障自由和公平等。中华法文化的特征之一即为重实体正义而轻程序正义，在民众的心目中，只要坏人得到最终的惩罚，好人的冤屈得以伸张，即便过程中的程序不符合，这也是正义的。比如民众心目中的包青天，他的判案即是直指实体正义，但对于程序正义则没有顾及。材料 5-9 和材料 5-10 两个案例的经验和教训告诉我们，必须重视程序正义，在程序正义的保障之下方能获得实体正义。

按照贝勒斯的解读，程序正义主要包括四项原则，分别是无偏私原则、获得听证机会原则、提供决定机会原则和形式正义原则。无偏私原则要求司法人员作出的法律决定不得与其自身利益有关，并且不得偏袒当事人中的任何一方，对双方当事人应当做到不偏不倚、公平对待。获得听证机会原则主要指当事人有陈述和被倾听的权利，包括裁判公开、及时裁判、当事人完全知情、交互辩驳、诉讼代理、书面记录、有权上诉等。提供决定机会原则，主要是指法官在作出裁判时，要将其据以作出裁决的实体法上的标准告知当事人，以便使当事人了解裁判的结果、知晓裁判的理由。形式正义原则主要包括三项内容，分别是一致性、遵循先例和服从规则，三项内容的目的主要在于约束法官的自由裁量权。

具体到案件中的程序正义，最为重要的是无偏私原则，不管是警察、检察官，还是陪审团、法官，都不得心怀偏见、先入为主。在美国司法程序中，最能体现无偏私原则的是"超越合理怀疑"。"超越合理怀疑"主要是针对陪审团而言的，是指在陪审员听取了全面的审判过程后，如若仍对案件本身或某个细节持有怀疑，就可对检方提出质问并寻求合理解释，若不能得到合理解释，就可宣判被告无罪；若在案件中找不到相关疑点，则可宣判犯罪嫌疑人有罪。由此而言，陪审团在裁决无罪时，不一定非要确信被告清白无辜。只要检方呈庭证据破绽较多，没达到"超越合理怀疑"的严格标准，尽管有很多迹象表明被告涉嫌犯罪，陪审团仍然可以判决被告无罪。美国程序规则中之所以设置"超越合理怀疑"原则和理念，主要是基于刑事诉讼中人命关天，因此要求检方的证据要禁得起合理质疑推敲。

反观张氏叔侄奸杀冤案，虽然在侦查和起诉阶段也有诸多疑点，但这些疑点并没有引起法官的重视，从而导致了冤案的发生。虽然我国的刑诉制度中并没有要求"超越合理怀疑"，但也要求"事实清楚、证据充分、适用法律正确"，但张氏叔侄奸杀冤案中，这些都没有做到。首先是被害人王某指甲中留有侵害人的 DNA，且与叔侄二人并不一致，但警方和检方都没有足够注意，直到 10 年后重新检测，才发现与已被执行死刑的勾海峰的 DNA 一致。其次是刑讯逼供，冤案之一的张高平曾言受到七天七夜的刑讯逼供，主要是站立、蹲马步、手背后铐起来、不给饭吃等。再次是全案的定罪证据只有口供，没有任何物证，且叔侄两人的口供之中有诸多不一致的地方，没有形成完整的证据链条。最后是旁证主要证人袁连芳的证言，而袁连芳恰恰是"狱侦耳目"，是牢头狱霸，通过殴打、胁迫等手段逼迫张辉抄写了认罪材料。

当然，程序正义的适用范围并非无边无际，其也有法律适用的界限，按照贝勒斯的思想，程序正义的适用限度主要有下述内容[①]：一是程序正义原则只适用于政府或国家行为，而与个人行为无关；二是程序正义一般适用于那些对不同主体科处负担和终止利益的裁决；三是程序正义所影响到的利益要远远大于程序正义适用的成本；四是程序正义一般不适用于职业判断标准问题；五是当有相关的程序可替代时，则程序正义一般不予适用。

人们对于"以事实为依据，以法律为准绳"这两句话并不陌生，尤其对于司法工作人员而言，这是他们迈入司法这一职业领域时必须知晓和掌握的两句话。"以事实为依据"就是司法机关对案件作出处理决定，只能以被合法证据证明了的事实和依法推定的事实作为适用法律的依据。"以法律为准绳"是要求司法机关要严格按照法律规定办事，把法律作为处理案件的唯一标准和尺度，绝不能违反法律规定枉法裁判。然而，在张氏叔侄案中，有关司法机关及工作人员并没有真正按照这两句原则的要求来行事。公安机关在侦查过程中，不但未能全面而认真地收集和分析案件的关键证据，反而安排"神秘证人"通过非法的方式制作"证人证言"用以坐实张氏叔侄的"罪行"。人民法院在审理过程中，同样也没有严格按照法律的相关规定来严格审查证据，无论在事实查明过程中

---

①［美］迈克尔·D. 贝勒斯. 程序正义——向个人的分配[M]. 邓海平，译. 北京：高等教育出版社，2005.

还是在审判过程中都存在很多违法之处，以致张氏叔侄被"合法地"投进了监狱，并且丧失了一个又一个申诉和纠错的机会。这说明司法本身所具有的程序性和权威性等特点，并不能从根本上约束司法权被滥用。我们可以为司法活动设定各种原则，使其行进在正确、正义的轨道上，但是如果缺乏有效的制约机制及高素养的司法人员，司法依然会被用于"为非作歹"。

我们常说，司法是社会正义的最后一道防线，如果守在这条防线上的人员丧失了基本的职业道德和素养，那么法律运行实践的效果之糟糕便可想而知了。张氏叔侄"强奸"案的发生再次论证了进行司法改革的重要性，而这种改革既包括体制上的，也包括具体制度上的，更包括理念上的。所幸的是，中国的司法改革在徘徊多年之后，终于开始有了实质性的探索。毕竟"让人民群众在每一个司法案件中都感受到公平正义"这样的表述不能仅停留在口号的层面，而应真正落实到司法实践当中。

【文献扩展】

1. 贺卫方. 司法的理念与制度[M]. 北京：中国政法大学出版社，1998.

2. 卞建林. 现代司法理念研究[M]. 北京：中国人民公安大学出版社，2012.

3. 刘树德. 司法改革：小问题与大方向[M]. 北京：法律出版社，2012.

4. [美]迈克尔·D. 贝勒斯. 程序正义——向个人的分配[M]. 邓海平，译. 北京：高等教育出版社，2005.

5. 孙锐. 对程序正义与实体正义之冲突关系的质疑[J]. 政法论坛，2007（1）.

6. 方杰，赵梓云. 以"辛普森杀妻案"解读美国刑事诉讼原则[J]. 中国检察官，2013（10）.

第六章

法律方法

📖【材料6-1】江西乐平交通事故案

2005年12月11日，江西乐平发生一起交通事故，两辆小轿车相撞，其中一辆失控撞死相向而行的对方当事人王某，王某所在的单位于2004年11月为每位职工投保了人身意外综合保险，保险额为3万元。王某的家人认为保险公司应当进行赔付，保险公司认为本案中王某属于无证驾驶，系被其他肇事者撞死，以此为理由拒绝赔偿，并举出了相应的法律依据。《人身意外伤害综合保险条款》第六条规定：因下列情形之一，造成被保险人死亡、残疾或者支付医疗费用的，公司不负责任。其中该条第六款规定：被保险人酒后驾驶、无有效驾驶证驾驶及驾驶无有效行驶证的机动交通工具或助动交通工具的。发生以上情形，被保险人死亡的，本合同终止，保险人据约定退还未满期净保费。王某的家属坚决不认可保险公司的观点，遂将保险公司起诉至法院。[①]

---

① 江西省乐平市境内发生一起交通事故，造成6人死亡[EB/OL]. 人民网，http://politics.people.com.cn/n/2015/0504/c70731-26945654.html.

【法理分析】文义解释，又称字面解释或文理解释，是按照字面含义对法律条文展开阐释的方法。任何法律条文都是由语言文字构成的，法律解释的第一步都是探究其文字含义，从文字表达着手，探索其内涵。此外，字面含义能对解释进行有效限制，以文义为界规范法律解释的自由度，因此，将文义解释放在法律解释方法中的第一序位，也是保障法的安定性的需求。

有的词语既是法律概念，同时也作为日常用语使用，但二者的含义却有很大差别，我们将一个词语用作法律概念时的含义叫作法律语言用法，而将这一词语作为日常用语时的含义称为一般语言用法。在文义解释中，我们不可避免地会涉及法律语言用法与日常语言用法的区分问题。例如，"债""保证""物"，既是法律概念，也是日常生活用语，但在两种语境下的含义却有很大的差别。以"债"为例，法律中的"债"是按照合同的约定或依照法律规定，在特定的当事人之间产生的，一方可以请求另一方履行一定行为的法律关系，作为法律术语的"债"，既可以基于协议，也可以基于侵权和不当得利等事实行为，比日常生活中仅限于约定的金钱之债范围要大得多。在法律解释时，法律语言用法优先于一般语言用法，根据法律语言用法，我们就能直接得知这一词语作为法律用语的含义与指向。然而，日常语言用法也并非毫无用处，通常情况下，一个词语的法律语言用法是在其日常语言用法的基础上根据法律原理进行的特定化，要想让社会公众顺畅地理解法条含义，立法者在文本表述时必须符合日常语言习惯，因此，一个词的日常语言用法自然而然地对该词的法律用法形成限制。例如，同样以"债"为例，尽管其日常语言用法与法律概念含义差别很大，但不管法律概念如何专业化，按照该词通常含义，肯定需要相应的主体履行一定行为，也肯定是一种负担。

在有的法条中，我们并非完全依据法律概念的字面含义，当法律概念的字面含义比立法原意宽泛时，我们会根据立法原意与具体情境的需要，对其进行必要的缩小，这种解释叫作限缩解释，反之，当法律概念的字面含义比立法原意窄时，我们则需要根据立法意图进行必要的扩展，此类解释叫作扩张解释。例如，《民法典》第二十六条第二款规定：成年子女对父母负有赡养、扶助和保护的义务。但并非所有的父母都需要子女赡养，子女需要赡养的是无劳动能力、生活困难的父母，在该条规定中，"父母"的外延明显比起字面含义要小，属于典型的限缩解释。

在交通事故案件中，依据《人身意外伤害综合保险条款》，如果被保险人无证驾驶造成其死亡的，保险公司不负责任。该案的特别之处在于被保险人王某是在无证驾驶时被其他肇事者撞死的，加入了其他因素，那么这种情况是否属于无证驾驶造成的被保险人死亡呢？问题的焦点在于对"造成"一词的解释上。王某家属认为无证驾驶"造成"被保险人死亡，要求无证驾驶是引发被保险人死亡的原因，二者之间具有因果关系，而在该案中，导致王某死亡的原因是其他肇事司机在车辆失控情况下引发交通事故，致使王某被撞死，王某的无证驾驶与其死亡之间并没有因果关系，即使王某是持有效驾驶证驾车外出，遇到这样的交通肇事行为照样可能被撞死。保险公司则认为，如果没有王某无证驾驶外出，就不会出现在事故地点，也就不会遭遇他人的交通肇事被撞身亡，王某的无证驾驶是"造成"他被撞身亡的原因，且无证驾驶属于违法行为，王某是在实施违法行为的前提下发生交通事故的，保险公司不应赔偿。

交警部门认为，王某虽然无证驾驶，但是王某的无证驾驶行为不是导致交通事故的原因，造成王某死亡的真正原因是第三方的交通肇事行为，这不属于保险公司免予赔偿的范围，因此保险公司应当予以赔偿。在该案中，"造成"一词的解释成为该案的核心争议点，按照《现代汉语词典》的解释，"造成"是指"引起"，即前一现象与后一现象之间具有引起与被引起的因果关系，王某无证驾驶只是导致他出现在事故发生地点的条件，保险公司的抗辩把因果关系链条拉得过长，将条件作为原因，明显欠缺说服力。仔细深究这一案例，尽管词典或日常用语习惯提供了"造成"一词的含义，告知我们问题的核心是行为与结果之间有无因果关系，但就具体案件而言，"造成"关系的判断还得结合生活经验，可以说，文义解释提供了理解的框架和方向，具体解释结论还得依据合理观念等常理因素往里面填充相应的内容。

📑【文献扩展】

1. 陈金钊. 文义解释：法律方法的优位选择[J]. 文史哲，2005（6）.
2. 王彬. 文义解释的反思与重构[J]. 宁夏大学学报，2008（3）.
3. 谢晖. 文义解释与法律模糊的释明[J]. 学习与探索，2008（6）.

📖【材料6-2】汉墓盗掘案

2002年12月10日晚上，被告人郑某伙同王某等人策划后，由被告人于某带路并望风，郑某等人使用钢钎等作案工具，对省级文物保护单位内的一座汉墓实施盗掘。约半小时后，他们发现打出的泥土成色不对，认为这个墓以前被盗过，于是返回，后被缉拿归案。

《中华人民共和国刑法》第三百二十八条规定：盗掘具有历史、艺术、科学价值的古文化遗址、古墓葬的，处三年以上十年以下有期徒刑，并处罚金；情节较轻的，处三年以下有期徒刑、拘役或者管制，并处罚金；有下列情形之一的，处十年以上有期徒刑、无期徒刑或者死刑，并处罚金或者没收财产：（一）盗掘确定为全国重点文物保护单位和省级文物保护单位的古文化遗址、古墓葬的。

上述第三百二十八条第一项属于盗掘古文化遗址、古墓葬罪的加重处罚条款，结合该案的具体案情，该条款的争议点在于被盗掘的古文化遗址、古墓葬要同时构成全国重点文物保护单位和省级文物保护单位，还是只要符合两者中的一种情况就要加重处罚。如果只要符合一种保护等级，则该案中的汉墓葬构成省级保护单位，自然要对该案中的被告人加重处罚；反之，如果被盗掘的古文化遗址古墓葬要同时符合全国重点文物保护单位和省级文物保护单位，那么该案的行为人则不在加重处罚之列。①

【法理分析】体系解释又称系统解释，是将法律概念和规则放到其所在的文本中，通览上下文，结合体系性意义脉络展开解释的方法，对法律概念而言，体系解释往往是结合其所在的条文展开解释，对法律规则而言，一般是考察其在整部法律条文中的定位进行解释的。

在对概念的解释中，我们往往依托一个法律条文的规范精神，结合该法条中其他概念的含义，用比对和排除等方法逐步确定待解释概念的具体含义，这样的解释就属于体系化的解释方法。例如，《中华人民共和国刑法》第二十条第三款规定："对正在进行行凶、杀人、抢劫、强奸、绑架以及其他严重危及人身安全的暴力犯罪，采取防卫行为，造成不法侵害人伤亡的，不属于防卫过当，不负刑事责任。"这是我国刑法对无限防卫权的规定。冯殿美教授等曾充分利用该条款中语词之间的相互关系来界定"行凶"的含义，"照《辞海》解释，'行凶是杀伤人的行为'，但由于法条已列举出'杀人'，所以，只有行为人手持凶器伤害他人或凭借拳脚重伤他人的行为，才属'行凶'，才能与杀人等暴力犯罪的危害性相当，才是立法原意，因此条文中的'行凶'只能界定为故意重伤害行为……在杀人、抢劫、强奸之前虽没有冠以'以暴力方法'，但从该条款整体角度看，无限防卫权只能适用于使用暴力方法且严重危及人身安全的上述犯罪，结合上下文，'其他严重危及人身安全的暴力犯罪'必须同时具备以下三个方面

---

① 刘海红. 盗掘古墓葬罪的既遂与未遂[J]. 人民司法，2009（2）.

构成要件：①犯罪人使用暴力方法；②暴力的强度严重危及人身安全（将导致被害人重伤或死亡）；③犯罪的危害程度与杀人、抢劫、强奸、绑架罪相当。"①

在本案中，要明确该条款中"和"到底指向的是并列性关系还是选择性关系，我们首先要了解我国文物保护法中规定的省级文物保护单位与全国重点文物保护单位之间的关系。《中华人民共和国文物保护法》第十三条规定：国务院文物行政部门在省级、市、县级文物保护单位中，选择具有重大历史、艺术、科学价值的确定为全国重点文物保护单位，或者直接确定为全国重点文物保护单位，报国务院核定公布。从该条规定中，我们可以看出，有些省级文物保护单位，因其重大历史和艺术等方面的价值，被确定为全国重点文物保护单位，此后这样的单位就不再作为省级文物保护单位，还有的则一开始就被确定为全国重点文物保护单位。换言之，按照当前我国的文物保护法，并不存在同时作为省级文物保护单位和全国重点文物保护单位的情形，如果把刑法第三百二十八条第一款中的"和"理解为并列关系，那么没有文物同时符合国家级重点文物保护单位和省级文物保护单位的要求。

综合上述考虑因素，刑法第三百二十八条第一款规定中"盗掘确定为全国重点文物保护单位和省级文物保护单位的古文化遗址、古墓葬的"，应理解为只要所盗掘的古文化遗址、古墓葬符合全国重点文物保护单位或者符合省级文物保护单位的，都需要加重处罚。在该案件中，郑某和王某等人盗窃的汉墓构成省级文物保护单位，因此应当依据刑法规定在十年以上有期徒刑、无期徒刑和死刑的法定量刑幅度内确定其宣告刑。

📑【文献扩展】

1. 王彬. 体系解释的反思与重构[J]. 内蒙古社会科学（汉文版），2009（1）.

2. 姜福东. 反思法律方法中的体系解释[J]. 哈尔滨工业大学学报（社会科学版），2013（3）.

📖【材料6-3】天津大妈持枪案

2016年8月至10月12日期间，妇女赵春华在天津市内摆摊，设立气球射击摊位进行营生。2016年10月12日，当地警方认定其射击摊位所用"玩具枪"以压缩气体为动力、能正常发射、枪口动能超过每平方厘米1.8焦耳，符

---

① 对此条款的详细阐述，参见冯殿美，王琪. 刑法文义解释方法论[J]. 山东警察学院学报，2009（1）.

合枪支的认定标准，因此当场将赵春华抓获，收缴其涉案枪支及配件。赵春华因涉嫌犯非法持有枪支罪于 2016 年 10 月 13 日被刑事拘留，同年 10 月 27 日被逮捕。赵春华坚持认为其持有物为普通玩具枪，自己并无主观恶性。

一审法院认为，赵春华违反国家对枪支的管理制度，非法持有枪支，情节严重，其行为已构成非法持有枪支罪；辩护人所提赵春华具有坦白情节、系初犯、认罪态度较好的辩护意见，予以酌情采纳；判决赵春华犯非法持有枪支罪，判处有期徒刑三年六个月。

二审法院认为，赵春华明知其用于摆摊经营的枪形物具有一定致伤力和危险性，无法通过正常途径购买获得而擅自持有，具有主观故意。赵春华非法持有以压缩气体为动力的非军用枪支 6 支，依照刑法及相关司法解释的规定，属情节严重，应判处三年以上七年以下有期徒刑。考虑到赵春华非法持有的枪支均刚刚达到枪支认定标准，其非法持有枪支的目的是从事经营，主观恶性程度相对较低，犯罪行为的社会危害相对较小，二审庭审期间，其能够深刻认识到自己行为的性质和社会危害性，认罪态度较好，有悔罪表现等情节，天津市人民检察院第一分院也建议对赵春华适用缓刑，故酌情对赵春华予以从宽处罚。

【法理分析】我国枪支认定标准过低，在涉枪领域存在过度犯罪化的问题，而赵春华案正是这种过度犯罪化的产物。"改善实体刑法对于降低不正当的惩罚及提升法治本身都具有重要作用。"[①]从实体法的角度而言，改善的途径除了立法修正之外，便是借助法律解释的方法，通过对非法持有枪支罪的构成要件进行必要的限定，以实现处罚范围的合理化。而本案的关键便是运用体系解释的方法解释"持有"和"枪支"的概念。

首先是"持有"的概念界定，"持有"通常被理解为是对特定物的控制和支配，因此将射击摊摊主赵春华对于射击用枪的控制和支配涵摄进"持有"并无疑问。但是这种持有状态似乎又与人们通常对非法持枪者的印象，或者对刑法上的其他持有型犯罪的行为形象相去甚远。《中华人民共和国刑法》第一百二十八条第一款非法持有、私藏枪支、弹药罪以及第三百四十八条非法持有毒品罪属于最常被论及的、典型的非法持有型犯罪，这两个罪名，是检验设立持有型犯罪的刑事政策理由的最好例证。接下来，本书将非法持有毒品罪与非法持有枪支罪进行比较，在厘清非法持有毒品罪的立法逻辑的基础上对照出其与非法持有枪支罪的差异所在。

---

① [美]道格拉斯·胡萨克. 过罪化及刑法的限制[M]. 姜敏，译. 北京：中国法制出版社，2015.

　　立法者曾经明确表示《中华人民共和国刑法》第三百四十八条的立法目的并非要惩罚所有的持有毒品的行为，而是为了堵截性地惩罚那些在证据上难以查清持有毒品目的和用途的持有行为。只有那些难以在证据上证明实施了走私、贩卖、运输、制造、窝藏毒品犯罪，而又无法证实持有毒品是用于自己或他人吸食的行为，才应纳入非法持有毒品罪的堵截性惩罚的范围。因此不能仅仅从文义解释出发，将所有事实上控制和支配着毒品的行为，都归入非法持有毒品的"持有"。在刑法解释中，文义解释仅仅是前提和起点，必须在文义解释所界定的范围之内，进一步展开历史解释和目的解释，考虑立法原意和规范的保护目的，才能避免惩罚圈的无限扩大。不过，2008 年最高人民法院在《全国部分法院审理毒品犯罪案件工作座谈会纪要》中规定吸毒者持有毒品的数量，在达到"数量较大"的标准时，也可以按照非法持有毒品罪处罚。这样规定的原因在于行为人持有毒品达到数量较大时，用于自吸的可能性降低，用于毒品犯罪的风险和可能性提升，因而导致难以查明毒品的去向。此时，根据立法原意，对于毒品来源和去向不明的持有，应当按照非法持有毒品罪论处。

　　基于以上逻辑基础，我们再来讨论非法持有枪支罪及赵春华案。首先，枪支和毒品都是非法持有型犯罪的对象；其次，两者都属于特定违禁品；最后，围绕着枪支和毒品，刑法典都规定了制造、买卖、运输等一系列涉枪犯罪或涉毒犯罪。那么，在逻辑上就很自然地会提出：在理解非法持有枪支罪中的"持有"时，是否可以像上文解释非法持有毒品罪那样，把非法持有枪支罪也理解为涉枪犯罪的堵截性条款，认为该罪的"持有"范围限于那些在证据上难以查清持枪目的而有涉枪犯罪嫌疑的持有行为。如果能够确定无疑地证明持枪用途与违法犯罪无关，如在赵春华案中，赵春华就是专门为了摆设摊位供射击气球的游戏而持有枪支，那么这种持有，就不属于刑法第一百二十八条意义上的"持有"。

　　答案是否定的。立法者规定持有型犯罪，一是为了降低证明已然之罪的负担，二是为了实施未然之罪的预防。枪支与毒品不同，并非一次性的消耗品。即使能够证明行为人持有枪支不是实施上游犯罪的结果，而是纯粹用于自娱或收藏，但是行为人在使用枪支自娱的同时，也完全可能将枪支用于违法犯罪活动，不能排除将枪支用于实施未然之罪的可能性。因此，无论是作为射击游戏摊摊主的赵春华的谋生式持有，还是一个枪支爱好者的收藏性持有，在认定非法持有枪支罪的构成要件时，都无法摆脱"持有"的认定。

　　其次是"枪支"的概念界定。1996 年颁布的《中华人民共和国枪支管理法》

第四十六条规定："本法所称枪支，是指以火药或者压缩气体等为动力，利用管状器具发射金属弹丸或者其他物质，足以致人伤亡或者丧失知觉的各种枪支。"一般认为，根据该规定，枪支必须包含四个特征：一是动力特征，即以火药或者压缩气体等为动力；二是发射工具特征，即利用管状器具作为发射工具；三是发射物特征，即发射物质是金属弹丸或者其他物质；四是性能特征，即足以致人伤亡或者丧失知觉。在公安部发布《枪支致伤力的法庭科学鉴定判据》之前，我国关于枪支的鉴定，采取的是"射击干燥松木板法"，根据该方法，认定具有致伤力而鉴定为枪支的枪口动能比临界值为 16 焦耳/平方厘米。然而，2007年发布的《枪支致伤力的法庭科学鉴定判据》与 2010 年印发的《公安机关涉案枪支弹药性能鉴定工作规定》，均放弃"射击干燥松木板法"而改采"测定枪口比动能法"，并将枪口动能比的临界值下调至 1.8 焦耳/平方厘米；同时，根据2008 年公安部发布的《仿真枪认定标准》，枪口动能比小于 1.8 焦耳/平方厘米（不含本数）、大于 0.16 焦耳/平方厘米（不含本数），则认定为行政法上管制的仿真枪。

然而，刑法规范的保护目的区别于行政法规范的保护目的。尽管涉枪类行政规范与涉枪类罪刑规范的保护目的中均包含公共安全的考虑，有其重合的一面，从我国制裁体系的基本设置来看，二者规制的仅是不法程度有所区别的行为。但与此同时，涉枪类行政规范与涉枪类罪刑规范在保护目的上也存在不重合的一面。涉枪类行政规范，其保护目的主要在于通过严格地控制枪支的流转与分布，而将枪支威胁社会治安的危险扼杀在萌芽状态。涉枪类罪刑规范除了以上目的外，还包含代表共同体对行为人进行惩罚与谴责的因素，又由于刑罚涉及行为人的自由与生命，故涉枪类犯罪的处理必须在危险管控与自由保障之间保持必要的平衡，即除了功利性的危险预防考虑之外，还必须直面惩罚的公正性或者说罚当其罪的问题。如果枪支本身的致伤力在通常情况下甚至不足以穿透皮肤，则难以认为这样的刑罚适用符合理性的要求。

据此，在现行制度语境下，对刑法中涉枪罪名中的枪支，宜作不同于行政法上枪支的理解，即区分刑法上的枪支与行政法上的枪支鉴定标准。这样的二元化理解既能顾及维护社会治安的需要，又能有效解决赵春华案与类似个案中出现的去罪化冲突。具体而言，将公安部所规定的枪口动能比 1.8 焦耳/平方厘米的标准，仅视为行政法上枪支的认定标准；刑法中的枪支，则采用"足以致人伤亡或者丧失知觉"的标准，至于特定的枪形物是否达到这一标准，则由司法机关委托专门鉴定机构进行杀伤力的鉴定，以穿透人体体表作为具备杀伤力的下限。

综上，本案的关键是运用体系解释的方法解释"持有"和"枪支"的概念，一是确保持有型犯罪"持有"概念内涵的一致性，二是将行政违法中的"枪支"概念与刑事犯罪中的"枪支"概念加以区分，对刑法中的枪支概念作更为严格的限定。

【文献扩展】

1. 车浩. 非法持有枪支罪的构成要件[J]. 华东政法大学学报，2017（6）.

2. 劳东燕. 法条主义与刑法解释中的实质判断——以赵春华持枪案为例的分析[J]. 华东政法大学学报，2017（6）.

3. 魏治勋. 司法判决与社会认知的冲突与弥合——对理解"天津老太非法持枪案"两种范式冲突的反思[J]. 东方法学，2017（3）.

【材料 6-4】陈勇诉诸暨市人力资源和社会保障局案

在陈勇诉诸暨市人力资源和社会保障局二审案件中，上诉人陈勇于 1985 年 3 月 19 日在诸暨市航运公司工作期间因手榴弹爆炸事故受伤。2013 年 2 月 20 日，陈勇因头痛到诸暨市人民医院检查治疗，诸暨市人民医院在出院记录中载明"结合患者有脑外伤史，考虑为弹片残留，头痛与此相关"。2013 年 4 月 2 日，上诉人陈勇向被上诉人诸暨市人力资源和社会保障局提出工伤认定申请。被上诉人提出，我国《工伤保险条例》第十七条第二款规定："用人单位未按前款规定提出工伤认定申请的，工伤职工或者其近亲属、工会组织在事故伤害发生之日或者被诊断、鉴定为职业病之日起 1 年内，可以直接向用人单位所在地统筹地区社会保险行政部门提出工伤认定申请"，由于陈勇提起这次工伤认定离工伤发生的时间已经远远超过了一年的期限，因此被上诉人作出决定不予受理。陈勇则认为《工伤保险条例》规定的时效起算点是"事故伤害"发生之日而非"事故"发生之日，自己是在 2013 年 2 月发现残留弹片造成的头痛，到提起工伤认定之日并未超过一年，双方各执一词。①

【法理分析】目的解释，顾名思义是依据法律所要实现的目标及价值倾向阐释法律含义的方法。从组成结构来看，法律目的包括价值目的与机能目的两部分。价值目的指的是一部法律或者某一法律条文的价值取向，尤其是利益保护

---

① 《陈勇诉诸暨市人力资源社会保障局案》，案件字号（2013）绍诸行初字第 33 号。

倾向；机能目的则规定了法律所追求的实体目标，体现了一部法律或某一条款的功用。价值目的与机能目的之间并非并列关系，价值目的决定机能目的，机能目的保障价值目的的实现。在大多数法律中，首先由价值目的决定一部法律的立法本位，立法本位进而决定该法的整体机能，并作为价值指引，逐步决定法律条文的具体功能。

历史解释和目的解释都涉及法律目的，但历史解释所依据的是立法时的背景资料得出的立法意图，是立法者通过制定与实施法律所希望达到的目的，属于主观目的；而目的解释之目的则是人们对一条法律规则应当服务于怎样目的的通常理解，是一种客观目的。很多时候，立法者的意图与法律的客观目的是重合的，目的解释本质上也是探究立法者意图。然而随着社会形势的发展，法官面临的当前案件与制定法律时立法者所设想情形相比，已发生了很大的变化，这时法官要在探明立法者意图的基础上，结合具体案件的需求，阐明法律条款在面对当前案件时应该基于怎样的目的，产生怎样的社会功能，进而形成该法律规定在当前情形下应当具有的"客观目的"。简言之，目的解释之"客观目的"，是当前法官在作为立法者意图之"主观目的"基础上进行的再加工，据此对法条形成符合当前形势的创造性理解，具体而言，在这一再加工的过程中，立法者意图中的价值目的稳定地发挥着价值导向的作用，法官要结合个案需求，探索在当前形势下一条法律所应当具备的功能，创造性地解释出该规定的机能目的。

从法律解释方法的使用顺序来看，文义解释最具优先性，解释者都是从法律条文的字面含义着手探究其内涵，以此确保法的安定性，在法条存在多种可能含义或者含义模糊的情况下，解释者再通过体系解释，依据法律条文的意义脉络，结合待解释法条与其他法条的关系及一部法律的整个体系展开解释。按照文义解释与体系解释得出的结论不合理，甚至非常荒谬时，法官要诉诸法律目的予以矫正，以目的为指引，使解释结论趋向正当化。体系解释与目的解释之间并非泾渭分明，在司法实践中，目的解释与体系解释往往是结合在一起使用的，解释者对法条意义脉络之考察不可避免地要诉诸法律目的，在目的指引下梳理各个法条之间的意义关联，这样的体系绝非概念体系，而是蕴含了法律价值的意义体系。值得指出的是，目的解释无法独立适用，往往作为其他解释方法的方向指引或者用于检验其他解释方法所得结论之正当性。

针对本案，绍兴市中级人民法院在二审判决中指出，从目的解释的角度看，保障工伤职工的合法权益系《工伤保险条例》第一条明确的立法宗旨，《工伤保险条例》第一条规定：为了保障因工作遭受事故伤害或者患职业病的职工获得医疗救治和经济补偿，促进工伤预防和职业康复，分散用人单位的工伤风险，制定本条例。《工伤保险条例》第十七条第二款限制工伤认定申请时效虽有敦促劳动者及时行使权利，便于劳动保障部门查清事实、提高工作效率的目的，但对其理解仍应与该条例的立法宗旨保持一致。该条例的立法宗旨就是为了使职工获得有效的医疗救治和经济补偿。本案中，在对上诉人陈勇是否构成工伤进行实体判断前，应保障其程序权利，避免造成劳动者救济无门的结果。

此外，我们也可以从文义解释的角度对"事故伤害发生之日"作出阐释。其一，"事故伤害"不同于"事故"，前者的语义中心为"伤害"，强调的是事故对劳动者造成的损害结果，而后者仅指事故本身；其二，对于"发生之日"的理解，在伤害本身具有隐蔽性或存在其他非因劳动者本人原因未及时发现的情况时，理解为"发现或应当发现该伤害结果之日"更符合事物发展规律，也更契合《工伤保险条例》的立法宗旨。综上所述，上诉人陈勇提起工伤认定的时间并未超过法律规定的期限，绍兴市中级人民法院撤销了诸暨市人力资源和社会保障局所作出的不予受理工伤认定申请决定书，责令诸暨市人力资源和社会保障局在本判决生效之日起 60 日内重新作出具体行政行为。

从该案件中，我们不难看出，立法目的在法律解释中起到强化利益保护倾向、检验法律解释结论的功能。换言之，目的解释方法一般并不单独在法律解释中发挥作用，而是以其价值宗旨或整体机能为依托，控制着法律解释的方向或结论。

【文献扩展】

1. 陈金钊. 目的解释方法及其意义[J]. 法律科学（西北政法大学学报），2004（5）.

2. 刘国. 目的解释之真谛——目的解释方法中的"目的"辨考[J]. 浙江社会科学，2012（1）.

3. 武兴伟. 目的解释的适用及其限制[J]. 法律方法，2012.

【材料 6-5】校长侵吞学生伙食费案

被告人席某，原任江苏省如皋市某中学（国有事业单位）校长，席某伙同其所在学校的总务主任、会计等人，侵吞学生伙食费结余款 30000 元，并私下达成分赃协议。席某等人的行为是否构成贪污罪？①

【法理分析】一类解释方法提供一种解释的角度，告知我们从哪个方向着手，寻找法条的意义来源，探究法律含义。拉伦茨在《法学方法论》一书中提出，文义、意义脉络（体系）、立法者的规定意向（立法意图）和客观目的等通常所认为的解释方法，本质上都属于"解释标准"，我们首先依据上述解释标准得出"解释观点"，要想得出正确的解释结论，解释者必须综合运用各种解释标准，一并考虑在各类解释标准指引下各种解释观点的合理性，经过比较权衡，得出符合法律规范精神的妥当结论。"实际上，法律解释活动是构建和引用不同形态的法律解释论点的过程，法律解释规则的确立，以及各种形态法律解释论点运用的先后序列，从根本上说是基于不同形态法律解释论点本身的基本含义及其所体现的一些基本的社会价值。"②在司法实践中，各种解释方法往往是综合运用的，在不少案件中，这些解释方法从不同角度出发，共同导向某一解释观点，相互支持，有效地增强法律解释的说服力。

各种解释方法的相互支持，尤以目的解释最为典型。目的解释依托立法者的意图，结合个案中的利益调整与社会形势需求，对法条含义作出阐释。从本质上看，目的解释提供了指引解释的价值取向或利益保护倾向，给出方向指导，但单独依靠目的解释无法直接得出解释结论。在司法实践中，目的解释往往是与文义解释、体系解释等方法一并使用，一开始以价值导向的方式，确定这些解释方法的方向，在得出解释观点后还可依托立法意图作为检验相关论点正当性的标准。

该案的核心争议点在于国有事业单位管理、使用或者运输中的私人财产，能否成为贪污罪的犯罪对象？被告人席某的行为是否构成贪污罪？刑法中贪污罪的相关条款如下。

刑法第三百八十二条第一款规定："国家工作人员利用职务上的便利，侵吞、窃取、骗取或者以其他手段非法占有公共财物的，是贪污罪。"

刑法第二百七十一条第二款规定："本法所称国家工作人员，是指国家机关中从事公务的人员。国有公司、企业或者其他国有单位中从事公务的人员和国有公司、企业或者其他国有单位委派到非国有公司、企业以及其他单位从事公务的人员有前款行为的，依照本法第三百八十二条、第三百八十三条的规定定

① 《校长侵吞学生伙食费能够构成贪污罪》，http://news.makepolo.com/4246049.html。最后访问时间：2016年5月16日。

② 张志铭. 法律解释操作分析[M]. 北京：中国政法大学出版社，1998.

罪处罚。"

刑法第九十一条规定："本法所称公共财产，是指下列财产：（一）国有财产；（二）劳动群众集体所有的财产；（三）用于扶贫和其他公益事业的社会捐助或者专项基金的财产。在国家机关、国有公司、企业、集体企业和人民团体管理、使用或者运输中的私人财产，以公共财产论。"

文义解释是法律解释的起点，这一案件的法律解释同样要从文义解释着手。从文义解释来看，国家工作人员利用职务之便，非法侵吞国家机关、国有公司、企业、集体企业和人民团体管理、使用和运输中的私人财产，以贪污罪论处。然而刑法第九十一条第二款中未包含国有事业单位管理、使用或者运输中的私人财产。那么，单纯从字面含义来看，该条可以理解为国家机关、国有公司、企业、人民团体的国家工作人员，利用职务之便，非法占有其单位管理、使用或者运输中的私人财产构成贪污；而国有事业单位的国家工作人员利用职务之便，非法占有该单位管理、使用或者运输中的私人财产就不构成贪污吗？

学生伙食费系学生个人向学校预缴的由学校管理的私人财物，属于国有事业单位管理和使用的私人财产。因此，根据法无明文规定不为罪的刑法原则，席某作为国有事业单位工作人员，利用职务之便，非法占有该单位管理、使用或者运输中的私人财产，不构成贪污。然而，即使刑法第九十一条第二款没有提及"国有事业单位"，但机械地按照文义解释适用该条款将导致严重的不公正。

首先，本案如只适用文义解释法将导致结论荒谬。贪污罪的客体并不局限于公有财产，国家机关、国有公司、企业、人民团体的国家工作人员，利用职务之便，非法占有其单位管理、使用或者运输中的私人财产构成贪污。然而国有事业单位的国家工作人员与国家机关、国有公司、企业、人民团体中的国家工作人员一样，都可以构成贪污罪的主体。国家机关、国有公司、企业、人民团体中的国家工作人员利用职务之便，非法占有国家机关管理、使用或者运输中的私人财产，都构成贪污罪；而作为国有事业单位的工作人员，非法占有同性质的财产，却因为该财产在刑法第九十一条第二款中找不到以"公共财产论"的依据而不构成贪污罪，这样的结论显然是荒谬的、不公平的。

贪污罪的立法目的在于惩治非法占有公共财物的行为，保护公共财物不受非法侵害以及确保国家工作人员职务行为的廉洁性。如果国有事业单位的国家工作人员利用职务之便，非法占有本单位管理、使用、运输中的私人财产而不构成贪污罪，不利于对公共财产权的保护，不利于维护国家工作人员职务行为的廉洁性，与贪污罪的立法目的背道而驰。

其次，本案应排除文义解释法而适用黄金规则。所谓黄金规则，是指如果采用法律文字的通常含义会导致十分荒谬、不公的结果，明显违背立法者原意的，应当排除文义解释的通常含义，以法律的体系解释与目的解释来弥补这种不足。

最后，本案应通过体系解释与目的解释相结合的方法得出结论。体系解释的意义在于借助需要解释的法条与其他法律条文之间的关系，结合法律意义脉络，准确把握立法意图，并把立法意图"读入"需要解释的法律条款中，将其作为法律解释的正当化指引。进行体系解释要在相关条文间寻求内在联系，找到它们的共同点。

体系解释之体系，一般不局限于法律概念体系，而是以一定的立法意图和法律原则为指引的规范意义体系，因此，体系解释的应用往往和目的解释密不可分。分析刑法第九十一条第二款的立法目的可知，国家机关、国有公司、企业、集体企业和人民团体管理、使用或者运输中的私人财产之所以以公共财产论，按照公共财产予以保护，是因为这部分财产虽然为私人所有，但是交由上述单位进行管理、使用、运输时，上述单位有义务保护该财产，如果肆意侵吞，就应当承担法律责任。换言之，第九十一条第二款规定的国家机关、国有公司、企业、集体企业和人民团体管理、使用或者运输中的私人财产属于刑法第三百八十二条中"公共财物"的一种特殊类型。将上述两个条款结合起来，我们可以得出结论：国家工作人员利用职务上的便利，侵吞正在管理、使用或者运输的私人财产的，以贪污罪论处。由于第三百八十二条第一款与第二百七十一条第二款都是对贪污罪的规定，具有统一的立法目的，都在于保护公共财物不受非法侵害，以及保证国家工作人员职务行为的廉洁性，因此，可以依据第二百七十一条第二款对第三百八十二条第一款的"国家工作人员"作出界定，该条的"国家工作人员"包括"国有公司、企业或者其他国有单位中从事公务的人员"，自然也就涵盖了国有事业单位的工作人员。再将上述两个结论结合起来，我们可以顺畅地得出结论：国有事业单位工作人员利用职务上的便利，侵吞正在管理、使用或者运输中的私人财产的，以贪污罪论处。

本案的复杂之处在于解释法律时，综合运用了体系解释法与目的解释法。体系解释作为宏观的统筹方法，具有框架性的意义；目的解释则作为解决问题时的方向指引，两者相辅相成。结合刑法第三百八十二条第一款、第二百七十一条第二款以及第九十一条第二款的规定，将国有事业单位管理、使用、运输中的私人财产"读入"刑法第二百七十一条第二款贪污罪的犯罪对象，运用的是体系解释法的"读入"规则。但是在具体解决如何"读入"问题时，又借助了目的解释法，通过条文之间统一的立法目的，寻求条文间的相互联系，从而成功地将国有事业单位管理、使用、运输中的私人财产"读入"刑法第二百七十一条第二款贪污罪的犯罪对象中，因此，被告人席某的行为构成贪污罪。

📑【文献扩展】

1. 陈金钊. 法律解释的艺术——一种微观的法治实现方法[J]. 法商研究，2009（5）.

2. 苏力. 解释的难题：对几种法律文本解释方法的追问[J]. 中国社会科学，1997（4）.

3. 陈金钊. 法学话语中的法律解释规则[J]. 北方法学，2014（1）.

📖【材料6-6】陈某重大疾病保险案

2009年11月23日，原告陈某在被告某保险公司投保"附加08重大疾病保险"，投保人和被保险人均为陈某，保险金额为20000元，保险期间为2009年11月26日至2029年11月25日。合同约定的重大疾病第五项如下："冠状动脉搭桥术（冠状动脉旁路移植术），即为治疗严重的冠心病，实际实施了开胸进行的冠状动脉血管旁路移植的手术。冠状动脉支架植入术等其他非开胸的介入手术、腔镜手术不在保险范围。"2011年6月13日，陈某因病住院治疗，经诊断为"冠心病和不稳定型心绞痛"，实施了冠状动脉支架植入术，共支付医疗费5万余元。出院后，陈某向保险公司理赔，保险公司以"冠状动脉支架植入术"不属于合同规定的重大疾病为由拒赔。①

【法理分析】合同解释，是指通过阐释合同条款的含义，来明确合同当事人权利义务的法律解释活动。传统的法学理论认为，法律解释的对象是具有普遍约束力的法律规范，然而随着司法实践的不断推进，人们逐渐认识到法律解释的对象并不局限于法律本身，大量具有法律效力但规范作用只及于个案的文书都需要解释，最有代表性的就是合同、判决书和裁定书，其中尤以合同最有解释的必要。合同涉及内容宽泛，形式丰富，订立合同的当事人由于法律知识欠缺等原因，未必完全依据法学术语和法律思维订立合同条款，加之各个产业形

---

① 王民克. 合理期待原则在保险合同中的运用[N]. 人民法院报，2012-12-20.

成规模化之后，格式合同批量涌现，格式合同提供方利用制定合同机会侵犯相对方权益的情形时有发生，通过立法确定格式合同的解释规则就显得尤为必要。

《民法典》第四百六十六条规定：当事人对合同条款的理解有争议的，应当依据本法第一百四十二条第一款的规定，确定争议条款的含义。合同文本采用两种以上文字订立并约定具有同等效力的，对各文本使用的词句推定具有相同含义。各文本使用的词句不一致的，应当根据合同的相关条款、性质、目的以及诚信原则等予以解释。《民法典》第一百四十二条第一款规定：有相对人的意思表示的解释，应当按照所使用的词句，结合相关条款、行为的性质和目的、习惯以及诚信原则，确定意思表示的含义。

可见，合同解释规则包括了多种解释规则。在司法实践中，各级法院就合同解释的方法顺序达成了基本共识：合同解释应当首先采用语义解释方法，如解释的结果为复数，则继之以论理解释方法；做论理解释时，应先运用体系解释和法意解释以探求意旨，进而运用扩充解释、限缩解释或当然解释以判明合同的意义内容，如仍不能澄清语义的疑义，则进一步进行目的解释以探求合同目的，或者在依上述方法初步确定意义内容后，以目的解释进行核实。

关于格式合同的解释规则，《民法典》第四百九十六条第二款规定：采用格式条款订立合同的，提供格式条款的一方应当遵循公平原则确定当事人之间的权利和义务，并采取合理的方式提示对方注意免除或者减轻其责任等与对方有重大利害关系的条款，按照对方的要求，对该条款予以说明。《民法典》第四百九十八条规定：对格式条款的理解发生争议的，应当按照通常理解予以解释。对格式条款有两种以上解释的，应当作出不利于提供格式条款一方的解释。格式条款和非格式条款不一致的，应当采用非格式条款。

在本案的审理过程中，围绕陈某实施冠状动脉支架植入术是否属于保险合同约定的重大疾病范围，存在两种观点。

第一种观点认为，陈某是完全民事行为能力人，其签订的保险合同有效。保险合同中明确规定了冠状动脉支架植入术不在保险范围，不属于合同约定的赔偿范围，陈某签订保险合同时，应当是知悉合同内容的。因此，保险公司不承担支付保险金的责任。

另一种观点认为，虽然保险条款约定了冠状动脉支架植入术不在保险范围内，但陈某所投保的是重大疾病保险，而非重大疾病治疗方式保险。冠状动脉搭桥术和冠状动脉支架植入术都是冠心病的治疗方式，名称不同，功效相同。陈某所患疾病从症状、治疗及支出情况来看，应当属于普通人所理解的重大疾病，保险人以具体手术方式限制重大疾病的范围，没有合理依据。因此，保险公司应按约履行保险责任。

综合该保险合同的缔结目的与格式合同的解释原则，保险公司需要承担赔偿责任，具体原因如下：

一是从文义解释的角度看，医疗保险合同采用的术语应当符合一般人的通常理解。在本案中，保险公司以具体手术方式限定重大疾病范围不符合一般人的通常理解和对重大疾病及其治疗方式的认识，不能将专业人员的理解等同于非专业人员和一般人的认识水平，以过于专业化的方式限制理赔范围无异于变相剥夺被保险人的理赔权利。在人们的通常理解中，重大疾病并不会与某种具体的手术方式相联系，同样，按照人们的通常理解，重大疾病保险保障的是被保险人在患重大疾病时需支付的巨额医疗费用，而非遭遇重大疾病时因为接受某种特定类型的手术所可能遭遇的风险。该医疗保险合同将理赔范围限定于冠状动脉搭桥术（冠状动脉旁路移植术），在语词上明显超越了一般人的通常理解，以偏概全，人为压缩了理赔范围。

二是合同当事人对合同内容的解释发生争议时，应当以当事人对于缔约目的之合理期待为出发点展开解释。显而易见，对于患者这一被保险人来说，最期望得到的是有效治疗，而就订立重大疾病保险合同而言，被保险人肯定期待通过该保险合同的理赔有效地分担巨额医疗费用，以具体手术方式限定重大疾病理赔范围将会导致被保险人的合理投保期待无法实现，使重大疾病保险徒具形式。此外，从医疗实践的角度出发，医生会根据病人的具体情况，合理地选择医疗方案，其中就包括手术类型，且随着医疗技术的发展，原来被普遍采纳的医疗技术被逐渐边缘化甚至淘汰都是有可能的，将理赔范围局限于特定的手术方式也不符合医学规律。合理期待原则作为一种"事后救济机制"，是对保险人缔约说明义务不足或缺失时的一种补充救济措施。鉴于本案以手术方式界定重大疾病存在上述不科学之处，援引保险法已有明确规定的合同解释原则（如不利解释原则）不能满足裁判需要时，法院可忽略合同明示条款规定，根据合理期待原则，从人们的通常理解以及满足被保险人对于合同缔约目的的合理期待的角度，解释陈某所患疾病属于重大疾病，保险公司应当给付陈某重大疾病保险金。

📑【文献扩展】

1. 崔建远. 合同解释与法律解释的交织[J]. 吉林大学社会科学学报，

2013（1）.

2. 李永军. 论合同解释对当事人自治否定的正当性与矫正性制度安排[J]. 当代法学，2004（2）.

3. 王文宇. 合同解释三部曲——比较法观点[J]. 中国法律评论，2016（1）.

【材料 6-7】抢劫罪既遂的认定

甲持西瓜刀冲入某银行储蓄所，将刀架在储蓄所保安乙的脖子上，喝令储蓄所职员丙交出现金 1 万元。见丙故意拖延时间，甲便在乙的脖子上划了一刀。刚取出 5 万元现金的储户丁看见乙血流不止于心不忍就拿出 1 万元扔给甲，甲得款后迅速逃离。甲的犯罪行为是否构成抢劫罪？如果构成抢劫罪，是抢劫罪的未遂还是既遂？该案的核心问题并非丙出于对暴力威胁的恐惧交出财物，而是作为第三方的储户丁见乙可怜扔了 1 万元给甲，甲的暴力行为与其取得财物之间的因果关系极为特殊，在这种情况下，甲取得财物是否仍能构成抢劫既遂？[①]

【法理分析】类比推理有广义和狭义之分。广义类推是一种法律思维模式，以法律规定的某一概念的典型情形为标准，考虑当前案件与标准情形的偏离程度，进而决定当前情形是否属于某一法律概念，可否将相应的法律规定适用于当前案件，广义类推本质上是一种等置性质的思维。而狭义类推是一种法律扩张适用的方式，在欠缺法律规定的情形下，基于相似性类推适用与其最接近情形之法律。

广义类推又称为类型化思维，即使几个案件属于同一法律类型，但在各个构成要素的符合性方面不可避免地存在程度上的差异，甚至还可能存在性质上的差别，而这样的程度和性质差异是否需要在定性上予以区别对待却不是三段论涵摄模式所能解决的。法律适用需要考虑某一案件事实的构成要素各方面在多大程度上与典型情形相符合，如果有偏离，偏离程度各自有多大，以这样的具体化考量为基础，最后综合判断是否将当前情形与某一法律概念的典型情形等置化处理，从而将典型情形的法律规则"类推"适用到当前情形中。如果将类推作为一种类型化思维模式，可以说任何法律适用都离不开类推。

不少人认为，在该案中是第三方丁基于同情乙，为了避免乙受到歹徒的进一步伤害交出 1 万元给甲，这与甲的暴力威胁并没有必然的因果关系，换言之，

[①] 案例摘自 2008 年国家司法考试卷二。

即使歹徒甲拿着刀在乙的脖子上划了一刀，如果目睹的储户无半点同情心，并不见得就会交出财物，甲的暴力行为与丁交付财物之间因果关系过于宽松，因而不构成抢劫既遂。然而，不可否认，甲的行为已经威胁到了储蓄所的现金以及乙和丙的人身安全，这种威胁随时可能扩散到在场的其他储户，不排除丁交出1万元钱也有平息歹徒的暴力行为以自保的想法。此外，丁交出1万元现金的行为确实是在甲持刀威逼乙的前提下作出的，甲的暴力行为与他取得财物的结果之间具有因果关系，因此甲的行为仍然构成以暴力相威胁获取财物的抢劫罪，且甲因此取得了财物，属于抢劫罪的既遂。

与被害人基于对暴力的恐惧交出财物的典型案例相比，本案中第三人出于同情交出1万元钱的确有所偏离，但不管是从行为威胁到被害人的人身财产安全的法益来看，还是考察甲获得财产与使用暴力具有因果关系出发，甲的行为都符合抢劫罪这一犯罪类型，且甲的确因为使用暴力获得了财物，构成抢劫罪的既遂。"案件事实是否能归类于类型之下，不需要看该案件事实是否具备该类型通常所具备的全部要素，而是要看该案件事实已有的特征能否在'整体上'符合类型的评价性观点。"[①]判断一个案件是否属于某一类型关键在于从整体来看该案件是否符合类型背后的评价性观点。类型化方法的应用需要我们在长期学习实践中逐步领会某一概念的核心意义，只有掌握了类型背后的评价性观点，才能透过表象，超越细节，抓住实质，对案件进行正确定性。

【文献扩展】

1. 贾焕银. 类比推理与家族相似性：对类比推理关键点的分析[J]. 法律方法，2009.

2. 於兴中. 法律中的类比推理[J]. 法律方法与法律思维，2002.

【材料6-8】马晓东侵占案

1987年2月，被告人马晓东经人介绍，与来沪经商的广东省饶平县饶兴蛇皮加工厂港商代理人郭长浩结识。同年8月29日，马晓东与郭长浩从上海市来到广州市。次日上午，郭长浩去深圳办事，将1只密码手提箱交给马晓东保管。马晓东在郭长浩去深圳后，撬开手提箱，窃取郭长浩在上海市的银行存款折2本，合计存款3.9万元，现金270元，以及私人图章等财物。随后，马晓东携

---

① 齐文远，苏彩霞. 刑法中类型思维之提倡[J]. 法律科学，2010（1）.

带手提箱回到上海，先后 3 次从银行支取郭长浩的存款 11.9 万元，再次前往广州挥霍。9 月下旬，马晓东返回上海后，又先后 5 次将郭长浩的存款余额及利息合计 2.0274 万元全部从银行支取，继续挥霍。郭长浩返回广州后，发现马晓东去向不明，即赶赴上海，经查银行存款已被马晓东取走，即向公安机关报案。同年 10 月 19 日，公安机关找到马晓东，追回赃款 1.25 万元。被告人马晓东的上述犯罪事实，有证人证言和书证为证，马晓东亦供认不讳。①

【法理分析】狭义的类推是一种法律适用方式，是指当法律没有对某种情形作出规定时，由法官适用最相类似的法律条文作出判决。由于类比推理赋予了法官较大的自由裁量权，因此各国法律一般都会对类比推理作出限制，防范司法机关以类推的名义，扩张行政制裁或者刑事制裁，从而对公民自由等权利造成侵害。世界各国一般都将类推适用局限于私法领域，在涉及对公民施加制裁时禁止使用类推，禁止在法律没有明文规定的情况下依据类似法律作出处罚，尤其是在刑法中，严格禁止类推。然而，受传统法律文化以及当时立法理念的影响，我国 1979 年颁布并生效的刑法中，仍然有类推适用的规定。我国 1979 年刑法第七十九条规定："本法分则没有明文规定的犯罪，可以比照本法分则最相类似的条文定罪判刑，但是应当报请最高人民法院核准。"

在上述案件中，原上海市南市区人民法院经审理认为，被告人马晓东利用为他人保管财物之机，以非法占有为目的，侵吞巨款，已构成犯罪，依法应追究刑事责任。然而鉴于 1979 年刑法并没有规定侵占罪，该罪如何定罪量刑便成为摆在法官面前的一道难题。

原南市区人民法院依照 1979 年刑法第七十九条关于类推的规定，比照第一百五十二条的规定（惯窃、惯骗或者盗窃、诈骗、抢夺公私财物数额巨大的，处五年以上十年以下有期徒刑；情节特别严重的，处十年以上有期徒刑或者无期徒刑，可以并处没收财产），类推马晓东犯以盗窃手段非法侵占他人财产罪（非侵占罪）。马晓东的行为，严重破坏了社会秩序，依照 1979 年刑法第五十二条的规定，可以附加剥夺政治权利。据此，该院以被告人马晓东犯非法侵占他人财产罪，判处有期徒刑十五年，剥夺政治权利五年。

一审判决后，被告人马晓东没有上诉。原南市区人民法院依法将全案报请上海市中级人民法院审查。上海市中级人民法院审查后，认为原审法院对被告人马晓东以类推定罪，量刑正确，报请上海市高级人民法院审查。上海市高级

---

① 王政. 是侵占还是盗窃[J]. 法律与监督，2006（5）.

人民法院审查认为：被告人马晓东的行为，确属我国刑法分则没有明文规定的一种犯罪。原审认定事实清楚，证据确凿，适用类推定罪准确，量刑适当。据此，1989 年 11 月 6 日，依法报请最高人民法院核准。

最高人民法院审判委员会审核认定：被告人马晓东以非法占有为目的，窃取他人财物 3.9500 万余元，数额巨大，具有社会危害性，已构成犯罪，应处以刑罚。马晓东的行为与盗窃罪的主体、主观方面的客体相符合。但是马晓东所侵占的财物，是失主委托在其实际控制下的他人财物，这与盗窃罪的客观方面即秘密窃取公私财物的行为不相符合。这种犯罪我国 1979 年刑法分则没有明文规定，应当依法适用类推，对被告人定罪判刑，这种犯罪与第一百五十二条规定的盗窃情形最相类似，可以类推适用该条法律规定。

最高人民法院于 1990 年 2 月 2 日判决如下：①撤销原上海市南市区人民法院（89）南法刑字第 119 号刑事判决对马晓东的量刑部分；②被告人马晓东犯侵占他人财产罪，判处有期徒刑十年，剥夺政治权利三年。

不可否认，在没有法律规定的情况下，类推对于弥补法律漏洞、及时回应社会利益调处需求具有重要意义。然而，类推的适用实质上是在明文规定的情况下，人为地扩张法律的调整范围，很可能会扰乱民众按照法律明文规定作出的行为安排，不可避免地会因为法律的扩张适用而侵犯公民的自由与权利。我国在 1997 年颁布新的刑法典时，一方面根据社会形势的变化，增加了一系列新的罪名，扩大了刑法的调整范围；另一方面，删除了 1979 年刑法第七十九条，禁止在刑法没有明文规定的情况下，将类似的刑法规定类推适用到法律没有规定的情形上。

【文献扩展】

1. 陈景辉. 规则的普遍性与类比推理[J]. 求是学刊，2008（1）.

2. 张骐. 论类似案件的判断[J]. 中外法学，2014（2）.

【材料 6-9】倪忠华诉上海中通吉速递服务有限公司案

2013 年 1 月 28 日，原告倪忠华委托被告上海中通吉速递服务有限公司下属的浦东新区南汇营业部运输一批东北野山参到吉林省白山市，由于在中转站标的物遭受毁损，原告提起了赔偿损失诉讼，该案一个重要事实争议是围绕着所托运的野山参数量展开的，原告主张他事前购买了 24 支人参，用掉 3 支，考虑到上海的气候问题，将剩余的 21 支交给被告托运到吉林的商家予以保存，被告则举证涉案人参的包装盒为 18 个，认为一个包装盒装一支人参，所托运的应当是 18 支人参，双方就人参的支数问题爆发了激烈争议。最后，上海浦东新区人民法院经过审理认定人参数量为 18 支，原告所主张的 18 个包装盒内装有 21 支人参，因未能提供充足证据证明其主张的意见，故法院不予采信，并按 18 支人参确定原告所遭受的经济损失。①

【法理分析】在事实认定过程中，在没有确切证据证明案件事实的情况下，法官经常诉诸常理推定案件事实。常理中蕴含了历经实践检验的生活规律与行为逻辑，诉诸常理来认定事实，一方面有助于提升事实推定的有效性；另一方面，由于常理来源于日常生活，是社会公众所熟知和认可的，诉诸常理来认定案件事实实质上是将事实认定立足于公众所认可的日常合理观念，契合人们秉持的思维习惯甚至潜意识，这样的事实认定结果自然更容易被公众认同。然而，正是因为常理是日常生活中的合理性观念，它们在内容和表述形式上往往失之笼统，内容不够精确甚至较为模糊，而我们又想当然地认为常理本来就是如此，这就给事实认定带来了不确定隐患。此外，司法判决需要经过严密的论证，使公众知其然并且知其所以然，仅仅"根据常理"便下意识地得出事实认定或法律定性的结论，往往不够严密，甚至有明显的纰漏，因此我们在运用常理的过程中应当予以特别注意。

此外，值得指出的是，即使是依据常理推定事实，也必须符合相应的法律原理，而不能一味打着常理的幌子，逆法律行事。司法裁判所要认定的事实是法律事实，是法律意图赋予其规范意义的事实，司法裁判中事实认定的过程本质上也是依据证据裁剪加工事实原材料、构建法律事实的过程。在有些情况下，即使证据不足、事实认定不清，我们也能依据司法原理赋予其相应的法律效果，而不必借助似是而非的常理进行没有说服力的论证。以彭宇案为例，原告主张自己是被彭宇撞倒的，而彭宇则坚决认为原告的倒地与他无关，他只是出于助人为乐扶起原告，并送她去医院救治。就被告到底有没有撞倒原告这一问题，法官可以不拘泥于事实层面的认定，而依据"谁主张谁举证"的证据法原则，既然原告没法举出证据证明就是彭宇撞了她，在该问题上就要承担不利的法律后果，推定并非彭宇撞倒原告。既然能依据这一原则得出确定的法律后果，依据常理展开的事实推定也就显得不再有必要。

在本案的事实推定中，人民法院仅简单依据常理认定托运人参数量，没有

---

① 案件字号（2013）浦民一（民）初字第 15697 号。

进一步展开论证，裁判结论失之粗疏。在日常生活中，我们往往看到一个包装盒内装有一支人参，然而这是否必然构成此类案件中的常理呢？一个精致考究的人参盒里，方方正正地放着一支体积并不大的人参，本身就有依靠豪华精美的包装提升人参价格的用意，但如果这是在运输途中，被告完全可能出于节省运费考虑，将两支人参放到一个人参包装盒里，且一个盒子的容积也足以容纳并不硕大的两支野山参。我们并不认为该案中原告所托运的人参数量肯定就是21支，但法院简单地诉诸所谓的"常理"，未加论证，没有考虑到各类相反的情形，便轻易地推定人参支数，未免有失武断。法庭上经常依据日常经验推定事实，判断当事人的主观心态，但前提是首先要确保所诉诸的的确是常理，切不可未经谨慎排除和反思，仅仅因为这类情形"通常情况下如此"甚至只是"大致如此"，就冠以常理之名，草率地推出结论，结果势必使判决结果经不起逻辑和法理的双重检验。

【文献扩展】

1. 杨建军. 常识、常理在司法中的运用[J]. 政法论丛，2009（6）.

2. 韦志明. 民俗习惯对法官思维方式的影响及裁判路径——以民事案件的基层法官为视角[J]. 北方法学，2010（4）.

【材料6-10】还款协议的理解

某个体户（被告）因向某商场（原告）购买彩电、冰箱、空调机等，欠原告债务10万元，双方约定于2009年10月底以前全部还清。但是在还款期到来后，被告未按期付款，原告多次催要，被告提出其朋友王某欠他15万元借款，应于2010年4月底以前向被告支付，待这笔货款支付后，被告将立即还清欠款。双方为此达成还款协议，协议规定被告"应于2010年4月底以前王某还款以后还清余款"。至2010年4月底，被告仍未还款。原告要求被告立即还款，被告提出，依据还款协议原告同意在王某还款以后，被告再还款，现王某因生意亏损无力按期还款，故被告暂不能履行还款协议。为此，原告向法院起诉，要求被告立即支付货款。①

【法理分析】后果主义论证是基于后果考量展开的论证方法，具体而言，该

---

① 百度百科：附期限合同. http://baike.baidu.com/link?url=jw39HiCOAmdlqqEXjg4vUFdfzWoUhMApBbQPrQpK8mbHPQjvHBXRvQ9VwwUCaQE76ys1nwITrLOp_2Z3s2JS-a。

论证方法要求法官在作出司法裁判时，充分考虑判决对两造利益产生的影响，合理预测该案所引发的社会效果，以法律后果为依据证成司法裁判的正当性，选择相应的法律适用方法。

后果主义论证是避免合法但不合理的极端裁判之有效方法，在一些疑难案件中，如果法官机械地依据法律规定作出判决，裁判结果具有合法性，但这样的僵化判决很可能导致极其不公正的结果，产生合法但不合理的极端结论。这就要求法官在作出判决之前，要切实考量司法裁判对两造利益及态度的影响，事先考虑相关社会因素，预测判决可能产生的社会效应，从而尽量避免对两造产生极端不公正的效果，防范判决所产生的不良社会影响。

在司法实践中，后果主义论证往往应用于克服法律解释难题以及填补法律漏洞等情形。在普通案件中，由于不存在事实认定和法律定性方面的难点，法官通过三段论，将法律规定直接应用于当前案件事实，就能顺利得出裁判结论，且这样的判决结果一般也不会失之公正，即使有对判决结果的考量，也在法官下意识中进行的，并不需要有意识地进行细致严谨的考量。当法律存在空缺、冲突或者两造利益存在重叠等情况下，需要法官综合权衡双方利益，考虑判决对两造的直接影响以及相关的社会效应，后果主义论证自然就加入进来。从法律解释的角度看，后果主义论证往往与目的解释、比较解释、社会学解释、限制解释及扩张解释等方法一并应用。此外，后果主义论证要求法官证成其判决能导向合理结果，也能引发积极的社会效应，这本身就是对法官自由裁量权的正当化规范。

值得指出的是，后果主义论证所指向的后果具有法的一般性意味，它虽然也强调个案结果的合理公正，但更侧重一个判决对以后类似案件的示范作用。如果当前判决可能导致将来类似案件也同样裁判，进而产生严重的消极社会效应，那么当值法官为了避免此类后果的发生，应基于后果考量改变裁判进路，争取妥当的裁判结果。"能够作为正当理由的可欲后果就不是局限在判决所导致的事实后果层面上，法律论证的可欲后果是作为裁判规则逻辑后果，特别是当裁判规则适用于相似案件时所能出现的假定后果。"①在备受关注的彭宇案中，南京市鼓楼区人民法院对人性恶的主观推定，产生了极其恶劣的社会影响。法官在判决书中指出，如果不是彭宇撞倒的，他肯定不会主动扶起老人，更不会送老人去医院并主动垫付医疗费。这是以官方裁判方式明确地告知社会公众，

---

① 杨知文，等. 法律论证具体方法的规范研究[M]. 北京：中国社会科学出版社，2013.

一旦有人扶起倒地的老人，肯定不是助人为乐，而是事先撞倒后的补救行为。如此极端的有罪推定导致以后在公共场所出现需救助的情形下，人们为了避免自己被讹或摊上官司，都会避而远之，老弱瘫倒路中无人相问。可以说，彭宇案的法官不顾案件可能产生的极端社会效果，以一纸判决将社会公德推向滑坡。

关于本案，存在以下几种不同观点：

一是因还款协议本身规定不明确，应确认该协议无效，被告应立即向原告还清欠款。

二是双方达成的还款协议为附条件的合同，被告应在王某还清债务以后，才向原告还款，不应于2010年4月以前还款。

三是原、被告达成的还款协议应理解为一种附期限的合同，还款协议实际上只是规定了被告应在2010年4月底以前还款。

从理论上看，附期限的合同是指在合同中指明一定期限，并把该期限的到来作为当事人的民事权利义务生效或失效前提的合同。附条件的合同是指在合同中规定了一定的条件，并且把该条件的成就或者不成就作为确定当事人民事权利和民事义务发生或失去法律效力的根据的合同。合同所附期限与条件，都是对效力所作的限制，但两者又存在着一定的区别。期限必定会届满，而条件的成就与否是当事人在设定时所不能确定的，也就是说，条件有可能成就，也有可能不成就。

就本案来说，如果是附期限的民事法律行为，那么到2010年4月底，被告就必须履行还款协议；如果是附条件的民事法律行为，则被告必须在条件成就，即王某还款以后，才需履行还款义务。

从当事人双方订立还款协议的目的、还款协议的整体内容等方面来理解，该还款协议应属于附期限的合同。还款协议中规定的被告应"在2010年4月底以前还款"，是最核心的内容，还款协议中规定的"王某还款以后"是从属于"2010年4月底以前还款"这个前提的，也就是说，王某还款不过是对为什么规定这个还款时间的一种解释，不能将这个解释孤立地作为一项条件来看待。从后果论证的角度看，如果将该协议理解为附条件的规定，"王某将钱还给被告"是被告偿还欠款的必要条款，如果王某长期拖欠不还，那么被告也可以无限期地往后拖延，原告的债权就永远无法得以实现，这显然不是双方当初订立协议的初衷。

简言之，如果该条款是附条件规定，条件可能成立，也可能不成立，不具有必然性，这会使被告还款增加更多的变数，原告的债权更加无法得到保障。

基于后果主义论证，为保证该协议的合理性与有效性，该协议只可能是附期限条款，通过附加期限给原告适当的缓冲时间，而非附加不确定的条件，让原告的债权长期处于无法实现的悬置状态。

尽管还款协议的内容规定得不十分明确，但是该协议是指被告应于 2010 年 4 月底以前还款，据此应认为还款协议仍然有效，被告应依据还款协议于 2010 年 4 月底以前履行还款协议，付清全部欠款。

📋【文献扩展】

1. 杨知文. 司法裁决的后果主义论证[J]. 法律科学（西北政法大学学报），2009（3）.

2. 王彬. 司法裁决中的"顺推法"与"逆推法"[J]. 法制与社会发展，2014（1）.

3. 孙海波. 通过裁判后果论证裁判——法律推理新论[J]. 法律科学（西北政法大学学报），2015（3）.

📖【材料 6-11】巴特勒提案

1924 年底，美国田纳西州立法会就众议员巴特勒的提案——要求学校"不得讲授任何否认人是神创的《圣经》教义，传授人是由一类较为低等的动物演化而来的说法即为非法"进行审理，该提案在次年 3 月 23 日通过，规定违反者即被视为轻罪人，并处以 100~500 美元的罚金。

拉斐耶，一位年轻的冶金工程师，从纽约来到田纳西州代顿镇，面对当时代顿经济的低迷不振，他意识到需要某种公共广告效应以使代顿工业潜力引起投资者的注意。因此，1925 年 5 月 4 日，当拉斐耶在《查塔努加每日时报》上读到一篇文章后，马上敏锐地抓住了一次结束代顿经济不景气的契机。文章援引"美国公民自由联盟"纽约总部的一则针对"新田纳西反进化论法"的通告："我们正寻求一位甘愿在法庭上验证这条法律的田纳西教师来接受我们的服务。我们的律师认为，能够在保证其不丢掉饭碗的前提下，安排一次善意的法庭试验。"他们研究了一起可能的违反进化论法的审判案，一位生物代课教师斯科普斯就被恳请作为一贴救急用的"催化剂"。斯科普斯同意到课堂讲授进化论，所有的人都同意这个安排，让斯科普斯向几个学生证人"讲授"，以便他们能够"确切地"指证老师讲授了进化论。很快，当局就根据巴特勒提案签发了逮捕证，斯科普斯就这样被告上法庭。

斯科普斯的辩护律师戴维的法庭演讲充分展示了滑坡论证的煽动力："假如今天，我们容许'在公立学校教授进化论'成为罪名，那么明天，在私立学校这样做也会成为罪名，而明年，在教堂的讲台上宣讲也会成为罪名。下一次法庭，我们禁止的就将是书本和报纸。无知和狂热总是在骚动，总是需要吞噬的，总是贪婪地要吞噬更多的东西。今天吞噬的是公立学校的教师，明天是私立学校的教师，再下面就是牧师、演讲者、杂志、书本和报纸。尊敬的法官，这是在鼓动人与人之间的抗争，信念与信念的对抗，如此下去，直到有一天，伴随着飘扬的旗帜和敲击着的鼓点，我们会倒退到十六世纪的光荣时代，在那里，盲从者点燃薪火，烧死任何一个敢于将知识、启迪和文化带给人类头脑的人。"在强大的舆论压力下，法庭不便对被告宣讲进化论的行为作出严厉惩罚，最后判罚被告 100 美元。[1]

【法理分析】滑坡论证（slippery slope argument）具有明显的隐喻意味，这一论证方式诉诸走下坡或者将东西放在斜坡上的图景，如果我们往下滑出第一步，就很可能滑出第二步、第三步，从此一直往下滑，直至出现失控状态，最终滑到坡底。易言之，滑坡论证告知我们一旦采取某一行为或者允许某一活动，这类行为或现象就会不断蔓延繁殖，直至产生不可逆转的灾难性后果，因此，我们必须从一开始就杜绝该类行为，防范该种现象的发生，从而有效地避免失控后果。

滑坡论证的公式：A 是我们要实现某一目标所要采取的措施。

实现 A 将可能导致 A_1（并不必然和确定），A_1 可能导致 A_2……以此类推，直至产生 A_n。

A_n 是很可怕的后果。

结论：A 不应该产生。

从归类上看，滑坡论证属于诉诸后果论证的一种，它通过论证许可某一行为或方案将导致事态不断严重化，最终导致极其严重的消极后果，来据以坚决反驳这类行为或方案。尽管"滑坡论证"作为英译词，大多数人对其较为陌生，但这一论证方式却在公共决策中时常应用，实行计划生育、反对安乐死、对新闻自由和言论自由的管制都曾采用滑坡论证策略。

从积极层面看，滑坡论证极为重视消极后果之防范，防微杜渐，如果论证的内容正当合理，这种谨慎立场具有积极意义。例如，不少安乐死案件都是在

---

① 林达. 一路走来一路读[M]. 上海：生活·读书·新知三联书店，2011.

病人难以承受疾病折磨，其亲属也不愿看到病人饱受病痛之苦，无奈之下，征得病人同意，以无痛苦的方式结束其生命，帮助病人实现超脱，这样的安乐死主观上并不具有可谴责性。然而，在医生与患者两大群体之间尚未建立充分信任的情况下，轻易地让安乐死合法化，就可能出现病人家属在无法承受巨额医疗费，而病人自己又有强烈的医治意愿情况下，家属与医生串通对病人实施安乐死，甚至出现家属与医生串通伪造绝症记录，对病人实施安乐死，并提取病人身上的器官出售的情况。就保障生命、人身自由和人格尊严等至高无上的权利而言，采用滑坡论证策略具有很强的现实意义。

滑坡论证具有明显的夸张论证策略，一旦应用不当，其所诉诸的是一种假想性质危害结果，或者即使有危害结果，但绝不像论证所声称的那么严重，如果基于该论证采取了倒行逆施政策，就会引起本不该发生的灾难。

面对侵犯人格尊严、生命与言论自由这种至高无上权利的情形，我们必须树立生命权至上、人的尊严神圣不可侵犯、言论自由作为基本权利本身具有不可置疑的正当性等理念，在这些领域，法律不应允许任何例外，一旦在某个案件中纵容了不法侵害行为，法律的权威就不可避免地遭受挑战与消解，相应的侵权和犯罪行为很可能逐渐增加，即使不会达到泛滥的程度，但也必须防微杜渐，确保基本的人权和自由。

如果在各类案件中广泛适用滑坡论证，不免有以"骇人听闻"的方式夸大危害后果的意味。一方面，导致一类行为发生的因素往往是综合性的，即使在当前案件中没有将某类行为定性为违法甚至犯罪，也不见得类似行为就会大面积爆发。例如，美国联邦最高法院判决燃烧国旗是一种言论自由的表达形式，并不违背美国宪法，认定过度保护国旗、限制这类行为、强制民众尊重美国国旗的州立法违宪，此后美国燃烧国旗、朝国旗吐痰等贬损国旗尊严的案件不但没有增加，反而逐步减少，直至几近消失。正是因为法律禁止燃烧国旗，美国民众在对政府强烈不满时，更愿意以这种叛逆而极端的方式来宣泄自己的情绪，一旦美国联邦最高法院认定此类行为合法，民众反而觉得燃烧国旗不过瘾，以一种本来就合法的方式表达抗议情绪反而感觉没有那么畅快，因此燃烧国旗的行为自然而然就减少了。另一方面，即使在当前案件中认定被提起诉讼的行为合法或者没有对其严加惩罚，以后同类行为有所增加，也不见得肯定会导致在斜坡上一滑到底，进而到了完全不可逆转的地步。进化论作为代替上帝造人论的科学理论，其在田纳西州的普及是大势所趋，在一段时间内有逆时代潮流的倒退，并不必然意味着一旦在公立学校不允许讲生物进化论就必然出现私立学校、报纸和杂志都被禁止讲进化论的情形，更不会导致无知与愚昧重新笼罩着田纳西州，这样的论证显然有夸张和跳跃的成分。

【文献扩展】

1. 任丑. 滑坡论证：质疑安乐死立法的伦理论证[J]. 思想战线，2011（3）.
2. 石现明. 滑坡论及其在法律推理中的应用[J]. 西南民族学院学报（哲学社会科学版），2003（5）.

【材料 6-12】"我对被告不熟悉，但我知道他的胎记"

在一起强奸案件中，被害人控告被告捆绑其双手将其强奸，在法庭上被告的辩护律师对被害人进行了如下询问。

律师："被害人请回答，你与被告在案发前就认识吗？"

被害人："只见过一面，谈不上熟悉！"

律师："在被告将你捆绑之前你有没有打过或掐过被告？"

被害人："没有，他牛高马大，我怎么敢打他？"

律师："那就奇怪了，为什么被告身上有一块紫色的斑痕和一块红色的斑痕？"

被害人："那是他身上长的胎记，不是我打的！"

律师："你连他身上的胎记都知道，还说对他不熟悉？"

被害人吞吞吐吐，不能自圆其说。

【法理分析】归谬论证是一种间接论证方式，又称为归谬反证法。论证者先假设与待证命题矛盾的命题为真，以此为基础展开推理，得出自相矛盾的情况，从而得出所假设的命题为假，根据排中律，该命题为假，与该命题矛盾的待证命题自然就为真。

我们将待证命题用 p 表示，与其矛盾的命题用非 p 表示，归谬论证可用如下公式表述：

如果非 p，那么为 q；

非 q；

非 p 为假；

所以，p 为真。

就法庭论证而言，采用归谬论证的人并不直接反驳对方的观点，而是顺着对方的观点往下推演，最后会出现自相矛盾的荒谬结论，从而使对方直面无法自圆其说之困境，不得不承认自己的诡辩或观点之错误。

在该案中，辩护律师并没有强迫被害人承认她熟悉被告，而是先假装认可被害人与被告并不熟悉，麻痹被害人，通过发问，让被害人自己露出破绽。当律师提到被告身上有一块紫色斑痕和一块红色斑痕时，被害人不假思索地回答这是被告身上的胎记，如果被害人与被告素不相识，绝不可能下意识地指出这样的斑痕就是胎记，其间的自相矛盾显而易见，被害人声称的不熟悉被告之谎言也就不攻自破。归谬论证是一种迂回论证策论，以退为进，先假设对方观点为真，逐步推演，直至出现对方自己都无法接受的荒谬结果，真假立现，其效果往往比直接论证更为理想。

【文献扩展】

1. ［巴西］Thomas Bustamante. *On the Argumentum ad Absurdum in Statutory Interpretation: Its Uses and Normative Significance*[J]. Legal Argumentation Theory: Cross-Disciplinary Perspectives（Chapter 2，P21-44）。

2. ［荷］菲特丽丝. 不可接受结果之论证与法律的合理适用[J]. 刘巧巧，王彬，译. 法理——法哲学，法学方法论与人工智能，2015.

【材料 6-13】代孕纠纷案

胡某与柳某签订代孕协议，协议的主要内容包括：柳某为胡某夫妇代孕，胡某承担柳某代孕期间的一切费用，并付给柳某代孕费 10 余万元，孩子出生后，柳某放弃抚养权，孩子归胡某抚养。协议签订后，在一家医院由捐赠者的卵子与胡某的精子相结合做成胚胎，胚胎被植入柳某体内，后柳某产下一男婴。舍不得孩子的柳某以代孕费偏少为由，拒绝将孩子交给胡某夫妇，并要求自己抚养。双方私下多次协商无果。无奈之下，胡某夫妇将柳某告上法庭。法院认定代孕协议有效，并判决孩子由胡某夫妇监护。①

【法理分析】在疑难案件的司法裁决中，道德判断往往不可避免，但裁判又必须依法作出。因此，如何作出正确、理性的道德判断成为法官必须思考的一个问题。司法裁判要增强社会可接受度，就需要法官在各种道德言说中进行理性辨识，在司法裁判中关注公众的道德需求。然而，法官也不能直接适用道德观念进行裁判，否则司法裁判将落入"道德司法"或"民粹司法"的陷阱，使

---

① 王彬. 法律论证的伦理学立场——以代孕纠纷案为中心[J]. 法商研究，2016（1）.

道德判断与法律评价纠缠不清。因此，对于代孕纠纷案这样的疑难案件，司法裁判要兼具法内法外两种逻辑，将法外的道德判断转化为法内规范性命题的证立，使"正当裁判"与"依法裁判"得到平衡。

公共领域的案件争议容易产生现代社会道德评价的"共识危机"，而这种"共识危机"往往成为法律不确定性的根源。司法裁判作为一种具有特定价值导向的思考程序，会或多或少地受到公共领域价值评价的影响，从而导致司法裁判的尺度不一。对于代孕纠纷案而言，"共识危机"主要从三个方面体现：一是代孕是否挑战传统生育道德和生命伦理，二是代孕是贬低了女性尊严还是促进了女性自主，三是代孕是否会形成富裕者对贫困者的压迫和剥削。从伦理学的知识谱系来看，这种"共识危机"主要产生于直觉主义和情感主义这两种不可知论的伦理学立场。然而道德论辩并非依靠道德直觉的神秘体验，更非道德情感的恣意宣泄，司法裁判的道德说服无法依赖这种非理性的方式进行，而是要坚持一种理性主义的伦理学立场，遵循理性论辩的规则来对规范性命题进行证立，通过阐发理由、回应反驳来说服对方，从而在司法场域的法律论证中形成道德共识。

在法的意义整体下，用以证立规范性命题的论据包括制度性论据和普遍实践论据，而且为了维护法律的自治性和安定性，制度性论据要优先于普遍实践论据。对于代孕纠纷案，关于"代孕是否正当"这一问题，制度性论据有不同的指向，各论据之间存在矛盾。如《民法典》第五条自愿原则与其第八条公序良俗原则相矛盾，《人类辅助生殖技术管理办法》第三条、第二十二条，"禁止医疗机构实施代孕手术"与《中华人民共和国妇女权益保障法》第三十二条"妇女依法享有生育子女的权利"相矛盾。而对矛盾的论据进行选择，则要依赖于实质的价值判断，即要以普遍实践论据作为补充，从而对矛盾的论据进行权衡。如此一来，在疑难案件中法律论辩与普遍实践论辩就形成一种共生关系。归根结底，这种共生关系缘于法律不是隔离于社会的封闭体系，法律的滞后性决定了法律规则在一定程度上难以适应社会的变动，因此，在疑难案件的司法语境下，司法裁判就必须超越法教义学的框架，在普遍论辩实践的层次上证成价值判断。

基于理性主义的立场，普遍实践论据可分为目的论论据和义务论论据。前者依赖于行为的结果是否是可欲的，并最终以"善"的观念为基础，而后者对行为的判断依赖行为人本身先验和自明的"善良意志"，它以应当的观念为基础。

例如，单程规范性命题 N 是普遍实践论辩的直接对象，就义务论而言，其论证结构呈现如下：

T：结论——行为 X 必须被实施

R：因为——根据规范 Y，行为 X 必须被实施

N：并且——规范 Y 在道德上是善的

要证明命题 N，需要援引一个预设有效的规则 R，而且要匹配规则 R 的适用条件 T。例如，规范性命题 N："人不能利用子宫进行有偿代孕"，支持 N 的理由 R 为 "人是目的，不是手段"，其适用条件为 "代孕实际上是将代孕母作为手段来对待"。示例如下：

T：代孕协议实际上将代孕母作为工具来对待

R：人是目的，不是手段

N/A：代孕行为是不正当的，自愿有偿的代孕协议无效

在义务论的立场中，代孕使人体器官商业化、工具化，损害女性的个体尊严，这违背了 "人是目的，不是手段" 的普世伦理。义务论论据的运用，有利于确立某一权利的正当性，但其缺陷也尤为明显：一是以义务论论据构建的论证思路，为维护权利的正当性和自主性提供了普适性的道德基础，但也建立了一种权利绝对化的幻象；二是义务论伦理学的立场和方法无法化解两难的道德困境，无法为理由冲突造成的权利冲突提供解决方案。因此，这种伦理学理由无法应对复杂的经验世界。

目的论伦理学根据行为所造成的后果判定行为好坏，即根据目的是否为善进行行为正当性评价，其论证结构如下：

F：结论——行为 X 应当被实施

R：因为——行为 X 导致后果 Y（经验性命题）

N：并且——根据目标 Z 后果 Y 是可欲的（规范性命题）

目的论伦理学的法律论证，通过实施 N 的后果 F 来证立 N，这一理由包含了规则 R：后果 F 是我们所追求的好的后果。例如，规范性命题 N："代孕行为是正当的，代孕协议有效"，通过 N 的后果 F "代孕减少了人口贩卖" 来证立 N，这一后果又符合规则 R，说明这一后果是可欲的。示例如下：

F：代孕减少了人口贩卖

R：减少人口贩卖是我们追求的结果

N/B：代孕行为是正当的，自愿有偿的代孕协议有效

在目的论的立场中，证立规范性命题还需满足两个基本条件：一是行为 X

与后果 Y 之间因果关系的经验判断必须成立，这依赖于社会科学意义上的经验论据；二是后果 Y 可欲性的价值判断必须成立，其根据"效应"标准来证立，即以人作为不断进步的存在这一长远利益为基础。目的论伦理学避免了义务论伦理学摆脱事实情境进行抽象价值判断的误区，但其立场和方法也存在一定问题：一是通过经验来证明的某个规则总会遭遇例外，如"代孕可以减少人口贩卖"并非一个全称命题，二者之间并无必然的因果关系；二是通过经验证明的利益总会存在冲突，如何验证利益会导致标准不明的情况；三是目的论伦理学缺乏对个体价值、个体尊严与个体权利应有的尊重，与现代人权的价值诉求陷入一种紧张关系之中。由此看来，无法单纯判断义务论和目的论哪一伦理学立场更正确，二者在论证方式上都存在局限性。无论采用何种伦理学立场的论证方式，都要通过一定的论证规则和论证程序进行审查。

对义务论的论证理由而言，实质理由的证立需要经过以下论证规则的审查：

第一，可普遍化规则。这并非实质道德理由形式的普遍化，而是在规则与事实之间寻找相似性，也就是在一定的具体情境中对案件事实进行具体考察，衡量该规范性命题在当下案件中是否成立。在代孕纠纷案中，适用义务论的论证理由就要对"自愿有偿的代孕协议是否有辱女性人格尊严""在代孕过程中充分保障女性健康并给予丰厚报酬是否构成对女性的剥削"等问题展开解释和论辩。

第二，优先性规则。在法律论证中，规范性命题 N 的证立是基于一个确定的规则 R 而来的，然而如果同时存在多个不同规则 R1、R2、R3……就可能产生内容上互相矛盾的不同 N，因此，有必要发展优先性规则以解决此问题。例如，在评判"代孕是有损人格尊严还是有利于实现生育权利"的问题时，就必须结合具体情境来确立优先性规则。对有偿代孕而言，委托方将代孕者视作人类生育工具，在此情况下，人格尊严应优先于生育权利。对于与委托方不具有血缘关系、具有博爱精神的代孕者自愿无偿通过人工生殖技术为他人代孕的情况，其并不对道德人伦及人之尊严构成挑战，因此，为了实现不孕不育者的生育权，可以适度放开代孕。

第三，历史性规则。在特定的历史情境中，对不同的价值判断存在相对确定的"优先规则"。事实上，随着社会转型，公众观念发生变化，代孕已经逐渐被社会公众接受，对"代孕协议是否违背公序良俗"的判断，应当根据法外标准，依据多数原则和地方准则，结合个人经验加以判断，而不能一味地持否定态度。

对于目的论的论证理由而言，实质理由的证立需要经过以下论证规则的审查：

第一，经验论证规则。某一行为与其后果之间的因果关系判断是一个事实性命题，需要经过经验判断来说明，如代孕是否助长了男权意识、代孕是否减少了人口贩卖，这些都需要提供社会科学的证据来证明。

第二，价值检验规则。行为后果判断必须经受某价值标准的检验，这一价值标准并非单一的功利标准，而是最终仍需经受法律体系内价值判断的检验，即根据具体的法律目的来检验。

由此可见，对代孕纠纷案而言，无论是义务论论据还是目的论论据都不具备绝对优先性，两种论据在法律论证中应当结合起来使用，且必须遵守一定的论证规则才能成立。

📑【文献扩展】

1. 王彬. 法律论证的伦理学立场——以代孕纠纷案为中心[J]. 法商研究，2016（1）.

2. 杨立新. 适当放开代孕禁止与满足合法代孕正当要求——对"全国首例人体冷冻胚胎权属纠纷案"后续法律问题的探讨[J]. 法律适用，2016（7）.

📖【材料 6-14】以借手机为名拿走手机

2005 年 1 月初，被告人孙莹、水明明、郝燕宾伙同郭丽预谋后，孙莹与郭丽到三门峡市某中学门口找到郭丽的朋友李冰洁，孙莹趁郭丽与李冰洁说话之机，以借手机打电话为名，拿走了李冰洁的熊猫 700 型手机一部，然后趁机逃走，后来水明明、孙莹和郝燕宾将手机销售出去，得到赃款 1330 元。[①]

【法理分析】法律概念属于一种规范性概念，对任何法律概念而言，立法者在制定法律时都置入了相应的规范性评价，体现一定的立法意图，而这种规范性评价往往基于不同概念所内含的不同的事物之本质。法律定性的过程，正是将当前案件事实纳入相关法律概念，赋予其相应法律意义的过程。由于事物性质的渐变性和语言表意局限性等原因，法律概念之间不可避免地存在交叉，对同一事实应当纳入哪一法律概念、赋予怎样的法律意义就很可能产生争议，相关概念之间的区别便成为司法实践中不可回避的课题。

---

① 三门峡市中级人民法院（2006）三刑终字第 67 号（2006 年 4 月 10 日）。

从法律条文规定看，大多数法律概念内涵清晰，概念外延泾渭分明，然而一旦遇到现实生活中的边缘性案例，我们便发现很多概念之间的区别非常细微。如刑法中的诈骗罪与盗窃罪、抢劫罪与绑架罪、抢劫罪与抢夺罪等，它们之间的交叉情形远比我们预先设想得复杂，而依托案例对相似概念的区分，我们能够进一步明确相关概念在核心构成要件上的差异，尤其是要件组合形态上的微妙差别，这种直观认识有助于我们深化对概念的理解，拓展相关法律学说。事实上，判例的核心功能之一就在于依托案例的直观形象，展示法律概念的意义边界，阐明相关概念之间的差别，并借助个案裁判指引我们如何通过法律概念释放立法者对案件事实的规范评价。

按照生活常理，在本案中，被告人孙莹以打电话为名，向李冰洁借用手机，实则一开始就打算将该手机据为己有，李冰洁信以为真，将手机交给孙莹，孙莹拿走了李冰洁的手机后与同伙一起将该手机出售，属于一种诈骗行为。要明确该案件的定性，我们首先要理清盗窃罪与诈骗罪之间的实质性区别。盗窃罪是以非法占有为目的，窃取数额较大公私财物的行为；诈骗罪则是以非法占有为目的，用隐瞒真相或者虚构事实的方法，导致被害人陷入错误认识进而处分财物，行为人则因此骗取到财物，并且达到了数额较大的标准。二者的核心区别在于被害人是否因为错误认识而处分了财物，如果被害人基于错误认识自愿处分了财物，将财物的所有权交给行为人，就构成诈骗罪，反之，如果被害人并未处分财物，没有转移财物的所有权，则很可能构成盗窃罪。

具体到本案，本案的定性需要明确以下两个要点：第一，本案的被害人并不是基于错误认识处分财物，李冰洁将手机交给孙莹，也只是意味着把手机借给孙莹打电话，以为孙莹打完电话就会将手机还给她，并没有因为陷入错误认识而将手机的所有权转交给孙莹，因此本案不构成诈骗罪。第二，按照生活中的行为逻辑，李冰洁将手机借给被告人孙莹打电话时，虽然手机已经交给了孙莹使用，但李冰洁并未丧失对手机的支配和控制，从法律意义角度看，孙莹并未取得对手机的占有，孙莹真正取得对手机的占有是之后趁机逃走，实质上还是趁他人不注意，将手机窃为己有，构成的是盗窃罪而非诈骗罪。

从该案例中我们可以看出，一些法律概念的含义与我们日常生活中对其的理解存在差别，我们误以为当事人出于受骗错误处分财物的诈骗，实则是行为人乘人不备拿了财物后直接逃走进而获取财物的盗窃。理清概念的区别，实质上是依据多个概念展开的几次类型化思维，我们需要紧扣概念的核心构成要素，结合案件具体情形，分要点探讨当前的情形到底符合哪一概念的核心要素，可以纳入哪一法律概念进而作出规范评价。事实上，但凡需要在定性上展开探讨的案件，往往都属于一种法律类型的边缘情形，每比对一个概念时，我们都需要考虑能否将该概念在文义射程中围绕典型含义进行适当的"意义延伸"，从而覆盖当前案件。

【文献扩展】

1. 蔡琳. 不确定法律概念的法律解释——基于"甘露案"的分析[J]. 华东政法大学学报，2014（6）.

2. 刘叶深. 法律概念分析的性质[J]. 法律科学（西北政法大学学报），2011（1）.

【材料6-15】雷健诉家电商场案

2015年1月，某家电商场为促销商品开展了"买一赠一"活动，承诺购买商场音响、家电的，赠送一个价值300元的"扬声牌"话筒。雷健在该商场购买了一套音响，获赠一个话筒。在回家安装调试音响时，雷健发现话筒既没有商标、商品质量检验合格证明，也没有生产厂名和厂址，而且存在严重的质量问题。随后，雷健向家电商场交涉，要求退换。但售货员以店堂告示已告知"赠送商品概不退换"为由，不予退换。雷健认为商场的行为构成欺诈，遂将家电商场诉至法院，要求按照"扬声牌"话筒价格的三倍赔偿其900元。

【法理分析】法律关系的本质是当事人的权利义务关系，法律关系的主体是权利义务的主体，法律关系的内容即权利义务之具体内容，法律关系的客体即当事人的权利义务所指向的对象。只有刑法是以"行为"作为分析框架，探讨某一行为是否构成犯罪，构成何罪，其他的部门法都是以法律关系作为分析工具，在这些部门法中，案件的法律定性就是对涉案法律关系的认定，实质上是对当事人权利义务进行阐释和界定。

进一步而言，界定当事人的权利义务必然要借助相关法律概念，如民法中的赠与、无因管理、融资租赁，行政法中的行政许可、行政不作为等。法律关系的分析不可避免地需要比对当前案件事实与相关概念构成要素之间的符合性，综合权衡，决定是否适用某一法律概念，这样法律关系的分析与依据概念进行的类型化的等置思维密不可分。然而类型化思维所考虑的构成要素有可能是分散的，需要人们在逐个考虑这些要素后，再形成直观的综合判断，断定某一法律概念是否适用于当前情形。相形之下，在法律关系分析法中，主体、内容和客体要素各就各位，更易于形成立体化的直观形象，尤其是对法律人以外的社会公众解释案件定性时，法律关系分析法的这一优势就更为明显。此外，当存在双向或者多向法律关系时，依托一个概念形成的一种法律类型分析往往无法应对案件的复杂性。正是基于上述理由，不管遭遇怎样的方法论转型，依托当事人权利义务关系的立体化阐释，法律关系分析法仍然有其独特的价值，仍然是法律定性的重要方法。

从雷健的诉讼请求来看，该案的焦点在于家电商场赠送的商品不符合约定是否构成欺诈？该不该给予三倍赔偿？然而该问题又以如下争议点作为前提，即家电商场通过"买一赠一"送给雷健话筒是否属于民法上的赠与法律关系？如果属于赠与关系，则是一种无偿的给予，卖家自然不需要因为商品质量问题而给予三倍赔偿；如果不属于赠与关系，结论则会截然相反。关于这一法律关系的定性，存在以下两种不同意见。

第一种意见认为，家电商场推出"买一赠一"活动，已经表明商场给予消费者商品是一种无偿的赠与，它不要求消费者付出对等的代价。因此，只要赠与的物品不存在危及人身、财产安全的瑕疵并给消费者造成损失，不应由赠与人承担任何责任。家电商场无偿赠与话筒的行为，使家电商场从销售者变成了赠与人，接受赠与的消费者变成了受赠人，赠与人未按承诺赠送物品是一般性的违背诚实信用的行为，且商场不退换赠与的物品已以店堂告示形式告知受赠人，因此商场的行为不构成欺诈，不存在三倍赔偿问题。所以，家电商场不应该赔偿雷健 900 元。

第二种意见认为，商场的行为构成欺诈，商场应按照《中华人民共和国产品质量法》和《中华人民共和国消费者权益保护法》的规定，给予雷健 900 元的赔偿。其理由有以下三点：

一是家电商场的赠送不同于赠与。商场赠送话筒是否属于民事法律上的赠与，是本案的关键。赠与是一方当事人将自己的财产无偿给予他方，他方受领该财产的行为，它不以收益为目的，赠与的物品不存在退换问题。然而，商场赠送话筒是以消费者购买一定商品付出一定代价，商场得到利益的条件下才予以赠送，这种赠送显然与无偿的赠与性质不同。从性质上分析，商场"买一赠一"行为实质上是一种要约行为，只要消费者按照要求购物，买一赠一合同即成立，商场赠送的物品成为合同约定的销售商品，商场就有义务按照合同给付所谓赠送的商品，并保证质量。换言之，雷健不购买音响，就不可能得到话筒，话筒本身并非赠品，而是与音响一起构成买卖合同的标的物。

二是既然家电商场通过"买一赠一"活动"赠送"给雷健的话筒属于买卖

合同的标的物，当话筒的质量存在问题时，就理应适用《中华人民共和国产品质量法》与《中华人民共和国消费者权益保护法》予以赔偿。《中华人民共和国产品质量法》第三十九条规定："销售者销售产品，不得掺杂、掺假，不得以假充真、以次充好，不得以不合格产品冒充合格产品"，同时还规定，以不合格产品冒充合格产品，产品不具备使用性能的，销售者应予修理、更换、退赔。商场"赠送"的商品质量不合格，既是一种违约行为，也是一种违法行为，销售者应当承担赔偿责任。《中华人民共和国消费者权益保护法》第五十五条规定："经营者提供商品或者服务有欺诈行为的，应当按照消费者的要求增加赔偿其受到的损失，增加赔偿的金额为消费者购买商品的价款或者接受服务的费用的三倍。"依据该条规定，家电商场明知该话筒属于"三无"产品，存在质量问题，仍然以"买一赠一"的方式变相出售，构成欺诈，因此雷健有法律理由请求家电商场给予三倍赔偿。

三是商场店堂告示违反法律规定。店堂告示是经营者在消费者购买商品、接受服务时就所售商品和提供的服务所作的情况介绍。《中华人民共和国消费者权益保护法》第二十六条规定："经营者不得以格式条款、通知、声明、店堂告示等方式，作出排除或者限制消费者权利、减轻或者免除经营者责任、加重消费者责任等对消费者不公平、不合理的规定，不得利用格式条款并借助技术手段强制交易。格式条款、通知、声明、店堂告示等含有前款所列内容的，其内容无效。"案例中商场店堂告示"赠送商品概不退换"，违反产品质量法和消费者权益保护法的规定，因此该告示无效。

通过该案，我们不难发现，法律关系类型的界定是确定当事人权利义务的前提，确定家电商场通过"买一赠一"活动赠送给雷健的话筒属于买卖合同的标的物后，适用《中华人民共和国消费者权益保护法》与《中华人民共和国产品质量法》，要求家电商场予以三倍赔偿也就是三段论涵摄问题了。

【文献扩展】

1. 谢鸿飞. 论创设法律关系的意图：法律介入社会生活的限度[J]. 环球法律评论，2012（3）.

第七章

法律运行

📖 【材料 7-1】《立法法》的创制

2000 年 3 月 9 日，全国人大常委会法制工作委员会主任顾昂然在九届全国人大三次会议上，就《中华人民共和国立法法（草案）》向大会作了说明，其中提到："全国人大常委会法制工作委员会根据全国人大常委会立法规划，受委员长会议委托，从 1993 年下半年着手进行立法法的起草工作，多次召开有关方面和法律专家参加的座谈会，进行讨论研究，三次将立法法草案征求意见稿印发中央有关机关和各省、自治区、直辖市的人大常委会，广泛征求意见，反复修改，形成了立法法草案。九届全国人大常委会第十二、十三次会议对立法法草案进行了审议，根据人大常委会组成人员的审议意见和各方面的意见，对立法法草案作了进一步修改完善。"

2000 年 3 月 14 日，全国人大法律委员会主任委员王维澄向第九届全国人大第三次会议提交了《第九届全国人大法律委员会关于〈中华人民共和国立法法（草案）〉审议结果的报告》，其中提到："草案经过长时间的研究起草，又经全国人大常委会两次会议审议修改，比较成熟，内容可行，建议本次会议通过。……法律委员会建议主席团审议决定，将立法法草案修改稿提请大会审议通过。"

【法理分析】立法是法律运行的起点。当我们将法律定位在国家制定法意义上时，没有立法，就谈不上法律适用。材料中所引用的两段内容是《中华人民共和国立法法》（简称《立法法》）在制定过程中立法机关（全国人大及其常委会）在有关立法环节中所做具体工作的记载，也大致反映了《立法法》的创制过程。当人们（包括很多学者在内）习惯了抱怨立法的空白或者法律的无用之时，或许很少有人会去主动了解法律是怎样被创制出来的，对于立法的一些具体理论更是知之不多。

立法是依法享有国家立法权的国家机关依据法定程序制定相关规范性法律文件的活动。严格来讲，上述材料只是反映了立法的一种形式——法律创制，是狭义上的，也就是我们一般理解的立法活动。广义的立法活动从形式上来看，除了法律创制之外，还包括法律修改、法律解释、法律补充、法律认可、法律清理、法律废止和法律绩效评估等活动。《立法法》的创制实施，为我国立法活动的规范化提供了基本的法律依据。材料中所引用的"说明"和"报告"包含如下几点立法学的知识。

一是从时间顺序上来看，广义的立法活动包括三个阶段，即立法准备阶段、立法确立阶段和立法完善阶段。立法规划是立法准备阶段的重要内容。除特殊情况下，任何形式的立法活动都不是随意的，而是依照相应的立法规划来进行的。例如，在 2013 年 10 月 30 日发布的第十二届全国人大常委会立法规划中，将今后五年全国人大及其常委会的立法活动作了较为细致的勾画，并将规划中的法律草案划分为三类：第一类项目为条件比较成熟、任期内拟提请审议的法律草案（47 件）；第二类项目为需要抓紧工作、条件比较成熟时提请审议的法律草案（21 件）；第三类项目为不完全具备立法条件、需要继续研究论证的立法项目。《立法法》的创制曾被列入九届人大常委会的五年立法规划中，最终该法律于 2000 年 3 月 15 日由九届人大三次会议通过，而在 2013 年公布的第十二届人大立法规划中，《立法法》的修改被列入第一类项目，也即在第十二届全国人大常委会任期内，要完成《立法法》的修改工作。

二是在法律制定过程中法律委员会和法制工作委员会发挥着重要的作用。全国人大法律委员会是全国人大的专门委员会，其主要职责是统一审议向全国人大或者全国人大常委会提出的法律草案。其他专门委员会就有关的法律草案向法律委员会提出意见。《立法法》第二十二条规定："法律草案修改稿经各代表团审议，由法律委员会根据各代表团的审议意见进行修改，提出法律草案表决稿，由主席团提请大会全体会议表决，由全体代表的过半数通过。"全国人大常委会法制工作委员会，简称全国人大法工委，是全国人大常委会下设的一个工作委员会，其主要职责是受委员长会议的委托，从事法律的创制、修改、废止等方面的研究工作及常委会安排的其他工作。在《立法法》制定实施之前，法律委员会和法制工作委员会在立法活动中的职责主要依据其他法律或者惯例确定，而《立法法》通过之后，这两个在全国人大和人大常委会立法过程中发挥重要功能的机构，其职责得到了进一步的法律确认。

三是立法的公开及公众参与问题。立法民主是民主制度实践的领域之一。立法作为当今社会最为重要的一种规则输出机制，能否真正反映各利益群体的利益诉求，尤其是那些有直接利害关系群体的意愿，是衡量一国立法民主程度的重要指标，也会在很大程度上影响立法结果的科学性与合理性。材料中提到，《立法法》在起草过程中"多次召开有关方面和法律专家参加的座谈会，进行讨论研究"，而且"三次将立法法草案征求意见稿印发中央有关机关和各省、自治区、直辖市的人大常委会，广泛征求意见"，这些都体现了我国立法机关在立法过程中注意听取和吸收各方面的意见和建议，以增强立法的民主性与科学性。关于立法公开及公众参与方式问题，《立法法》及相关法律法规中都有相关规定，如《规章制定程序条例》第十五条规定："起草规章，应当深入调查研究，总结实践经验，广泛听取有关机关、组织和公民的意见。听取意见可以采取书面征求意见、座谈会、论证会、听证会等多种形式。"该条例第十六条还就听证会的组织程序作了具体的规定。

📋【文献扩展】

1. [美]安·赛德曼，罗伯特·鲍勃·赛德曼，那林·阿比斯卡. 立法学理论与实践[M]. 刘国福，曹培，等译. 北京：中国经济出版社，2008.

2. 汪全胜. 制度设计与立法公正[M]. 济南：山东人民出版社，2005.

3. 汤唯，毕可志，等. 地方立法的民主化与科学化构想[M]. 北京：北京大学出版社，2006.

📖【材料7-2】《艾滋病防治条例》立法后评估

国务院《关于全面推进依法行政实施纲要》明确要求，规章、规范性文件施行后，制定机关、实施机关应当定期对其实施情况进行评估。为此，国务院法制办公室将立法后评估工作列入工作要点之一。经研究讨论，决定选择《艾滋病防治条例》作为首次开展立法后评估的对象，由国务院法制办等部门负责具体实施。评估结果显示，人们对《艾滋病防治条例》给予了高度的评价，认为该条例以法律的形式明确了各级政府及其有关部门的职责，为我国艾滋病防治工作沿着法制化的轨道健康发展提供了法律保障，也为艾滋病防治工作营造了良好的社会环境和法治环境。同时，也有人对该条例提出了不同的意见和建议，但所占比例不大。以媒体反映的资料为例，对《艾滋病防治条例》持肯定性意见或观点的报道占媒体信息样本总数的 98.1%，提出问题建议者占 0.9%，持不同意见者占 1%。

【**法理分析**】2011 年 3 月 10 日，在十一届全国人大四次会议上，吴邦国同志宣布：一个立足中国国情和实际、适应改革开放和社会主义现代化建设需要、集中体现党和人民意志的，以宪法为统帅，以宪法相关法、民法、商法等多个法律部门的法律为主干，由法律、行政法规、地方性法规等多个层次的法律规范构成的中国特色社会主义法律体系已经形成。自改革开放以来，为了能够尽快地为经济社会发展提供相应的法律依据和保障，我国立法工作的重心在于新法的创制，即争取实现社会各领域有法可依。社会主义法律体系的建成意味着今后立法工作的重心将逐渐转移到对现有法律体系的改进和完善上。在这样的背景下（也有学者称"后立法时代"），立法后评估的重要性也就愈加凸显出来。《艾滋病防治条例》颁布于 2006 年 1 月 1 日，2006 年 3 月 1 日正式施行，经过一年多的实施，国务院有关部门组织了对该行政法规的立法评估工作，以便了解该条例实施所取得的成效及存在的问题，为接下来国务院针对该条例作出新的立法决策提供科学依据。

立法后评估，也称法律绩效评估、立法回头看，是指由立法机关的专门委员会、有关政府部门、社会公众和专家学者等机构或个人对现行有效的立法在实施过程中的效果（成效和不足）进行分析评价，形成评估报告并报送立法机关，然后再由立法机关针对法律文本及实施过程中存在的缺陷及时加以修正和弥补。任何规范性法律文件在实施一段时间后，都会面临如何评价其实施效果的问题。《艾滋病防治条例》属于行政法规，当然也不例外，如果经过评估认为其实施取得了很好的成效，能够很好地应对相应领域社会关系的调整，那么就说明该法律文件从立法决策环节到实施环节都是较为成功的，立法质量是值得肯定的；如果经过评估认为其实施过程中存在很多问题，以及无法有效地对相应领域的社会关系进行调整，那么就需要相应立法机关及时作出新的立法决策，将该部法律文件的存废或修改等问题提上日程。

　　立法后评估可针对所有规范性法律文件来实施，这里的规范性法律文件具体是指我国《立法法》所确认的各种法律形式，即法律、行政法规、部门规章、地方性法规、自治条例、单行条例及地方政府规章等。但实际上，立法后评估的相关原理可以适用于任何规范性文件。因为任何规范性文件只要在实践中被实施，经过一段时间后，规范性文件的制定部门或机关总是要重新审视该规范性文件的实施情况，包括收到的成效和存在的问题等。要想获得较为全面而准确的有关实施情况的信息，立法后评估是一种科学而有效的信息获取机制。

　　上述材料传递出的另一个有关立法后评估的知识点是立法后评估的触发机制问题。所谓立法后评估的触发机制指的是立法后评估基于何种原因而被启动。实践中，立法后评估可能因为法规批准、备案、清理和人大执法检查等得以启动，也可能因为社会监督、诉讼或信访活动而启动。《艾滋病防治条例》的立法后评估是在政府有关部门的推动下启动的，并且启动评估的一个主要原因是国务院《关于全面推进依法行政实施纲要》中有明确的要求，这表明我国立法后评估制度在实践中已经有了明确的政策性依据。当然，这种触发机制及评估模式自身也存在着相应的利与弊。政府负责或主导的立法后评估其一大优势就是相关信息获取的便捷性和全面性，但弊端也非常明显，即有可能基于自身利益的考虑而对评估过程中所采集到的信息进行"目的性"加工，预先设定评估的结论，从而影响到立法后评估结论的科学性与合理性，也就失去了作为新的立法决策依据的基础。

📑【文献扩展】

　　1. 汪全胜. 法律绩效评估机制论[M]. 北京：北京大学出版社，2010.

　　2. 史建三. 地方立法后评估的理论与实践[M]. 北京：法律出版社，2012.

　　3. 陈光. 论立法后评估的可靠性与有效性——兼评汪全胜教授《立法后评估》[J]. 山东青年政治学院学报，2013（6）.

📖【材料7-3】东北三省的政府立法协作

　　2006年7月，黑龙江、吉林、辽宁三省法制办在沈阳签署了《东北三省政府立法协作框架协议》，开启了我国区域立法的进程。该协议出台后，三省政府便确定当年在9个立法项目上进行协作：黑龙江省完成的立法项目是《行政许可监督条例》《国家机关机构和编制管理条例》，论证项目是《黑龙江省公民医疗权益保障条例》；吉林省完成的立法项目是《行政决策实施办法》《鼓励、扶持非公有制经济若干规定》，论证项目是《促进就业条例》；辽宁省完成的立法项目是《企业信用信息管理办法》《辽宁省个人信用管理办法》，论证项目是《突发公共事件应急条例》。此外，还决定在鼓励和保障非公有制经济发展、构建社会诚信、应对突发公共事件、国家机构和编制管理及行政执法监督这几个领域开展立法协作。

从 2006 年起，东北三省的立法合作逐年深入，已围绕促进东北振兴的主题，在科技进步、装备制造业和非公经济发展、农民工权益保障等方面促成了多个立法项目。更为重要的是，东北三省在进行立法合作的同时，还注重制度的创新与完善，如经过会议讨论商定，三省的立法协作采取紧密型协作、半紧密型协作和分散型协作三种方式。对于政府关注、群众关心的难点、热点、重点立法项目采取紧密型协作方式，三省成立联合工作组；对于共性的立法项目采取半紧密型联合方式，由一省牵头组织起草，其他两省予以配合；对于三省达成共识的其他项目，由各省根据本省实际，条件成熟急需制定的，独立进行立法，立法结果三省共享。除了立法合作之外，东北三省还开展了其他领域的法制合作，如在 2009 年召开的东北三省首届政府法制工作协作会议上决定，2010 年东北三省法制部门将协调三省交通、公安部门，联合开展规范交通执法，建立公路执法协作机制，开辟东北三省绿色通道。

【法理分析】随着我国区域经济、社会一体化进程的加快，区域法治建设的问题也愈发凸显。材料中所介绍的东北三省的政府立法协作，为今后我国区域发展中的立法合作（即区域立法问题）提供了样本。例如，在立法协作的方式上，根据不同事项的特点分别采取紧密型协作、半紧密型协作和分散型协作三种方式，而在具体的协作机制上则成立联合工作组等，这些对于我们从理论上研究区域立法及在实践中推动区域立法都有重要参考价值。

区域经济、社会一体化进程中，区域内各类经济、社会关系日益密切，许多区域性社会事务或公共服务亟须相应的法律调整，这在很大程度上催生了区域立法。从广义上讲，区域立法包括任何特定地区的立法，既可以是关于特定区域的立法，也可以是特定区域的自行立法。考虑到我国区域发展的特点及我国的立法体制，区域立法主要是指特定区域内各有关地方立法机关就区域性社会事务的管理、公共服务的提供或共同利益的追求等，在平等自愿的基础上进行立法合作，开展与区域性法文件的制定、修改或废止等有关立法活动的总称。因此，区域立法是一种建立在立法合作基础上的立法模式，而东北三省的立法协作实践已经具有了区域立法的雏形，是一种有益的探索。

当然，建立在合作基础上的区域立法也面临着很多制度问题或困境。一是区域立法的合法性依据问题。合法性可以从合理性和合法律性两个意义上理解。区域立法虽然具备相对充分的合理性依据，但缺乏直接而明确的合法律性依据。我们无法从我国现行的宪法、立法法和地方组织法等相关法律中找到直接而明确的依据。二是区域立法与我国现行立法体制的融合问题。中央立法和地方立法之间的关系存在很多问题，加之立法法对立法主体、程序和效力等的规定都是针对中央立法和地方立法的，区域立法有其特殊之处，在缺少明确法律规定的情况下，实践很难深入开展。三是地方立法权缺乏足够的独立空间，及配置上的不均衡问题严重制约了区域立法的开展。地方立法权的自主性不够，抑制了建立在地方立法权基础上的区域立法的积极性和创造性，这是制约区域立法发展的一个重要因素。四是我国立法决策制度所存在的缺陷影响到区域立法的质量。

正是由于上述困境的存在，尽管区域立法有着强烈的现实需要，但是实践中很难顺利地向纵深推进。即使探索或启动这一立法模式较早的东北三省，所取得的成效或进展同样有限。不过，随着区域经济、社会一体化进程的加快，如长三角、珠三角和京津冀等区域在近年来有了长足的进展，相关的制度会随着政策的推行而逐渐进行调整，包括改进我国现行的立法体制、打破现行的"块块主义"，等等。如此，区域立法所面临的一系列制度困境也有望得到缓解，从而充分发挥其制度供给和保障的功能。

📑【文献扩展】

1. 王春业. 区域行政立法模式研究——以区域经济一体化为背景[M]. 北京：法律出版社，2009.

2. 陈俊. 区域一体化进程中的地方立法协调机制研究[M]. 北京：法律出版社，2013.

3. 陈光. 论区域立法联席会议机制[J]. 学习与探索，2011（2）.

📖【材料 7-4】沈阳工商局"打假"检查

《南方日报》2012 年 8 月 7 日报道：近日，沈阳超市、饭店等各种店铺关门歇业，店家老板称歇业是因工商局将进行打假检查。沈阳工商局称，此次打假行动是为迎接明年在沈阳举办的全运会。8 月 6 日，沈阳市政府回应称，相关部门并未集中整治，更未采取高额罚款措施。希望广大经营业户勿信传言，正常营业。对此，人民网的每日最新评论发表了学者王传涛对此事的观点，他认为，一场突然袭来的打假检查让省会城市沈阳出现了"满城尽是卷帘门"的景象，根本的问题在于，打假不是一场运动，而应该是一种行政执法常态，是政府部门每时每刻都要做的事。作为运动的打假，与作为工作常态的打假，完全是两码事。作为运动的打假，根本不是打假，而是在"养鱼执法"。常态化的打假，才可能保证公众的权益，也会让城市秩序趋向稳定。

【法理分析】执法是法律运行的重要表现，是法律适用的基本方式之一。当然，一般而言，执法指的都是行政机关的执法，即学者们所称的狭义上的执法，这表明了执法的第一个特点——主体的特定性。在我国，只有行政机关及其公职人员、法律法规授权的组织及其工作人员，以及行政机关委托的组织或个人才能成为执法的主体。上述材料中，沈阳市工商局属于沈阳市人民政府的一个工作部门，依法享有工商执法权。受传统计划经济体制及政府主导型的社会转型模式的影响，国家与社会的界限在我国并没有一个较为清晰的界定，几乎任何领域的社会事务，只要政府愿意，都会享有相应的行政管理权。

材料中工商行政管理部门的"打假"行为或者开展的"打假"检查，属于其职权范围之事，尽管可能并不存在相应的规范性法律文件来对"打假"所涉及的对象及其程度作出具体的限定。因此，执法的第二个特点便是内容的广泛性和职权行使方式的多样性。执法内容的广泛性体现在执法涉及政治、经济、文化、卫生、教育、商业、交通及社会治安等方方面面。执法职权行使方式或者执法方式的多样性指的是行政执法机关可以采用多种执法方式来实现其执法目的，尽管执法权的行使有相应的原则、规则和程序等方面的限制，但总体而言执法权的具体实现方式很丰富，而且在执法过程中，执法主体的裁量空间很大。材料中沈阳工商局所开展的打假检查虽然执法的内容看似确定，但实际上由于市场上的商品类型多种多样，而且对于何为"假货"缺乏足够准确的标准来把握，所以很容易导致实际执法过程中内容粗犷、随意性较强等问题的出现。

之所以执法机关享有内容如此广泛的执法权，主要原因在于：社会关系具有复杂性和多样性，而"行政国家"的定位使得执法的内容变得更加广泛。执法权是行政权的主要内容之一，而行政权在一个国家的权力体系中又处于核心地位。自20世纪30年代以来，政府的行政职权范围不断扩张，致使行政的疆域大大突破了传统的国防、外交、治安、税收和邮政等领域，而拓展至经济秩序、国际贸易、社会福利、科教文卫、资源开发和利用、环境与生态、产品质量、消费者权益、城市规划甚至大型工程建设等社会的各个方面。虽然执法只是国家行政在各个领域的作用方式之一，但是随着依法行政原则得到更多的重视和实施，原来许多不通过执法来处理的行政活动被纳入执法体系中来，这使得行政执法的内容变得越来越庞大。当然，"行政国家"在对社会关系或社会事务进行执法管理时，所打出的一个旗号或者遵循的一个理念是维护公益。材料中沈阳市工商局的打假执法活动实行的一个理由是"为迎接明年在沈阳举办的全运会"，无论怎样理解和评价，沈阳工商局给出的这一解释所指向的对其执法正当性的辩解都是对公共利益的维护。

当然，上述材料所反映的一个主要问题是执法的方式或模式问题。也许沈阳市政府后来的回应是值得信赖的，但是之前店家们的反应和沈阳工商局的表态再次传达了这样一个信息：此次（传言中的）执法依然采取的是一种运动式的执法模式（即"集中整治"）。诚然，长期以来政府及其组成部门通过采取各种形式的"集中整治"活动，在维护社会秩序、保障公民人身健康和财产安全，以及保障良好的市场经济秩序等方面都取得了很多积极的成效。但是我们也知道，与"集中整治"相伴随的执法多为运动式执法，这种执法模式也因其非常态性、非长效性及存在的一些其他不规范现象而招致很多诟病。正如材料中提到的学者王传涛所评论的那样："执法具有稳定性，是现代法治文明的特点之一。打假也好，扫黑扫黄也罢，都非难事，难就难在我们缺少对于稳定执法常态的构建。公权力不能凭一时兴起或心血来潮打来打去，也不能为了某项重大的体育赛事而搞得整座城市鸡犬不宁。"上述批评运动执法的观点具有代表性，也的确指出了这种执法模式的不当。

不过，我们在支持或参与这种批评的同时，还应该进一步分析促使执法机关采取运动式执法背后的影响因素，如执法理念、执法人力、经费保障、技术装备，以及是否有来自其他方面的压力等。只有从实践中真实地找准导致运动式执法模式"久用不衰"的深层原因，然后有针对性地进行纠正或调整，才有可能真正有效地实现执法的常态性和长效性。

📃【文献扩展】

1. 徐文星. 行政机关典型败诉[M]. 北京：法律出版社，2009.

2. 阳红光. 公安执法伦理研究[M]. 北京：法律出版社，2010.

3. 刘福元. 政府柔性执法的制度规范建构[M]. 北京：法律出版社，2012.

第
七
章

📖【材料 7-5】夏俊峰刺死城管执法人员案

2009 年 5 月 16 日，夏俊峰与妻子在沈阳市沈河区某交叉路口附近摆摊时，被沈阳市城管执法人员查处，后夏俊峰随同执法人员到沈阳市城市管理行政执法局沈河分局滨河勤务室接受处罚。根据后来法院的审理查明，夏俊峰在勤务室接受处罚时，与申凯、张旭东等人发生争执，遂持随身携带的一把尖刀先后猛刺申凯胸部、背部，张旭东胸部、腹部及张伟腹部等处数刀，造成申凯、张旭东死亡，张伟重伤。2009 年 11 月 15 日，沈阳市中级人民法院一审判决，认定夏俊峰的行为构成故意杀人罪，判其死刑，剥夺政治权利终身。一审宣判后，夏俊峰不服，提起上诉。辽宁省高级人民法院经开庭审理，于 2011 年 5 月 9 日作出终审裁定：驳回上诉，维持原判。2013 年 9 月 25 日，夏俊峰因犯故意杀人罪，被执行死刑。①

【法理分析】夏俊峰案曾经一度引发了社会的广泛关注，尤其是网络上的相关报道非常多。在这里，我们只是将这一案件视为执法过程中所发生的一起极端事件，关注的是一个容易被忽视的执法问题——执法风险及其防范问题。社会学家认为，人类社会已经迈进了风险社会的门槛。社会学所讲的风险社会理论所指向的主要是工业文明给人类生活所带来的潜在的负面影响，尽管如此，这一理论却具有普遍意义，尤其对正处于转型期的中国社会而言，风险的来源之多、影响之大远非传统社会所能比。我们说，法律实施的主要功能之一在于通过利益的调整和行为的规制来防范风险，然而法律实施的过程本身也是风险发生的过程。材料中，城管执法过程中所发生的事件便是执法风险转化为现实悲剧的典型体现。所谓执法风险是指行政主体在执行或实施法律的过程中，因执法行为而引发各种潜在的利益损失或负面影响的可能性。

社会转型时期也是行政执法由传统模式向现代模式转变的过程。虽然从绝对意义上讲，传统执法和现代执法两种模式都面临实践悖论，即在执行法律规定以消除破坏法律秩序而可能产生的风险的同时有可能会因执法行为而招致新的风险，但是由于传统执法面对的是一个处于变动的转型社会，既有的执法理念、方式和制度的滞后性与僵化性会随着转型的进展而被逐渐放大，由此招致的风险也更加需要防范和处理。以执法主体为例，其在执法过程中可能遇到的风险有：①经费难以满足执法的需要，财政陷入困境。传统执法所涉及的领域

---

① 凌燕，李正国. 新媒体时代的"民意"构建——对夏俊峰案报道的舆论传播分析[J]. 当代传播，2014（6）.

非常广泛，事务繁多，这对于执法机关的经费预算和使用而言是个很大的挑战。②执法主体尤其是行政机关的执法公信力减损。执法主体直接面对社会民众，如果执法过程中存在不公平或者其他问题，执法主体的公信力将受到影响。③执法工作人员的人身或财产受到伤害。材料中所介绍的夏俊峰案便是这种风险转化为现实的体现，显然，这种风险的转化无论对于执法工作人员还是对于夏俊峰而言，都是一种悲剧。

转变传统的执法模式是避免或抑制执法风险的必然选择。传统执法模式的转变至少应在两个层面实现：理念和制度。其中，理念的转变主要是指对法律功能定位和行政权运行目的这两个基本问题认知的转变，而执法主体理念的转变尤为重要。执法主体和执法对象要从心理或意识层面转变对于法律功能的认知，将法律视为一种服务社会治理和民众利益的工具，而执法权运行的目的在于更好地服务于社会民众或保障个体的利益。理念的转变意味着执法模式将由传统的单向模式向双向的回应型执法模式转变。若要真正实现执法模式由传统向现代的转变，转变理念固然重要，制度的改进更为关键。只有建立起与回应型执法理念相对应的、行之有效的制度，才能真正"罩住桀骜不驯的行政权"，真正有效地防范与降低执法中的各类风险。制度具有延续性，回应型执法模式的建立并不是要彻底否定现行执法制度，而是一个对现行制度进行甄别、选择和重新配置的建构过程。具体而言，应该根据回应型执法的理念要求，改进一些制度、建立一些制度和废止一些制度。

📑【文献扩展】

1. 王仰文. 中国公共政策冲突实证研究——以城市管理行政执法领域为例[M]. 北京：中国社会科学出版社，2011.

2. 邱新，刘恒. 城管人性化执法的制度回应——《广州市城市管理综合执法条例》的立法特色[J]. 浙江学刊，2011（2）.

3. 莫于川，朱福惠. 柔性行政方式法治化研究——从建设法治政府、服务型政府的视角[M]. 厦门：厦门大学出版社，2011.

📖【材料7-6】高某能、赵某忠贩卖、运输毒品案

中新网中山2014年3月6日电：广东省中山市查获的当地最大一宗"冰毒"案于6日宣判，中山市中级人民法院对这起涉毒28公斤的案件当庭作出判决，其中主犯高某能一审被判死刑。据法院审理查明，被告人高某能从2013年

6月始，多次从中山市前往汕尾陆丰市购买毒品甲基苯丙胺（俗称"冰毒"）贩卖牟利。同年7月12日凌晨，被告人赵某忠驾车搭载被告人高某能前往陆丰市，他们以人民币75万元的价格向他人购买甲基苯丙胺25公斤。当天上午11时许，两名被告人驾车回到中山市出租屋时，被警方抓获，当场缴获甲基苯丙胺25包，重25028.96克。随后，警方在被告人高某能的出租屋衣柜缴获甲基苯丙胺11包，重3575.14克。对于被告人赵某忠的辩护人提出的赵某忠系受胁迫参与本案的辩护意见，经查，被告人赵某忠是为了得到被告人高某能的高额报酬而参与本案，不存在受胁迫的问题。法院认为，被告人高某能贩卖、运输毒品甲基苯丙胺，其行为已构成贩卖、运输毒品罪，被告人赵某忠运输毒品甲基苯丙胺，其行为已构成运输毒品罪，依照《中华人民共和国刑法》的有关规定，判处被告人高某能死刑，剥夺政治权利终身，并处没收个人全部财产。判处被告人赵某忠无期徒刑，剥夺政治权利终身，并处没收个人全部财产。[1]

【法理分析】材料中所引述的案例是一起普通的刑事案件，在此我们关注的并非案情本身，而是这一案件中所体现的国家司法权运行的基本特点和情况。司法是与立法和行政相对应的概念，它指的是国家司法机关依据法定职权和法定程序，具体运用法律来处理各类案件的专门活动。司法这一概念是我国清末法制改革期间从西方引进的，当时仅指审判。根据我国现行法律的规定，司法的含义有所扩大，不仅指法院的审判活动，也指人民检察院行使检察权的活动，此外，公安机关的侦查和逮捕等活动也被视为司法权的运用。上述案例中，公安机关"抓获"犯罪嫌疑人高某能，并在其所住出租屋内"缴获"甲基苯丙胺的行为，便属于公安机关行使司法权的表现。虽然材料中并未出现检察机关，但是根据基本的法律常识，此案属于刑事诉讼中的公诉案件，承担公诉职能的司法机关为人民检察院，具体到本案应该是中山市人民检察院。

我国宪法规定，中华人民共和国人民法院是国家的审判机关。《中华人民共和国人民法院组织法》第二条规定："人民法院审判刑事案件、民事案件、行政案件以及法律规定的其他案件，惩罚犯罪，保障无罪的人不受刑事追究，解决民事、行政纠纷，保护个人和组织的合法权益……"其中宪法的规定是对人民法院机构属性的定位，即国家的审判机关。《中华人民共和国人民法院组织法》第二条则是关于法院基本职能的规定，也可以视为有关我国司法主要功能的表述。关于司法的功能问题，不同的学者有不同的认识。蒋惠岭认为，司法具有

法治功能、政治功能、社会功能、经济功能和价值功能五种基本功能。周玉华则认为，司法具有权利救济、公权制约和纠纷终结三项基本功能。其实，无论将司法的功能归结为几种，作为法律运行的一项基本机制，司法的基本功能应是围绕法律的功能或法律的价值来展开的。换言之，司法是实现法律功能或法律价值的基本机制。材料中犯罪嫌疑人高某能和赵某忠贩卖、运输毒品的行为，是一种对公民健康和社会稳定有严重危害的犯罪行为，公安机关对此立案侦查并成功破获案件、收缴毒品，中山市人民检察院依法对高某能和赵某忠提起公诉，中山市中级人民法院依法对两名被告人作出判决。整个过程既体现了公检法三家相互配合与监督的关系，又展示了司法在打击犯罪、保障人民人身和财产安全，以及维护社会良好秩序和风气等方面所发挥的积极作用或功能。

司法活动有其独特的属性或特点。材料中关于高某能和赵某忠贩卖、运输毒品罪的审判，体现了司法具有专属性、程序性、专业性和权威性等特点。司法的专属性指的是司法权只能由国家司法机关及其司法人员行使，其他任何国家机关、社会组织和个人都不能行使司法权。程序性是司法最重要、最显著的特点，它要求司法活动要严格按照法定程序进行，尤其要充分保障当事人的程序性权利。案例中对高某能和赵某忠两人的刑事审判只能由人民法院来进行，任何其他国家机构或者社会团体都无权对这两位犯罪嫌疑人进行审判，更不能判其有罪。而且中山市中级人民法院在对两人进行审判时，要遵循严格的法定审理程序，尊重和保障两被告人的诉讼权利。专业性是指司法活动要求有关司法人员具备精深的法律专业知识和丰富的实践经验，以保证作出的判断是专业的。权威性指的是司法机关以国家强制力为后盾，所作出的裁决具有很大的权威性，任何组织和个人都必须执行，不得擅自修改和违抗。仍以材料中的案件为例，本案从侦查、起诉再到审判，每个环节都有着相应的法律规定，要求参与此案的各司法人员具备相应的法律（和其他）专业知识，只有这样才能确保每个程序既做到依法进行，又能实现具体的司法目标。中山市中级人民法院针对两被告人作出的判决，以国家强制力作为其保障，被告人对于判决结果有权依法提起上诉，但无权否认甚至修改或违反判决结果。

📑【文献扩展】

1. 周婧. 一种批判的法治理念：昂格尔对司法功能与方法的重构[M]. 北京：法律出版社，2010.

2. ［美］约翰·埃格里斯托. 最高法院与立宪民主[M]. 钱锦宇，译. 北京：

中国政法大学出版社，2012.

3. 蒋惠岭. 均衡发挥司法的各种功能[N]. 人民法院报，2010-12-23.

📖【材料 7-7】河南省濮阳市人民检察院诉某化工有限公司等污染环境民事公益诉讼案

2015—2016 年，山东省某化工有限公司（以下简称"化工公司"）、河南某生物科技有限公司（以下简称"生物公司"）分别将其生产过程中产生的 1195.5 吨、629.98 吨工业含酸废水交给无处置资质的寇某汉、寇某伟，两人将其中绝大多数废水非法倾倒进河南省范县城市污水管网，部分残存废水存于某厂区罐体内。因范县污水处理厂不具备处理工业含酸废水的能力，废水排入黄河的支流金堤河内，对金堤河造成严重污染，损害社会公共利益。经鉴定，工业含酸废水属于《国家危险废物名录》中"HW34 废酸类"危险废物。2017 年 7 月 14 日，范县人民法院作出刑事判决，追究了相关单位和人员的刑事责任。[①]

【法理分析】公益诉讼是以法治方式和法治思维维护公共利益的重要制度设计，党的二十大报告首次明确提出"完善公益诉讼制度"，这体现了公益诉讼在维护人民权益、推进法治建设中的重要地位。

1. 公益诉讼的缘起与发展

公益诉讼制度最早可以追溯到古罗马时期，囿于当时政府机构不健全等因素，社会公共利益往往难以维护，因此罗马法律会授权市民作为公共利益的代表提起公益诉讼，这便是公益诉讼制度的雏形。但该项制度并未得到延续和发展，直至 1804 年，法国在《拿破仑法典》中赋予了检察官提起民事诉讼的权力，其制度的构建亦是受罗马法的影响。而真正出现现代意义上的公益诉讼是在美国。在工业化、城市化的进程中，美国的社会结构发生变化，对公共利益的侵害也日益加重，在这一背景下，司法机构转化角色，从维护公平正义出发保护普通民众，特别是保障边缘性群体的利益，由此也推动了公益诉讼制度的发展，其标志是 1890 年《谢尔曼法》的颁布。此外，德国、英国、日本等国家也建立了公益诉讼制度。

我国的公益诉讼制度起步较晚。改革开放后，我国经济迅速发展，社会追逐利益的负面效应就是对公共利益的侵害，如对环境的破坏和对消费者权益的

---

①《检察公益诉讼起诉典型案例》，最高人民检察院官网，2021 年 9 月 15 日. https://www.spp.gov.cn/xwfbh/wsfbt/202109/t20210915_529543.shtml#2。

损害等。而在实践中，邱建东起诉福建龙岩市街头公用电话亭及邮电局的官司拉开了中国公益诉讼的序幕，因此，邱建东也被称为"中国公益诉讼第一人"①。党的十八大以来，中国特色社会主义进入新阶段，公益诉讼制度建设也取得了重大进步。党的十八届四中全会通过的《中共中央关于全面推进依法治国若干重大问题的决定》明确指出，要"探索建立检察机关提起公益诉讼制度"，这极大地推动了公益诉讼制度的建设与发展。2015 年，最高人民检察院和最高人民法院对公益诉讼制度展开建设工作，并于同年 7 月开展公益诉讼制度试点工作。2017 年，新修订的《中华人民共和国民事诉讼法》和《中华人民共和国行政诉讼法》的发布标志着检察机关提起公益诉讼制度正式纳入现行法律。2018 年，"两高"发布了《关于检察公益诉讼案件适用法律若干问题的解释》，对公益诉讼案件的司法实务方面进行规定，提高了公益诉讼案件的规范性。其后，为贯彻实施《中华人民共和国民法典》，"两高"对该解释进行了修订。我国的公益诉讼制度逐步建立起来。

2. 公益诉讼与传统诉讼的区别

其一，二者的目的不同。传统的民事、行政诉讼都是以权利救济为目标，意在解决当事人之间的纠纷，保障实体权益。而公益诉讼则不同，其以保护公共利益作为诉讼的根本目的，意在解决人民群众急难愁盼的问题，也是从法治层面推进国家治理体系和治理能力现代化的重要方式。

其二，二者的诉讼权利不同。在传统诉讼中，要使当事人的权利能够得到充分救济，就必须保障其诉讼权利。因此，当事人可以充分行使其诉讼权利，在诉讼过程中自主决定是否进行和解、调解等。但对于公益诉讼而言，其以维护公共利益为出发点，要防止检察机关通过公益诉讼制度来谋私利。因此，在公益诉讼中，检察机关作为公权力机关，其诉讼权利的行使要严格遵循职权法定原则。比如在公益诉讼中，对于和解、调解及公共利益的实体处分问题，检察机关都不得以其主观意愿来决定，而是要严格依照法律规定来进行。由此看来，相较于传统诉讼中的普通当事人，检察机关作为公益诉讼的起诉人，其诉讼权利是有所限制的。

其三，裁判的效力范围不同。传统诉讼的司法裁判主要在于解决诉讼当事人之间的纠纷，其效力范围也仅限于诉讼的当事方。而对于公益诉讼，由于其解决的并不是私人之间的权利纠纷，而是保障不特定多数人的利益，因此，公

---

① 许浩."我不是刁民"——对话中国"公益诉讼第一人"丘建东[J]. 中国经济周刊，2007（26）.

益诉讼的司法裁判不仅对于参与诉讼的当事方有影响，亦对未参与诉讼且具备原告资格的其他公众有影响，其效力范围不仅限于参加诉讼的当事方，因此具有一定的扩张性。

3. 公益诉讼制度的价值

一是保障人民群众的利益。公益诉讼制度的根本目的在于保护公共利益，而在我国，公共利益鲜明地体现为广大人民群众的利益，因此，保障人民群众的利益是我国公益诉讼制度的出发点和落脚点。就"河南省濮阳市人民检察院诉某化工有限公司等污染环境民事公益诉讼案"而言，随意倾倒有毒有害的工业废水将造成环境严重污染，进而危害人民群众的生命健康。检察机关将人民群众的利益放在首位，通过公益诉讼促进环境治理与生态修复，不断满足人民群众的美好生活需求。

二是促进依法行政，加强法治建设。检察院通过公益诉讼制度发挥监督责任，以诉讼的方式促使行政机关纠正其违法行为，承担相应责任。以公益诉讼方式解决行政机关的不作为、乱作为问题，督促行政机关提高行政质效，推动法治国家和法治政府建设。

三是促进国家治理体系和治理能力现代化。国家治理体系和治理能力的现代化体现在能否高质高效地解决突出问题，化解矛盾纠纷。对此，公益诉讼制度将发挥不可忽视的作用。就本案而言，在被告申请调解的情况下，检察机关协同人民法院，通过调解的方式探索分期赔付、替代性修复等方式督促企业进行环境治理，又通过购买责任险、技改升级折抵赔偿费用的方式，降低企业生产环境污染程度，实现了环境保护与经济发展的有机统一。

📑【文献扩展】

1. 张雪樵. 检察公益诉讼比较研究[J]. 国家检察官学院学报，2019（1）.

2. 张雪樵. 大道之行 天下为公——公益诉讼检察制度的成功要诀[J]. 人民论坛，2022（1）.

📖【材料7-8】烈士名誉权纠纷案

原告浙江省杭州市西湖区人民检察院诉称：瞿某某在其经营的网络店铺中出售两款贴画，该贴画所印内容含有涉董存瑞、黄继光形象的不当文字。杭州市某居民在该店购买了上述印有董存瑞、黄继光宣传形象及配文的贴画后，认为该网店经营者侵害了董存瑞、黄继光的名誉并伤害了其爱国情感，遂向杭州市西湖区人民检察院举报。

法院经审理，判决瞿某某立即停止侵害英雄烈士董存瑞、黄继光名誉权的行为，立即销毁库存、不得再继续销售案涉贴画，并于判决生效之日起十日内在国家级媒体公开赔礼道歉、消除影响。①

【法理分析】习近平总书记强调："一个有希望的民族不能没有英雄，一个有前途的国家不能没有先锋。"近代以来，在争取民族独立和人民解放的斗争中，在实现国家富强和人民幸福的进程中，无数英雄烈士献身革命，他们的精神和事迹已成为中华民族共同的精神信仰，具有重要的社会价值。然而，近年来，生活中有人出于各种原因和目的，不断丑化、抹黑、诋毁英雄烈士，否定、歪曲英雄烈士的光荣事迹，造成恶劣的社会影响，引发社会公众的强烈愤慨。在此社会现实背景下，保护英雄烈士的人格利益具有重要的社会意义。

英烈的爱国奉献精神是一个国家和民族的宝贵财富，维护英烈的尊严、荣誉能够增强民族凝聚力，引导社会公众树立正确的价值观，有利于维护社会和谐稳定、促进社会发展进步。因此，世界各国都注重保护英烈的形象和荣誉。如俄罗斯1993年颁布《卫国烈士纪念法》，对英烈权益进行全面保护。美国2006年制定的《尊重美国阵亡英雄法案》规定在葬礼举行前后一小时内，禁止在国家公墓管理局管理的任何墓地入口90米内举行游行示威活动，违反者将被处以10万美元罚款和一年监禁。②在我国，2017年的《民法总则》第一次真正在法律层面对英雄烈士的名誉权等人格利益进行特别保护，《民法总则》第一百八十五条规定："侵害英雄烈士等的姓名、肖像、名誉、荣誉，损害社会公共利益的，应当承担民事责任。"2018年颁布《中华人民共和国英雄烈士保护法》进一步细化完善英烈保护规范。2020年《民法典》承袭《民法总则》对英烈保护的规定。2021年《刑法修正案（十一）》增设侵害英雄烈士名誉、荣誉罪。此外，司法部门也出台相关法律文件来指导侵害英雄烈士名誉、荣誉案件的司法实践，如2022年最高人民法院、最高人民检察院、公安部颁布了《关于依法惩治侵害英雄烈士名誉、荣誉违法犯罪的意见》。我国保护英雄烈士的法律制度正在逐步构建起来。

一如前述，英雄烈士的光荣事迹和形象体现了一个国家和民族的精神气节，其早已融入国家血脉和民族灵魂之中。因此，英烈的人格利益应认定为一

---

① 杭州互联网法院（2019）浙0192民初9762号。
② 康天军. 英烈保护司法实务问题探析[J]. 法学论坛，2018（6）.

种精神层面上的公共利益，这也是维护国家政治安全和意识形态安全的必然要求。因此，对英雄烈士人格利益的保护应纳入公益诉讼范围。需要明确的是，虽然根据《中华人民共和国英雄烈士保护法》第二十五条之规定，对于侵害英烈人格权益的行为，可以提起诉讼的主体包括英烈的近亲属和检察机关，但检察机关才是英烈保护公益诉讼的唯一适格主体，由近亲属提起的诉讼应为私益诉讼而非公益诉讼，原因有二：一是近亲属提起诉讼的动机是出于亲情关系，因行为人伤害了近亲属对于英烈的情感，无须要求近亲属意识到行为人侵害英烈人格利益构成对公共利益的损害进而提起诉讼；二是民事诉讼法第五十八条规定，对于损害社会公共利益的行为，法律规定的机关和有关组织可以向人民法院提起诉讼，并且我国涉及公益诉讼的法律并未赋予"个人"作为起诉主体的资格，即使作为英烈的近亲属也并不享有特权，因而不能认定其提起的是公益诉讼。①同时，出于私益保护优先的原则，检察机关作为公益诉讼的主体启动侵犯英烈人格利益案件的公益诉讼时，必须以"英雄烈士没有近亲属或者近亲属不提起诉讼"为前提，并且从权利救济的诉讼效果、对社会公众的引导教育作用和节约司法资源等角度来看，近亲属提起私益诉讼后，检察机关不宜再就同一问题提起公益诉讼。但在检察机关提起公益诉讼后，英烈近亲属仍可以就公益诉讼未尽之诉讼请求（如精神损害赔偿等）单独提起民事诉讼。

法律的生命在于实施。通过确立英烈保护领域的公益诉讼制度，确认了英烈的人格利益带有鲜明的国家性和公益性，因此，保护英烈的名誉、荣誉不仅依赖于英烈亲属，其亦属于国家之责任，需要全民族、全社会共同恪守。在此过程中，检察机关要承担起时代之责，发挥其专业性优势，确保社会公共利益能够得到诉讼救济和法律保护，回应社会公众关切，这也是推进检察监督体系和监督能力现代化的重要内容之一。同时，司法机关应以英烈保护公益诉讼案件为指引，将社会主义核心价值观融入裁判之中，以核心价值观的关键词对案件进行解读，在强化司法说理论证的同时加强对公众的教育引导，为推进全面依法治国提供坚实保障。

【文献扩展】

1. 康天军. 英烈保护司法实务问题探析[J]. 法学论坛，2018（6）.
2. 郭峻维."英雄烈士保护"民事公益诉讼制度的完善[J]. 社会科学战线，

---

① 郭峻维."英雄烈士保护"民事公益诉讼制度的完善[J]. 社会科学战线，2023（2）.

2023（2）．

📖【材料 7-9】马锡五审判方式与乡土司法

马锡五审判方式是抗日战争时期马锡五同志任陕甘宁边区高等法院陇东分庭庭长时创造的群众路线的审判方式，是抗日民主政权创立的一种将群众路线的工作方针运用于司法审判工作的审判方式。这一方式的主要内容是简化诉讼手续，实行巡回审判、就地审判，在审判中依靠群众、调查研究，解决并纠正疑难与错案，使群众在审判活动中得到教育。

1943 年，马锡五同志从事司法工作后，亲自参加案件审判实践，经常下乡，深入调查研究，进行巡回审判，及时纠正一些错案，解决了一些缠讼多年的疑难案件，因而受到群众欢迎。人们把这种贯彻群众路线、审判与调解相结合的办案方法，亲切地称之为"马锡五审判方式"。马锡五审判方式有如下特点：①深入农村、调查研究，实事求是地了解案情；②依靠群众、教育群众，尊重群众意见；③方便群众诉讼，手续简便，不拘形式；④坚持原则，依法办事，廉洁公正。

马锡五审判方式以整风运动为思想基础，以群众智慧为力量源泉。该方式的出现和推广，培养了大批优秀司法干部，解决了积年疑难案件，减少诉讼，促进团结，利于生产，保证抗日，使新民主主义司法制度落到实处。马锡五审判方式包括三个有机联系的步骤：查明案件事实；听取群众意见；形成解决方案，说服当事人接受。马锡五审判方式为当时广大老百姓所接受和推崇，并在以后相当长的时间内影响着我国民事诉讼程序的构造，其中许多具体原则和做法以后被直接运用于新中国的民事诉讼制度。

【法理分析】西方的分权学说在理论上把权力分为了立法权、司法权与行政权，这三种权力各有各的特征，三者相互独立又相互监督，其中，司法权的一个显著特征就是被动性。司法权的被动性要求司法权只能依据当事人的申请才能启动，也只能在当事人的请求范围之内进行司法裁决，正如法国学者托克维尔所说："司法权是一种消极性权力，只有在请求它的时候，或用法律的术语来说，只有在审理案件的时候，它才采取行动。""从性质上来说，司法权本身不是主动的。要想使它行动，就得推动它。向它告发一个犯罪案件，它就惩罚犯罪的人；请它纠正一个非法行为，它就加以纠正；让它审查一项法案，它就予以解释。但是，它不能自己去追捕罪犯、调查非法行为和纠察事实。如果它主动出面以法律的检查者自居，那它就有越权之嫌"。

司法权的被动性在一定程度上保证了司法中立，在程序上能够保障司法公正的实现。但是司法权的被动性无法弥补事实与规范之间的裂缝，尤其在社会转型时期，中国社会出现的二元状态使得司法权的被动性呈现出了无法适应社会发展的特点，因此，能动司法的出现就较好地弥补了被动司法的不足，不仅对事实和规范之间的裂缝进行了修补，也对转型社会中法律的局限性和滞后性作出了弥补。被动司法与能动司法是司法权的一体两面，二者从来不是二元对立的关系。中国现在正处于社会转型时期，乡土社会向市民社会的过渡与共存，传统观念向现代观念的过渡与共存，社会出现的二元化特征表明法治进程的建设也不可能只有一个法治观念来解决社会中出现的种种纠纷，因此，社会转型时期的中国法治建设需要被动司法来保障司法的公正，也需要能动司法来有效解决社会中出现的各种纠纷。

马锡五审判方式虽然产生于抗日战争时期的陕甘宁边区，在今天看来似乎是一种过时的纠纷解决方式，但是其体现出来的精髓绝对没有过时。马锡五审判方式之所以能够得到广大群众的肯定与认可，并有效地解决纠纷，就在于其体现出来的司法能动性。中国现在处于社会转型时期，出现的社会矛盾与纠纷较多，司法能动性正好回应了我国近年来提倡的司法为民的理念。对于乡土社会的司法实践而言，司法能动性可以比较客观、公正地处理纠纷，更能实现实质公正。但社会主义法治建设不能没有司法权的被动性，被动司法作为司法权的独特特征，不仅可以保证法官的中立性，有效树立司法权威，还可以保障司法形式上的公正。因此，在社会转型时期，被动司法与能动司法都是需要的，它们是司法权的一体两面，二者相互补充，可以有效实现司法的形式公正与实质公正，树立司法权威，保障司法权的有效运行。

📑【文献扩展】

1. 王彬. 司法能动主义视野下的乡土司法模式[J]. 山东大学学报（哲学社会科学版），2010（5）.

2. 王建国. 社会转型过程中的司法能动论[J]. 金陵法律评论，2007（2）.

📖【材料 7-10】"中国式过马路"现象

2012 年年底，网上针对行人不遵守交通信号灯现象掀起了一场讨论。"中国式过马路"是网友对部分中国人集体闯红灯现象的一种调侃，即"凑够一撮人就可以走了，和红绿灯无关"。对于这种现象，网友们纷纷给出了自己的分析和观点。许多网友认为，出现这种现象是说明部分中国人法治观念淡薄，法治伦理未融入自己内心，并且受法不责众的"从众"心理影响，从而不顾及交通安全。也有网友指出，"中国式过马路"实际上是行人与机动车"抢夺"路权的现象，是城市道路交叉口人行横道上路权冲突的典型表现，因此要想破解"中国式过马路"难题，应当在充分保障行人享有平等路权的基础上，加强对行人违章闯红灯的执法力度，充分发挥法规的预防功能，通过法律的严肃性来培养行人守法的自觉性。

对于"中国式过马路"的讨论，人民网也参与其中，并且认为，此现象绝非中国独有，在"世界中心"的大都市纽约，集体闯红灯的现象也非常普遍。学者任建民在人民网撰文指出，如果说"中国式过马路"是"凑够一撮人"就闯红灯，尚有所顾忌，"美国式过马路"则还不如中国式，行人我行我素，全然不顾车辆和其他行人，自己直接开步走，连和他人"凑一起"的意识也没有。对此，有网友认为，中美这种对比，有些荒诞，简单的对照，不能混淆起码的价值共识。闯红灯是违规，对于许多人不守秩序的行为，我们固然不应妄自菲薄，但也绝不该拿别人的短板来丈量自身。无论是何种方式的过马路，不遵守基本的交通规则、乱闯红灯的行为都是要被否定的。

【法理分析】生活中的规则无处不在。尽管法律属于国家制定的一类规则，但并不是截然孤立存在的规则形式。法律在很多情形下都与人们的交往习惯和行为模式相关联，或者说，人们生活中的一些交往习惯和行为模式，都能在相关法律中找到对应的条款，只不过很多人没有意识到而已。例如，大家都知道穿越路口时要走人行横道，并且遵守"红灯停、绿灯行"的基本交通规则，但是可能很少有人知道这样的交通规则是有对应的法律条款的，也即这样的交通规则实际上是一种法律规则。《中华人民共和国道路交通安全法》第六十二条明确规定："行人通过路口或者横过道路，应当走人行横道或者过街设施；通过有交通信号灯的人行横道，应当按照交通信号灯指示通行；通过没有交通信号灯、人行横道的路口，或者在没有过街设施的路段横过道路，应当在确认安全后通过。"对于行人违反该条规定的，该法第八十九条也规定了应当承担的法律责任。但是由于各种原因，人们的违法行为没有得到及时的处理，使得许多人逐渐养成了另一种通行习惯：无视红灯的存在，"凑够一撮人"甚至只身便可随便通行。显然，这种过马路的行为是违法行为。

守法是法治建设的根基之一，也是法律运行的基本形态之一。守法意味着一个国家和社会主体没有例外地严格依照法律规定开展活动。守法与法律效力直接相关。法律一旦被制定实施，便自然会产生对各类主体行为的约束效力，要求人们依法办事。理想的状态是所有社会主体都自觉遵守法律，按照法律规定的权利和义务、职权和责任来调整相互间的关系。但是，法律效力只是一种应然的效力，法律实施也并不意味着所有的社会主体在所有的场合中都会自觉按照法律规定来活动。违法总是与守法相对存在。之所以如此，是因为守法受到各种主客观条件的制约。以"中国式过马路"现象为例，影响行人是否遵守交通法规的基本因素主要有两个：主观的规则意识和客观的执法力度。

规则意识是一个比法律意识宽泛的概念，指的是人们对于各种规则的态度和信念。大量的实践经验表明，中国人的规则意识确实有待提升，无论在哪个行业和哪个领域，不守规则的"机会主义"行为屡见不鲜。其实，规则意识的强弱在很大程度上能够反映一个社会或一个国家公民意识的强弱，因为规则意识不仅是一种权利意识，还包括责任意识，是一种遵守既定规则的责任观念，这也正是公民意识所要求的。当然，我们在这里并不想简单地将"中国式过马路"转化为对国民素质低下的批评，而是期待国人能够自觉在社会公共生活的每一个方面都遵守相应的规则，无论是法律规则还是社会公德，这是一个成熟的公民社会所必需的一种样态。

在影响守法的众多客观条件或因素中，执法力度是非常关键的一个。执法力度包括执法强度和执法频度，前者是指每次执法给被执法者带来的压力程度或者成本支出，后者是指针对同类行为或执法对象执行法律的次数或频率。学者们研究发现，社会主体是否遵守法条或规则，与守法的收益和违法的成本有关。如果主体选择违法的收益大于守法的收益，那么在不考虑主体对风险的态度的情况下，主体更倾向于选择违法；反之，如果违法的成本远远大于收益，那么主体便会倾向于选择守法。执法力度是对主体策略选择产生直接影响的因素。以交通执法为例，如果执法机关及其工作人员对行人违反交通法规的行为加强执法力度，比如提高惩罚力度或者加大执法频度，都会对遏制"中国式过马路"现象产生积极效果。如果执法持续一定的时期，行人的交通法律意识也会随之增强，并逐渐改变原来的行为模式即过马路的习惯，从而形成一种守法的自觉。

【文献扩展】

1. ［美］施克莱. 守法主义：法、道德和政治审判[M]. 彭亚楠，译. 北京：中国政法大学出版社，2005.

2. 吕廷君. 法律规则的强制与温情[J]. 理论前沿, 2005（12）.

3. 刘同君. 论和谐社会语境下公民守法的道德机制[J]. 学习与探索, 2006（6）.

📖【材料 7-11】广州律师参与地方立法

2005 年 12 月 22 日, 广州律师协会行政法专业委员会和医疗法律专业委员会联合举行会议, 对《广州市市容环境卫生管理规定（草案）》进行研讨。各与会律师分别从"立法用语的规范、准确、严谨""下位法服从上位法""权责明确""法律责任幅度设置的科学合理性""加强实际操作性""鼓励公民积极参与维护市容环境"等方面提出了修改建议共三十五条。会后, 广州市律师协会秘书处将各位律师的意见整理成修改意见稿提交市人大常委会城建环资工委, 以供立法参考。同时, 广州律师协会的刘孟斌、白仲清、程跃华三位律师被推荐以专家学者身份参加 12 月 29 日市人大常委会举行的《广州市市容环境卫生管理规定（草案）》征求意见座谈会。

2006 年 5 月 17 日, 广州市律师协会房地产法律专业委员会就《广州市城镇房地产登记办法（草案修改建议稿）》召开研讨会, 围绕如何解决"房地产权证办证难""一房多售""重复抵押"等焦点问题, 参会律师通过全面的讨论, 结合实践操作的可能性提出了修改意见。同时, 参会律师认为共有人申请、不予登记、注销登记等条款规定不尽完善, 并从方便执行、维护当事人权利的角度提出了修改建议。①

【法理分析】法律的运行离不开主体的行为, 正所谓"徒法不足以自行"。随着法律实践和劳动分工的不断精细化, 社会上出现了一个专门以法律为业的群体, 也即出现了法律职业这一职业类型。所谓法律职业, 是指以律师、法官和检察官为代表的, 受过专门的法律专业训练, 具有较为娴熟的法律技能与法律伦理的法律从业者所构成的一个自治性共同体。法律职业群体的行为对于法律运行的科学化、合理化和有序化有着重要的意义。材料中所提到的律师便是法律职业的基本组成部分之一。

律师职业有其自身的特点和要求, 并非所有的人都有资格成为执业律师, 也即律师职业有着较为严格的职业准入条件。未经专门的法学教育和规定时期的律师实习经历, 是无法成为一名执业律师的。律师作为法律职业成员类型之

---

① 张正乾. 律师与立法[M]. 北京：法律出版社, 2007.

一，具有其自身的职业技能，这种职业技能是建立在法学教育基础之上，同时主要从具体的律师实务中不断积累具体的操作经验而形成的。律师职业有其自身的职业伦理或职业道德，这些职业伦理或职业道德既规定于国家正式立法的《中华人民共和国律师法》中，也规定于由律师行业协会——中华全国律师协会所制定的《律师职业道德和执业纪律规范》这样的软法文件中。

对于律师的职业属性和功能，《中华人民共和国律师法》第二条有明确规定，即"本法所称律师，是指依法取得律师执业证书，接受委托或者指定，为当事人提供法律服务的执业人员。律师应当维护当事人合法权益，维护法律正确实施，维护社会公平和正义"。实践中，大部分律师都能够做到依法执业，并且主要从事与律师职业有关的活动——提供诉讼或者非诉讼服务。但是，材料中所传达的一个信息是律师及其所在的律师协会，在实践中还积极参加地方的立法活动，为地方立法建言献策。这是律师运用自己所积累的丰富的法律实务经验，为增强立法的科学性与现实合理性等而作出自己贡献的表现，这种现象不仅非常值得鼓励，而且立法机关应该构建明确的机制，在各种立法活动中吸引更多的律师参与其中。

尽管我们可以从广义上将所有专门与法律打交道的工作都纳入法律职业的范畴，但是在一个成熟的法治国家中，法律职业的基本主体有两类——律师和法官。随着我国法治建设的推进，律师的角色将越来越重要。材料中便是律师这一法律职业的社会功能得到扩展的表现，而我们认为这种功能的扩展对于社会发展和法治建设而言是有益的。就以律师参与地方立法而言，律师参与立法有其合理性与必要性。一方面，法律的一个基本特点是具有可诉性，在对法律的可诉性及在诉讼中可能存在的各种问题的把握上，在众多法律职业共同体成员中最有发言权的除了法官便是律师。由于律师直接从事法律实务，所以他们对于立法文本所存在的问题有着切身的感受和更强的洞察力，他们可以结合自己适用法律条文的实践，准确地指出已有立法的缺陷和未来立法应该注意的问题。另一方面，律师被视为一个天然的政治理想家，也是社会管理的重要力量。律师处理大量的社会纠纷，积累了丰富的经验，而这种经验正是有关的社会管理立法所需要的。

然而，在我国的法律运行实践中，律师的从业环境仍有很大的改善必要，律师的社会功能仍有很大的拓展空间。要想有效推进我国法治建设的进程，律师这一法律职业在其中的角色必须得到重视，其发挥功能的相关制度或机制也应该及时予以建立和完善。

【文献扩展】

1. 张正乾. 律师与立法[M]. 北京：法律出版社，2007.

2. 张思之. 我们律师[M]. 北京：法律出版社，2013.

3. 程金华，李学尧. 法律变迁的结构性制约——国家、市场和社会互动中的中国律师职业[J]. 中国社会科学，2012（7）.

【材料 7-12】陈燕萍工作法

陈燕萍是江苏泰州靖江市人民法院副院长,也是一名基层法院的法官、2011年第三届全国道德模范候选人，曾因"陈燕萍工作法"在政法系统乃至整个社会引起极大的关注与积极反响。"陈燕萍工作法"可以总结为这样四句话：真心贴近群众——用群众认同的态度倾听诉求；深入调查研究——用群众认可的方式查清事实；注重释法析理——用群众接受的语言诠释法理；真情化解纠纷——用群众信服的方法化解纠纷。

陈燕萍常说，法官不是官，只是受民所托、为民解忧的人民公仆。在陈燕萍法官的宣传材料中，有这样一个案例具有代表性：八旬老人孙广福早年丧偶，生活无着落，儿子不尽赡养义务，无奈的他只能将儿子告上法庭。每次到法庭来，陈燕萍总是嘘寒问暖，让他放心，一定会替他讨回孝道。知道他没钱，陈燕萍多次自费给他买饭、买车票，一次，还悄悄在他裤兜里塞了 200 元，意思是如果儿子不给吃的，让他先自己买点东西充饥，没想到第三天，孙老汉起早赶到法庭等陈燕萍，用颤抖的手把 200 元钱还给了陈燕萍。由于孙老汉之子很不配合，陈法官多次做工作不但受冷落，甚至被拒之门外。于是陈燕萍就地开庭，邀请村干部和村民旁听，用法律、社会公德和公众舆论多种手段对其感召，最终唤醒了其子的良知，承担起了赡养老人的义务。事后，陈燕萍多次回访，看看老人生活得怎样，还需要什么。现如今，安享晚年的孙老汉逢人就讲："陈法官真好，比我的亲闺女还要亲。"

【法理分析】法官是法律职业的基本类型之一。从前些年"陈燕萍工作法"被广泛宣传与学习来看，中国官方所认可的以及大部分民众心目中的"好法官"似乎就应该是像陈燕萍、宋鱼水等这样的。这与我们在教科书上看到的关于西方法治国家法官的形象有着很大的不同，而且这种不同不仅是工作方法上的，还有一些司法理念和原则方面的差异，比如法官不得单方面接触当事人，以及法官应当深居简出、客观中立等。

该如何看待这种差别和评价我们宣传中的法官形象呢？从宏观的视角来看，中西法律文化传统有着很大的差异，对实质正义的过分看重（相较于程序正义在人们心中的分量而言）和对清官与"青天"型法官的心理期待，成为大多数中国人评判法官及司法活动公正良善与否的两项基本出发点。所以，大多数中国民众心目中的好法官就应该是像陈燕萍和宋鱼水那样，主动深入群众中间，解决纠纷的同时伴随着教育说服和感情的联络。材料中孙老汉的那句"陈法官真好，比我的亲闺女还要亲"，可以说代表了很多中国民众对法官的认可视角，甚至代表了对法官最高的褒奖。有着这样的社会心理基础，官方对司法职能和法官角色的定位，也就有了基本对应的制度和舆论设定。

在这样的氛围中，大多数法官也逐渐形成了一种自我角色或功能的调适，以适应制度和社会的要求或期待。例如，在有关对陈燕萍法官的采访报道中有这样的表述："陈燕萍认为法庭民事案件虽然大部分是家长里短的纠纷，却事关千家万户，事关民生和谐，有时候一个小小的相邻关系纠纷案件处理不好就会闹出一条人命，民事案件转为刑事案件，因此群众的案子无小案，只有以让群众信服的方法审结案件，而不是以让群众屈服的方式审结案件，才能彻底化解矛盾，达到通过审结一件案件，温暖一方民心、维护一方稳定、促进一方和谐。"[1]概言之，法官要学会在法、理、情之间寻求最佳结合点，做到让原告放心、让被告信服、让群众满意，这也是法官工作臻于完美的理想状态。

当然，我们也应该意识到，陈燕萍法官所审理的案件类型是具体的，而且并非所有的案件都适合上述工作方法。相关宣传报道中所介绍的案件事例基本都是属于与社会民众日常生活密切相关，法律与传统伦理道德联系较多的领域。再者，我国当前正处于社会转型时期，市场经济法则毫不留情地动摇了传统秩序格局，处在新旧交替阶段的农民正经历着巨大转变带来的阵痛，因此受市场经济影响的农村必然会产生大量的民事纠纷，如土地征用补偿安置、拆迁安置、土地承包经营等新问题以及婚姻家庭继承纠纷、人身损害、民间借贷等传统纠纷凸显。陈燕萍法官所在的靖江市江阴工业园区正是这样一个处于中国农村经济发展转型期的缩影。或许应了"时势造英雄"这句话，加之陈燕萍法官自身的努力和对事业的热忱，才有了"陈燕萍工作法"的出现并给当地乃至其他地方司法活动带来的积极影响。至于未来社会转型完成之后，法官这一职业的形

---

① 陈燕萍工作法之四：用群众信服的方法化解纠纷[EB/OL]. 人民法院网，[2010-01-01]. https://www.chinacourt.org/article/detail/2010/01/id/391968.shtml.

象和功能应该是什么样的，或许也只有在实践中探索和确立了。

📑【文献扩展】

1. 苏力. 中国法官的形象塑造：关于"陈燕萍工作法"的思考[J]. 清华法学，2010（3）.

2. 田瑶. 基层司法的路径探索——论"陈燕萍工作法"中的"法官能动"[J]. 社会科学家，2011（4）.

3. ［美］克里斯托弗·沃尔夫. 司法能动主义——自由的保障还是安全的威胁？[M]. 黄金荣，译. 北京：中国政法大学出版社，2004.

第八章

法律价值

【材料 8-1】雷梦佳案

2010 年 4 月 6 日，河南省洛阳市孟津县西霞院初级中学初一学生雷梦佳和同年级其他班一个女同学打架，班主任周老师在 4 月 7 日组织全班同学投票。投票之前，周老师让雷梦佳先行回避，然后让全班同学就雷梦佳严重违反班纪班规的现象作了一个测评。测评是一道选择题：是让雷梦佳留下来给她一次改正错误的机会，还是让家长将其带走进行家庭教育一周？结果对雷梦佳不利，26 个同学选择让她回家接受教育一周，12 个同学选择再给她一次机会。

投票结束后，周老师给雷梦佳的母亲打电话，让她来接女儿回家。但此时，雷梦佳已在学校附近黄河渠边的青石板上留下了遗言："雷梦佳生命就此结束！爸、妈，对不起，你们的恩情来世再报！辉辉，来世再做好朋友！" 15 岁的花季少女留下遗言后，随即投渠自杀。事件的结果令人唏嘘，但其过程却值得我们深思。①

---

① 王学进. 校园里的"伪民主" [J]. 教师博览，2013（2）.

【法理分析】材料8-1中的投票驱逐呈现的主要是民主的弊端，是多数人对于个体的暴政。非常明显的是，民主制度并不能够自足，它有着一些自身无法克服的缺陷，这些缺陷的预先制止和事后补足都需要法律的介入，需要用法治弥合民主。当然民主对于法治也有重大的功用，民主会反哺法治。我们需要追问的是民主为什么会出现问题？民主与法治的关系是什么？

民主这一概念是由希腊学者希罗多德首先提出的，它被用以描述一种区别于君主独裁和贵族统治的政治形态，此种政治形态的特征是公民直接参与表决希腊城邦的各项事务。就词源学而言，民主是由希腊语的 Demos（人民）和 Kratia（权力）结合而来，其最初含义是指"人民的统治"，发展演变至今，其内涵和外延已相对固定，主要是指在一定条件和范围内，依照平等原则和少数服从多数原则治理国家事务的一种政治制度，民主的基本特征是少数服从多数，但同时也尊重个体和少数者的基本权利。作为一种政治制度和意识形态，民主已获得了世界上绝大多数国家的认可。

作为一种社会治理方式和政治运行制度，民主从来不是最优的，但却是人类社会至今所能认识和适用的最佳制度。民主既有优点，同时也有其无法克服的弊端。按照美国学者罗伯特·达尔在《论民主》中的总结，民主制度有十项令人向往的益处，分别是"避免暴政、基本的权利、普遍的自由、自我的决定、道德的自律、人性的培养、保护基本的个人利益、政治平等、追求和平、繁荣"。当然，许多学者也总结了民主的多项弊端，包括容易导致多数人对少数人的暴政、民主在治理社会方面起到的作用有限、民主的外部性导致民众理性的弃权、民主容易受到腐败的困扰等。雷梦佳案体现了多数人对个体的暴政，此案中最为警醒我们的并非雷梦佳的自杀，而是身为教育工作者的老师对于民主的"误读"。首先，一名学生的受教育权，能否作为投票的对象？是不是任何事情都可以交由民主和投票加以解决？答案当然是否定的，民主和投票也许可以解决很多事情，但在涉及克减和剥夺一名公民的基本权利时，只能交由法律，而非民主和投票。其次，投票的主体也是初一的学生，作为未成年人的他们能否恰当行使自己手中的"权利"？他们是否已有足够的认识能力和意志能力？是否有足够严肃认真的态度来对待手中的"选票"？答案肯定也是否定的。正因为未成年人缺乏必要的认识能力和意志能力，所以我国宪法第三十四条规定行使选举权和被选举权的公民必须年满18周岁。最后，投票之前，身为班主任的周老师能否发表有倾向性的演讲，以影响甚至决定学生手中的选票？毋庸置疑，答案当然是否定的。经由上述分析我们看到，雷梦佳案中的民主是千疮百孔、虚弱不堪的，甚至带有"伪民主"的色彩，正因为如此，真正的民主无论在程序上还是在内容上都是需要法律加以必要的规制的。

民主的弊端单靠自身无法得以消除，这就需要借助法治的力量。民主与法治，二者既统一，同时又具有密切联系。一方面，民主与法治有着共同的价值目标，即维护人的尊严和个体的自治。人的尊严的保护和个体自治的实现既是每个个体的愿景，同时也是人类社会的终极追求。作为手段，民主和法治皆服务于这一目标，而不得对这一目标施加哪怕一丝一毫的损害。民主的施行在于让个体的事情由自己决定，而集体的事情由众人协商解决。法治的运行既要保护人的尊严，也要实现个体自治，将个人、集体、社会和国家间的利益界分清楚，以避免个人的尊严和自治受到国家、集体的凌虐及众人的侵犯。另一方面，民主与法治二者相辅相成，缺一不可。正如李德顺在《法治是社会主义民主的基本形式》一文中提到的："法律若不以民主为实质和灵魂，若不是对人民的全部社会权利与责任予以落实和保障，就难免成为少数人政治游戏的特权，难免沦落为人治主义的强力工具；而民主，若不以法治为其根本形式，通过系统的程序和规则落实为法制，进而得到全面实施和检验，这样的民主就始终是一个良好的愿望。"具体而言，法治为民主的展开和运行提供了规则和保障，而民主又为法治的展开和运行提供了必要的合法性基础。

法治对于民主的保障作用主要体现为三点。其一，法治能够确认民主，法治对于民主在法律层面尤其是宪法层面上的确认，是法治对于民主的首要意义。这包括在宪法上确认国家采用和实行民主制度，保障公民的各项基本权利；确认民主活动的各项基本准则；确认推进民主进程的各项具体程序。其二，法治能够为民主的运行提供良好的社会秩序。民主的展开和实现需要良好的社会秩序，而此种良好的秩序有赖于法治的提供。法律的稳定性、确定性和强制性有利于为民主提供良好的社会秩序；法治能够为各层次的社会主体确定利益、分配利益和调节利益，有利于维护和保障良好的社会秩序，从而为民主的发展提供保障。此外，法治还可以减少并消除由民主制度失误所引发的社会混乱。其三，法治通过制约公共权力，以保障民主的运行和实现。法治对于公共权力的制约，有着久远和深厚的历史思想基础。自古希腊的亚里士多德、波里比阿，近代古典自然思想的洛克、哈林顿、孟德斯鸠和戴雪，直至现当代的哈耶克、罗尔斯和德沃金等，皆就法治对公权力的制约作出重要论述。此外，法治也为制约公权力提供了必要的方式方法，这包括权力分立、权力制衡和任期制等制约权力的方法，以及公民利用选举权、罢免权和监督权等诸项权利制约公权力的方法。

法治对于民主具有保障作用，而民主对于法治具有基础决定作用，这既可以从历史经验中得出，也可以从文本逻辑中推导出来。就历史经验而言，我们以 1215 年英国的《自由大宪章》为例进行说明，其无论是对于英国法治，还是对于世界法治皆具有重要意义。我们须注意到，《自由大宪章》并非英王自愿签署的，而主要是受到贵族的胁迫，由此而言，它是政治力量博弈的结果，是贵族内部民主"协商"的产物。及至后来的《权利法案》，更是英国资产阶级和新贵族抗争的结果。若没有此种长期和卓绝的抗争，我们很难想象英王会主动将自己的权力关在法律的牢笼之中。英国资产阶级和新贵族对于英王的抗争就是一个民主的过程，虽然此种民主与现代民主有着较大的差异，但它已经饱含实质民主的基因，由此可见，民主对于法治具有基础支持和决定作用。法治不是静态的，而是一个包含立法、执法、司法、守法和监督的动态过程。民主对于法治的基础决定作用，就是体现在法治的这一动态过程之中。法律的制定要广泛征求民众的意见，使法律的内容能够体现民众的意志；执法和司法要获得民众的认同，得到民众的拥护；同时，国家机关要做到守法，并接受民众的监督，以保障法律所确定的人权、自由、公平和正义。

📑【文献扩展】

1. 傅达林. 民主离不开法治——剖析衡阳"贿选门"[J]. 民主与科学，2014（1）.

2. 叶竹盛. 有法治，才有真民主——专访上海交通大学凯原法学院院长、法学家季卫东[J]. 南风窗，2013（2）.

3. 李德顺. 简论民主法治[J]. 法治研究，2013（3）.

📖【材料 8-2】周口"平坟运动"

2011 年 11 月河南省委书记到周口市调研工作，其间就殡葬改革工作作出重要指示。2012 年 3 月，周口市委和市政府发布了 2012 年一号文件——《关于进一步推进殡葬改革的实施意见》。文件出台后，周口市殡葬改革试点县——商水县，即召开了全县殡葬改革动员大会。一场轰轰烈烈的"平坟运动"的"革命"和"攻坚战"正式拉开序幕。为了宣传殡葬改革，商水县电台、电视台、《新商水报》开辟宣传专栏，全县印发宣传资料 26.9 万余份，在 1314 平方公里的县域里，悬挂过街联 5500 多幅，张贴临时标语 6.3 万多条，刷写永久性标语

3640 幅。10 月 9 日，周口市再次召开全市殡葬改革暨平坟复耕推进会，宣布全市已平（迁）坟头 40 多万座，恢复耕地近 5000 亩（1 亩=666.67 平方米）。11 月 6 日，河南省深化殡葬改革工作推进会在周口召开。"周口速度"得到河南省高层的认可，会上省领导向周口市颁发因殡葬改革工作成效显著而奖励的 300 万元奖金，省里以此号召省内各地市向周口学习。11 月 16 日，国务院颁布第 628 号令，对《殡葬管理条例》第二十条进行修改，原规定"将应当火化的遗体土葬，或者在公墓和农村的公益性墓地以外的其他地方埋葬遗体、建造坟墓的，由民政部门责令限期改正；拒不改正的，可以强制执行"，其中的"拒不改正的，可以强制执行"被删除。周口的"平坟运动"由此暂停和调整。随着法律法规和政策文件的调整，之前被平掉的半数坟墓"死而复生"，最为突出的是太康县的"王家祖坟"，之前用了 2 天时间平整的 160 座坟墓仅仅用了 2 个小时就被全部圆起。[1]

📖【材料 8-3】兄弟间的房屋买卖

H 村有王福文和王福兵兄弟二人，王福文常年在外，王福兵在村生活。昔年分家之时，父母将老宅子分给兄弟二人，其中东屋和大门分给王福文，北屋和西屋分给王福兵。数年后，王福兵翻盖新房，想王福文在外工作，东屋也不用，就想买过来。于是他就找了 H 村的红白事大总尚克淮和二叔王炳坤，让两人作为房屋买卖的见证人。在协定房屋成交价 750 元后，双方签订了一份房屋买卖协议。只是按照 H 村的习俗，兄弟之间不言利，由此双方之间虽然实际签订的是房屋买卖合同，但按照村内习俗所书写的"文书"却是一份房屋赠契。且王福文考虑到自己常年在外，家内双亲多由王福兵照顾，由此卖房的 750 元钱也没有收。事情至此皆大欢喜，王福兵拿到了房子可以翻盖新宅，王福文将家内没用的房子处理掉，且补贴了王福兵多照顾父母的情义，呈现出一幅兄友弟恭的和谐景象。只是没料到房子还没有翻新，省国道改路开始，且正好把他们的老宅子占了。其中，西屋和北屋补偿了 4 万余元，东屋和大门补偿了 3 万余元。西屋和北屋的补偿款没有疑义，但对于东屋和大门的补偿款，王福文和王福兵却发生了争议。王福文认为，赠与合同可以撤销，自己有权收回赠与的房屋，且房屋至今还没有办理过户手续，由此东屋和大门的补偿款应归自己所有；而王福兵却不同意，认为当时已经签了文书（合同），房屋自然归自己所有，

---

[1] 张墨宁. 河南"平坟运动"的社会冲突[J]. 南风窗，2012（25）.

王福文之所以没要 750 元钱，是因为补偿自己多侍奉老人的辛苦。两家为此闹得不可开交，最后诉讼到了法院。①

【法理分析】材料 8-2 和材料 8-3 中所述的案例虽然各有不同，但在结果及原因方面却有着较大的一致性。结果的一致在于两个案例都没有取得良好的法律秩序和社会秩序，材料 8-2 中周口市近半数被平整的坟头又被圆起，且圆起的速度要远远快于平坟的速度；材料 8-3 中亲密的兄弟反目成仇，且走向诉讼，兄弟关系再难维系。两个案例都是因为规范和理念的冲突导致出现了破裂的法律秩序和社会秩序，且规范的冲突不在法律体系内部，而主要是法律规范和道德规范、习俗规范、宗教规范之间的冲突，由此导致了社会秩序的扭曲。下面先行介绍秩序和法律秩序的含义，而后再借助两个材料中的案例分析规范之间的冲突。

要探讨法律秩序，首先要明白秩序的含义。秩序一词在汉语中是由"秩"和"序"两个词相结合而成，所谓"秩，常也""序，第次其先后大小"，由此而言，"秩"和"序"皆内含常规、次第的意思。正如博登海默所言，秩序是有条理、不混乱的情形，"意指在自然进程与社会进程运转中存在某种程度的一致性、连续性和确定性"。②按照博登海默的此种理解，秩序的本意指向某种一致性、连续性和确定性的状态，此种状态即为秩序；此种状态既存在于自然界中，也存在于社会进程之中。自然界中的秩序与自然规律密切相关，而社会进程中的秩序则与人类规则不可分离，无论这种规则是习俗、道德，还是法律和宗教规范等。按照达成秩序的规则的类型不同，可将秩序分为四类，分别是习俗秩序、宗教秩序、道德秩序和法律秩序。这四类秩序既是历时性的，也是共时性的。历时性在于，四类秩序在人类历史进程中先后起着主导作用，尤其是现今的法律秩序，处于最高层级的秩序状态；而共时性在于，即便至今法律秩序已占主导地位，但其他三类秩序也或大或小存在于社会生活中，原因在于习俗、道德和宗教还在这个社会起着这样或那样的规范作用。

基于上述对于秩序的界定，则所谓法律秩序，是指在法律规制和作用之下，社会进程运转中存在某种程度的一致性、连续性和确定性。法律秩序的实现，在于法律为众多主体的行为提供了行为模式和价值标准，若主体遵循这些行为模式和价值标准，则良好的法律秩序就能得以实现；若有主体违反这些行为模

第八章

---

① 龚艳，尚海涛. 论习惯法的历史变迁机制[J]. 甘肃政法学院学报，2012（6）.

② ［美］E. 博登海默. 法理学：法律哲学与法律方法[J]. 邓正来，姬敬武，译. 北京：华夏出版社，1987.

式和价值标准，则法律将通过法律责任和法律制裁对违反者施加惩罚，以规制违反者重返法律所设定的行为模式。通过此种法律的初级规制和次级规制，以实现良好的法律秩序和社会秩序。理想的设计如此，但现实生活往往超出设计的预想而出现各类问题。首要的同时也是源头性的问题是，如若法律所提供的行为模式出现问题怎么办？这包括法律体系内部行为模式的冲突和法律所界定的行为模式与道德规范、习俗规范和宗教规范所设定的行为模式的冲突。第一种冲突比较容易解决，解决的方式包括下位法服从上位法、前法与后法之间的"从旧兼从轻"、法律规则的类型适用、法律原则的援引适用、交由法律法规的上位机关解决等。对于第二种冲突，理论意义上很好解决，几乎没有探讨的必要，在一个法治社会中行为模式的最终判定标准只能是法律，道德、习俗和社会规范都要服从法律的治理。理论意义如此，但现实生活又是另一番情形。且不论有些领域法律不得进入，只允许接受道德、习俗和宗教等的调整，即便法律所规制的领域，民众在接受法律调整的同时也要接受道德、习俗和宗教的规制。对于这些领域，法律若强硬排斥道德、习俗和宗教，且表现出一副唯我独尊的态势，则明面的抗争也许不多，但私底下民众则会用漠视和抵制的态度对法律加以排斥，民众会动用自己"弱者的武器"以抗衡强硬的法律。前几年各地所出台的禁止燃放烟花爆竹条例多草草收场即是最好的实例。上述两个案例之所以没有取得良好的法律秩序和社会秩序，原因众多，但首要的是法律规范和道德规范、习俗规范之间的冲突。

在材料 8-2 的案例中，周口市政府所援引适用的法律规范主要是国务院于1997 年所颁布的《殡葬管理条例》，尤其是第二十条"将应当火化的遗体土葬，或者在公墓和农村的公益性墓地以外的其他地方埋葬遗体、建造坟墓的，由民政部门责令限期改正；拒不改正的，可以强制执行"。当然，2012 年国务院在修改部分行政法规时将后面的"拒不改正的，可以强制执行"删除。尽管如此，包括新修改的第二十条在内的众多条款仍然与中国民众的传统习俗和观念相违背。除第二十条外，还有第九条"禁止建立或者恢复宗族墓地"，第十五条"在允许土葬的地区，禁止在公墓和农村的公益性墓地以外的其他任何地方埋葬遗体、建造坟墓"，第十七条"禁止制造、销售封建迷信的丧葬用品。禁止在实行火葬的地区出售棺材等土葬用品"。虽然我们知道《殡葬管理条例》出台的目的在于"加强殡葬管理，推进殡葬改革，促进社会主义精神文明建设"①"积极地、

---

① 《殡葬管理条例》第一条。

有步骤地实行火葬，改革土葬，节约殡葬用地，革除丧葬陋俗，提倡文明节俭办丧事"①。但现实生活中，常常出现丧事大操大办、价格高昂的丧葬用品、豪华奢侈的墓地、死人和活人争地的现象。尽管如此，作为中国人，在忠孝文化和祖先崇拜的观念熏陶中，在中华传统文化的浸染下，我们仍然无法全盘接受法律所设定的行为标准和规范模式。我们仍然会尽可能地给去世的亲人以舒适的安身之所，在逝者下葬时，随同准备许多日常生活应用物品，如同送先人到另一个世界生活一样，我们仍会在中秋、春节、祭日等烧纸送钱、供奉祭品，以凭吊先人，寄托哀思。对先人的此种祭祀和供奉不仅是一种理念，更是一种确切的行为规则和规范模式。若有个人或者家族不遵循此种模式，不但自己会心怀愧疚、良心欠安，也会遭受别人的非议和指责，此种默示的惩罚不见得比法律惩罚要弱，甚至更能深入越轨者的内心世界，震撼和触动他们的心灵。

材料 8-3 中之所以兄弟反目，良好的法律秩序和社会秩序遭到破坏，有两个原因：一是哥哥王福文受到较大利益的诱惑，且在有机可乘的情况下采取了机会主义行为，对于已经签署的合同矢口否认；二是法律规范与民间规范之间存在不同和冲突。对于第一个原因，想必读者已经看出，自此案发生后，虽然双亲仍在村里，但王福文再也没有回村里一次。对于第二个原因，我们细细分析，按照民间规范，王福文和王福兵虽然签订的是一份赠与契约，但实际上就是一份买卖合同，王福文以 750 元钱的价格将东屋和大门卖给了王福兵，且有村内的权威人物和自己的亲邻见证，在村民所理解的"法律"的语境中，是没有任何问题的，事实清楚，法律明确；但此种"清楚"和"明确"对于国家法律而言就未必了，虽然有两位证人的证言，但毕竟双方签署的是一份赠与合同，若说内含房屋和金钱的交换，但王福文又没有收取金钱，因此在国家法律的语境中这就是一份赠与合同，而赠与合同在一定的条件下是可以撤销的。基于上述两方面的分析，法院最后判决王福文胜诉。尽管在法律上胜利了，但他的行为却受到村民的一致谴责，而且也引起了村民的困惑，法律到底保护谁的利益呢？也许诚如费孝通所言，转型的过程中，拥抱法治的好处还没得，而破坏礼治的坏处已出现。

📑【文献扩展】

1. 焦长权. 魂归何处："阴宅"的法律属性与社会功能初探——从周口"平

---

① 《殡葬管理条例》第二条。

坟运动"切入[J]. 中国农业大学学报（社会科学版），2013（2）.

2. 苏力. 送法下乡——中国基层司法制度研究[M]. 北京：北京大学出版社，2011.

3. 谢晖. 大、小传统的沟通理性[M]. 北京：中国政法大学出版社，2011.

【材料8-4】彭水诗案

2006年8月15日，彭水县公务员秦中飞写了一条名为"沁园春·彭水"的短信，短信的内容为"马儿跑远，伟哥滋阴，华仔脓包。看今日彭水，满眼瘴气，官民冲突，不可开交。城建打人，公安辱尸，竟向百姓放空炮。更哪堪，痛移民难移，徒增苦恼。官场月黑风高，抓人权财权有绝招。叹白云中学，空中楼阁，生源痛失，老师外跑。虎口宾馆，竟落虎口，留得沙沱彩虹桥。俱往矣，当痛定思痛，不要骚搞"。

短信中提到的"伟哥滋阴"和"华仔脓包"被指影射彭水县时任县长周伟和县委书记蓝庆华。后面的内容，则涉及本县广受注目的政府管理和公共事务。在以后的几天里，秦中飞把这条短信用手机和QQ向多位朋友发送了。

8月31日，警察搜查了秦中飞办公室的电脑，没收了他的手机。他被带进公安局，当晚铐在二楼值班室。第二天，警察对秦中飞进行了两次审讯，同时搜查了他的家，查收了他的电脑，令他交出QQ号。9月1日晚，公安局决定以涉嫌"诽谤罪"对他实行刑事拘留，转移至彭水县看守所。在接下来的十多天里，警方按照短信里的句子逐条提问。从9月2日开始，数十位收到过秦中飞这条信息的朋友和同事被传唤到公安机关询问，以追查短信背后的动机。9月11日，秦中飞被正式逮捕。9月28日，变更为取保候审，总共关押29天。9月19日，李星辰（彭水籍，住重庆市）在个人博客上记载了这桩公案，消息迅速传开，引起全国舆论哗然。10月24日，县公安局对秦中飞宣布无罪开释，并表示道歉。县检察院主动提出申请国家赔偿，仅仅隔了一天，赔偿兑现。①

【材料8-5】沙利文诉《纽约时报》案

1960年3月29日，《纽约时报》用一个整版篇幅，刊登了题为"倾听他们的呼声"的宣传广告，呼吁为民权运动募捐基金，以支持正在开展的系列民权

---

① 马长山. 公共议题下的权力"抵抗"逻辑——"彭水诗案"中舆论监督与公权力之间的博弈分析[J]. 西北政法大学学报，2014（1）.

活动。广告列举了南方各州政府抵制民权运动的恶劣行径。其中提到蒙哥马利市动用"配有枪支和催泪弹的警察"包围示威学生，把参加示威活动的学生领袖逐出校园。又提到"南方暴徒"用恐怖和暴力对待示威学生。这些人袭击马丁·路德·金的家，攻击他本人，并曾先后七次以"超速""怠慢"等莫须有罪名逮捕他。广告刊登后，虽然受到民权运动支持者的欢呼，但也引起了一些人的不满，一是因为广告的内容与事实存在差距，二是认为广告的内容损害了自己的名誉，这其中最为主要的就是蒙哥马利市民选市政专员 L. B. 沙利文。沙利文认为，该广告内容含有不实之词，构成了对他本人的诽谤，据此向亚拉巴马州法院提起民事诉讼，要求赔偿 50 万美元。州法院一审和州高级法院二审都支持了沙利文的这一请求。后该案上诉到美国联邦最高法院，联邦最高法院在审理后一致裁定，在官员就针对其职务行为而提起的诽谤诉讼中，除非官员能够证明对方存在"实际恶意"，否则不得据此要求赔偿。①

【法理分析】材料 8-4 和材料 8-5 中的案例所涉及的主题是自由，尤其是言论自由。对于自由，我们熟知裴多菲的名言——"生命诚可贵，爱情价更高，若为自由故，两者皆可抛"。但同时，我们也听到罗兰夫人的警句——"自由，自由，多少罪恶假汝之名以行"。自人类社会产生以来，自由是所有民族的最高向往和追求，也是世界范围内所有国家和民众所欲实现的最高目标。自由之所以具有如此重要的价值，主要在于"自由是人的本质，以人为本实质上也就是以人的利益为本，而人的利益无论是物质利益还是精神利益，最终都表现为人的自由——人的意志的自由，人的思想的自由，人的行动的自由，人的个性发展的自由，人的参与社会发展的自由"②。因此自由作为一项权利，无论是对于原子的个体还是对于整体的社会都具有不可或缺、须臾不可分离的价值。但同时自由权利的行使应置于一定的限制条件之下，若离开限制，那么自由权利无异于在鼓动人们危害社会，具体到言论自由，就是当我们在行使言论自由权利的时候，不能违背宪法对自由权利的限制规则，若违背这一规则，将导致一定的社会危害后果。因此，我们说言论自由本身不能侵犯个体和群体的利益和尊严，不能引起社会群体间的矛盾和仇恨，不能对国家的民主宪政体系和社会秩序造成危害。自由既是一种法律所要保护的价值和理念，同时也是受宪法和法律所保护的诸多基本权利，包括言论自由、游行示威自由、出版自由、通信自

---

① 刘东亮. 论批评政府的权利——《纽约时报》诉沙利文案与"实际恶意原则"的启示[J]. 上海政法学院学报，2012（2）.

② 齐延平. 法制现代化：一个西方的"幽灵"？[J]. 政法论坛，2007（2）.

由、经济自由、发展自由等，自由囊括的基本权利可谓多种多样，下面就以言论自由为例加以探讨，主要讨论言论自由的价值和言论自由的限制。

言论自由的理论基础是复合的，因此人们对言论自由展开的讨论异常激烈。许多学者对言论自由的价值进行过深入研究。例如，罗伯特·博克（Robert Bork）认为，言论自由具有四种价值：促进个人之发展，增进社会之稳定，保障政治之真实，增进个人之幸福。托马斯·爱默森（Thomas Emerson）认为，言论自由的价值主要包括确保个人的自我满足；增进知识、发现真理；确保社会全体成员参与各种社会决议的形成；维持社会中健全分化和共识基础之间的平衡，以便实现一个更融洽和更稳定的共同体。并且托马斯·爱默森认为这四种价值"皆是必需的，且每种价值自身都不是充足的，从而四种价值之间是互相依存的"。在笔者看来，言论自由的价值可归纳为三种，分别是有助于追求真理、有助于健全民主政治和有助于实现个人自治。学者们最先提出并认可的言论自由的价值是言论自由有助于增进知识和对真理的追求，言论自由的这一价值主要是基于真理的获知方式得来的。无论是自然世界中的真理还是社会生活中的真理，其存在形式多是与谬误纠缠在一起的，真理的获知主要是把谬误与真理本身辨别开来，我们需要自由地认识、自由地交流，以便让真理与谬误在各自拥护双方的辩论中显现出来。言论自由还具有健全民主政治的价值，对于这一价值，亚历山大·米克尔约翰（Alexander Meikleiohn）有着鞭辟入里的论述。米克尔约翰认为，政府的正当权力来自被统治者的授权，一个政权若缺乏公民的授权，那就不具有正当权力，因为民主制度下的政府仅仅是选民的代理人。投票站里的选民为了行使自己的神圣权利就需要获得尽可能多的信息，以便帮助他们较好地完成此项职能。米克尔约翰还认为，"言论自由的原理来源于自治的必要性，这也是从公共问题应通过全体投票予以决定这个美国人的基本共识推论而得。"①可以说，米克尔约翰的观点恰切地概括了言论自由有助于健全民主政治的这一价值。所谓言论自由有助于实现个人的自主与自治，是指言论自由有助于发展自我、实现自我，从而保障个人的自主与自我实现。

虽然言论自由具有上述价值，但自由的行使也须受到法律的规制。按照学者们的总结，规制的理念主要有四种，分别是伤害原则、父爱主义、法律道德主义和冒犯主义。对于规制的手段，各个国家的法律规定各有不同，下文主要介绍美国的双轨理论和双阶理论。双轨理论（Two-track theory）指的是法院在

---

① ［美］亚历山大·米尔克约翰. 表达自由的法律限度[M]. 侯健，译. 贵阳：贵州人民出版社，2003.

面对政府对言论自由进行规制的法律时，主要把政府的规制区分为"基于内容的规制"（Content-based abridgment）和"内容中立的规制"（Neutral on its face），对这两种类型的政府立法适用不同的审查标准。双轨理论主要源于联邦最高法院对"芝加哥警察局诉莫斯利案"（Police department of Chicago v. Mosley）的判决。联邦最高法院在莫斯利案后根据马歇尔大法官执笔的判决书发展出双轨理论。双轨理论的重点在于，区分了"基于内容的规制"和"内容中立的规制"。"基于内容的规则所包含的是政府根据'说了什么'——信息的内容，而对表达实行的规范；而内容中立的规则所指的限定规范虽然有可能涉及为第一修正案所保护的表达，但却与其传递的信息无关。"①在此理论的指导下，当面对具体个案时，首先需要确定该项立法是属于上述两种分类中的哪一类，再分别依不同的标准加以审查判断其是否违宪。一般而言，对基于内容的法律规制进行的审查要比对内容中立的法律规制进行的审查适用更加严格的标准。双阶理论（Two-level theory）是指在基于内容对言论进行限制的前提下，当然主要是基于议题的限制，将言论区分为高价值言论和低价值言论，发表的言论蕴含的价值不同，其享有的言论自由的自由度也不同，法院对其进行审查的标准也不同。

双阶理论源起于1942年查普林斯基诉新罕布什尔州案（Chaplinsky v. New Hampshire）。大法官弗兰克·墨菲（Frank Murphy）执笔该案判决书，"众所周知，言论自由的权利并不是在任何时间、任何情况下都是绝对的。某些言论属于明确界定和严格限制之列，对这些言论予以禁止和惩罚并不会引起违宪问题。这些不受保护的言论类型包括淫秽（Lewd and obscene）、亵渎（Profane）、诽谤（Libelous）及侮辱（Insulting）或挑衅言论（Fighting words），这些言论本身将造成危害，或容易造成即刻发生的危险。这类言论并非任何思想或观念之表达的必要部分，并且它们对获得真理的社会价值微不足道，以至于即使这些类型言论能给社会带来任何利益，这些可能的利益也明显小于限制这些言论所欲维持之社会秩序及道德规范之社会利益。诉诸辱骂或人身攻击的方式并不是任何意义上的受到宪法保障的信息或观点的交流，将其当作犯罪行为进行惩罚并不会出现任何问题"②。在此案后，美国的法院系统开始以所谓的定义性衡量（Definitional balancing）的分析途径来界定那些不受保护的言论类型。法院对这些案件的审查并不是去衡量这些言论的价值与公共利益二者孰轻孰重，而是要

---

① ［美］唐纳德·M.吉尔摩. 美国大众传播法：判例评析（上册）[M]. 梁宁，等译. 北京：清华大学出版社，2002.

② Chaplinsky v. New Hampshire, 315 U. S.568, 572 (1942).

界定所论争的这些言论在定义上是否属于不受保护的言论类型。当面对一个基于议题对言论进行限制的案件时，法官首先需要判断的是论争的言论是属于高价值言论还是低价值言论。若该言论属于高价值言论的范畴，如政治言论，那么法院应对该法适用严格审查标准，以判断该法的合宪性问题；若该言论属于低价值言论的范畴，如挑衅言论，那么法院仅需对该法进行中度或者关联性审查即可。如果法院确定有关言论属于低价值言论的范畴，接下来通常会审查："第一，限制或剥夺这些言论是否会产生任何宪法问题？第二，所有这些言论是否会造成损害或者有直接导致扰乱治安的倾向？第三，这些言论在表达任何思想中所起的作用是否重要？探索真理的社会价值如何？对这些言论进行限制以维护社会秩序和道德所体现的利益能否明显超过这些言论所能带来的好处？"①联邦最高法院在确认有关言论应否受到保护、限制或干预时，必须在该言论的价值与政府限制该言论所维护的利益之间寻求适当的平衡。

基于上述分析我们可以看到，材料 8-4 案例中秦中飞之所以被释放且获得国家赔偿，以及材料 8-5 案例中《纽约时报》之所以胜诉，其根源在于他们的言论都属于政治言论，是受到宪法和法律的保护的。当然，两个材料中的案例都涉及言论的一种类型——诽谤言论，那么对于诽谤言论应如何处理呢？诽谤言论，是指以口头、书面或视听等多种形式，通过捏造事实损害他人名誉，以降低其社会评价的一种言论形式。美国法院通常把四类话语认定为可以作为诽谤罪予以起诉的："降低公众对其尊敬的话语；致使其遭到公众嘲笑、愚弄或揶揄的话语；致使其为高尚社区所不齿的话语；对其职业或专业造成损害的话语。"②在美国的司法实践中，对诽谤言论的规制主要体现在两个层面。第一个层面是，法院首先区分这种诽谤言论是公言论还是私言论。若属于公言论的范畴，主要适用实际恶意原则；若属于私言论的范畴，还需要另行区分。第二个层面是，对私言论，法院又区分为事实性言论和见解性言论两类。若一种言论属于事实性言论的范畴，主要适用真实抗辩原则；若属于见解性言论的范畴，主要适用合理评论的原则。

📑【文献扩展】

1. 邱小平. 表达自由——美国宪法第一修正案研究[M]. 北京：北京大学出

---

① Chaplinsky v. New Hampshire, 315 U.S. 568 (1942).
② 邱小平. 表达自由——美国宪法第一修正案研究[M]. 北京：北京大学出版社，2005.

版社，2005.

2. 王斐."彭水诗案"与言论自由的边际[J]. 山东社会科学，2007（8）.

3. 安东尼·刘易斯. 言论自由的边界——美国宪法第一修正案简史[M]. 徐爽，译. 北京：法律出版社，2010.

【材料8-6】李启铭肇事案

2010年10月16日21时40分，一辆黑色轿车从河北大学南门驶入。校门口的保安称，轿车进校门的时候车速并不快，但进校约一百米后突然加速，在经过坤舆湖边易百超市门口时，将正在甬道上练习的陈晓凤和张晶晶两名女生撞飞，汽车的挡风玻璃瞬间破碎，其中陈晓凤被撞后在空中翻腾，又被车玻璃及车反光镜二次撞击。不久，轿车司机李启铭驱车原路返回，稍微减速后欲驶出学校，众多在甬道练习的武术协会学生，在保安的配合下，将李启铭所驾驶的肇事车辆拦下，要求李启铭下车，但遭到他的拒绝，他声称："看把我车给刮的""有本事你们去告我""我爸爸是李刚"。两名女生中陈晓凤因受撞击严重，头部有明显血迹，送往医院后不治身亡，另一女生张晶晶经救治脱离生命危险。接到报警后，附近派出所民警迅速赶到，并对肇事司机进行了抽血检测，显示酒精含量为151毫克/毫升，鉴定为醉酒驾驶。河北大学校园车祸案在2011年1月26日开庭，案件由保定市望都县人民法院开庭审理，望都县检察院以交通肇事罪提起公诉。法院认为，李启铭犯罪情节恶劣，后果严重，但是鉴于案发后，李启铭的父亲李刚积极赔偿死者家属46万元、伤者9.1万元，取得了被害方谅解，并且李启铭当庭表示认罪，悔罪态度较好，因此法院酌情采纳了辩护人对李启铭从轻处罚的意见，最终以交通肇事罪判处犯罪嫌疑人李启铭6年有期徒刑，赔偿死者46万元、伤者9.1万元。[①]

【材料8-7】李某某强奸案

2013年2月19日，北京市海淀分局接到一女事主报警称，2月17日晚，其在海淀区一酒吧内与李某某等人喝酒后，被带至一宾馆内遭到轮奸。2月20日涉案的李某某、王某（成年人）、魏某某（哥）、魏某某（弟）、张某某5人被以强奸罪刑事拘留。3月7日，李某某等5人因涉嫌轮奸被依法批捕。7月8日，北京市海淀区人民检察院依法对李某某等5人涉嫌强奸一案向海淀区人民

---

① 孟庆华. 李启铭醉驾案的交通肇事罪定性质疑[J]. 山东警察学院学报，2011（4）.

法院提起公诉。8月28日上午，李某某等人涉嫌强奸一案在海淀区人民法院第17法庭正式开庭审理。9月26日，北京市海淀区法院一审宣判：以强奸罪分别判处被告人李某某有期徒刑10年；王某有期徒刑12年，剥夺政治权利2年；魏某某（哥）有期徒刑4年；张某某有期徒刑3年，缓刑5年；魏某某（弟）有期徒刑3年，缓刑3年。10月11日下午，李某某就本案提起上诉，11月19日李某某一案二审由北京市第一中级人民法院审理，在11月27日，北京市第一中级人民法院就李某某等5人强奸上诉一案二审裁定驳回上诉人的上诉，维持原判。①

【法理分析】与大部分的轰动性案件不同，材料8-6和材料8-7所述案件之所以引发公众的关注，并非在法律的适用方面有疑难之处，李启铭以交通肇事罪被判处有期徒刑6年，李某某因强奸罪被判处有期徒刑10年，在定罪量刑方面毫无疑义。引发社会公众关注的是犯罪人的身份——"官二代"，以及司法机关是否因为他们的身份而不平等适用法律的疑虑。一句"我爸是李刚"刺痛了无数中国民众的神经，社会生活中太多的不平等事情，让民众对于法律的平等适用也心生疑虑，由此任何的风吹草动都会引发轩然大波。之前有微博爆料李启铭被提前释放，虽然事后被证实为网络谣言，但谣言所虚构的事实本身仍引发公众的不满和抗议；至于李某某案件中的年龄问题、取保候审和受害人撤诉等也无不牵动着民众审视的目光。

平等本身是一个宏大命题，无数前贤为此贡献了自己的知识增量。这些学者对于平等的回答已然构成了后人必须仰视的座座高峰。本书无意于检视和攀登这些山峰，而只想就法律中的平等作一番探讨。即便法律之中的平等，其类型和归属也众多，平等既可以是一种原则，也可以是一种权利。对于平等的性质，学界多有讨论，有"权利说""原则说"，等等，但通论认为，平等既是一种原则，同时也是一项权利。平等原则通过平等权得以体现，而平等权又需要平等原则作为指导，或者说平等权本身就是平等原则在某项具体权利中的运用。

法律之中的平等既有形式平等，也包含实质平等。形式平等在我国法律之中多有体现，其最大的贡献在于对特权的否定和反对。我国宪法第三十三条第二款规定，"中华人民共和国公民在法律面前一律平等"。第三十四条规定，"中华人民共和国年满十八周岁的公民，不分民族、种族、性别、职业、家庭出身、

---

① 杜涛，高培蕾．"豪雨式"报道与娱乐"格式化"：李某某强奸案报道的新闻学解读[J]．中国青年政治学院学报，2014（3）.

宗教信仰、教育程度、财产状况、居住期限，都有选举权和被选举权"。第四十八条规定，"中华人民共和国妇女在政治的、经济的、文化的、社会的和家庭的生活等各方面享有同男子平等的权利"。《民法典》第四条规定，"民事主体在民事活动中的法律地位一律平等"。《刑法》第四条也规定，"对任何人犯罪，在适用法律上一律平等。不允许任何人有超越法律的特权"。除此之外，我国其他的法律法规也都明确规定了法律面前人人平等的原则。可以说，法律体系内部的平等原则已然建立，相较于封建法制中的八议制度和官当制度，这已是极大的进步，其意义主要在于从制度层面上消除了不平等的特权现象。想想八议制度，赤裸裸地为"亲、故、贤、能、功、贵、勤、宾"八类人的犯罪减轻或免除刑罚，而官当制度则允许官员用夺爵位、除名籍和免官来抵罪，而法律面前人人平等原则的进步意义不言而喻。

上述两个案例我们之所以说是平等的，不仅在于法律制定上的平等，法律本身没有就地位、财富、名气、才艺和贡献等而特别立法对待，更为重要的还体现在适用法律上的平等，司法机关没有因为李启铭和李某某及他们父母的地位和财富而在定罪量刑方面对他们有所宽宥。形式平等既有进步意义，同时也存在着一定的局限性，这主要体现在形式平等过于强调形式至上、一视同仁，从而容易导致一定程度上实质的不平等，而这就需要实质平等的矫正。所谓实质平等，主要是依据平等思想对实质上不平等的事务和主体予以合理区别对待。基于实质平等，立法对于不同的主体和事务会有一定的差别对待，即合理的、必要的和适当的区别，此谓立法归类。如立法上加强对于妇女、儿童、老人、残疾人等社会弱势群体的照顾，对于少数民族的照顾等。立法归类并没有违反法律平等的要求，反而是法律平等的重要体现。立法归类中的"合理"较为重要，其标准的确立须斟酌立法目的和事务差异，否则容易导致"反向歧视"，如美国为补偿少数民族和妇女因社会歧视而实施的"积极行动"就引发了社会的争议和担心。通常而言，立法归类若要合法，满足法律平等的要求，须满足两个条件：一是归类具有合宪性，即立法归类是为了合法授予公共利益或消除危害；二是归类须具有一定的合理手段，即法律对人的特征归类必须和危害归类具有一定程度的重合。

平等权在司法中的适用主要集中于社会生活中的歧视案件，所谓平等就是反歧视，由此如何判定"是否构成歧视"就成为平等权司法适用的关键点。根据法院系统的判决，以及他们由此所发展出的司法技术，是否构成歧视的判定要素主要有下述几点：一是行为，这主要是当事人的区别对待，当事人的区别对待是否指向特定的对象，即区别对待是否会发生归类的效果，是行为的判定要素。如若当事人的区别对待指向特定的对象，行为发生了归类的效果，则歧视成立；反之，则不成立。二是标准，即行为人是基于什么标准进行归类的，有些标准在法律的许可范围之内，属于当事人意思自治和自主权的体现，而有些标准则非法，构成歧视。依据法院的判决，现有的歧视标准主要有公民的性别、民族、种族、户籍、年龄、宗教信仰、既往刑罚经历、传染病病原携带等。三是后果，歧视通常会造成一定的损害后果，包括物质损害和精神损害，有损害方能判定构成歧视。当然，法律判定歧视案件时也有诸多特定事由，即某一歧视案件虽然有上述三条标准，表面上构成了歧视，但由于符合特定事由，因此也不构成歧视，这些特定事由包括：一是对行政事务干涉的审慎，出于对行政机关依职权处理行政事务的尊重，法院一般不会判定作为被告的行政机关的行为构成歧视；二是维护公共利益的需要，虽然一项行为克减了特定人群的权利，但此种克减是基于公共利益的需要，则此种克减也不构成歧视；三是对意思自治的尊重，若当事人之间协商一致达成合意，虽然此种合意中暗含区别对待，则也不构成歧视；四是真实职业资格，若区别对待的归类事由是完成某项工作不可或缺的条件，则基于该事由的区别对待也不构成歧视。

📑【文献扩展】

1. 李成. 平等权的司法保护——基于 116 件反歧视诉讼裁判文书的评析与总结[J]. 华东政法大学学报，2013（4）.

2. 陈佑武，张晓明. 法治视野下的平等权[J]. 社会科学辑刊，2010（4）.

3. 门中敬. 平等权原则与宽容——以平等和自由的关系为向度[J]. 现代法学，2011（3）.

📖【材料 8-8】江歌案

2016 年 11 月 3 日凌晨，来自山东青岛的女留学生江歌在东京都中野车站接回同住的女友刘暖曦（曾用名刘鑫）时，在公寓楼门口遇到刘暖曦的前男友陈世峰，双方发生了争吵，刘暖曦先行进屋并锁上房门，江歌继而遭到该男子杀害。

2022 年初，江秋莲（江歌母亲）诉刘暖曦侵权索赔案一审宣判，法院判决刘暖曦对江歌的死亡结果承担侵权责任，且须向江秋莲支付精神损害抚慰金。

2022 年 12 月 31 日，山东省青岛市中级人民法院判决书指出："法安天下，德润人心。生命权是自然人最高的人格利益，是法律与道德共同维护的核心价值。任何人因过错侵害他人生命权，都应依法承担侵权责任。一审法院对于刘暖曦应当承担侵权责任的认定，是依据法律规定作出的法律评判，也契合友爱互助的传统，依法应予维持。首先，一审判决认定刘暖曦与江歌之间形成救助民事法律关系，江歌是施救者，刘暖曦是被救助者和侵害危险引入者，刘暖曦未对江歌尽到注意、救助、安全保障义务，是依据经过庭审质证的证据作出的对案件法律事实的认定。其次，在救助民事法律关系中，被救助者负有对救助者必要的注意、救助、安全保障义务，既契合我国民法诚实信用、公序良俗基本原则的应有之义，也符合社会主义核心价值观的指引方向，更是中华民族助人为乐、知恩图报优秀美德的内在要求。一审判决依据查明的事实，适用《中华人民共和国侵权责任法》第六条第一款的规定，认定刘暖曦对江歌遇害具有过错，应当承担侵权损害赔偿责任，适用法律正确。再者，一审判决综合全案事实和具体情节，对江歌扶危济困行为的褒奖评析，对刘暖曦的背信负义行为予以谴责，是对我国民法基本原则、社会主义核心价值观、我国优秀传统美德的遵循、阐释和弘扬，是司法裁判的教育、引导功能的重要体现，应当予以肯定。"最终，二审法院认定一审判决认定事实清楚，适用法律正确，审理程序合法，判决驳回上诉，维持原判。

【法理分析】本案中，对于刘暖曦具有注意、救助、安全保障义务的理由，二审法院以根据价值的论证和根据类比的论证来进行建构。二审法院在总结部分援引我国民法中的诚实信用原则、公序良俗原则、社会主义核心价值观、中华民族助人为乐和知恩图报的优秀美德来论证在救助民事法律关系中，被救助者负有对救助者必要的注意、救助、安全保障义务。

社会主义核心价值观具有高度的道德性和政治性，是中国特色社会主义核心价值体系的高度凝练和集中表现。党的十八大以来，以习近平同志为核心的党中央高度重视将社会主义核心价值观融入法治建设，要求"遵循法律精神和原则，实行适应社会主义核心价值观要求的司法政策，增强适用法律法规的及时性、针对性、有效性，为惩治违背社会主义核心价值观、严重失德败德行为，提供具体、明确的司法政策支持"[1]。习近平总书记更是强调要推动把社会主义核心价值观贯穿立法、执法、司法、守法各环节，使社会主义法治成为良法善治。可以看出，社会主义核心价值观已然融入法律的"立改废释"全过程，在

---

[1] 中共中央办公厅、国务院办公厅印发的《关于进一步把社会主义核心价值融入法治建设的指导意见》。

司法领域中也体现为具有一定认知影响力的司法政策。虽然法律原则、社会主义核心价值观等无法作为独立的效力来源在裁判中使用，但可以通过融入论证型式的方式进行具体化，转变成为外部证成中裁判前提的证成理由，支持个案规范的选择和释法说理。

借助根据价值的论证型式（正面价值）来进行分析：

前提 1：价值 V 被主体 A 判断为正面的（判断值）。

前提 2：价值 V 是正面的这一事实影响主体 A 之目标 G 的解释和评估（如果价值 V 是好的，它就支持对目标 G 的承诺）。

结论：V 是保持对目标 G 的承诺的一个理由。

在本案中，要论证刘暖曦对江歌具有注意、救助、安全保障义务的证成理由，其微观结构如下：

前提 1：法官认为，我国民法诚实信用原则、公序良俗基本原则、社会主义核心价值观和中华民族助人为乐、知恩图报优秀美德是正面的价值。

前提 2：我国民法诚实信用原则、公序良俗基本原则、社会主义核心价值观和中华民族助人为乐、知恩图报优秀美德要求被救助者刘暖曦对救助者江歌回报以必要的注意、救助、安全保障义务。

结论：我国民法诚实信用原则、公序良俗基本原则、社会主义核心价值观和中华民族助人为乐、知恩图报优秀美德是被救助者刘暖曦需要承担对救助者江歌注意、救助、安全保障义务的一个理由。

由以上论证型式，可以建构出这样一条理由：江歌的行为符合传统道德和社会主义核心价值观，应当得到法律救济。但其也并非天然成立，而需要经受基于价值的实践推理型式的相应批判性问题的检验，才能作为裁判理由在判决书中发挥证成效力。可以提出以下批判性问题：

CQ1：存在与民法诚实信用原则、公序良俗基本原则、社会主义核心价值观和中华民族助人为乐、知恩图报优秀美德相冲突的其他价值观吗？

CQ2：刘暖曦在道德伦理上的缺失，是否能够得到法律上的负面评价？

通过批判性问题的检验，使得社会主义核心价值观、道德原则在本案中适用的合理性得到确立。由此，核心价值观超越了宣示性条款和弱司法政策，可以在个案当中作为具有直接指引功能的裁判理由适用。这也体现了将社会主义核心价值观全面融入法治建设的要求。

📄 【文献扩展】

1. 雷磊. 社会主义核心价值观融入司法裁判的方法论反思[J]. 法学研究，2023（1）.

2. 魏志勋. 司法裁判的道德维度与法律方法——从江歌案民事一审判决的道德争议切入[J]. 法律科学（西北政法大学学报），2022（5）.

3. 杨立新，李怡雯. 受助者的作为义务及侵权责任——以"江歌案"为视角[J]. 福建师范大学学报（哲学社会科学版），2022（3）.

📖 【材料8-9】彭宇案

退休职工徐老太太在公交站跑向一辆乘客较少的公交车，与 26 岁的小伙子彭宇在不经意间发生相撞。急于转车的彭宇将摔倒在地的徐寿兰扶起，并协助其家人将徐老太太送到医院，确诊为胫骨骨折，其间彭宇还代付了 200 元医药费。后徐老太太及家人认定是彭宇撞倒了徐老太太，要求彭宇承担后续医疗费。彭宇不同意，于是老太太及其家人向南京市鼓楼区法院提起诉讼，要求彭宇赔偿各项经济损失 13 万余元。南京市鼓楼区法院对本案的争议焦点"原、被告是否相撞"进行了分析，认定原告系与被告相撞后受伤，理由如下：

根据日常生活经验分析，原告倒地的原因除了被他人的外力因素撞倒之外，还有绊倒或滑倒等自身原因情形，但双方在庭审中均未陈述存在原告绊倒或滑倒等事实，被告也未对此提供反证证明，故根据本案现有证据，应着重分析原告被撞倒之外力情形。人被外力撞倒后，一般首先会确定外力来源、辨认相撞之人，如果相撞之人逃逸，作为被撞倒之人的第一反应是呼救并请人帮忙阻止。本案事发地点在人员较多的公交车站，是公共场所，事发时间在视线较好的上午，事故发生的过程非常短促，故撞倒原告的人不可能轻易逃逸。根据被告自认，其是第一个下车之人，从常理分析，其与原告相撞的可能性较大。如果被告是见义勇为做好事，更符合实际的做法应是抓住撞倒原告的人，而不仅仅是好心相扶；如果被告是做好事，根据社会情理，在原告的家人到达后，其完全可以在言明事实经过并让原告的家人将原告送往医院后自行离开，但被告未做此等选择，其行为显然与情理相悖。

一审最终判决彭宇补偿原告40%的损失，即 45876 元，10 日内给付。彭宇则表示不服此判决，二审上诉至南京中院。在开庭前，彭宇与徐老太太达成和解：彭宇一次性补偿徐老太太 1 万元；双方均不得在媒体上就本案披露相关信息和发表相关言论；双方撤诉后不再执行鼓楼区法院的一审民事判决。

【法理分析】彭宇案之所以引发学界和社会层面的广泛质疑、成为舆论焦点和有影响力的案件，是由于其判决未能实现法律的正义价值。正义是人类社会永恒追求的崇高价值，也是社会制度赖以维持的基准线。正义是法律的核心价值，我国将建立社会主义司法制度的根本价值立足于保障社会实现公平和正义基础之上。习近平指出，法律的正义价值"就是受到侵害的权利一定会得到保护和救济，违法犯罪活动一定要受到制裁和惩罚"。只有确保在定分止争和定罪量刑过程中贯彻正义价值，才能切实维护人民的利益，让人民切实感受到司法的权威和公信力，使社会主义法治成为惠及人民群众的伟大实践。

就正义价值的内涵而言，可以理解为实体正义与程序正义两对关系。实体正义是司法裁判的实际结果所体现的公正。实体正义主要关乎实体的个别正义，是司法机关根据实体法的要求，严格根据证据查明案件事实、正确适用法律形成正义的裁判结果。程序正义，又称过程正义，是严格遵循诉讼程序所体现的正义。

在实体正义层面，本案中一审判决的事实认定，是对证据事实根据"日常生活经验""社会情理"等运用推定作出的，在推断无证据的待证事实时，需要达到前提事实与推定事实之间的高度盖然性。本案中，法官对于被告第一个下车的前提事实与撞倒原告的推定事实间的联系，一审判决并没有从正面加以分析，而是从反面进行推定——"如果被告是见义勇为做好事，更符合实际的做法应是抓住撞倒原告的人，而不仅仅是好心相扶"。一方面，法官没有考虑到原告自己摔倒或滑倒的可能性，如果原告是自己摔倒的，那么后者之间的推定分析便也不复存在。另一方面，见义勇为的推定模式并不是一定的，没有充分的理由能够证明彭宇仅做到好心相扶的行为不是见义勇为的行为。因而一审判决所持的"日常生活经验"是否为普通第三人的客观标准，值得怀疑。一审判决接着分析道，如果被告是做好事，根据社会情理应该对原告家人言明事实经过而后自行离开，其行为有悖情理。如果彭宇没有意识到因为自己的行为会承担责任，便也没有必要言明事实，保持沉默也在情理之中。但是，本案一审判决以旁观者的道德标准和主观认定的社会情理来分析案件经过，从而否定彭宇见义勇为的主张，推定彭宇撞倒原告的事实，这样的推定过程和结果均不具有正当合理与道德性，未达到实体正义的价值要求。

在程序正义层面，在缺乏关键性证据的情况下，依程序应当分配证明责任。证明责任是一种工具，在事实不清、证据不明时，一方当事人因此而承担诉讼上不利的裁判后果。本案属于一般侵权案件，原告需要承担以下证明责任：第一，被告存在撞倒人的实际加害行为；第二，被告有受伤的事实；第三，二者之间存在因果关系；第四，被告有过错。对于被告是否撞倒原告这一关键事实行为，原告并无证据证明。且根据案件展现的现有证据，法官也难以作出有利于原告的事实推定从而作出判决。这种情况下，法院应当依照证明责任规则，判决原告败诉。这并非表明被告没有撞倒原告，而是说明根据现有事实证据无法查明被告有撞倒原告的事实，从而应由原告承担诉讼上的不利后果。显而易见，该案判决未能遵循程序正义这一"看得见的正义"，也导致了最终显失妥当的判决结论。

【文献扩展】

1. 陈瑞华. 事实推定的原则与方法[J]. 人民检察，2007（21）.

2. 郑文革. 论推定适用的条件与规制——从"彭宇案"说起[J]. 朝阳法律评论，2017（2）.

3. 王继民. 从日常生活经验法则解析事实推定的司法适用[J]. 人民检察，2004（5）.

第九章

法律与社会

📖【材料 9-1】布什诉戈尔案（Bush v. Gore）

2000 年的美国总统大选在共和党候选人布什和民主党候选人戈尔之间展开。到 11 月 7 日全国投票结束时，根据当时的结果，戈尔在 18 个州和哥伦比亚特区赢得 255 张选举人票，布什在 29 个州赢得 246 张选举人票，都还没有达到获胜所需的 270 票。此时，还有三个州的票数统计正在进行中。在这三个州中，新墨西哥州和俄勒冈州加起来只有 12 票，无论谁获得都不影响大局，关键在于佛罗里达州的 25 票，在佛罗里达州获胜的一方将赢得此次大选。佛罗里达州的计票结果表明，布什获得 2909135 选民票，戈尔获得 2907351 票，差距仅有选票总数的 0.0299%。而佛罗里达州选举法规定，如果两位候选人的得票差距等于或小于 0.5%，就必须重新机器计票一遍，而候选人也有权在 72 小时之内提出人工计票的请求，县选举委员会"可以"决定进行人工计票。

11 月 8 日公布的机器计票结果，布什仅仅领先戈尔 327 票，只占到选票总数的 0.0056%。11 月 9 日，戈尔提出在 4 个县重新人工计票的请求，11 月 12 日，布什阵营向联邦地区法院提出申请，要求法院紧急停止 4 个县的人工计票，而联邦地区法院拒绝了申请，理由是这是州法管辖问题不属于联邦法院管辖范围。布什方面随即向联邦巡回上诉法院上诉，仍然被拒绝。同时，佛罗里达州州务卿哈里斯（共和党人）宣布 11 月 14 日为各县上报计票结果的最后日期，这显然不利于人工计票的各县，因此戈尔一方向州巡回法院提出申请，要求制止哈里斯签署正式选举结果，被拒绝后又上诉到佛罗里达州最高法院。佛罗里达州最高法院裁定：选举权是公民权利中最重要的权利，没有这项基本自由，一切其他自由无从保障，因此，在机器计票和抽样的人工计票结果存在误差的情况下，各县选举委员会有权决定进行人工计票，州务卿无权以结果过时这一制定法的僵硬规则凌驾于公民基本权利之上，因此各州可以在 11 月 26 日以前将人工计票结果上报到州务卿办公室。布什起诉到联邦最高法院要求撤销这一裁定。

到 11 月 26 日下午 5 点这一截止时间，只有一个县完成了人工计票并按时上报，哈里斯签署了正式选举结果，布什领先戈尔 537 票，而这个结果中不包括一个没有完成全部人工计票的县和一个在截止时间两小时后才报来的县（在这两个县已完成的人工计票中，戈尔超过了布什 383 票）。12 月 7 日，佛罗里达州最高法院作出了戈尔诉哈里斯案的判决，要求除已经完成人工计票的三个县以外，其余各县立即开始对本县的"少选票"进行人工重新计票。布什方面向联邦最高法院提出上诉。

12 月 9 日，人工计票在各县展开，此时布什的领先优势已经只剩下 154 票，而且随着人工计票的进行还可能继续减少。但在人工计票开始两小时之后，联邦最高法院就突然发出紧急停止令，要求立即终止人工计票。12 月 11 日，联邦最高法院进行了法庭辩论，此案被正式定名为"布什诉戈尔案"。

12 月 12 日，联邦最高法院作出了裁决：佛罗里达州最高法院的判决没有提供一个统一的计票标准，因此导致了对同等选票的不平等对待（只计算"少选票"）。因此，佛罗里达州最高法院关于恢复人工重新计票的裁决违宪。联邦最高法院以这一裁决决定了总统的归属。①

【法理分析】本案常常作为经典的宪法案例被给予各种解释，而从法理学的视角来看，这个案例生动地反映出法律与政治之间的微妙关系。在法律与外部世界的关系当中，法律与政治的关系表现得最为紧密，也最为复杂。

---

① 史蒂芬·R. 奥顿，郭树理. 从马伯里诉麦迪逊案到布什诉戈尔案看美国司法审查制度的两百年[J]. 法学评论，2002（3）.

首先我们可以看到，这个案例中法律与政治已经体现出非常明显的分离。从马克斯·韦伯的定义来看，"政治是追求权力的分享、追求对权力的分配有所影响——不论是在国家之间、或是在同一个国家内的各团体之间"。总统选举是一个政治过程，通过这个政治过程形成的决断，确认的正是权力的分配与归属。这一政治过程的运作，以其自身的方式进行，更直接地表现出社会中的不同利益、立场与要求，更明确地表现出人们对于权力归属的实质合理性判断。在这一过程中，法律并未介入进来，不干预人们的实质合理性判断。

而在选举出现争议的情况下，这一争议被引入法律过程当中来加以解决。虽然人们对于谁是更合适的总统人选有着不一样的实质合理性判断，但是法律过程中并不对此直接表达看法，不干预实体问题。法律的介入表现出了非常谨慎的态度，仅仅是在佛罗里达州的立法对于重新计票有具体规定时，法律才得以介入对争议的解决当中。而且，在整个法律过程中，没有表达对于实质合理性的倾向性意见，而是围绕着非常技术化的重新计票问题，作出形式合理性的判断。无论是佛罗里达州最高法院还是联邦最高法院，所讨论的问题都是对于"少选票"是否应当进行人工的重新计票，将争议限制在这一非常小的范围之内，并未展开关于对几个县当中的少数选票所进行的人工计票将会对政治格局产生怎样影响的讨论。而法院作出判断的依据，则是这种情况下进行人工计票究竟是保障了公民的选举权，还是造成了对权利的平等保护的侵害，也没有将政治考量直接引入司法。

从这样的角度来看，本案生动地表现出托克维尔所作出的判断："在美国，几乎所有重大的政治问题都被转化为法律问题而提交法院解决。"法律与政治的分离，使得从政治问题向法律问题的转化成为一种精致的技术。那些更容易形成尖锐冲突的实质性问题分歧，被转化为容易进行理性计算和推理的形式性问题分歧，从而在法律的形式推理过程中加以和缓地解决。正如冯象的经典比喻："法律是政治的晚礼服。"法律的技术运作，可以成为对政治的包装，使政治冲突被看似中立的法律所掩盖。在现代社会中，法律对政治的包装有效地避免了政治冲突对社会的影响，使得社会能够更好地保持团结与稳定。

本案不仅反映出法律与政治的分离，从另一个视角来看，又反映了法律与政治不可避免的纠缠。这一案件的背景非常微妙，时任佛罗里达州州长正是候选人布什的弟弟杰布·布什，佛罗里达州行政分支由共和党掌控，而民主党则在州司法分支占据优势，有7位大法官由民主党州长任命。因此，在佛罗里达州这一层面通过戈尔诉哈里斯案所展现出来的纠纷及其解决，不可避免地反映了不同分支背后党派政治的考量，佛罗里达州最高法院毫不掩饰自己对民主党一方的支持。而联邦最高法院对于此案的介入也是异乎寻常的。在历史上，联邦最高法院还从未介入过任何一州的计票事务，各州的选举由州法规定，因而由州法院解释。联邦最高法院之所以在本案中介入，共和党方面，以及由共和党总统所任命的保守派大法官们起到了积极的推动作用。而在联邦最高法院对本案的审理过程中，9位大法官之间也表现出了明显的分歧，5位保守派大法官凭借相对于自由派大法官的人数优势，最终作出了有利于布什的裁定。这一判决从法律推理的角度而言，并未充分地对法律的平等保护原则在本案中的体现加以论证。肯尼迪大法官所起草的法律意见书，看起来并没有体现联邦最高法院确立可供普遍适用的法律原则这一职能，而更像是直接指定了胜利者。因此，本案过程与结果所表现出来的鲜明的政治色彩，也使得联邦最高法院遭到了外界的许多批评，并造成联邦最高法院内部一定程度上的分裂，双方都认为对方试图"窃取大选结果"。

但是，本案所反映出的联邦最高法院的政治考量，又并不只是出于党派利益。联邦最高法院的大法官们虽然并不掩饰自己的政治倾向性，但还是坚持对案件的政治后果从宏观层面作出审慎判断。联邦最高法院的判决，终结了大选结果的不确定性，避免了旷日持久的争议导致大选之后迟迟不能确定下一任总统所造成的混乱。如果联邦最高法院保持中立，让冲突在共和党控制的佛罗里达州行政与立法分支和民主党控制的司法分支之间持续下去的话，那么有可能导致美国总统不能按期选出。而此时的副总统兼参议院议长正是戈尔本人，无法出任代总统。众议院新任议长丹尼斯·哈斯特尔特刚刚上任，由于代总统离任后不能恢复此前的职位，不愿意放弃议长位置去出任昙花一现的代总统。第四顺位是参议院执行议长、最资深的参议员斯德姆·塞蒙德，当时已经97岁高龄，并且也不会愿意辞职将参议院的控制权拱手让给民主党人。第五顺位是国务卿，但时任国务卿奥尔布赖特并不出生于美国，也不能担任总统。要一直排到第六位的财政部部长萨默斯才能够代理总统，而此时萨默斯出任公职还仅仅只有一年时间，很难承担超级大国代总统的职责。从这样的角度来看，总统就职的久拖不决，会对经济乃至国家安全带来极大的威胁。因此，联邦最高法院强调的就是秩序，利用美国人对于法院和司法的信任，将政治问题淡化为一个价值中立的法律技术问题，从而维护宪政的稳定。作为一种保守的力量，联邦最高法院实际上信奉了一个古老的信条——"国不可一日无君"。桑斯坦评论说："从宪政秩序的角度来看，联邦最高法院可能帮了国家的大忙；从法律推理来

第九章

看，联邦最高法院的这个决定很糟。一句话，联邦最高法院的决定产生了秩序，却没有法律。"而波斯纳则概括说，这一决定是一个实用主义判决。作为首席大法官的伦奎斯特曾托人捎话给戈尔："戈尔先生，委屈你了，但我不能让美国陷入第二次内战。"而也正是从这样的政治考量出发，戈尔认可判决的合法性，接受了这一结果，在多赢得 33.7 万张选民票的情况下承认自己输掉了大选。

📑【文献扩展】

1. 任东来. 美国宪政历程：影响美国的 25 个司法大案[M]//总统难产引发的司法大战. 北京：中国法制出版社，2004.

2. 杰弗里·图宾. 九人：美国最高法院风云[M]. 何帆，译. 上海：三联书店，2010.

3. 波斯纳. 法律、实用主义与民主[M]. 凌斌，李国庆，译. 北京：中国政法大学出版社，2005.

📖【材料 9-2】斯科特诉桑福德案（Scott v. Sandford）

斯科特是一名黑奴，1833 年被主人卖给蓄奴州密苏里州的一位名叫艾默森的军医。1834—1838 年，斯科特跟随艾默森先后在自由州伊利诺伊州和威斯康星自由联邦领地（后来建成威斯康星州和明尼苏达州）的军营里居住过 4 年。1838 年，斯科特随从主人重新回到密苏里州。1843 年艾默森去世后，根据其遗嘱，斯科特成为主人遗孀艾默森夫人的财产。1846 年，在白人废奴团体的帮助下，斯科特向密苏里州地方法院提出申诉，要求获得人身自由。斯科特的律师声称，斯科特曾在伊利诺伊州和威斯康星联邦领地居住过 4 年，根据国会 1820 年制定的《密苏里妥协案》的规定："除非作为对罪犯的惩罚，奴隶制度和强制劳役必须在北纬 36 度 30 分以北的整个地区予以禁止"，两地均禁止奴隶制，所以他在两地居住期间的身份应是自由人而非奴隶。根据州际之间相互尊重州法律的原则以及密苏里州"一旦自由，永远自由"的州法，斯科特获得自由人身份之后即使重新回到蓄奴州密苏里州，其自由人身份也不应被剥夺。1847 年，斯科特在密苏里州地方法院败诉，但获得了重新审判的机会，在 1850 年短暂地获得了自由，此后密苏里州最高法院又推翻了州地方法院的判决。斯科特案在 1856 年 2 月最终上诉到联邦最高法院。在此期间，艾默森夫人已再嫁，斯科特在法律上被转让给艾默森夫人的弟弟桑福德，因而此案被定名为"斯科特诉桑福德案"。

　　1857 年，联邦最高法院作出判决，驳回了斯科特的主张。在判决中，首席大法官坦尼讨论了两个问题：第一，黑人奴隶是否属于合众国宪法中所指的公民；第二，此前国会制定的《密苏里妥协案》是否违宪。第一个问题涉及联邦最高法院的管辖权，坦尼首席大法官通过对立法和历史进行考证后认为，在美国的《独立宣言》和后来 13 个殖民地通过的联邦宪法里面都把黑人看作财产，而绝非公民的一员，宪法的前言虽然没有明确"公民和人民"的具体范围，但是宪法的两个条款——批准奴隶的输入和保证追回逃亡奴隶，说明奴隶是被排除在外的隔离阶层，宪法这个伟大的文献无意将其纳入公民这个含义之内。从事实上考虑，在合众国某些地方的废奴行为是出于奴隶不适应当地气候、无法充分利用其劳力的考虑，而不是出于他们对奴隶态度的根本改变。因此，斯科特不是合众国宪法意义上的公民，无权在联邦法院提出诉讼，并且认为把奴隶作为财产权利像普通商品一样买卖由宪法规定，完全合法。针对第二个问题，判决认为，宪法中提到的国会有权"废除和制定有关领土或属于合众国财产的所有规则和法规"的规定只对宪法通过时的那一个领土范围内适用。在新州加入时，作为属于合众国的领土，联邦无权以殖民地的地位对待，并且对其行使无限的立法权力，联邦政府的行为应该是符合创建它的各州的人民的利益的。因此根据宪法，国会无权在联邦领地禁止奴隶制，1820 年《密苏里妥协案》是一项违宪法案，斯科特尽管曾经在该法案所规定的自由州居住，也无法获得自由人身份。[①]

　　【法理分析】本案是在马伯里诉麦迪逊案之后，美国联邦最高法院第二次行使司法审查权，宣布国会立法违宪。但不同于享有盛誉的马伯里诉麦迪逊案，本案在历史上遭遇了严厉的批评，被称为"引发内战的判决"，首席大法官坦尼也因此被称为"运气最差的首席大法官"。

　　理解本案首先需要认识其历史背景。1787 年美国宪法确立的制度适用于联邦 13 个州，其中有 7 个自由州与 6 个蓄奴州，但没有规定新开拓的联邦领地如何处理。1820 年，为了保持自由州与蓄奴州阵营在参议院的投票平衡，国会通过法案，规定以北纬 36 度 30 分为界，此线以南为奴隶制，此线以北禁止奴隶制（密苏里州除外），该法案从而被称为《密苏里妥协案》。

　　《密苏里妥协案》的制定并未解决南北双方的矛盾和分歧。这是由于南北双方基于各自不同的经济基础产生了对待奴隶制的不同立场。北方州从小自耕农

①［美］丹尼尔·A. 法伯，邹奕. 致命的失衡：回顾德雷德·斯科特案[J]. 法律方法，2013（2）.

第九章

经济向工业化高速发展，需要大批的自由劳动力，因而力图禁止奴隶制，解放更多的自由人进入工业。而南部的气候和土壤十分适宜生产甘蔗、棉花、烟草等高价值的农作物，这类作物在大农场投入大量廉价劳动力的情况下更能够进行高效生产，奴隶制庄园经济成了南方各州的经济基础，因此南方各州要求维护奴隶制。不同的经济基础决定了南北方政治家代表不同集团的利益。

基于各自经济基础所形成的利益集团的不同要求，自由州与蓄奴州之间在宪法中达成了一系列妥协。"五分之三条款"规定按照各州人口比例分配众议院席位与联邦直接税时，一个黑奴按照五分之三白人自由民计算，这意味着南方蓄奴州可以获得较多代表权，但也因此承担更多税负成本。"奴隶贸易条款"规定在宪法生效后 20 年内国会不得立法禁止进口奴隶的贸易，意味着南方州在此期间可以继续购买维持奴隶制长期存在的奴隶人口，而北方州则可以寻求在期限届满后禁止奴隶贸易。"逃奴条款"规定逃往自由州的黑奴被抓获后必须物归原主，继续作为奴隶，这就使得南方州的奴隶制得到宪法保护。这些妥协延续着南北方之间的分歧，成为引发斯科特案判决及此后更为激烈的一系列冲突的深层原因。

正是在这样的背景下，可以看出，联邦最高法院的判决有其经济与政治上的深刻动因。建国后最早的 5 位美国总统有 4 位来自蓄奴州弗吉尼亚州，由总统任命的联邦最高法院大法官，当然也就以来自蓄奴州的人数更多。法官们不可避免地带有自己的政治偏见来看待斯科特案。政治背景塑造着法律。虽然法律与政治形式上分离，并且法律可以对政治进行包装，但是用于包装的法律，其基础仍然是对政治秩序的表达。更进一步说，最终的基础在于经济形态以及由此形成的经济利益格局。

但是，我们不能将联邦最高法院视为庸俗的奴隶主利益代表者。在本案中，斯科特个人的自由，牵涉的不仅是奴隶制的存废，还是联邦与州之间的中央地方关系建构。南方的辩护者未必就是支持奴隶制，而是认为自由人对于自己至关重要的问题拥有决定权，自治的基础在于人民决定问题（包括对与错的问题）的能力，如果少数政治精英要越俎代庖，替人民决定某些重大问题的对错，那么这就构成了对自由的严峻威胁。从这样的视角看来，南方各州对黑奴制的保留，反映了区域性的人民主权，可以视为联邦制国家宪政的基础，如果联邦强行改变这一点的话，就是破坏了中央与地方的分权关系。这样的判断，同样深刻地反映出法律与政治的密切关联。

联邦最高法院在本案中的思考虽然深刻，但案件的后续影响却表明这并不是一个政治上审慎的判决。联邦最高法院一劳永逸地解决奴隶制的司法努力，不仅无助于问题的解决，反而激化了南北矛盾，加快了冲突的到来。此后，北方各州法院开始公开抵制联邦最高法院，拒不服从联邦命令，发生了美国自立宪建国以来第一次较大范围内抵制法律的混乱局面，形成了严峻的宪政危机。最终，是血腥的南北战争，而非联邦最高法院的判决解决了联邦制性质和奴隶制问题。在这场战争中，南北双方的阵亡人数超过了60万，比美国历史上所有其他内外战争中死亡人数的总和还要多。以如此沉重的生命代价来废除奴隶制、维护联邦的统一，在一定程度上说明宪政，至少是1787年宪法的部分失败。正是在血流成河的美国内战后，林肯与共和党人宣告"自由的新生"，效法建国联邦党人的"违法"实践，无视坦尼首席大法官的"违宪"指控，扩大了于法无据的总统战争权力，并且下令在部分地区中止人身保护令特权，这才维护了联邦的统一。战后，被称为内战修正案的宪法第十三和十四修正案才写入了美利坚民主的高级法，推翻了斯科特案判决，重铸了所谓的"隐藏的宪法"。而且，还要依赖战后重建时期联邦政府对南方各州采取的军事管制与政治高压，才使新的修正案得以缓慢推行。这同时也说明，被不少人视为神明的联邦最高法院，在涉及国家存亡的关键问题上力量极为有限。也体现了法律相对于政治而言，具有更多的被动性。法律根本性的变迁来自政治的推动，政治转型之际，往往是对法律的违背在推动法律的前进。

📑【文献扩展】

1. 任东来. 试论美国最高法院与司法审查[J]. 美国研究，2007（2）.
2. 弗莱彻. 隐藏的宪法——林肯如何重新铸定美国民主[M]. 陈绪刚，译. 北京：北京大学出版社，2009.

📖【材料9-3】布朗诉托皮卡教育委员会案（Brown v. Board of Education of Topeka）

堪萨斯州托皮卡镇黑人牧师奥利弗·布朗的女儿琳达·布朗需要步行1.6千米乘公交车去距离8千米之远的黑人学校蒙罗小学上学，而无法取得距离她家较近的萨姆纳小学的入学许可，因为后者是隔离的白人小学。当时堪萨斯州的法律允许（但非强制要求）人口大于15000的城市可以依据种族的不同而设置种族隔离的学校。基于这样的法律规定，托皮卡教育局设立了种族隔离的公立中小学。1951 年，在"全国有色人种促进会"的支持下，奥利弗·布朗集合了有同样背景的 13 名黑人学生家长，对托皮卡教育委员会提起集体诉讼，要求停止种族隔离政策。联邦地区法院依据联邦最高法院在 1896 年的普莱西诉弗格森案（Plessy v. Ferguson）中确立的"隔离但平等"原则，认为黑人学校和白人学校在建筑物、交通措施、课程及教职员等方面有"实质"（Substantially）的平等，教育委员会的种族隔离政策并不违反宪法第十四修正案。布朗不服判决，上诉至联邦最高法院。

1951 年 12 月，联邦最高法院把来自堪萨斯州、北卡罗来纳州、弗吉尼亚州、特拉华州涉及"黑白分校"、种族隔离的五个案件并案审理，在这五个案件中，特拉华州最高法院遵循了普莱西诉弗格森案的先例所确立的"隔离但平等"原则，但指令白人学校接收原告，原因是白人学校的物质条件优于黑人学校。其他法院都依据该原则，认为只要为不同种族提供了物质上平等的各项设施，就算赋予了平等对待，即使这些设施是隔离开来的，因而拒绝给原告提供救济。因此，联邦最高法院认为，一个共同的法律问题使得有理由在合并意见中将它们一并考虑。

1954 年 5 月，联邦最高法院在首席大法官沃伦的推动下，以九票对零票的一致判决宣布，以托皮卡教育委员会为代表的公立学校"黑白分校"违宪。联邦最高法院认可了地方法院对于实质平等的判断，指出从事实层面来看，所涉及的黑人学校与白人学校在建筑、课程、入学资格和教师薪金以及其他"有形的"因素方面，已经实现了平等或者正在实现平等，因此判决不能仅仅就每一案件中黑人学校和白人学校的这些有形因素进行比较，而必须考察隔离本身对公共教育的影响。因而将讨论指向了"隔离但平等"原则，这一原则自 1896 年确立以来，联邦最高法院已经有六起案件涉及，但均未挑战该原则自身的有效性。

联邦最高法院论证说，必须从整个国家（Nation）出发，从公共教育的充分发展以及公共教育目前在美国人的生活中所处的地位来考虑，教育也许是州和地方政府最重要的功能，是培养良好公民品格（Good citizenship）的真正基础，因而是一项必须平等对所有人开放的权利。由此，提出了这样的问题：在公共学校中仅以种族为由对儿童的隔离，即使物质设施和其他"有形的"因素可能是平等的，是否剥夺了少数族群的儿童接受教育的平等机会？

作为对上一问题的回答，联邦最高法院基于心理学与社会学研究的相关材料，指出"仅仅由于种族而把他们与其他类似年龄和资质的儿童分开，就会产生一种与他们在社区中的身份相关的自卑感,这可能会影响他们的心灵和心智,而且可能永远无法排解"。而在普莱西诉弗格森案的时代,心理学尚未发展到这一程度,因此应当基于更权威的现代心理学认知否定普莱西诉弗格森案这一先例。由此得出的结论是,在公共教育领域里,没有"隔离但平等"原则的场地。隔离的教育设施本身就是不平等的。①

【法理分析】由于案件关系到美国人日后的生活方式,因此受到各方瞩目,联邦最高法院出于谨慎,案件审理期从 1952 年断断续续拖到 1953 年底,在此期间,首席大法官弗雷德·文森突然去世,加利福尼亚州州长厄尔·沃伦于 1953年 10 月出任首席大法官。沃伦担任首席大法官之后,对此案高度重视,希望将此案树立为标杆。为此,沃伦利用自己丰富的行政经验,反复同其他八位大法官私下沟通,促成了在这一充满分歧的案件上达成九票一致同意的判决。沃伦此举,充分表明了他对本案的政治和社会意义有着深刻考量,而本案也被称为"也许是美国联邦最高法院曾经作出过的最重要的判决"。

本案推翻的是 1896 年的普莱西诉弗格森案所确立的"隔离但平等"的原则。两个案件的判决依据的都是宪法第十四修正案,结果却大相径庭。在普莱西诉弗格森案中,联邦最高法院肯定了宪法第十四修正案以实现平等为目标,而且承认这种平等针对的是群体而不是个体,只不过平等并不需要通过融合来得以实现。而到了布朗案当中,联邦最高法院则运用社会科学文献来论证隔离确实会导致不平等。可见,双方对于宪法修正案确立的平等保护原则并无争议,并且也都承认宪法的平等保护原则指向的是具体的群体,尤其是黑人群体与白人群体的平等,而不是抽象的个人。双方的分歧在于,到底什么样的方式能够实际实现宪法所意图的那种平等。波斯纳指出,隔离等于不平等,这个命题并不是一目了然的。

在布朗案的判决中,法院借助了社会科学的进路对自己的立场加以论证,利用心理学的文献论证说明了种族隔离会导致黑人的自卑感和白人对黑人的歧视,加重黑人与白人之间的不平等。这样的论证进路引起了很大的争议,批评者声称:"大法官们被终身任命到美国最高法院,而非美国心理学协会杂志的编辑部",而其诉诸的那些心理学论断如果被证伪,反过来则暗示将会有另一种法律结果,法律因此变得很不确定了。而事实上,那些心理学研究确实不太靠谱,这一点被后来的心理学、社会学发展所证实。

---

① 王亚琴. "隔离但平等"的终结[N]. 人民法院报,2003-09-08.

　　布朗案所使用的社会科学论证方式，显示出明显的开创性。但本案的重点还不在于此，即使是社会科学论证被证伪，仍然不影响布朗案表现出其重要意义。波斯纳指出，这个判决得到了广泛赞扬与长期坚持，是因为人们认为这是一个"正确"的判决，"正确"不在于其正确地解释了美国宪法，而在于其符合人们正在形成的一个道德共识和国家意图实现的政治决策。正是作为一个政治性的判决、一个实用主义的判决，它成了一个伟大的判决。

　　为什么需要这样一个实用主义的判决，我们首先要看到当时的政治背景。第二次世界大战结束，一道"从什切青到的里雅斯特的铁幕"即徐徐落下，美国和苏联两大帝国及其阵营展开了冷战的对峙。双方的斗争除了硬实力的较量之外，也有软实力的争夺，美国和苏联都希望在意识形态的斗争中占据制高点，证明自己的社会制度和生活方式更为优越。在冷战愈演愈烈的背景下，号称自由民主旗帜的美国却在国内推行类似于纳粹法西斯的种族主义政策，其代表的民主理想与黑人在国内二等公民的现实形成巨大的冲突，这使得美国在意识形态斗争中极为被动。瑞典社会学者缪达尔在其所著《美国的困境：黑人问题与现代民主》中指出："为了美国在世界上的威望、权力及未来的安全，美国需要向国际社会证明黑人能够被令人满意地融入其民主体制中。"在布朗案的诉讼摘要中，司法部强调"种族歧视为共产主义宣传的磨坊送去了待磨的谷物。它也让友好国家对我们在多大程度上坚信民主产生疑问"。而当时的美国国务卿艾奇逊也曾特别指出："学校中的种族隔离引起联合国及其他国家对美国的愤慨。人民认为在一个自我标榜对自由、正义和民主矢志不移的国家中竟存在这种现象简直不可思议……种族歧视让这个政府在日常的外交事务中陷入了不可摆脱的窘境。它也使我们在世界自由民主国家中的道德领导地位变得岌岌可危。"

　　而从政治之外的社会背景来看，由于第二次世界大战，世界上几乎所有主要国家的经济都受到了沉重的打击，受到战争破坏的各个国家都依赖于美国提供的资金和技术援助来加以重建，美国的资本与商品几乎是毫无限制地在全世界自由流动。由于经济的增长，更多的就业机会能够吸纳更多的黑人，同时并不损害那些下层白人的利益，也就不会导致太强的反对力量。威尔逊指出，黑人这个弱势群体状况的改善，主要是由于经济增长实现的，法律只是完成了一个确认而已。因此，在这一时机促成教育上种族隔离的废除，既可以提供更多高素质的劳动力，也能够同当时社会的道德共识更好融合。1956年的民意调查显示，3/4的北方人赞成废除种族隔离，就连传统生活方式受到质疑和干预的南方的反应也"总体上惊人的温和"。在这样的时机废除种族隔离，联邦最高法院并非仅仅考虑自己的政治立场，也充分考虑了使判决尽可能发挥最大作用的社会背景。

对于作为政治性法院的联邦最高法院而言，在司法考量之外，综合考虑各方面背景作出具有现实感与分寸感的判决尤为重要。而这一点的实现，也与沃伦的政治家背景密切相关，他充分考虑到其中的平衡与妥协，成功塑造了全体一致意见来创造尽可能的法律共识与道德共识。由此，也可以引发对于什么是好的法官，尤其是好的最高法院大法官的思考。

📑【文献扩展】

1. 小卢卡斯·A. 鲍威. 沃伦法院与美国政治[M]. 欧树军，译. 北京：中国政法大学出版社，2005.

2. 莫顿·J. 霍维茨. 沃伦法院对正义的追求[M]. 信春鹰，张志铭，译. 北京：中国政法大学出版社，2003.

📖【材料9-4】爱德华兹进化论案

路易斯安那州立法机关制定了被称为创世论法（Creationism Act）的州立法，将进化论（Evolution-science）和创世论（Creation-science）定义为"科学证据以及由科学证据得出的推论"，要求"在公共学校教育中应平等对待创世论和进化论"。这一平等对待的要求，实质上禁止在公立学校中教授进化论，除非同时讲授创世论。尽管没有学校被要求必须教授进化论和创世论，但是一旦教了其中一门，则另一门也必须被讲授。

针对这一立法，起诉人，包括进入公立学校的儿童的家长、路易斯安那州的教师及宗教的领导人，对这项法令的合法性提出了质疑。地区法院的判决认为创世论法由于禁止讲授进化论，并出于推进某种特殊宗教教义的目的要求讲授创世论，违反了宪法宗教条款。上诉法院维持了地区法院的判决。案件被上诉至联邦最高法院。联邦最高法院以七比二作出判决，维持上诉法院的原判，确认路易斯安那州立法违宪。布伦南大法官代表多数意见起草了终审判决。

联邦最高法院在终审判决中指出：家长委托学校对儿童进行教育，但前提是他们相信学校不会被故意用来传播一些宗教观念，而这些观念是有可能与学生及其家庭的个人信仰相冲突的。在这种学校，学生容易受影响，因为学生将教师作为角色模仿的对象，并且对压力相当敏感。

针对创世论法的支持者的"保护学术自由"这一论点，联邦最高法院认为，要求学校讲授创世论和进化论并不是为了推进学术自由。该法律不允许教师在生命起源问题上，用创世论以外的理论来代替现有的科学课程。类似的创世论的研究得到支持，进化论却没有，同时也只对创世论者提供资源，给予帮助。法令禁止学校歧视那些"自愿成为创世论者"或讲授创世论学说的人，但那些选择讲授进化论或其他非创世论学说的人，或拒绝讲授创世论的人，却得不到保护。而且，法令甚至要求只有在讲授创世论时才能讲授进化论。因此，联邦最高法院同意上诉法院的论断，即这条法令的目的并不在于保护学术自由，而是因怀疑进化论，而试图在教学中用创世论将其效果抵消。

联邦最高法院进一步指出，不能忽视立法机关颁布这条法令的明显目的。在宗教理论和进化论的讲授中，一直存在着一种历史和当代的联系，本案体现出宗教理论和进化论讲授之间的对抗。路易斯安那州立法机关的明显目的就是推进超自然力量创造人类的宗教观点。有关证据表明，这项法令的主要目的是改变公立学校的科学课程，以便为反对进化论的宗教教义提供有利的条件。州议会反复声明，公共学校课程中应包含支持宗教观点的科学证据，以纠正进化论。因此，立法机关试图改变这些学校的科学课程，以支持对抗进化论的宗教观念。在学校的各种可能的课程中，立法机关选择了一种历来被宗教异端所反对的理论，并且颁布了这项法令，对那些信仰神创造人的宗教群体授予特权。

最终，联邦最高法院得出了这样的结论：创世论法的主要目的是改变公立学校的科学课程，为完全拒绝进化论基本事实的特殊宗教信条提供宣传优势。因此，该法案的提出要么是为了促进实施特殊宗教教义的神创科学理论，要么是为了禁止某些宗教派别反对的科学理论的教学。无论如何，该法案都违反了宪法第一修正案。立法机关并非永远禁止讲授盛行的科学理论。只要有明确的非宗教目的，对学生讲授有关人类起源的各种理论，都是正当的。但是创世论法的主要目的在于肯定一种特殊的宗教教义，因而违反了宪法的宗教条款。

而在多数意见之外，斯卡利亚大法官也提出了自己的异议，认为"路易斯安那州的人民，包括那些基督教人士应该有权利站在非宗教的立场，向学校提出他们反对进化论的科学证据，正如当年斯科普斯有权提出有利进化论的证据一样"。

【法理分析】法律与宗教的复杂关系，形成了一系列案例。而在本案中，法律与宗教的关系以学校中讲授不同学说的"平等"这一形式表现出来，似乎不像"头巾法案"之争那样的事例中冲突那么尖锐，但其蕴含的冲突复杂性丝毫没有减弱。

法律与宗教具有一定程度的共同要素，都包含对于人的行为模式的要求和对于正当性的认同，因此也就都具有一定的仪式、传统、权威与普遍性。法律不仅仅是外部的行为规则，也通过对于权利与义务的分配塑造一种内心的价值观念与对生活秩序的理解。而宗教也不仅仅是寻求内心安宁，也将对超验价值的追求外化于确定的行为模式。根据韦伯的观点，宗教是一种社会整合的力量，为人类的共同生活提供了一套共享的知识体系，为人类社会安排了一种差序格局，为人们对现实社会的不满提供了一个合理的宣泄出口，是社会规范体系中的一个重要环节。

从历史进程来看，在法律的发展过程中，宗教常常扮演着非常重要的角色。在早期人类社会中法律与宗教往往合为一体，如《摩西五经》《古兰经》这样的宗教文本，同时也是社会中的法律规则。尤其是在西方法治变迁的进程中，基督教发挥着非常重要的作用，教会法与宗教法律教育的发展共同推动了近代西方形式理性化法的形成，基督教也通过其信仰体系为法律的正当性提供了支持。

在社会发展变迁的过程中，一方面，合法性的建构基础有所转变，需要确立更为世俗化、常规化的统治，另一方面，人们对于外在与内在世界的认识与交流更为多元，需要以更为包容的态度对待不同的超验观念。因此，法律与宗教之间有了更为显著的区分，但即使是在法律与宗教得到严格区分的社会中，两者也仍然相辅相成。正是由于这样一种关系，法律如何去处理涉及宗教的问题，就面临更多挑战。

在本案中，公立学校是否讲授创世论课程，并不是简单的学术分歧。进化论是一种基于经验证据与可重复检验的解释而形成并发展的理论体系，其解释的可证伪性符合科学的范式。而创世论则以无法被经验观察和证伪的自然界之外的主观意志作为其理论基础，这就使其必然构成对一种特定的宗教观念的有力支持。而且，这样一种观念不仅仅会影响到对于生命的起源与发展的认识，还从整体上涉及对于现代科学的理解和认同。如果可以在公立学校中宣传这样一种观念，那么将从根本上对学生接受现代科学的机会造成阻碍，进而对他们未来融入现代生活造成阻碍，既不利于他们的个人利益，也不利于国家与社会的整体利益。因此，从这样一种视角来看，法律应当作出干预。

但从另一个角度来看，宗教作为一种安顿内心的力量，其信仰者对于科学、现代生活与自身利益的理解并不一定与世俗的观念相一致。重视个人自由与权利的现代法律似乎也可以考虑给予这些个体选择的自由，如果其愿意接受脱离现代科学导致的利益受损，法律也可以承认这种自愿的选择。在 1972 年的威斯康星诉约德案（Wisconsin v. Yoder）判决当中，联邦最高法院就认为基于宗教原因在八年级后退学虽然损害了州利益，但仍然应当尊重这种自由。但是，在公立学校中所实施的普及教育，还不仅仅是个人的事情。对于生命的起源与发展的认识，作为人类对外部世界的基本想象，如果被国家所支持的公立学校教育体系普遍推广，将会对整个社会的生活秩序塑造起着重要影响。尽管在现代社会中，宗教日益成为一种个人试图摆脱其孤独、寻求内心安宁的私人事务，但由于其以无法证伪的内心信仰作为权力正当性的基础，一旦同公权力产生某种结合，就会对个人产生强有力的控制，并且对不持有相同信仰者产生排斥与压迫感。因此，现代社会中的法律需要让宗教尽可能地退回私人领域，以其在私人领域的自由来表现宗教信仰自由。而在公共领域当中，则必须坚持政教分离原则，也就是本案中法院所依据的宪法第一修正案："国会不得制定关于下列事项的法律——确立国教或禁止信教自由。"如果教条地理解自由与多元，放任某一宗教的扩张，则可能构成对更大范围内自由的威胁。

📑【文献扩展】

1. 伯尔曼. 法律与宗教[M]. 梁治平，译. 北京：商务印书馆，2012.
2. 郑戈. 多元社会中的法律与宗教——以韦伯社会理论为分析视角[J]. 太平洋学报，2007（5）.

📖【材料 9-5】"人肉搜索第一案"

2007 年 12 月 29 日晚，姜岩从 24 楼的住所跳下自杀身亡。姜岩生前在网上注册了名为"北飞的候鸟"的个人博客，以博客日记形式记载下自杀前 2 个月的心路历程，将丈夫王菲与第三者东某的合影照片贴在博客中，认为自己婚姻失败。姜岩的日记中显示出王菲的姓名、工作单位地址等信息。姜岩在 12 月 27 日第一次自杀前委托一名网友在 12 小时内打开博客。在 12 月 29 日后，该网友将博客密码告诉姜岩的姐姐姜红，姜红打开了该博客。

之后，姜岩的朋友张乐奕注册了个人网站"北飞的候鸟"刊登了一系列关于王菲与姜岩生前婚姻生活的文章，披露了王菲的个人信息。同时姜岩的博客日记被一名网民转发在天涯社区论坛中，后不断被其他网民转发至不同网站上，被长时间关注。部分网民在天涯虚拟社区等网站发起"人肉搜索"，使王菲的姓名、工作单位、家庭住址等个人信息被披露。更有部分网民在大旗网等网站对王菲进行谩骂、人身攻击，更极端的网民还到王菲的住处进行骚扰，在门口刷写、张贴"逼死贤妻""血债血偿"等标语。之后王菲与第三者东某向所在单位盛世长城国际广告有限公司（以下称"盛世公司"）请辞，盛世公司同意两人辞职并在天涯网站上发表了回帖声明。

2008 年 3 月 15 日，王菲以侵犯隐私权和名誉权为由，起诉张乐奕、海南天涯在线网络科技有限公司（天涯网）和北京凌云互动信息技术有限公司（大旗网），北京市朝阳区人民法院受理该案。在审理过程中王菲承认自己与同事东某确实曾有婚外情。

2008 年 12 月 18 日，朝阳区人民法院判处张乐奕、凌云公司的行为构成侵权，天涯公司由于在王菲起诉前及时删除了相关信息，不构成侵权。张乐奕不服一审判决，上诉到北京市第二中级人民法院。二审驳回上诉，维持原判。①

【法理分析】本案被称为"人肉搜索第一案"，在网络时代引发了社会各界的广泛关注。朝阳区人民法院在顶住网络言论的压力宣判后，召开新闻通报会，通报了有关审理情况，特别介绍了审理过程中朝阳区人民法院先后组织专家研讨会和高级法官联席会议的情况，并向工业和信息化部提出司法建议，再加上本案审结后引发的实务界与学术界的热议，都充分证明了本案是一重大的疑难案件。

本案之所以疑难，首先在于对于隐私与隐私权的理解。朝阳区人民法院在判决中指出："公民的个人感情生活，包括婚外男女关系问题，均属个人隐私范畴。在正常的社会生活中，此类情况一般仅为范围较小的相对特定人所知晓，正常情况下，当事人一般不愿也不会向不特定的社会公众广为散布。本案中，张乐奕基于与姜岩的朋友关系，知晓了王菲存在'婚外情'的事实，张乐奕在姜岩死亡后，不仅将此事实在'北飞的候鸟'网站上进行披露，还将该网站与其他网站相链接，扩大了该事实在互联网上的传播范围，使不特定的社会公众得以知晓，张乐奕的行为构成对王菲隐私权的侵害。"

本案中，张乐奕对王菲的婚姻不忠行为持否定、批判的态度，其在网站上主动披露此事实和王菲的个人信息之前，明知披露对象已超出了相对特定人的范围，而且应当能够预知这种披露行为在网络中可能产生的后果。因此，张乐奕在网络中披露王菲"婚外情"和个人信息的行为，应属预知后果的有意为之。王菲的"婚外情"、姓名、工作单位等信息被披露，成为网民知晓其真实身份的

---

① 胡兴黎，罗珊. 论网络环境中的隐私权保护——以"人肉搜索第一案"为视角[J]. 法制与经济，2011（1）.

第九章

依据之一，引发了众多网民的批评性言论及不满情绪，乃至形成了爆发和蔓延之势。因此，张乐奕在披露王菲婚姻不忠行为的同时，披露王菲的姓名、工作单位名称、家庭住址等个人信息，也构成了对王菲隐私权的侵害。

法院所采取的这样一种分析，将网络空间与现实空间的界限予以打通，并且也突破了对于隐私权的传统认知。由于网络的发展，信息的获取与流通成本大大降低，过去只在小范围内传播的特定信息，可以超出这个有限范围，从而在新的语境中产生新的意义。因此，过去同名誉权直接关联的隐私权就具有了更强的独立性，并且范围上也有所扩大，更多同名誉权并无直接联系的个人信息被纳入了隐私权的范围予以保护。

法院对于更为宽泛的隐私权界定，反映了法律随着社会变迁而发展。放在一个更广泛的社会视野中来看，我们会对隐私和隐私权有着更为丰富的理解。可以说，隐私常有，而作为"不受打扰的权利"的隐私权则不常有。在社会中，什么是主观意义的"不受打扰"，其实没有办法作出一个普世和永恒的规则界定。在传统社会中，远离外界社群而高度个人化的安静生活，可能恰恰不是权利，而是受到的惩罚。

今天的隐私概念其实是现代工商社会、城市社会、信息社会的一个产物，是一种个人主义的社会产物。在这样的社会中，人可以更为独立和自由地生活，主要求助于国家和市场，通过商业市场交换获得自己需要的一切。因此，隐私权就成为个人用于对抗他人、社会乃至国家的武器，成为人实现自由与解放的重要工具。

正是以自由主义话语作为伦理基础，隐私权才得以逐渐获得更为强势的地位。而作为一种法律权利，又可以借助于法律与道德的两分进一步巩固自身的统治。在本案中，法院认为，王菲的婚外情行为不仅违背了我国《民法典》婚姻篇规定的夫妻忠诚义务，也背离了社会道德标准，要予以批评，但法律不能因此不保护王菲的隐私权和名誉权。一审主审法官在本案审结后另外撰文指出："公民的权利，特别是人身权，不得因法定理由之外的原因（如受害人先行行为在道德上的瑕疵）而被剥夺或者受侵犯，"理由之一是"道德判断与权利享有应严格区分""道德与法律的两分是现代社会的一个重要标志"。

但是，既然人们普遍接受隐私权不受侵犯的重要性，为什么具体到本案中还会存在道德观念上的分歧，导致本案仍然成为引发争议的难办案件，仍然需要强调法律与道德的区分？关于这一点，还需要从社会转型的视角来看，这场化身为隐私与言论自由的法律权利之争的道德争议，背后是个体与群体利益在社会转型期的分化与重组。王菲所代表的中产阶层要求对男女关系的高度隐私进行保护，是因为收入较高，使得他们在婚姻或性的市场上处于一定优势地位。而在网上强烈谴责或是发起"人肉搜索"的网民，则相对处于一种较弱的位置。本案中的各方都不反对保护隐私，但不同的阶层要求不同的隐私保护的范围。把男女关系视为绝对隐私的高强度保护，对于城市中产以上的阶层自然有利，对于收入偏低的群体来说更多的是一种想象中的权利，因为他们常常是无私可隐的。

当然，这样的视角并不等于在法律中要采取一种强调阶级立场的分析，而是要注意到，诸如隐私或隐私权这样的概念，是一种高度依赖于具体语境的概念，不能只从一种教条的标准来理解，而是要注意到对他人的影响，从社会交往的视角进行动态把握。这些信息如果被法律过于严格地遮蔽，就会干扰人们的社会交往和理性选择。而不仅仅是隐私，对其他的许多问题，也应当注意要"超越法律"，在更全面的社会视野中加以理解。

📑【文献扩展】

1. 李斯特. 隐私与隐私权的限度——从人肉搜索第一案切入[J]. 法律和社会科学，2013（11）.

2. 胡凌. 评"人肉搜索"第一案的三个初审判决[J]. 法律适用，2009（7）.

📖【材料9-6】"史上最严交规"的实施

全国人大常委会于2011年4月22日通过修改后的《中华人民共和国道路交通安全法》，于2011年5月1日起施行。其中第二十六条规定：交通信号灯由红灯、绿灯、黄灯组成。红灯表示禁止通行，绿灯表示准许通行，黄灯表示警示。

2012年9月12日，公安部发布第123号公安部令，修订《机动车驾驶证申领和使用规定》，自2013年1月1日起施行。其中附件二"道路交通安全违法行为记分分值"规定：驾驶机动车违反道路交通信号灯通行的，一次记6分。

公安部交通管理局于2012年12月下发《公安部令123号一百问》，对《机动车驾驶证申领和使用规定》的具体实施进一步作出细致解释，其中有如下表述：

对机动车在路口抢黄灯通行的行为处罚吗？

答：《中华人民共和国道路交通安全法》规定黄灯表示警示，并规定机动车遇路口时应减速通过，黄灯亮时已经越过停止线的车辆可以继续通过，还未越过停止线的车辆应停车。抢黄灯行为属于违反道路交通信号灯通行，对驾驶人处 20 元以上 200 元以下罚款，记 6 分。

根据上面的解释，黄灯亮时未通过停止线的车辆，应当停车，这意味着黄灯起到了像红灯一样的禁止作用。而且，闯黄灯与闯红灯被界定为同等程度的违章行为，将受到同等程度的处罚。因此，修订版《机动车驾驶证申领和使用规定》被称为"史上最严交规"。2013 年 1 月 1 日起，这一"史上最严交规"正式施行，此后立即引发激烈争议，各地的闯黄灯违章与由于黄灯急刹车导致的追尾事故频发。1 月 6 日，公安部交管局专门下发通知，要求各地交管部门对目前违反黄灯信号的，以教育警示为主，暂不予以处罚。2014 年 4 月，在该规定实施一年多之后，公安部有关负责人表示，认真听取了各方对黄灯信号通行规则问题的意见，目前正在结合修改《中华人民共和国道路交通安全法》制定相关细则，已启动有关修改法律的程序。

【法理分析】从传统的法律理论来看，法律被制定出来，其规则从逻辑上得以确定，法律就会严格地按照规则所规定的方式得以执行。如果法律没有得到严格执行，那么要考虑执法者是否需要承担责任。理想的执法模式，就应当是"有法可依，有法必依，执法必严，违法必究"。

但从这一事例当中我们可以发现，法律的执行除了从其规则本身加以考虑之外，还需要充分结合外部社会环境的认识和理解，注意到社会环境中的各方面因素对法律执行所产生的影响。脱离对外部环境的认识，单纯从规则本身思考法律如何得以有效执行，会存在许多困难。

从立法的角度来看，规则是清晰的，"黄灯表示警示"被明确地加以规定，这种警示的意义也明确地作出了解答，即不能在黄灯亮起后继续通过停止线通行，否则就属于违反交通信号灯指示通行，而违反信号灯指示通行的法律后果，也有明确的规定。总体而言，法律规则的微观性、可操作性与确定性三大特征都得以体现。黄灯的亮与不亮、车辆的前进与停止，从日常生活尺度而言是可以明确观察的非此即彼的状态，不存在理解上的模糊与自由裁量空间，因此对于受到规则约束的驾驶者来说，他们是可以明确理解规则的含义并付诸相应行动的，执法者也可以方便地加以监督与干预。因此，这一规则的实施从理论上来看并没有多少困难。

但规则在行动中所遭遇的事实则表明，科学技术水平、社会文化等多方面因素都会对法律规则的执行造成干扰。人的生理规律决定了驾驶人对黄灯作出反应至少需要 0.2 ~ 0.4 秒时间，如果路况复杂或是其他原因导致驾驶人反应速度变慢，就需要更长时间。有相应的实验表明，从目前普通的汽车制动性能来看，从发现黄灯到制动力完全发挥作用，时速为 20 公里的车辆的制动距离为 7.6 米，30 公里时速时为 12.7 米，40 公里时速则会达到 19.0 米。从这一点来看，如果不能较早地作出预警，车辆在即将到达路口停止线时，突然遇到黄灯亮起，即使严格遵守交规低速行驶也有可能闯黄灯。在这种情况下，为了避免被严格的交规处罚，机动车驾驶人可能采取的对策就是在黄灯亮起时全力急刹车，或是在距离路口较远处面对绿灯就早早减速。前一种对策有可能增大后车应对不及而追尾的风险，而后一种对策则降低了路口整体的通行速度。而通行速度的降低看起来提高了安全，实际上却因为导致更多拥堵及增加更多出行时间、更多燃油消耗与环境污染而从另一方面增加了社会成本。因此，这一规则对于机动车驾驶人来说，并不容易遵守，而遵守规则所要付出的成本也是很高的。该规则实施后迅速导致的大量闯黄灯违章与追尾事故，从事实上证明了这一点。这样一来，黄灯作为绿灯与红灯之间的缓冲，实际上没有发挥作用。

"闯黄灯"规则的实施，虽然存在其困难，但也可以通过一个技术手段较为顺利地解决。如果所有的绿灯都以倒计时方式显示，或者在即将变成黄灯的前几秒钟闪烁，机动车驾驶人都可以获得充分的提醒，合理预测自己是否能够在黄灯前通过路口，从而作出符合规则的最合理应对。这一解决方案看起来很简单，如果在一个小国当中可以迅速实施，但是中国作为一个发展中大国，全国绝大多数红绿灯都还是不带有倒计时或闪烁功能的老式设备，如果要通过这一办法来解决问题，也需要考虑到更换巨额数量的红绿灯所带来的经济成本。这一外部环境，是立法与执法所必须面对的，只能在这样一种给定的空间中回应所面对的问题。

基于上述的分析，我们可以意识到，现代社会中的立法者需要的不仅仅是法律知识，执法者需要的也不仅仅是坚定执行法律的决心。对于许多法律规则而言，立法与执法所带来的社会成本，都需要立法者和执法者结合社会科学乃至自然科学的相关知识加以分析，如果立法者缺乏这方面的专业知识，则需要在立法程序中引入外部资源提供知识上的支持。如果固守传统的法律观念，缺乏法律之外的视角去认识现代社会，将会给立法与执法带来许多困难。

既然面临着这样的困难与成本，为什么立法者会作出这样的规定？在注意到外部环境对法律实施造成的干扰的同时，还不能简单地理解立法者，认为其作出了错误的规定，还是有必要理解规则的合理性。这一严格的交通规则，归根结底可以理解为立法者对路权分配所作的价值判断。"闯黄灯"规则虽然严苛，但如果所有车辆都始终如一地以30公里以下的车速缓慢通过路口，那么并不会造成太大影响。而要求所有车辆都以低速通过路口，不追求高速通过的效率，虽然造成了低速交通带来的社会成本，但对于行人与非机动车的安全有更好的保障。这一点是与此前《中华人民共和国道路交通安全法》以及相关法规、解释与判例所表达出来的在路权分配中更侧重行人的价值判断是一脉相承的。这种价值判断，又需要考虑到在中国这样一种"拥挤社会"当中，虽然机动车数量一直在大幅度增加，但行人与非机动车比例仍然高得多，长期以来已经形成了行人处于优势的交通习惯。尽管"中国式过马路"近年来饱受批评，但改变社会中大多数人的行为习惯，仍然不是短时间所能够实现的。在这种情况下，考虑到国内交通情况的复杂性，将路权更多配属给行人与非机动车一方，降低效率来提高安全，仍然有其合理性。这并不是简单地区分"强者"或"弱者"的道德考虑，而是一种非常实用主义的成本收益分析。从这一角度来看，对于立法者规定的合理性可以作出善意的理解。而面对这一规则实施后所引起的巨大争议，立法者一方面应当充分利用科学手段对立法效果加以评估，判断立法目的在现实中的实现程度，另一方面也应当注意充分认知各方面意见表达的民主程度，不被某些具有较强话语权的群体所设定的议程所牵引。

📑【文献扩展】

1. 王诚. 黄灯通行条款的规范内涵——法解释学视域下的"闯黄灯罚款案"[J]. 华东政法大学学报，2013（1）.

2. 赵雷. 行政立法评估之成本收益分析——美国经验与中国实践[J]. 环球法律评论，2013（6）.

📖【材料9-7】婚姻法司法解释的变化

2001年的《中华人民共和国婚姻法》（简称《婚姻法》）修改，增加了第十八条关于夫妻一方财产的规定。2003年最高人民法院通过《关于适用〈中华人民共和国婚姻法〉若干问题的解释（二）》[简称"司法解释（二）"]，其中第二十二条规定：

"当事人结婚前，父母为双方购置房屋出资的，该出资应当认定为对自己子女的个人赠与，但父母明确表示赠与双方的除外。

当事人结婚后，父母为双方购置房屋出资的，该出资应当认定为对夫妻双方的赠与，但父母明确表示赠与一方的除外。"

2011 年，最高人民法院通过《关于适用〈中华人民共和国婚姻法〉若干问题的解释（三）》[简称"司法解释（三）"]，其中第七条规定：

"婚后由一方父母出资为子女购买的不动产，产权登记在出资人子女名下的，可按照婚姻法第十八条第（三）项的规定，视为只对自己子女一方的赠与，该不动产应认定为夫妻一方的个人财产。

由双方父母出资购买的不动产，产权登记在一方子女名下的，该不动产可认定为双方按照各自父母的出资份额按份共有，但当事人另有约定的除外。"

《最高人民法院关于适用〈中华人民共和国民法典〉婚姻家庭编的解释（一）》第二十九条规定：

"当事人结婚后，父母为双方购置房屋出资的，依照约定处理；没有约定或者约定不明确的，按照民法典第一千零六十二条第一款第四项规定的原则处理。"

司法解释规定的改变不仅影响着个案的裁判结果，也影响着社会中人们的婚恋观念。

【法理分析】《婚姻法》的变迁，总体上表现出逐渐个人主义化的特征。1950 年中华人民共和国第一部《婚姻法》中使用的是"家庭财产"的概念，其中第十条规定："夫妻双方对于家庭财产有平等的所有权与处理权。"1980 年《婚姻法》则提出了"夫妻共同财产"的概念，其中第十三条规定："夫妻在婚姻关系存续期间所得的财产，归夫妻共同所有，双方另有约定的除外。"

由于 1980 年以后《婚姻法》不采用"家庭财产"的概念，父母名下向子女名下的财产转移，在法律上只能被视为"赠与"，在 2001 年《婚姻法》中，"赠与"所得的财产，既可以按照第十七条归于"夫妻共有财产"，也可以按第十八条归于"夫妻个人财产"。因此，司法解释（二）与司法解释（三）关于父母出资购买房产的规定，涉及如何选择法条的问题，解释（二）认为属于第十七条的情况，解释（三）则认为应选择第十八条。

对比两个条款的规定，都没有对婚姻法作出越权解释，从法律上均有自身可以论证的合理性。而从法律的外部视角来看，解释的变迁所引发的社会后果是可以预期的。这些司法解释的总体取向，是用"个别财产制"逐步取代"家庭财产制"的思路，逐步明晰家庭财产的个别归属，其结果是减少了分割家产的难度，降低了离婚诉讼成本，方便法官审理离婚案件。但是当房产不再属于家庭共有财产，而是变成房产登记人的财产时，两个年轻人就很难共同购房。在这种背景下，年轻人不得不求助于家庭。当年轻人因为房子问题让两个家庭

第九章

卷入到婚姻过程时，家庭对子女婚姻的发言权就会越来越大，以至于"门当户对"慢慢会变成父母们考虑子女婚姻的首选要素。目前，随着中国社会分化的加快，"门当户对"已经成为许多家庭的婚姻选择。家庭共同财产的丧失无疑会加快这一过程，使得中国婚姻家庭制度必然会面临着"再封建化"的过程，即父母对子女婚姻的发言权越来越大，房产等经济因素在婚姻中的重要性会越来越增加，而爱情的因素会越来越弱。司法解释（三）的本来目的是方便离婚自由，促进个人自由，而未能料到的意外后果却是离婚自由摧毁了结婚自由。

而在"再封建化"的同时，表现出来的另一特征是"资本主义化"。司法解释（三）对于个人财产归属的便捷推定，极大地有利于人格化为"善意第三人"的市场。通过严格登记主义，"谁名下就是谁的"，可以最大限度保障"交易安全"，最大限度降低"交易费用"，最大限度实现物的"市场价值"。从某种意义上说，使《婚姻法》从人身关系法变成投资促进法。无数中国父母含辛茹苦，为下一代筑巢安家的伦理实践，被规范为一次次冷静理性的投资活动。

虽然存在着这样的问题，最高人民法院仍然推动了这一公共政策的变迁。如果对此加以同情地理解就可以看到，司法解释（三）更多注重保障父母而非子女一代的利益。如果出资的一方父母因为不好意思明确表达只赠与自己子女的意图而仅仅只是将产权登记在自己子女名下，按照司法解释（二）的规定，他们的利益在子女婚姻破裂时将可能遭受损失，因为当初的购房出资可能是其大部分乃至全部财产，而在离婚后作为共有财产被分割之后其子女一方所分得的部分在房价飞速上涨的背景下可能无法获得与当初接近的购买力，而子女因此而导致的生活水平下降也会影响到对父母的赡养水平。司法解释（三）则通过将产权界定为个人财产，为其提供了一定的保护。

强化对父母一代的保护具有明显的现实意义。在房价全国性飞涨的今天，"啃老"已经成为一个非常主流的选择。出自一般中产家庭的年轻人如果想要在大中城市立足，基本上都必须依赖父母给予的资助，而也只有子女能够买房获得一个稳定的居所从而能够在城市继续发展自己的事业，才有可能在日后为父母提供更好的生活条件。这也是中国社会中代际"抚育-赡养模式"的传统在当代社会中的一个自然延续。父母一方的投入如果因为子女的婚姻破裂而受到较大损失的话，就可能有损于其今后所能获得的赡养。

单独看"抚育-赡养模式"这一传统的存在，其实也不必然要求法律采取这样的措施。假如房价不是持续高速上涨而是保持稳定甚至下跌的话，产权界定为双方共有还是单方个人所有其实不会对子女未来的生活产生巨大的冲击，也就不会对父母的利益造成重大影响，因此可以说这种强化对父母一代利益保护的公共政策选择是具有时代特殊性的。另一时代特殊性则在于，父母大量出资购房实际上是经济转型时期的产物，是由于此前机会与成本差异所形成的财产的代际转移。而在住房市场化得到充分发展之后，这种"啃老"模式其实是难以持续的，因为今天的年轻人在自己成为老年人之后很难再向下一代提供倾尽全力的支持，也就不会提出加强对老年人利益保护的需求。现在这样一种穷尽两代甚至三代人之力购房的现象，实际上是社会转型造成的一个特殊结果。

在《民法典》颁布后，《最高人民法院关于适用〈中华人民共和国民法典〉婚姻家庭编的解释（一）》对婚姻法解释二和婚姻法解释三的规定进行了体系化整合。考虑到普通民众对不动产登记的意义已经有较为充分的认识，在没有书面赠与合同存在时，若在一方父母出全资并且在购买不动产后将不动产登记在自己一方子女名下，认定为父母将出资确定赠与自己子女一方的意思表示，这符合当事人本意，也符合法律规定的精神。同时，由于房价高企，由双方父母共同出资为子女购房的情形也十分普遍。父母为子女出资购房不仅是家族财产的传递形式之一，也寄托了父母对子女婚姻幸福美满的期望，在双方没有明确约定的情况下，认定为按份共有与家庭的伦理性特征不相符，也与法律规定有一定冲突。因此，基于家庭关系的特殊身份属性，在没有明确表示赠与一方的情况下，应当归夫妻共同所有。

总而言之，这个司法解释所应对的是一个转型时代中所出现的特殊问题，可以说是一种过渡性的策略。如果不是因为房价的飞速上涨而保障性住房尚未有效覆盖，这个产权归属问题不会凸显出来；如果不是因为"啃老"成为购房的主流选择，而且反映出社会财富的再分配，就不会有修改司法解释（二）的必要来强化对父母一代利益的保护；如果不是因为传统的大家庭观念仍然延续而现代社会中的小家庭变得更不稳定，这一修改也只会限制在法律技术层面而不会对社会观念造成那么大的影响。这生动地表明，法律深深地嵌入现实世界之中，经济政策、市场状态与文化传统等多方面因素都对其产生重大影响，而法律同时也会发挥自身的反作用。在这种背景之下，法律的变迁往往是一种针对具体问题所采取的过渡策略，仅仅临时发挥作用，而并不是基于某种价值观念所推进的宏大变化。如果不能准确地判断其利弊得失的话，那么就应当慎重地进行变革，避免"法律中心主义"或"法律万能主义"的冲动。

第九章

【文献扩展】

1. 赵晓力. 中国家庭资本主义化的号角[J]. 文化纵横，2011（1）.

2. 强世功. 司法能动下的中国家庭——从最高法院关于《婚姻法》的司法解释谈起[J]. 文化纵横，2011（1）.

【材料 9-8】《我不是潘金莲》的法律解读

《我不是潘金莲》是作家刘震云的小说，后被改编成电影。该电影主要讲述了这样一个故事：女主人公李雪莲为了帮丈夫秦玉河得到单位分配的房子，二人决定办假离婚。但离婚后，秦玉河并未按计划与李雪莲复婚，反而与另一女人结婚。李雪莲咽不下这口气，遂让秦玉河亲口说出假离婚的事实，但秦玉河不仅不承认，反而骂李雪莲是"潘金莲"，李雪莲十分生气，后向法院起诉，希望法院判决当年的离婚是假离婚。其结果可想而知，法院判决李雪莲败诉。李雪莲为此找到法院院长、县长、市长，甚至在两会期间到北京不断上访，并阴差阳错导致一批官员被撤职，但最终也不见改判的迹象。

【法理分析】 电影《我不是潘金莲》以艺术的视角描述了李雪莲十年的"上访"之路，而在法律层面其体现了更深层次的法治观念与中国现实之间的冲突问题。

在电影中，李雪莲并非排斥以法律手段来满足其诉求，相反，在离婚"弄假成真"后，李雪莲首先找到法官王公道来表达其诉求，但现有人证、物证都难以证明二人是"假离婚"，因此，裁判结果也只能是"真离婚"。李雪莲不能理解的是为什么"假离婚"是事实，但法律却不承认呢？从其自身角度来说，李雪莲产生这种疑问是由于其混淆了法律事实与客观事实，这体现出李雪莲缺乏一定的法律思维。李雪莲所主张的"假离婚"事实是客观事实，这一事实在影视中被描述出来而被观众所知。但在司法实践中，客观事实是不可复现的，作为当事方以外的人难以从一个观众的视角来看到案件的全貌。因此，法官所据以裁判的事实只能是法律事实，法律事实并不是对客观发生者准确无误的还原，而毋宁是以证据为"桥梁"所构建的，其最终所呈现的只是对客观事实的推论，而本案的证据所能证明的事实仅是二人离婚后李雪莲又反悔了。从法治的角度来说，出于维护法治权威的目的，亦不应认定二人为"假离婚"。法治的特征之一就是"可预期性"，即让行为人可以预见自己行为的结果，增强人们的安全感，从而构建稳定的社会秩序。若由婚姻登记机关颁发的结婚证、离婚证都无法证明婚姻状态，那么夫妻财产问题、子女抚育问题、离婚者再婚问题就难以明确，行为人也无法以此为依据实施自己的行为，身份上的不确定性将导致法律关系的模糊，从而损害法治权威，最终将会导致社会秩序的混乱。从这两方面来看，法院不能也不应认定李雪莲为"假离婚"。李雪莲的人生确实可悲，但其悲剧的根源在于她缺乏对法律的尊重与敬畏。李雪莲想通过"假离婚"来钻法律的空子，从而达到分房目的，其本就应考虑到离婚存在一定的风险。在"弄假成真"之后却又指望法律能够为其"玩法"[①]行为兜底，李雪莲这种"玩法又用法"的姿态最终导致了她的悲剧人生。

此外，电影中另一个引人深思之处在于李雪莲的"十年上访"之路。在一审败诉后，李雪莲认为法律途径并不能实现其诉求，因此她并未提起上诉，而是开始了层级上访甚至闹访，试图借助权力来改变裁判结果，从而实现其目的。究其根本，在于李雪莲认识到信访所代表的权力比法律更能实现其诉求。然而，这究竟是否合理，值得我们深思。

随着社会的发展，信访工作也面临诸多问题，其中信访与司法的矛盾尤为突出，最主要表现就是存在人民群众"信访不信法"的现象。在理想的法治状态下，司法是维护社会公平正义的最后一道防线，发挥着定分止争的终局性作用。但从现实情况来看，信访作为一种司法外的权利救济途径，其削弱了司法的权利救济功能。当法律途径不能满足诉求时，当事人就有可能通过上访借助更高的权力来实现其诉求，最终导致信访成为纠纷解决的终局性手段，形成行政权力大于法律的社会风气。这会在一定程度上消解法律的权威性，动摇现代法治的根基。而导致出现这种现象的原因在于：一是长期以来我国传统职权主义的司法模式影响民众的法治观念，"政府万能论"使得民众在认为其遭遇不公时会要求政府主持公道，而上访就是其直面领导、表达诉求的捷径。二是司法权受到干预，司法机关在案件裁判过程中容易受到法外因素的干扰，难以确保司法公正，导致司法权威不足，民众对裁判结果缺乏信任。三是通过司法途径解决纠纷程序更为复杂，将耗费大量时间与精力，司法成本较高。因此，部分群众更倾向于寻求政府部门解决纠纷。同时，政府部门出于维护社会稳定的目的，往往会尽量满足上访者的诉求，从而对潜在上访者形成正向激励，导致上访问题的进一步加剧。另一方面，信访制度是具有中国特色的社会治理制度，

---

① 陈金钊. "实用"法律观所衍生的悲剧——以电影《我不是潘金莲》为样本的分析[J]. 浙江社会科学，2017（7）.

是党和政府联系人民群众的桥梁和纽带，废除这一制度也并不现实。随着全面依法治国的不断推进，国家各项工作都纳入法治轨道，因此，信访制度法治化势在必行，这也是改善信访制度的正确道路。

李雪莲的悲剧是法治建设困境的一个缩影，而破解这一困境的方法就是培育法治思维。法治思维是根据法律进行思考的思维，是具有相对自治性和独立性的思维。因此，要提升民众的法治观念，引导民众尊重法律、敬畏法律；要以法律推进社会治理，确保预期违法的行为不会因法外因素而合法化，维护司法的稳定性与权威性；要以法律制约权力，避免权力扩张和滥用，保障人民权益。

📑【文献扩展】

1. 陈金钊."实用"法律观所衍生的悲剧——以电影《我不是潘金莲》为样本的分析[J]. 浙江社会科学，2017（7）.

2. 陆宇峰. 现代法治的"为"与"不为"——从"李雪莲"的两项诉求说起[J]. 浙江社会科学，2017（7）.

📖【材料9-9】于欢案

2016 年 4 月 13 日，吴学占在苏银霞（于欢之母）已抵押的房间里，指使手下对苏银霞进行了侮辱，苏银霞多次拨打 110 和市长热线，但并没有结果。次日，十余名催收人员到达苏银霞的工厂，扰乱生产秩序，同时对苏银霞进行辱骂、殴打及侮辱，于欢精神崩溃。此时有工人经过，告知于欢姑妈于秀荣报警，但警察到来后只是进行了简单调解就离开。于欢在看到警察离开后更加崩溃，欲出去拦住警察，被催收人员阻拦，混乱中，于欢在工厂接待室的桌子上摸到一把水果刀，对催收人员进行捅刺，造成四人受伤，其中，杜志浩因为失血过多，休克后抢救失败死亡，剩余两个重伤、一个轻伤。

此案一审由聊城市中级人民法院作出裁判，被告人于欢被指控犯有故意伤害罪，法院认为，于欢作为一个完全民事行为能力人，在面对催债人长期纠缠时未能正确处理冲突，持刀捅刺造成一死三伤的严重后果，应承担与犯罪结果相当的法律责任。但由于催收人在催收过程中，作出了干扰工厂正常生产秩序，限制于欢及其母亲人身自由，辱骂、殴打并侮辱于欢及其母的人格尊严等不当行为，具有过错，且过错与于欢持刀捅刺有直接关系。另外，于欢具有归案后主动交代罪行的行为，可以从轻处罚。最终一审判决如下：被告人于欢犯故意伤害罪，判处无期徒刑，剥夺政治权利终身。

原告不服，故提起上诉。同时，全国舆论也对一审判决产生了巨大的争论，民意几乎一边倒地偏向了于欢一方，最高人民检察院也高度重视此案，介入并推动本案走向二审，并且进行微博直播以回应民意。

本案二审由山东省高级人民法院进行，法院认为："被害方对引发本案具有严重过错。本案案发前，吴某、赵某指使杜某等人实施过侮辱苏某、干扰源大公司生产经营等逼债行为，苏某多次报警，吴某等人的不法逼债行为并未收敛。案发当日，杜某等人对于欢、苏某实施非法限制人身自由、侮辱及对于欢有推搡、拍打、卡颈部等行为，于欢及其母亲苏某连日来多次遭受催逼、骚扰、侮辱，导致于欢实施防卫行为时难免带有恐惧、愤怒等因素。尤其是杜某裸露下体侮辱苏某，对引发本案有重大过错。案发当日，杜某当着于欢之面公然以裸露下体的方式侮辱其母亲苏某。虽然距于欢实施防卫行为已间隔约二十分钟，但于欢捅刺杜某等人时难免带有报复杜某辱母的情绪，故杜某裸露下体侮辱苏某的行为是引发本案的重要因素，在刑罚裁量上应当作为对于欢有利的情节重点考虑。"最终，二审法院根据刑法第二十条第二款的规定，认为于欢行为属防卫过当，应当减轻或免除处罚，判处有期徒刑5年。

【法理分析】于欢案因其中社会观念、舆论导向和道德伦理与法律的复杂关系而成为"2017年度人民法院十大刑事案件""2017年推动法治进程十大案件"，对我国的司法实践产生了较大的影响，至今仍被法律专家与学者不断讨论。

于欢二审由无期徒刑改判为五年有期徒刑，在刑罚的惩罚力度上大大降低。一审法院认为，尽管于欢与其母亲人身自由受到限制，同时遭受了名誉和精神上的损害侮辱，但在警察已经到场的情况下，于欢已不处于防卫的紧迫状态，因此其伤害三人、杀死一人的行为属于故意伤害。然而，判决作出后，遭到了舆论的强烈反对：据凤凰号大数据的统计结果，不认同一审判决结果的公众占79.7%之多。这是由于受害人先前实施的侮辱于欢母亲的行为严重挑战了人伦道德，为社会公众的朴素情感所不容。而于欢"为母伤人"的行为符合中华传统文化中的孝道观念，占领道德高地。在诸多新闻媒体的争相报道下，公检法系统及时作出回应，二审认定于欢行为具有防卫性质，且被害方具有严重过错，改判有期徒刑五年。

面对法律与道德、法律与舆论、法律与社会的复杂关系，需要借助一种有效的方式来进行权衡和判断：在法教义学的框架内，可以采用后果考量的方式来引入法外因素进行裁判。对于道德要素，法官一般在两种意义上运用，其中一种是将道德理由作为事实依据影响裁判结论的作出。在这种情况下，道德理由作为结果导向的理由，在司法裁判中只能作为辅助性依据而不能作为决定性依据。也就是说，道德理由并不是决定判决正当性的关键依据，而是围绕裁判结果产生影响。在与裁判理由相符合的诸多结果中，道德理由将有助于导向或限定某一个具体的结果，因此，道德理由只影响裁判结果的幅度，而不影响法律推理的性质。在这个意义上，道德理由往往在事实认定中发挥作用，作为案件事实的具体情节影响法官的自由裁量。本案中，捍卫母亲的尊严是于欢实施其行为的道德理由，但是这并不是评判其行为是否具有正当性的法律标准，因此，在法教义学的意义上，是否是针对"辱母行为"进行防卫并不是判断"正当防卫"还是"防卫过当"的法律标准。但是，这会作为法官量刑时考量的"情节因素"进而影响裁判的结果。目前，该案已经被确立为指导性案例，这说明了法官裁判思路的示范意义，该案的裁判要旨更是说明了道德理由在裁判中发挥作用的方式和限度："防卫过当案件，如系因被害人实施严重贬损他人人格尊严或者亵渎人伦的不法侵害引发的，量刑时对此应予充分考虑，以确保司法裁判既经得起法律检验，也符合社会公平正义观念"①。

对于舆论和社情民意，同样需要借助后果考量进行分析：若司法认定与社会的价值判断分道扬镳，无视民众的常识、常理、常情，逐渐脱离民众，逐渐保守，死守落后的刑法技术和僵化的司法观念，必定会造成民众对司法机关的不信任、对司法正义的怀疑、对法律权威的质疑，将造成极其严重的社会负面影响。在进行后果考量时，要考虑判决对社会风气、司法公信力的影响。法律的运行需要坚持"以人民为中心"的法治观，坚持人民在法治中的主体价值和中心地位，坚持司法为人民，依靠人民推进公正司法，通过综合考量各项因素，努力让人民群众在每一个司法案件中感受到公平正义。

📑【文献扩展】

1. 唐娜，王彬. 结果导向的裁判思维——基于法官审判经验的实证研究[J]. 法律适用，2020（4）.

2. 李奋飞. 论司法决策的社会期望模式——以"于欢案"为实证切入点[J]. 法学，2019（8）.

---

① 于欢故意伤害案，最高人民法院指导案例 93 号。

📖【材料9-10】河南"掏鸟窝"案

2014 年 7 月 14 日，河南郑州职业技术学院大一学生闫啸天和朋友王亚军在农村过暑假时，在家附近发现了一个普通的鸟窝。二人爬到树上掏出了一窝 12 只小鸟。闫啸天将小鸟的照片发到互联网上，有人联系他并声称愿意高价购买，闫啸天遂以一千余元的价格售出了手头存活的 10 只小鸟。尝到甜头后，二人又掏了一个鸟窝，获得 4 只小鸟。还没来得及倒卖，事情就被辉县市森林公安局的民警发现。经鉴定，闫啸天掏的 16 只小鸟大部分为国家二级保护动物燕隼，另外两只为隼形目隼科动物。第二天，闫啸天和王亚军被刑事拘留，同年二人被批准逮捕。

2015 年新乡市辉县市法院一审判决，以非法收购、猎捕珍贵、濒危野生动物罪判处闫啸天有期徒刑 10 年半，以非法猎捕珍贵、濒危野生动物罪判处王亚军有期徒刑 10 年，并分别处罚金 1 万元和 5000 元。负某因犯非法收购珍贵、濒危野生动物罪获刑 1 年，并处罚金 5000 元。2015 年新乡市中院对此案作出裁决，维持了新乡市辉县市法院一审判决。2016 年 4 月 26 日河南省新乡市中级人民法院驳回了"闫啸天犯非法捕猎珍贵、濒危野生动物罪，非法收购珍贵、濒危野生动物罪"一案的再审申诉。其在驳回申诉通知书中写道："原判认定事实清楚，证据确实充分，定罪准确，量刑适当，审判程序合法。申诉人对该案申诉理由不能成立，不符合再审条件，予以驳回。"

【法理分析】本案中，法律的适用结果与社会观念产生了严重的背离。尽管法官严格按照司法解释的成文规则进行推理并作出判决，但就其结果来看，因为掏鸟窝被判十年，在社会公众的朴素价值观中明显量刑畸重，判决结果的可接受性偏低。出现这一现象的主要原因在于关于野生动物资源的司法解释的不合理，这是社情变化而立法滞后的结果，法律与社会之间存在"规范的鸿沟"。而法官在判决的过程中严格秉持"法条主义"，未进行"后果主义"的考量，这种判决击穿了公众的心理防线，在话语场上引起轩然大波。

就法律的有关规定来看，"情节特别严重"的规范概念存在争议。根据《最高人民法院关于审理破坏野生动物资源刑事案件具体应用法律若干问题的解释》，情节严重与否直接与捕杀数量相联系。比如，捕杀隼科动物 6 只构成"情节严重"；捕杀 10 只以上，属于"情节特别严重"，可能服刑 10 年以上。该司法解释并没有详细区分隼科动物的种类，而仅以数量作为量刑的根据，使得该司法解释量刑标准过于僵化，在实践操作中比较机械。加之刑法有关条款给法官预留的自由裁量空间过大，轻则拘役，重则十年以上，导致在司法实践中容易出现畸轻畸重。例如，在湖南的一起案例中，两位农民在国家级自然保护区里架设高压电网，捕杀、售卖和食用了一级珍稀动物林麝两头、二级保护动物黑熊三头，此种猎杀行为比在家门口掏鸟窝的行为要严重，但主犯仅仅被判有期徒刑六年。此外，驻马店某派出所原所长酒驾致 5 人死亡、3 人受伤，判了十年；北京一个团伙非法吸收公众存款 26 亿元，主犯也只判了十年；冷水滩一位干警贩毒，判了十年；福州一演艺公司老板把两名女子囚禁在狗窝里当性奴，数罪并罚判了十年；浙大一位教授贪污近千万元科研经费，被判十年。与上述犯罪行为相比，闫某的犯罪行为对鸟类资源和生态环境的伤害毕竟是有限的，不应该按照"情节特别严重"来处罚。换言之，无论是主观恶性、客观后果还是行为程度，掏鸟窝均无法称之为"情节特别严重"，仅仅根据司法解释的相关规定将闫某、王某的行为认定为"情节特别严重"并判处十年以上有期徒刑难以使人信服。该司法解释的有关规定过于机械，严格按照法条进行判决有违刑法的谦抑性原则，从刑罚的威慑力来看，三五年的刑期足以起到震慑当事人和其他犯罪分子的效果，十年刑期确实量刑过重。

法官所坚持的演绎推理究竟错在哪里？从已知的前提中推导出结论，这种推理的有效性在于其前提必须为真，即法律规范的正确性。然而，尽管立法者可能拥有高度的理性，却难以穷尽所有情形；由于法律本身固有的稳定性，无法覆盖社会中所有变化。法律是一种借助语言来传达意义的符号体系，在其本质上难以避免存在漏洞、歧义、模糊不清的情况。同时，人类的认知有限，证据可能缺失，客观条件也可能不利，导致事实常常处于真假难辨的状态。即便某些事实可以被确认为真实，它们也难以在法律框架内精确地发生，与现有规则完全一一对应。推理的有效性并不能必然确保结论的正确性。尽管严格运用演绎推理可以促进裁判的合法性，但有时也未必能带来公正的结果。当法律用尽或法律的适用将产生不公正的结果时，法官应如何进行裁判？此时需要运用法律方法对其进行补正，以适应社会的发展。就本案来说，法院的判决的确能够对捕杀野生动物的行为人起到惩戒作用，但由于处刑过重引起了民众的抵制和不满情绪，而如果对犯罪嫌疑人网开一面、从轻发落又可能会鼓励这种非法行为，甚至让一些不法之徒找到可乘之机。可见，如何在法律效果与社会效果之间找到平衡点，达到社会效果和法律效果的统一，需要法官在判决时综合考量各种因素。

后果考量作为司法裁判的方法之一，其作用主要体现在加强个案裁判规则的可接受性和正当性上。例如，在美国里格斯诉帕尔默案中，厄尔法官引用了"保险公司诉阿姆斯特朗案"中的法官意见："如果投保人能够通过杀害被保险人的犯罪行为而获得保险金的话，那么他同样能够通过蓄意烧毁一幢建筑而获得保险金。"①显然，厄尔法官通过进行后果考量就补强了"任何人不能从其自身的过错中受益"这一原则的适用，增强了判决的正当性。关于后果考量在本案的具体应用，法官在判决时理应认识到有关司法解释的机械性以及按照司法解释进行判决可能产生的后果，同时为保持刑罚的威慑力、防止纵案数量失控或司法成本过度攀升，在法律条文的基础上完全可适当发挥法官的自由裁量权以实现罪责刑相适应。

综上所述，"掏鸟窝案"量刑不合理的根本原因在于规则的直接适用结果不符合社会观念。当出现这一情况时，个案正义如何实现就成了考验法官司法技术和职业伦理的一项挑战。面对不合理的刑事司法解释，法官应当在法教义学的范围内进行后果考量，通过法律方法突破不合理的刑事司法解释的规定，补正法律条文的机械性和滞后性。

📑【文献扩展】

1. 王彬. 司法裁决中的"顺推法"与"逆推法"[J]. 法制与社会发展，2014（1）.

2. 段卫利. 刑事司法解释强制拘束力的批判与反思——以"掏鸟窝案"的裁判文书为切入点[J]. 刑法论丛，2016（4）.

3. 李拥军. 合法律还是合情理："掏鸟窝"背后的司法冲突与调和[J]. 法学，2017（11）.

📖【材料9-11】药家鑫案

2010年10月20日22时30分许，被告人药家鑫驾车从西安外国语大学长安校区由南向北行驶返回西安市区，当行至西北大学西围墙外翰林南路时，将前方在非机动车道上骑电动车同方向行驶的被害人张妙撞倒。药家鑫下车查看，见张妙倒地呻吟，因担心张妙看到其车牌号后找麻烦，即拿出其背包中的一把尖刀。向张妙胸、腹、背等处捅刺数刀，致张妙当场死亡。杀人后，药家鑫驾车逃离，当行至翰林路郭南村口时，又将行人马海娜、石学鹏撞伤，西安警方

---

① Riggs v. Palmer. 113 N.E. 837 (N. Y. 1916).

接到报警后，将肇事车辆扣留待处理。10月22日，警方对药家鑫进行了询问，药家鑫否认杀害张妙之事。10月23日，药家鑫在其父母陪同下到公安机关投案，如实供述了杀人事实。[①]药家鑫因担心被害人记忆其车牌号便将其杀害的行为引发社会广泛讨论，激起公众强烈愤慨，网络舆论喊杀声一片，最终药家鑫因犯故意杀人罪被判处死刑。

【法理分析】司法实践中，大多数案件审判属于正常的司法活动，但也有一部分案件由于其案情的特殊性而受到社会广泛关注，成为具有一定社会影响力的案件。而在这类案件中，舆论更容易介入司法，尤其在互联网时代，网络舆论的突发性、复杂性、动员性、多元化等特点，更是加剧了舆论对司法的影响，甚至出现舆论"绑架"裁判结果的现象，而药家鑫案就是舆论介入司法的典型案例之一。

1. 舆论对药家鑫案的介入

根据案情，药家鑫撞人之后又将人杀害的行为不仅触犯法律，也违背了道德底线，于法于情都应受到惩罚。然而，被害人一方，尤其是被害人家属的诉讼代理人张某，大发舆论攻势，激起民众对于案件的关注。张某通过微博发布了一系列暗指药家鑫家境优渥的言论，意图影响案件走势。在网络舆论的传播过程中，药家鑫被贴上"富二代""官二代"的标签，网络舆论持续发酵，激起了社会公众对于纨绔子弟草菅人命的憎恶以及对农村弱势群体的同情，由此，民众将对药家鑫的批判转变为对富人行为的不满，将刑事案件看法上升为对阶级对立的声讨。因此，众多网民认为药家鑫罪大恶极，要求将药家鑫判处死刑。虽然，对药家鑫的死刑判决从法律上看也是可以成立的，但不可否认的是，舆论确实对案件的裁判结果起到了推动作用，这从法院在法庭上发放调查问卷就可窥一二。但讽刺的是，事后证实张某发表的是虚假消息。

无论如何，在药家鑫案中，舆论的不当介入影响了司法过程。而在此之后，如何处理司法与舆论的关系则需要我们进一步反思。在网络化社会中，司法场域无法完全隔离舆论，因此，司法对舆论的考量难以避免。然而，舆论的不良干扰则会影响法官的专业判断，对舆论一味地顺从将会使公众产生司法信任危机，损害法律权威。

2. 司法对涉诉舆论的应对

在药家鑫案中，司法应对舆论的举措之一是在开庭时向旁听人员发放问

[①] 摘自（2011）西刑一初字第68号。

卷，就案件裁判问题向民众征求意见。法院试图以此种方式取得舆论支持，但这弊端也十分明显：一方面，旁听群众会受舆论引导，容易被情绪左右，且旁听群众并不具备专业化的法律思维，其观点可能缺乏一定理性；另一方面，问卷调查意在取得舆论支持，但只有在民意与法律规定一致时才能实现其效果，否则只会加剧裁判结果与民意的分歧。因此，司法究竟如何应对涉诉舆论是当前司法工作面临的一大难题。对此，习近平总书记强调："政法机关要自觉接受媒体监督，以正确方式及时告知公众执法司法工作情况，有针对性地加强舆论引导。"①这为解决司法与涉诉舆论关系问题指明了方向。

第一，司法要正当考量涉诉舆论，接受公共监督。司法不能以回避心态对待舆论，置之不理可能会激化社会矛盾。但对舆论的考量也不能是随意的，其正当性要求排除下列影响：一是要排除基于异化事实而形成的舆论的影响。若舆论是基于不同于法院所认定的事实而形成的，那么舆论便不能完全反映案件本质，因此也就不足以被司法裁判考虑在内。二是要排除基于异化诉求而形成的舆论的影响。在药家鑫案中，仇官仇富的情绪使得公众将案件焦点由杀人事实转向身份认定，虽然对最终结果并无实质影响，但从本质来看，药家鑫是否为"富二代"并不能成为对其定罪处罚的依据。

第二，要加强司法过程公开。为避免社会公众被不良舆论所误导，就要在法定范围内尽可能实现司法公开。在审判前，对已经引发或可能引发社会舆论而误导公众的案件信息，要在法定范围内进行公开，以正确方式及时告知社会公众案件进展。在审判时，对有影响力的、符合公开审判条件的案件，可以通过媒体依法公开庭审，保障审判过程公开透明。在审判结束后，依据法律规定进行裁判文书公开，展示得出裁判结果的裁判理由和论证过程，提升公众对案件结果的认同感。

第三，政法机关要加强引导。在疑难案件中，涉诉舆论与司法的冲突往往产生于公众价值理念与法律规定的差异。涉诉舆论往往形成的是对案件的道德判断，其不具有科学性和专业性。对此，政法机关要发挥其职业优势，融理入法，以容易被公众所接受的理念来解释法律规定及其背后的原理，宣传法治精神和法治理念，引导培育公众的法治思维，在解决当下涉诉舆论的同时，也有助于减少未来的涉诉舆论争议。

① 习近平. 十八大以来重要文献选编（上）[M]. 北京：中央文献出版社，2014.

第
九
章

【文献扩展】

1. 周安平. 涉诉舆论的面相与本相: 十大经典案例分析[J]. 中国法学，2013（1）.

2. 马长山. 公共舆论的"道德叙事"及其对司法过程的影响[J]. 浙江社会科学，2015（4）.

第十章

法治

📖 【材料 10-1】关于"法"的神话传说

　　"第二个，他领容光照人的忒弥斯入室，生下时辰女神，欧诺弥厄、狄刻和如花的厄瑞涅，她们时时关注有死的人类的劳作；还有命运女神，由大智的宙斯赋予至高荣耀，克洛托、拉刻西斯和阿特洛珀斯，为有死的人类安排种种幸与不幸。"

——赫西俄德《神谱》

　　【法理分析】在古希腊神话故事中，作为主神宙斯第二任妻子的女神忒弥斯（Themis），也被称为正义女神或法律女神，在神谱中处于崇高的地位，由其形象演化而来的正义女神（Justitia），至今仍然在诸多法院建筑中作为正义的象征出现。

　　对于神话的解读，可以理解古代社会中人们对于法律相关问题的理解。梅因指出："（Themis）这是一些最早期的概念，它们和现在已经充分发达的法律观念和生活规律有着密切的关系……把司法审判权交给国王或者上帝的神圣代理人，万王之中最伟大的国王，就是 Themis。"由此我们可以看出，Themis 同现代人所理解的法律有着密切的关联，意味着规范、惯例与正义的结合。

在赫西俄德的神祇谱系当中，女神忒弥斯是远古的提坦神，是天神乌兰诺斯与地神该亚的女儿，早于奥林匹斯诸神出现。这样一种历史叙述，意味着一旦脱离自然，她就已经出现，早于城邦政治生活中形成的其他神祇。这也反映出人类社会最早期形成时，就产生了对于行为规范的需求，产生了相应的惯例，并且将按照规则的行动理解为正义。忒弥斯第一次在《神谱》中出现，即被称为"庄严的忒弥斯"，并且紧随着宙斯、赫拉、雅典娜、阿波罗、阿尔特弥斯和波塞冬之后被歌颂，这也进一步凸显了其重要性。

而忒弥斯与宙斯所生下的女儿，分别被称为时辰女神与命运女神。三位时辰女神象征着人类生活的时序与季节，这样一种周期性的规律生活，对于人类社会而言是不可或缺的。只有这样，人们才能获得预期，安排自己的生活，才能够进行生产劳作，就像赫西俄德所说的那样，"时时关注有死的人类的劳作"。而在农业社会当中，最重要的规律性来自人们对于自然界季节规律性的认识，遵循这种自然规律，也就是遵循了正义的要求。这样一种稳定的规律性，其实就是法律在后来的社会发展中所一直要发挥的作用。三位时辰女神分别是"欧诺弥厄"（Eunomia，法度、秩序）、"狄刻"（Dike，正义）、"厄瑞涅"（和平），这三者的含义结合起来，更清晰地表现出在古代社会中人们对于法律的需求，那就是通过法律规范获得秩序、正义与和平。

在亚里士多德关于法治的著名论断中指出："法治应当包含两重意义：已成立的法律获得普遍的服从，而大家所服从的法律又应当是制定的良好的法律。"这里所说的"法治"，也就是"Eunomia"，强调了需要良好的法律以及普遍的服从，即不能脱离现实中的秩序，仅从文本看待法律。

而作为正义的"Dike"，也有着决断、评判的含义，因而常常被用来指司法审判。这种审判需要解决纠纷，并且需要在解决中体现"正义"，而这也展现出法治不仅需要有法律规则，还需要法律规则能够得到有效运行，这种运行往往需要依靠强制力加以推进。

另三位命运女神"为人类安排种种幸与不幸"，这同样表现出古人对于法律的重要理解，那就是法律有其自身的确定性，因而确认了人的命运，个人在这种宏观的秩序面前是无力更改的。在柏拉图的《理想国》当中，三位命运女神的分工如下："拉刻西斯唱过去的事，克洛托唱当前的事，阿特洛珀斯唱未来的事。"命运女神既然成了忒弥斯的女儿，那就不再是纯自然的产物，而是人类社会的产物，人的命运同法律也就联系在了一起。这就进一步要求人们按照法律的规则过一种符合正义的生活，从而共同构建社会生活的和平、繁荣。

神话虽然是神话，但从中所展现的关于法治的古典想象，却仍然可以促进人们对于法治的深入理解。来源于社会生活、反映规律性的规则给予人们行为的预期，而这种规则得到人们的普遍遵守，使社会生活形成了人们所需要的秩序。人类社会对于法治的需求，从根本上而言是一以贯之的。

📑【文献扩展】

1. 吴雅凌. 神谱笺释[M]. 北京：华夏出版社，2010.
2. 戴昕. 正义的形象——对西方美术作品中正义女神形象的考察及其对法治话语的启示[J]. 北大法律评论，2009，7（2）.

📖【材料 10-2】中世纪冰岛的史诗故事

13 世纪创作的《尼亚尔史诗》记录了超过半个世纪的漫长历史（960—1016 年），描述了上百个有着鲜明个性的生动人物，因而确实充分地概括了冰岛的史诗时代。它被称为在所有的经典冰岛史诗中"最深刻与最有力的""最伟大的"作品。也有人称它为"冰岛文学的巅峰之作""全世界最杰出的散文作品之一"，而它的佚名作者也得到了"萨迦文学界的莎士比亚"这样的赞誉。

这部史诗中所叙述的故事同法律也有着密切的联系。简单来说，故事围绕着一系列纠纷、诉讼与复仇展开。史诗主角尼亚尔是杰出的英雄人物，并且精通法律的内容与程序。他的好友贡纳尔在一系列的纠纷中，因为决斗而杀死、杀伤了许多敌人。虽然在尼亚尔的帮助下，贡纳尔在诉讼中达成了和解协议，只要离开冰岛流放三年就可以不再承担责任，但由于他留恋自己的家乡不愿离开，因而成了不受法律保护的人，最终在自己的庄园中被仇家集合起来杀死。由于贡纳尔已经成为不受法律保护的人，尼亚尔的儿子斯卡普赫定与贡纳尔的儿子霍格尼不通过法律手段，而是通过血亲复仇的方式杀死了凶手。血亲复仇再一次使得纠纷复杂化，更多的人卷入纠纷之中。在冤冤相报的循环之中，尼亚尔的儿子们陷入了兄弟阋墙的内乱，斯卡普赫定率众杀死了义兄弟霍斯库尔德，这招致了霍斯库尔德妻子一方弗洛西家族的报复。在公民议会组织的法庭上，尼亚尔家族与对手弗洛西家族各自寻求外来援手壮大自己的声势，并且运用各种法律技术以求达成和解。虽然一度形成了一个以极高的赔偿金额来达成和解的方案，但最终双方未能达成一致。和解未能达成，导致了弗洛西家族越过法律程序直接发起了攻击，在正面交锋无法取胜的情况下，弗洛西家族纵火烧死了尼亚尔一家，唯一逃生者是尼亚尔的女婿卡里。卡里寻找盟友发起了新的复仇，在又引起了一轮轮恶战之后，法庭宣布了裁决，弗洛西同其他的纵火者都被流放到冰岛之外。但是，卡里并未就此接受法庭的裁决，他执着地去冰岛之外追杀仇敌，在威尔士、爱尔兰等地杀死了除弗洛西之外的所有纵火者。直到最后，卡里与弗洛西都在罗马接受了基督教，从而相逢一笑泯恩仇。长达半个多世纪的无休止的冲突与报复，最终随着基督教在冰岛的传播宣告终结。

【法理分析】通过对长篇史诗的简要概括，我们发现，法律及其运作程序贯穿于传奇故事的始终。我们甚至可以直接将这个故事总结为，在 10 世纪的冰岛，精通法律的法律人如何使人获取荣誉。正是法律人的参与，以他们精湛的法律技能使一个个诉讼得到支持，从而推动着传奇故事不断发展。因此，这部史诗也被誉为"最卓越的法律史诗"。

但是，如果同今天的法律与法治相比较，史诗中的法律故事会让今天的读者感到错愕。尽管法律是公之于众的，具体的案情也总是清清楚楚地摆在法庭之上，但如果事情的结果不能让人满意，即使是史诗中那些最伟大的法律人，也会毫不犹豫地放下法律、拿起武器。尼亚尔与贡纳尔这一对好友努力地想要遏制这种以暴制暴的习气，但他们一次次达成的赔偿协议却完全不能阻止一次次新的仇杀。而法律对于这些仇杀所作出的有限处置，虽然在形式与程序上已经展现出了高度的专业性和严谨性，并且提出了正当程序的要求，但具体的实质处理却只能简单地依赖赔偿或是流放这样的形式，法庭的裁判最终还是由当事人自己去完成。如果当事人不去执行法庭所作出的裁判，那么纠纷的解决途径就仍然在法律之外，依靠暴力完成。

通过这样的故事我们可以发现，法律的兴起脱胎于复仇，并且往往在很长一段时期中同复仇无法完全分离。在早期的人类社会中，即使像当时的冰岛一样制定了法典，并且有了纠纷解决的法定机构与法定程序，法律的实质内容仍然与复仇时代的社会规范相似，这反映了复仇作为形成社会秩序的规范在历史中所发挥的重要作用。在早期人类社会中，信息成本的高昂使人们难以判断所遇到的陌生人的善意或恶意，从而阻碍了人与人之间的交往。为了避免相互敌视和攻击的状态，尽可能达成合作，人们基于大致平等的复仇能力，以"以直报怨，以德报德"的行为模式展开交往，复仇成为一种普遍的行为规范，从而促成了合作的达成与社会秩序的建立。而复仇的行为规范所建立的社会秩序，在社会发展演变的过程中逐渐借助于独立于当事人的公权力来加以维护，从而演变为法律所建立的秩序。早期的法律因此也就以"以牙还牙"的同态复仇或是金钱的等价赔偿作为主要内容。

从复仇脱胎而来之后，法律建立的社会秩序试图控制甚至消灭复仇，但这并不是一蹴而就的。公权力的出现、法律规则的制定与相关机构的建立，并不能确保整个社会就服从于法律的治理，而是需要公权力自身确实有强大的力量去加以维护。在冰岛史诗中，法律无法终结仇杀，原因就在于在冰岛社会中由于经济基础薄弱而缺乏强大的公权力。而故事中恩怨的最终解决，看起来是宗教对人的教化，实际上所反映的是基督教的传播。

冰岛法律发展变迁的历史背景有助于我们更好地理解法治的建立需要确立强大的公权力。冰岛绝大多数公民都是出于对自由的追求，他们在 10 世纪时从挪威逃亡而至，并且从此时开始发展出了不同于挪威大陆的文化与法律，但在与中央集权的挪威的竞争中仍然处于了下风，因而不可避免地被来自挪威的中央集权式的国家治理所取代。冰岛史诗在赞颂英雄的同时，也流露出了对昔日传统"无可奈何花落去"的日益式微的伤感。而到了 13 世纪中叶，由于有权势的家族之间无休止地私下仇杀导致的暴力泛滥，以及加剧了这一问题的教会与农场主之间的争斗，冰岛人对这样一种没有和平的状态感到无法忍受，因而在 1262 年达成了条约决定与挪威合并。合并之后，挪威国王在冰岛制定了新的法律，这些新法律并没有完全废止过去的冰岛法律，但是实施了具有宪法意义的重大改革：族长成了明日黄花，其地位被国王任命的行政官员所取代；而随着全冰岛被划分为十二个司法区，那些地方化的法官被经过统一培训的法律专家所取代，全岛议会也开始衰落。史诗之外的真实历史，进一步展现了法治的建立所需要的基础，正如霍布斯所指出的，只有作为"利维坦"的最高公共权力的建立或存在，成为不可分割的主权，才有公民的和平与安全，才有个人权利的实现。法治是一个共同体内部的治理，如果这个共同体本身没有力量维系下去，那么作为共同体内部构成规则的法治，就更加无法维系了。

📑【文献扩展】

1. 西奥多·齐奥科斯基. 正义之镜——法律危机的文学省思[M]. 李晟，译. 北京：北京大学出版社，2011.

2. 波斯纳. 正义/司法的经济学[M]. 苏力，译. 北京：中国政法大学出版社，2001.

📖【材料 10-3】英国《大宪章》

英王约翰即位之后，在对法战争中连续战败失地，并且与教皇英诺森三世发生冲突，被教皇惩罚之后又被迫屈服缴纳贡金，因此不得不向其治下的封臣征收更多税赋，甚至直接借故没收封地，并在民间搜刮财产，引起诸多不满。1215 年，封建贵族乘机联合对国王不满的各方力量反对约翰王。5 月 17 日，封建贵族得到伦敦市民的支持，占领了伦敦。6 月 10 日，英格兰的封建贵族在伦敦聚集，挟持英格兰国王约翰。约翰被迫赞成贵族提出的"男爵法案"（Articles of the Barons）。1215 年 6 月 15 日，在强大压力下，约翰在兰尼米德（Runny Mede）签署《大宪章》。其中主要反映西欧封建政治制度的特点，即国王只是贵族"同等中的第一个"，没有更多的权力。1215 年 6 月 19 日，贵族则重申对约翰效忠。最后皇室秘书将国王与贵族间的协议正式登录，即成为最初的《大宪章》，并将副本抄送至各地，由指定的皇室官员及主教保存。

《大宪章》由一个序言和 63 个条款构成，主要内容是保障贵族和教会的权利不受国王的侵犯，例如，规定全体自由民享有自由权；伦敦及其他各城市享有自治权；国王征税必须同贵族会议商量并听取民众的意见；今后不再发出强制转移土地争执案件至国王法庭审视的令状，以免使封建主的此项司法权利遭受损害；非经同级贵族依法审判，任何自由民不受拘捕、监禁、没收财产、剥夺公权、放逐、伤害搜查和逮捕等；不得强迫骑士和其他拥有土地者服额外的兵役；由 25 名贵族组成一个委员会，监督大宪章的执行，国王如有违反，可对其采取剥夺土地、没收财产等手段予以制裁，甚至有以武力进行反抗的权利，可以占据国王的城堡和财产。

约翰在武力的迫使下签署了《大宪章》，但《大宪章》在贵族离开伦敦后即宣布废弃，英国随后陷入内战。内战终结后，继位的亨利三世再次发布《大宪章》，但对内容进行了大幅度删减。后来的英国国王曾三十多次重新发布《大宪章》，其具体内容虽经反复修改，但它的一些基本原则却被保留了下来。

【法理分析】在传统的认知当中，1215 年的《大宪章》被视为英国宪政叙事的逻辑起点，而贵族则被视为一种促成并且推动英国宪政健康发展的积极力量。在这种宪政主义的叙事中，英国贵族通过《大宪章》确立了"王权有限""法律至上"的原则，从而开启了近现代宪政的先河。

要深入理解《大宪章》，则需要结合其历史背景加以全面认识。在其之前，以法律文件限制王权的现象在欧洲非常普遍，尼古拉斯·文森特（Nicholas

Vincent）在牛津通识读本之《大宪章》中指出，国王以书面形式坚守自己的统治权，这种做法从公元前6世纪就开始了。在《大宪章》的时代进行横向比较，则不难发现，尽管英国有《大宪章》的限制，但在1215年及以后相当长一段时间内，相比法国、神圣罗马帝国、阿拉伯帝国，英国的王权依旧是比较大的。因此，王权的限制并非始于《大宪章》。而历史的经验事实也表明，限制王权、强化贵族特权并不一定意味着国家进步，甚至可能导致国家灭亡，如在实现限制王权最为充分的波兰就是如此。被《大宪章》所约束的约翰，其强化"君权神授"的统治，在当时来看反而更具有进步意义。英格兰的普通自由民可以在王室法庭击鼓鸣冤，挑战比自己社会地位高的人，在王室法律的保护下对抗贵族。

而《大宪章》对于王权的限制，其所确立的是一种贵族寡头限制王权的模式。这种模式由于忽视了普通民众的权利，所以其本质是反民主的。《大宪章》中最受后世推崇的是第三十九条，该条的表述如下："任何自由人，如未经其同等地位之人依据这块土地上的法律作出合法裁判，皆不得被逮捕、监禁、没收财产、剥夺法律保护权、流放，或加以任何其他形式的损害。"对此特别需要注意"自由人，如未经其同等地位之人"裁判这一表述。在1215年的英国，自由民不包括占人口绝大多数的"维兰"与"小屋农"，这就意味着其仅仅给予少数人此种保护，而所要求的需"经其同等地位之人"裁判，则意味着在当时的等级社会，贵族只能由贵族定罪，教士只能由教士定罪，自由市民只能由自由市民审判。当时的贵族集团只有大约160人，如此小的规模实际上使得他们很容易构成一个有着诸多共同利益的小圈子，在侵犯低等级公民利益时不受法律制裁。因此，该条款所确立的自由，只能说是一种等级制的自由，是对于社会中不平等的高度强化，也是封建社会中的常态。而现代法治的确立，则正是在王权崛起之后，突破等级制的阻碍，直接面向公民个体，实现"法律面前人人平等"，在个人权利基础之上形成法治。

通过上面的分析发现，《大宪章》在法治上的进步是很有限的，对其作出高度评价的简单结论值得怀疑。但是《大宪章》又确实显示出了历史意义，因而在当下得到了充分的纪念。对其历史意义的理解，首先需要注意到其并未在发布后充分发挥作用。在内战状态下所签订的《大宪章》，在1215年的意义实际上是和平条约，并非宪法。作为和平条约，其迅速被撕毁，未能终结内战，因而是失败的条约。而作为失败的和平条约，其在当时和之后实际上被仪式化、"博物馆化"了。《大宪章》由教士以拉丁语写成，而当时的英格兰贵族与国王都说法语，不懂拉丁语，可以说《大宪章》从签署时就更多注重的是仪式的作用，而并不作为可以普及的法律文本。

1215 年《大宪章》并未因其被书写而更多地嵌入英国政治生活实践而改变什么，其更像是昂贵的博物馆展品。14 世纪之后，随着社会生产力的发展和社会阶层力量的变动，英国才真正为未来民主法治的到来做好了准备，但这种准备是建立在对《大宪章》中"贵族特权限制王权"等一些基本原则的背弃的基础上的。15 世纪和 16 世纪这两个世纪，是英国宪政史上关键的两个世纪，这期间人们已遗忘了《大宪章》，而历史的车轮则沿着与《大宪章》不同的另一个方向前行。直到 17 世纪，人们"再度"发现《大宪章》中的某些文字，赋予了其新的甚至是违背其原始意义的含义，从而开启了英国宪政史新的篇章。

因此，吉尔·莱波雷指出，《大宪章》先后被确认了近五十次，那也只是因为它几乎不被尊重。17 世纪，在议会与专断王权的斗争中，《大宪章》成了一个振奋人心的口号，世人对其的重新关注，爱德华·柯克厥功至伟，他称《大宪章》是英国的"古老宪法"。如果 17 世纪爱德华·柯克没有发现《大宪章》，他同样可以从 12 世纪和 13 世纪的习惯法中找到他要反对专制王权的依据，没有对《大宪章》的重新阐释，并不意味着找不到合法性依据。

《大宪章》在 17 世纪的英国得以复兴，又在 18 世纪的美国得到称颂，这是因为人们人为地赋予了它权威性——作为政治抗争工具的历史文件。在 19 世纪的美国，《大宪章》是一份单一、稳定、不变的文件。这个神话被建构出来，有助于塑造人们对宪法的尊敬，让人们认为宪法是不可改变的。因此，正如宾汉姆法官所说："《大宪章》可能在更重要的意义上，在于后代声称它说了什么，相信它说了什么。有时候，神话比真实更重要。"①

通过《大宪章》的历史叙事进行梳理，可以充分理解法治建构的复杂性。一方面，法治的形成并不是简单地在文本当中确立某些原则、体现某些思想就可以实现的，不是单向度的进程。另一方面，法治的建构也并不意味着对历史的真实表达，而往往借助于对历史的某些想象来寻求合法性依据。从某种意义上说，将历史想象融入现实需求之中，进而将其塑造成一种支撑法治的意识形态，正是法治所需的"高贵的谎言"。

---

① ［英］汤姆·宾汉姆. 法治[M]. 北京：中国政法大学出版社，2012.

【文献扩展】

1. 王烈琦. 有限王权、等级自由与躺在博物馆中的《大宪章》[J]. 经略网刊，2015（46）.

2. 吉尔·莱波雷.《大宪章》的八百年命运：被盖章、被废止，被修订、被拔高[EB/OL]. 王笑红，译. 澎湃新闻，http://www.thepaper.cn/newsDetail_forward_1324066.

【材料10-4】麦卡洛克诉马里兰州（McCulloch v. Maryland）案

1791年，联邦党人汉密尔顿建立起了第一合众国银行，在20年经营特许状到期之后，被民主共和党人控制的国会否决解散。1812年，第二次美英战争爆发，经过三年的战争后，美国勉强获胜，但国内经济却因为战争期间的封锁和破坏而困难重重，军费的增加和战债的发行使本来就很脆弱的联邦财政更加混乱不堪。为了整顿混乱的财政，特别是支付政府欠下的战争债务，1816年美国国会通过法案设立了第二合众国银行，授予其为期20年的经营特许状。

第二合众国银行的建立受到了各州地方小银行的反对，使得许多州通过立法的形式来限制国家银行的权力。1818年2月，马里兰州议会通过一个法案，对本州内所有非经马里兰州议会颁发执照的银行和银行的分支机构征收1.5万美元的年税，唯一符合这一立法所针对的情况的就是第二合众国银行在马里兰州的分支机构。第二合众国银行马里兰州办事处的营业员麦卡洛克拒不纳税，于是马里兰州向当地巴尔特摩县法院起诉麦卡洛克。县法院判决原告胜诉，并发出令状要求被告支付税款。被告上诉到马里兰州上诉法院，法院维持了原判。于是，被告又通过再审令状（Writ of Error）将案件上诉到联邦最高法院。

联邦最高法院以7比0作出判决，推翻了马里兰州法院的判决，认定马里兰州立法机关制定的对联邦银行征税的法律违宪，且因此是无效的。在首席大法官马歇尔发布的判决中，通过三个层次作出了论证。首先，合众国的主权直接来自全体人民的联邦主权，联邦主权高于州的主权。其次，联邦主权要求对宪法的解释应当有利于其权力的有效行使，从中可以推理出某些并未由宪法文本明确规定但又确实不可或缺的"隐含权力"（Implied power），因此国会有权建立国家银行。最后，州的征税权受制于宪法，不能因征税权造成对联邦主权的破坏，因此马里兰州立法机关所制定的法律是违宪而无效的。①

【法理分析】在麦卡洛克诉马里兰州案中，马歇尔大法官所作的判决可以说是首次以司法方式明确阐述了联邦权力优先于州权，完成了对联邦制的司法确认。因此，这一意见也激起了很大的争论，因为其超越了国家银行的建立这一比较有共识的具体问题，通过其论证逻辑，首次描绘了一幅单一制国家的景象，阐述了建立一个拥有宽泛权力的全国性政府的必要性，并将这个政府完全凌驾于州权之上。

这样的争议，显然延续了在制宪时联邦党人与反联邦党人的争论，因而构成了建国这一历史过程的一部分。在制宪的辩论中，联邦党人与反联邦党人分享共同的前提，即美国应当成为一个统一的国家，并且应当在这个国家中贯彻美国革命的各项原则。但对于这个统一国家的具体形式，双方则存在着显著的分歧。反联邦党人坚持州权至上，认为只有以小共同体的团结为基础，才有可能构成一个共和国。而联邦党人在辩论中则立足于现实，指出了联邦政府面临的紧迫危机，实用主义地论证了从国内、国外两方面来看都需要形成一个更为强大的政府，形成不受州主权掣肘的联邦主权，才能真正保障人民福祉、实现美国革命的目标。

在马歇尔的论证中，充分地发挥了联邦党人的宪政理论。判决首先讨论了联邦权力的性质与意义，指出联邦应当是一个在权力范围内至高无上的政府。联邦政府直接来自人民，以人民的名义"规定并建立"，并且宣称其建立是"为了形成一个更为完善的联邦，建立正义，保障国内安定，提供共同防御，促进普遍福利，并将自由的恩泽被及我们与子孙后代"②。为了建立一个更完善的联邦，有必要将这个联盟变成一个有效的政府，它不仅拥有重大的至高无上的权力，而且要直接作用于人民。合众国政府的权力尽管受到了限制，但是合众国政府在其权力行使的范围内是至高无上的。这可以说是由合众国政府的性质所决定的，它是"所有人"（all）的政府，它的权力是由所有人一致授予的，它代表所有人，并为所有人的利益而运作。

在这一基础上，判决具体地讨论了建立国家银行的意义。尽管在宪法所列举的联邦政府权力中，没有发现诸如"银行"或"公司"这样的词语，但却发现了这些重大权力：征税，借款，规制商业活动，宣战及从事战争，招募陆军，

① 强世功. 联邦主权与州主权的迷思——麦卡洛克诉马里兰州案中的政治修辞及其法律陷阱[J]. 中国法学，2006（4）.

② 美国宪法序言。

设立海军并提供军需，等等。兵权与财权，所有的对外关系和国家工商活动的相当部分均被托付于联邦政府。从科罗克斯海峡到墨西哥湾，从大西洋到太平洋，在如此广袤的共和国内，需要进行财政收支，需要调动军队并提供军需。在国家迫切需要的危急关头，可能还要将在北方筹集的财物输送到南方，把东部筹集的财物输送到西部，抑或是相反。因此，绝不应采取一种让这些运作变得困难、危险与昂贵的宪法解释。宪法旨在传诸永世，并因此需要能够应付人类事务中各种危机状况。有鉴于此，本案所针对的建立国家银行是国家福祉所必须依赖的重大权力的行使。在人类审慎所能容许的最大限度内，保障这些权力的有益行使必定是授权者的意图。因此，组建银行的法案是符合宪法的，并构成国家最高法律的组成部分。

在指出国会建立国家银行的法案合宪的基础上，判决随即分析了马里兰州征税行为的合宪性。判决指出，征税权就包含着破坏权，而破坏权将使得创制权变得空泛而毫无意义。马里兰州该法案将导致州权至上。通过假设的修辞，马歇尔指出，如果各州可以对联邦政府行使权力的一项工具征税，他们就可以对邮政征税，可以对造币厂征税，可以对专利权征税，可以对海关文书征税，可以对司法过程征税，可以对联邦政府所运用的一切手段征税，以至于使得联邦政府的任何目标都不能实现。如果承认各州有权对联邦政府运用的手段征税，则宣告宪法和据之制定的法律至高无上将不过是空泛而毫无意义的声明。因此，马里兰州议会所制定的法案违宪而无效。

马歇尔所作的判决，表现了应当以一种怎样的态度去面对宪法这一现代法治的核心。马歇尔特别强调："我们永远不要忘记，这是一部我们正在解释的宪法。"这一经典语句更强化了他的说服力。宪法上最高主权的归属，取决于怎样能够"建立正义，保障国内安定，提供共同防御，促进普遍福利，并将自由的恩泽被及我们与子孙后代"[①]。这一判断标准不是教条的，而是实用主义的。法治的建构应与现代国家的建构联系在一起。法治的内在价值，不仅仅是构成一个外在于国家的"市民社会"，更是要构建国家。脱离国家的法治，只能存在于理论想象之中。而对于宪法赋予国家机构的权力作出何种理解，也必须充分考虑现实需要。建立国家银行之所以是一项"隐含权力"，就在于这不仅具有经济意义，更对国家的维系与发展具有重要意义。马歇尔具体讨论了在美国这样一个国土辽阔的大国中建立国家银行的重要性，即便于提供军需或是在大范围内

---

① 美国宪法序言。

调动财物。这更进一步阐明了宪法之所以需要这样被解释，就是因为国家需要实现这些目标，因而"宪法并非自杀契约"。

从另一个视角来看，法治基本框架的确立是一个漫长的、动态的过程。从1776 年建国，到 1787 年制宪，再到 1819 年麦卡洛克诉马里兰案从司法上确立联邦主权原则，经历了长时间的努力。联邦党人文集开篇所提出的理想："人类是否真正能够通过深思熟虑和自由选择来建立一个良好的政府，还是他们永远注定要靠机遇和强力来决定他们的政治组织。"①这并非意味着经过理性的设计制定出良好文本就可以迅速建立法治，还需要立足社会现实的各方面作出努力。在法治建设的过程中，法律人以其修辞和推理技术发挥着重要作用，但能否充分发挥效果，最终的力量并不取决于修辞。

【文献扩展】

1. 任东来. 美国宪政历程：影响美国的 25 个司法大案[M]. 北京：中国法制出版社，2004.

2. 强世功. 联邦主权与州主权的迷思——麦卡洛克诉马里兰州案中的政治修辞及其法律陷阱[J]. 中国法学，2006（4）.

【材料 10-5】关于德国民法典制定的学术论战

最早提出在德国编纂一部统一法典的是希罗塞尔（J. G. Schlosser），他在1777 年出版了题为《关于制定一部完善的德国民法典的建议和计划》的著作。在 1789 年他再次涉及这一问题，写了《论一般立法，特别关于普鲁士法典草案》一文。在这些著作中，他论证了进行统一的法典编纂的必要性。他努力的成果部分地体现在普鲁士民法典的编纂之中。

1814 年，瑞赫贝格（A. W. Rehberg）撰写了《拿破仑法典及其引进到德国的问题》，认为德国与法国不同，不存在一场需要通过法典编纂来纠正的革命。因此在这样的情况下，德国制定法典无异于在市民生活关系领域人为地发动一场革命。

由此展开，著名法学家蒂堡（Thibaut）与萨维尼（Savigny）针对德国民法典的制定进行了深入的学术论战。蒂堡在 1814 年撰写了《论德国对于一部普通的民法的必要性》一文批驳瑞赫贝格的观点，认为德国应该进行民法典的编纂，

---

① ［美］亚历山大·汉密尔顿，杰伊，麦迪逊. 联邦党人文集[M]. 北京：商务印书馆，1980.

并借助于法典编纂统一德国各地的私法。针对德国一直缺乏一个强有力的中央集权，也缺乏一个统一的司法系统的历史背景，蒂堡呼吁对于当前德国的民法进行彻底变革，所有的德国各邦通力合作起草一部通行于德国的法典，以取代现在各邦在这一领域自行其是的状况，使德国人民享受幸福的市民生活。同年，萨维尼撰写了著名的论战性小册子《论立法和法理学在当代的使命》，这一著作批评了蒂堡的观点，提出了著名的历史法学观点，反对在德国进行法典编纂；强调市民法的起源和发展取决于民族的特殊历史，就如同该民族的语言、习俗和政制一样。所有这些都是民族统一的精神生活所创造的统一体，它们密切联系在一起，不可分离，是人民信念的产物，而不是偶然性的和自由意志的产物。

1815 年，作为这一论战的产物《历史法学杂志》开始出版。在该杂志第一期的发刊词中，萨维尼对这场辩论进行了升华，将其归结为两个学派的论战。他自己属于"历史法学派"，而将蒂堡划归"非历史法学派"。看到萨维尼开始创办杂志，有把单枪匹马的论战发展为阵地战的趋势，蒂堡也起而效仿，在 1818 年创办了《实践民法学汇编》作为宣传其主张的法的实践性的阵地。

这场深刻的论战对德国民法典的制定产生了重要影响，甚至有人认为，德国民法典的制定就是被萨维尼阻止的。直到 1896 年，德国民法典才最终完成，较之法国民法典迟到了将近一个世纪。

【法理分析】在以萨维尼和蒂堡为代表的这场关于是否制定民法典的学术论战中，展现出来的不仅是学术上的分歧，更体现了丰富的社会背景。无论是萨维尼还是蒂堡，他们学术观点的形成都不是纯粹源于理论，而是立足于对德国历史与现实的认识。

统一、完备、逻辑严谨的法典的制定，是现代法治兴起的重要标志。而这样的法治的基础在于资本主义市场经济的发展。市场经济的发展要求建立统一的市场，而要对统一市场中的交易进行更为理性的预期，就需要以法治实行保障。同时，资本主义的发展还带来了社会流动增大与社会陌生化的问题，在这种环境中，个人的机会主义倾向更容易发展起来，传统的"有机体社会"中的秩序维持机制也不再有效。因此，为了在这样一个"个体化"与"陌生化"的社会中重建法律秩序，保证法律规则能够在新的社会条件下真正得到实施，对法治的建立提出了更迫切的要求。因此，现代法治的兴起中所出现的法典化运动，就是通过统一的法典，打破此前分散多元的属地法与属人法对市场的割裂局面，从而能够让新生的国家主权整合此前那些分散的割据权力，形成统一规则的治理。蒂堡等人所推动的制定民法典的运动，就是在这样的背景下形成的。

而从另一个视角来看，法治的核心是以法律作为社会当中的最高权威，使个人与组织都普遍遵循法律规则的治理，从而形成保障个人权利的良好社会秩序。而在这样一种社会治理的框架与秩序中，法律与立法并非等同，而是存在差异。最重要的是规则是否能够有效作出预先固定的约束，从而给予人们合理的行为预期。如果仅仅有立法，但是并不能达到相应的效果，不能真正转化为人们的行为预期，那么也谈不上建立法治。因此，哈耶克指出，"发现"而非"制定"法律才是真正地通过法律实现自由之道。发现的法律，不是来自立法者的理性设计，也不是来自代议制之下的多数与少数的表决，而是来自日常生活中经由无数人的交往与沟通所形成的重叠共识。从这样的要求出发，可以理解为什么萨维尼等人反对急于制定德国民法典。如果法典成为脱离民族历史与现实生活的外在设计产物，就无法成为建构法治秩序的基石，甚至会起到负面作用。萨维尼反对的并不是民法典，而是认为在当时德国无法完成统一、确立最高的中央权威的情况下，制定民法典是没有意义的。

德国民法典制定过程中的学术论战的最终结果并不是以学术来检验的，而是通过实践来检验。在论战之后半个多世纪才产生的德国民法典，成了立法史上的经典，从一定程度上验证了萨维尼是正确的。但这也并不是按照萨维尼的指导所形成的结果，而是随着德国的统一这一政治进程推进的，正如拉伦茨所说，"德国民法典实际上是 1871 年德意志帝国成立的政治上的一个结果"。法治的建构，是在一个国家、一个民族的范围内推进的，脱离了国家与民族的法治，则很容易陷入理论空想。因为国家和法律都是用于人类社会的行动体系，而不是思想体系。一个民族的生活创造了法治，法学家创造的只是关于法治的理论。

📑【文献扩展】

1. 许章润. 萨维尼与历史法学派[M]. 桂林：广西师范大学出版社，2004.
2. 谢鸿飞. 追寻历史的"活法"——法律的历史分析理论述评[J]. 中国社会科学，2005（4）.

📖【材料 10-6】海瑞定理

海瑞是明代著名的地方官员，他对在诉讼中所形成的经验与判断以这样两段话进行了概括：

"问之识者，多说是词讼作四六分问，方息得讼。谓与原告以六分理，亦必与被告以四分。与原告以六分罪，亦必与被告以四分。二人曲直不甚相远，可免愤激再讼。然此虽止讼于一时，实动争讼于后。理曲健讼之人得一半直，缠得被诬人得一半罪，彼心快于是矣。下人揣知上人意向，讼繁兴矣。小官问事怕刁人，两可和解，俗以老人和事笑之。四六之说非和事老乎？易：'噬嗑亨。'健讼之人，正吾颐中之梗，利用刑狱也。可畏讼而含糊解之乎？君子之于天下曲曲直直，自有正理。四六之说，乡愿之道，兴讼启争，不可行也。

窃谓凡讼之可疑者，与其屈兄，宁屈其弟；与其屈叔伯，宁屈其侄；与其屈贫民，宁屈富民；与其屈愚直，宁屈刁顽。事在争产业，与其屈小民，宁屈乡宦，以救弊也（乡宦计夺小民田产债轴，假契侵界威逼，无所不为。为富不仁，比比有之。故曰救弊）。事在争言貌，与其屈乡宦，宁屈小民，以存体也（乡宦小民有贵贱之别，故曰存体。弱乡宦擅作威福，打缚小民，又不可以存体论）。"①

【法理分析】海瑞对其司法经验的概括，作为传统中国社会中司法的一个典型象征，受到后世研究者的高度关注。黄仁宇在《万历十五年》中全文引用了第二段话，以此说明海瑞是一位以道德代替法治的"模范官僚"；然后以这一模范进一步来例证传统中国"以熟读诗书的文人治理农民"。由于没有一种"数目字管理"的组织和技术传统，法律的解释和执行都离不开传统的儒家伦理，不保障人权，组织上没有对付复杂的因素和多元关系的能力，不可能改进当时的司法制度，因此中国没有发展起来现代的资本主义。

法学界的研究普遍延续了黄仁宇的视角，重视海瑞的第二段表述，认为这表明海瑞的"这种判案法是无须要逻辑的"，只是"在道德上有着充分的理由"，以此印证中国传统社会司法"基于两造之特殊社会身份而采取不同的裁决原则"。②

但是，对于上述两段话，如果连在一起加以细致解读，可以发现更丰富的内涵。首先，海瑞指出了"和稀泥"式判决的弊端。作为"息讼"之手段或工具，"和稀泥"只会引发与其支持主张者的预期背道而驰的后果——"虽止讼于一时，实动争讼于后"；③相反，只有始终如一，严格执法才能真正"息讼"。从对诉讼成本和诉讼概率的分析来看，当事人中只要有一方以上对诉讼前景更加乐观，诉讼的可能性就会上升，而"作四六分"则往往意味着诉讼中双方都对于自己的诉讼前景表示乐观，从而导致更多的诉讼产生。

---

① 《明史·刑法志》。

② 黄仁宇. 万历十五年[M]. 北京：中华书局，2014.

③ 海瑞集[M]. 北京：中华书局，1962.

另外，海瑞在第二段话中针对"讼之可疑者"，也就是疑难案件，指出了自己的对策。争议的标的被区分为"产业"和"言貌"两类，而争议当事人则依据其人格差别被分类兄弟、叔侄、贫富和直顽等几种"理想类型"。

针对"争产业"，也就是关于经济资产的争议，考虑到在现实社会中，如果双方的财富总量不同，那么两可之产权对于各方的边际效用就会有所不同，进而对这一争议产权的不同配置会导致以效用测度的社会财富总量的不同。因此，当两个判决同样具备法律公正之际，法官要从一种相对客观的（合乎情理的）视角选择将这一两可产权配置给可能对其财富有最大边际效用的一方，即财富较少的一方，或作出一个能够最大化该产权对双方财富的边际效用之差的判决。那么，将争议财产判给穷人，对其而言意义更为重大，而即使富人对这一判决感到不公正，继续去诉讼的动力也相对较弱。这就是海瑞所说的"事在争产业，与其屈小民，宁屈乡宦，以救弊也"。

针对"争言貌"，也就是关于文化资产的争议，则需要注意到文化资产与经济资产之间的重要差异。在经济资产争议中，问题是产权归属，无论配置给谁，双方争议的那部分财产仍然存在，财产转移不消灭该物品的社会价值，一个人的损失会是另一个人的收获，这些因素导致在两可案件中唯一值得考虑的问题就在于将其配置给谁更公正和有效率。文化资产争议则不同。它并非为某个人实际占有，因此实际上无法通过判决在分属两个不同群体的个体之间转移。因此，在以文化资产为争议对象的两可案件中，作出倾向于文化资产较多的一方的判决，这种权利的配置减少了这类争议解决中包括文化资产在内的诸多形态的社会财富的损耗，从而也使本来就稀缺的文化资产得以在最大程度上发挥其社会功能。如此判决还会激励社会上的其他人更多投资于那些可积累的文化资产，进而有利于增加社会的文化资产总量。在一个文化资产非常稀缺的社会中或社会条件下，这种增加既有利于降低社会的信息费用，也有利于支持和强化文化资产的社会控制功能，这就是海瑞说的"事在争言貌，与其屈乡宦，宁屈小民，以存体也"。

对于海瑞所总结的司法经验进行概括和抽象，可以提炼出"海瑞定理"。即使从现代的法律经济学或法哲学理论来看，海瑞定理也有其合理性。当然，这并不表明中国传统社会中的司法就是完全合理、符合现代法治原则的。但我们可以从中认识到，一个社会中要形成长期的治理秩序，就不可能只依靠道德伦理来解决纠纷，而是需要有效率的、实用主义的司法规则与制度，努力实现社会财富的最大化。从法治作为一种宏观的、基本的社会治理秩序框架来看，不同社会中具体的制度存在着很大的差异，但都需要回应具体的社会环境，形成比较明确并且能够被长期遵守的规则。

📑【文献扩展】

1. 苏力. "海瑞定理"的经济学解读[J]. 中国社会科学，2006（6）.
2. 瞿同祖. 中国法律与中国社会[M]. 北京：中华书局，2010.

📖【材料 10-7】《清帝逊位诏书》

辛亥革命之后，针对全国革命强大的压力，清政府被迫妥协，于 1912 年 2 月 11 日发布了终结帝制的《清帝逊位诏书》，内容如下：

"奉旨朕钦奉隆裕皇太后懿旨：前因民军起事，各省相应，九夏沸腾，生灵涂炭，特命袁世凯遣员与民军代表讨论大局，议开国会，公决政体。两月以来，尚无确当办法，南北暌隔，彼此相持，商辍於途，士露于野，徒以国体一日不决，故民生一日不安。今全国人民心理，多倾向共和，南中各省既倡议於前，北方各将亦主张於后，人心所向，天命可知，予亦何忍以一姓之尊荣，拂兆民之好恶？是用外观大势，内审舆情，特率皇帝，将统治权归诸全国，定为共和立宪国体，近慰海内厌乱望治之心，远协古圣天下为公之义。袁世凯前经资政院选举为总理大臣，当兹新旧代谢之际，宜有南北统一之方，即由袁世凯以全权组织临时共和政府，与民军协商统一办法，总期人民安堵，海内刈安，仍合满、汉、蒙、回、藏五族完全领土，为一大中华民国，予与皇帝得以退处宽闲，优游岁月，长受国民之优礼，亲见郅治之告成，岂不懿欤？钦此。"[1]

【法理分析】案例中诏书指出，南有民军起事，北有清军将领主张共和（指的是段祺瑞在袁世凯授意下联合其他北洋将领上书清室，要求共和），人心倾向于共和，表明天命已经发生了转移。清帝顺应天命，将统治权转移给了全体国民。这里所遵循的正是自周代商以来的传统的"革命"理论。在辛亥革命之后，帝国并未崩溃，而是效法古典中国的政治传统，以"禅让"的方式将国家主权及治权全部完整地转移给民国，实现治权的转移。但是一个重要区别在于，清政府的统治权不是禅让给某个得到天命的具体个人，而是全体国民，这是新时代的"天命"。

诏书中说"予与皇帝得以退处宽闲，优游岁月，长受国民之优礼"，指向了

---

[1]《清帝逊位诏书》。

当天稍后发布的《清帝逊位优待条件》，与诏书共同构成一个整体，记载了清朝皇帝逊位后民国给予的各项优待条件，共分为满、蒙、回、藏各族待遇以及清帝、皇族待遇两个清单。《清帝逊位优待条件》由南京临时参议院通过，其形式不是皇帝诏书，而是类似于条约，其核心条文载明"大清皇帝尊号不废，民国政府待之以外国君主之礼""民国每年拨四百万元供皇帝支出"。这两条解释了"逊位"与"退位"的差别：清朝皇帝并非从君主变为一介平民，仍然具有类似"外国君主"的地位，只是不再行使对中国的统治权。《清帝逊位优待条件》最后载明"以上各条，列于正式公文，由中华民国政府照会各国驻北京公使"，这一照会程序表明该文件具有某种准条约的性质。而分别由北京清政府一方与南京临时参议院一方发布文件，各自对于对方所发布的文件表示认可，更突出了这一政权更替中的相互妥协与合作。

从这样一种相互妥协的角度来看，革命之后的新政权不仅需要对逊位的清帝给予优待，还需要符合双方合意达成的某些条件，也就是诏书中所说的"由袁世凯以全权组织临时共和政府，与民军协商统一办法，总期人民安堵，海内刈安，仍合满、汉、蒙、回、藏五族完全领土，为一大中华民国"。这意味着并非将主权直接转移给袁世凯或南京国民政府中的任一方，共和政府不是已有的南京国民政府的延续，也不是简单对袁世凯的委任，而是全体国民的主权重新产生统治组织，任何一方都不能单独组成共和政府，也不能把中国变成南北分裂的两个共和政府，而应当是统一的。更重要的是，这个统一的共和政府需要完全包括原清帝国的统治范围，也就是"合满、汉、蒙、回、藏五族完全领土"。

《清帝逊位诏书》成为帝国主权转移至民国的重要合法性文献，对中华民国建政意义深远。作为原帝国所辖领土的辽阔的边疆民族地区因此被当然合法地纳入民国法统之下，中华民族成为一个统一的政治实体、一个完整继承清帝国的主权国家。在此之前，不同于现代民族国家，清朝的政体具有复合君主制（Composite monarchy）的特征。在边疆地区，高度多元的"间接统治"是政治常态。而辛亥革命冲击了原有的帝国结构。分离主义势力认为内地辛亥革命的目标是成立汉人新国，已与大清相异。蒙藏属于大清，不属汉人所建之"中国"，为求自保，自应脱离。同时，清王室中铁良、允升等人也在筹备将清王室迁往关外，这相当于让满洲脱离整个中国，自成一国。在这种背景下，要完整保全中国领土，就必须反驳在中国与"大清"之间所作的刻意区分，确立民国对于"大清"国家主权的继承性。《清帝逊位诏书》发挥的正是这样的功能，以清政府、袁世凯、南方政府几方的妥协，确认了主权的继承性。该诏书的颁布，标志着清帝拥有的统治权（主权）转移给全体国民。理顺了当下的"中国"（即中华民国）与"大清"之间的关系，有助于从法理上制约那种以"效忠于大清而不效忠于中国"为理据的民族分离主义运动。

"大妥协"的发生不乏积极意义：避免了血腥的内战，促成了政权的和平过渡，最重要的是避免了更为剧烈的边疆危机。清帝逊位并受优待打消了不少边疆少数民族上层领袖对于共和政治的疑虑，有助于将这些少数民族地区保留在中国境内。可以设想，如果内地形成拉锯内战的局面，边疆地区的分离主义运动就更有可能得逞。而"大妥协"缩短了政权过渡的时间，使得新生的中央政府可以及时处理正在发酵的边疆分离主义运动。袁世凯在就任民国元首之后，马上出手遏制蒙藏分离主义运动，先后颁布了《劝谕蒙藏令》《蒙藏主权声明》《劝谕汉、满、蒙、回、藏联姻令》等政令。在劝告库伦哲布尊丹巴活佛放弃独立的信中，袁世凯反驳哲布尊丹巴对"大清"与"中国"的刻意区分，指出"前清以统治权让于民国，民国人民以总揽政务权，举付于本大总统，承前清之旧区域内，有外蒙古一部分，本大总统受全国付托之重，理应接管。至库伦独立，前清并未允行，中华民国亦断无允准之理。库伦本为民国领土……甚盼熟筹利害，使我民国受于前清之领土及统治权完全无缺"。这一反驳就是诉诸"大妥协"产生的民国政府与清朝的连续性。至1914年，袁世凯着手制定约法时，向约法会议提出咨文，全面申明了民国治权与《清帝逊位诏书》之间的法理继承关系，并特别强调了满、蒙、回、藏边疆地区辽阔的疆土之所以能归于民国法统之下，实有赖于清室之逊让。

但另一方面，"大妥协"可以说是几个政治理念极其不同的政治精英集团之间暂时的休战协定。北洋集团、同盟会-国民党以及立宪派人士就"五族共和"达成了共识，但就北洋政府的法理基础、国家的政体安排等极其重要的国家建设问题，并没有形成稳固的共识和政治信任。而且，在清帝下诏之后，清帝即失去主权者地位，而民国全体国民取得主权。就其定义而言，主权本身就是一个政治共同体内绝对和永久的权力，具有至高性。如果主权受到某个实证法的约束，就证明这一主权并非严格意义上的主权，而是处于一个更高的权力之下。因此，从国内法来说，行使人民主权的民国政府并没有实证法上的义务遵守这个与清帝的契约，而是有权进行单方面的修改。国际法上对这种同一个国家内部主权交接的"政治契约"，也没有相应的规则来处理。因此，这一契约并未能充分发挥其作用，使"大妥协"成为中国的"光荣革命"。

因此，对于此后很长一段时间的中国法治而言，必须回应的问题就是完成民族国家与主权的建构，这是第一位的，有了民族国家的主权这一最高权力，才有可能让法律获得最高权力、不受外界的干涉。解决了国家建构，此后才是具体的公民个人权利与限制国家权力问题。"大妥协"所发挥的作用，则表明在这个过程中必须充分追求政治共识，在共识的基础上充分进行社会动员和整合。法治强调的是以法作为治理国家并形成社会秩序的基础和核心，治理国家的权力来自法。因此，法治和国家是紧密结合在一起的，离开了国家，法治就没有其发挥效力的目标和基础。只有解决好国家的治理问题，有效地维系共同体的存在，才可能实现法治的更丰富目标。

📑【文献扩展】

1. 章永乐. 旧邦新造：1911—1917[M]. 北京：北京大学出版社，2011.

2. 杨昂. 清帝《逊位诏书》在中华民族统一上的法律意义[J]. 环球法律评论，2011（5）.

3. 凌斌. 从《清帝逊位诏书》看国家建立的规范基础[J]. 法学家，2013（4）.

📖【材料10-8】衡阳贿选事件

2012年12月28日至2013年1月3日，湖南省衡阳市召开第十四届全国人民代表大会第一次会议，共有527名市人大代表出席会议。在差额选举湖南省人大代表的过程中，发生了严重的以贿赂手段破坏选举的违纪违法案件。后经初步查明，共有56名当选的省人大代表存在送钱拉票行为，涉案金额达人民币1.1亿余元，有518名衡阳市人大代表和68名大会工作人员收受钱物。

根据《中华人民共和国选举法》（简称《选举法》）和《中华人民共和国全国人大和地方各级人大代表法》（简称《代表法》）的有关规定，湖南省十二届人大常委会2013年12月27日至28日召开全体会议，会议决定对在衡阳市十四届人大一次会议期间，以贿赂手段当选的56名省人大代表，依法确认当选无效并予以公告；对5名未送钱拉票但工作严重失职的省人大代表，依法公告终止其代表资格。衡阳市有关县（市、区）人大常委会12月28日分别召开会议，决定接受512名收受钱物的衡阳市人大代表辞职，以及3名未收受钱物但工作严重失职的市人大代表辞职。另有6名收受钱物的衡阳市人大代表此前因调离本行政区域已经终止代表资格。

对于因516名代表资格终止后出现巨大空缺的衡阳市人大及其常委会，湖南省十二届人大常委会第六次会议通过《关于成立衡阳市第十四届人民代表大会第三次会议筹备组的决定》，授权筹备组行使相关职权。

2013 年 12 月 29 日，《人民日报》对这一事件以及湖南省人大所作出的处理进行了报道，称之为"是对我国人民代表大会制度的挑战，是对社会主义民主政治的挑战，是对国家法律和党的纪律的挑战"。

2014 年 3 月，全国人大常委会委员长张德江在向十二届全国人大二次会议所作的全国人大常委会工作报告中指出，湖南省衡阳市发生的以贿赂手段破坏选举的违纪违法案件，性质严重，影响恶劣，给我们以深刻警示。必须切实加强对人大代表选举工作的组织领导，坚持严格依法按程序办事，切实加强人大代表思想、作风建设，坚决维护人民代表大会制度的权威和尊严，维护社会主义民主政治的权威和尊严，维护宪法法律的权威和尊严。

2014 年 8 月 18 日，北京市第二中级人民法院对贿选事件发生时任衡阳市委书记的原湖南省政协副主席童名谦玩忽职守案作出宣判，对其以玩忽职守罪判处有期徒刑五年。判决指出，童名谦在担任衡阳市委书记、衡阳市换届工作领导小组组长、衡阳市十四届人大一次会议临时党组书记、大会主席团常务主席期间，未正确履行衡阳市严肃换届纪律第一责任人的职责，在衡阳市十四届人大一次会议选举湖南省十二届人大代表之前、之中，对于省人大代表选举中存在贿选的情况反映，未严格依照《选举法》和中共湖南省委、中共湖南省衡阳市委有关严肃换届纪律工作的规定进行调查、处理；在衡阳市十四届人大一次会议选举省人大代表之后，对于省人大代表选举中存在贿选问题的举报，未依照中共湖南省委、中共湖南省衡阳市委有关严肃换届纪律工作的规定进行立案、调查、处理。童名谦严重不负责任，不正确履行职责，致使省人大代表选举贿选大面积蔓延，给国家和人民利益造成了特别重大的损失，在社会上造成了极其恶劣的影响。[1]

【法理分析】在现代社会中，一个国家的法治通过宪法确定基本框架。我国宪法也明确地作出了规定，表明当代中国法治是以人民代表大会制度这一根本政治制度作为基础建构的。而在衡阳贿选事件中，527 名市人大代表中有 518 人受贿，当选的 76 名省人大代表中有 56 人行贿，这一比例充分显示出这一届衡阳市人民代表大会的合法性危机，从法律上无法确认自身的延续，并随之而来地提出了由人民代表大会选举产生的其他国家机关的合法性问题，因而构成了"对人民代表大会制度的挑战"。

---

[1] 莫纪宏. 直面"三个挑战"：衡阳贿选事件的法理透析[J]. 法学评论，2014（2）.

而现代法治同民主之间有着密切的联系，民主机制反映出了人民意志确认法治的合法性根基，通过民主选举产生的代议机关在法律的制定与监督以及重大公共政策决策方面起着重要的作用，而这一过程通过法治加以保障。因此，民主与法治也常被相提并论。脱离了民主的法治，合法性根基会变得薄弱；而脱离了法治的民主，自身难以得到有效的捍卫。从衡阳贿选事件来看，大范围的行贿受贿意味着民主权利完全被金钱收买，人民意志得不到表达，从而构成"对社会主义民主政治的挑战"。

此外，还要看到这一贿选事件在当代中国语境中表现出来的特殊性。在民主政治过程中，虽然有法律的严格限制，但是由于自由行使民主权利总会存在一定的隐秘空间，贿选现象并非能够绝对消除。但是衡阳如此大面积的贿选，仍然相当罕见。因为在我国政治实践中，省人大代表候选人产生方式通常有以下三种路径：由省委组织部、省委统战部会商省人大常委会后，戴帽下达的具有特殊身份的代表候选人；由市委组织部、市委统战部会商市人大常委会后提名的省人大代表候选人；由符合法定数量的市人大代表联合提名的代表候选人。[①]在实际选举过程中，市人大代表还可以通过另选他人的方式来选举代表。通常，为了保证选举的有序进行，大会主席团和换届领导小组（没有换届时是选举领导小组）都会通过各种组织措施力保前述两类候选人顺利当选。这些组织措施包括召开人大代表中的党员会议、各代表团在酝酿选举阶段提前声明组织意图、各代表团的代表工作委员会通过具体技术性措施来贯彻组织意图等。因此，一般情况下，候选人的竞争仅限于有可能被差额选掉的那部分人，贿选或者私下拉票也只可能是局部范围的。衡阳贿选事件所表现出来的惊人程度，也表明政治纪律已经失控，地方党政官员仅仅把自己放在科层制的官僚系统当中，而忽视了自己还是具有明确政治意识形态与严格政治纪律要求的政党中的一部分。因此，贿选不仅是"对国家法律的挑战"，也是"对党的纪律的挑战"。

通过这一事件的发生以及后续的处理，首先，我们可以意识到现代法治必须高度确保法律的权威，使之得到有效遵守。无论在选举中有怎样的竞争，无论深层次的动机如何，违背相关法律的行为都必须得到法律的制裁。一切权力与权利都被置于法律之下，是法治的重要标志。即使涉及的人数如此众多，也不能因为"法不责众"而放弃依法处理。

其次，应当注意到，在有些情况下，违法行为可能会波及极大范围，甚至

---

① 莫纪宏. 直面"三个挑战"：衡阳贿选事件的法理透析[J]. 法学评论，2014（2）.

像衡阳贿选事件一样引起一个区域内的"政治地震"或"宪法危机"。在这种情况下，如果有较为发达的程序性规则，从细节上分层处理不同危机，就可以使危机程度得到缓解。现代法治的另一个重要表现就是通过程序性、技术性手段，将重大的、复杂的问题逐步消除在具体的日常运作当中，从而使社会秩序得以更好地稳定下来。

最后，对于这一事件，还应当结合当代中国法治建设的转型特征来看。现代中国政党主导的政治体制，实际上创造了一条在一个完全没有现代政治架构的小农经济国度内快速完成政治、社会现代化从而建立现代民族国家的道路。同样在中国的法治建设中，执政党也发挥着重要作用。但随着社会的转型，那种由具有政治凝聚力、组织力和推动力的政党全方位介入各个领域中的治理模式也逐渐转变，政党淡化了其基于政治理想和纪律的魅力型统治，而转为技术性规则的治理，法治正是在这种过程中得到强化。但是，转型并不是一蹴而就的，在这个过程中，如果旧的政治权威已经淡出，新的法律权威尚未强化，那么就有可能导致转型中的特殊危机。因此，对法治的理解，需要时空感，要在具体国家的历史进程这一时空背景中加以把握。

【文献扩展】

1. 莫纪宏. 直面"三个挑战"：衡阳贿选事件的法理透析[J]. 法学评论，2014（2）.

2. 郑磊. 危机中的自新契机——从衡阳贿选事件的三层处理方案谈起[J]. 法学，2014（7）.

【材料 10-9】"枫桥经验"——基层社会治理新模式

党的二十大报告指出："在社会基层坚持和发展新时代'枫桥经验'，完善正确处理新形势下人民内部矛盾机制，加强和改进人民信访工作，畅通和规范群众诉求表达、利益协调、权益保障通道，完善网格化管理、精细化服务、信息化支撑的基层治理平台，健全城乡社区治理体系，及时把矛盾纠纷化解在基层、化解在萌芽状态。"

20 世纪 60 年代初，浙江省诸暨县（现为清暨市）枫桥镇的干部群众在社会主义教育运动中创造"发动和依靠群众，坚持矛盾不上交，就地解决，实现捕人少，治安好"的"枫桥经验"。1963 年，毛泽东同志批示"要各地效仿，经过试点，推广去做"。经过不断创新发展，"枫桥经验"已成为基层社会治理的一面旗帜。党的十八大以来，以习近平同志为核心的党中央高度重视基层社会治理工作，习近平总书记多次就坚持和发展"枫桥经验"作出重要指示。百年未有之大变局下，坚持和发展新时代"枫桥经验"能够将矛盾化解在基层，维护社会稳定，有利于推进国家治理体系和治理能力的现代化。

【法理分析】当前，在社会利益多元化、社会矛盾复杂化和公众法治需求多样化的新形势下，如何有效地化解矛盾、解决纠纷是社会治理的一场"大考"，而新时代"枫桥经验"就是推动基层治理现代化、推进平安中国建设的一种新模式。坚持发展新时代"枫桥经验"，就要做到"五个坚持"：坚持党建引领，坚持人民主体，坚持"三治融合"，坚持"四防并举"，坚持共建共享。

党的领导是推进基层社会治理最根本的保证。坚持发展新时代"枫桥经验"，要发挥党的领导这一最大优势，以党建凝聚社会力量，最大程度上调动整合社会治理资源，将党的领导和社会主义制度优势转化为社会治理效能，形成纠纷解决合力。要加强基层服务型党组织建设，将党的最坚实的力量放在基层，发挥其主心骨作用，使基层党组织成为密切联系群众、高效化解纠纷的基层社会治理桥头堡。

坚持人民主体要求在基层社会治理过程中要贯彻以人民为中心的发展理念，做到一切为了群众、一切依靠群众。基层治理要以人民利益为出发点和落脚点，回应人民群众的关切，解决社会矛盾纠纷，增强人民群众的幸福感。同时，要激发人民群众参与社会治理的内生动力，将更多的社会治理资源下沉到基层，让人民群众通过多种途径参与社会治理，使人民群众真正成为基层社会治理的主体力量。

坚持"自治、法治、德治"三治融合，多措并举推进基层社会治理。要创新基层自治形式，践行基层民主，这也是实现人民当家作主最有效的途径。要发挥法治的保障性作用，将基层问题纳入法治化轨道，加强宣传教育，引导人民群众遵法、守法、用法，树立法治理念，同时，完善多元化基层纠纷解决机制，实现矛盾从源头处理、在基层化解。要发挥德治的教化作用，深挖优秀传统文化中的道德规范，以德治引领精神文明建设，弘扬社会正气。

要坚持人防、物防、技防、心防"四防并举"，构建矛盾风险预测预警预防体系。要通过线下与线上、传统与科技相结合的方式，构筑风险防控网络，将矛盾风险消灭在萌芽状态，降低社会风险发生率，减少人民群众的利益损失。

要坚持共建共享，形成多方积极参与的基层社会治理格局。要在党委统一领导下，吸收市场主体、社会组织、人民群众等多方力量参与社会治理，发挥党组织的桥梁纽带作用，广泛凝聚起基层社会治理的向心力，带动群众参与基层社会治理的全链条工作，降低治理成本，提升治理质效。在这一探索过程中，涌现出了"朝阳群众""红枫义警""西城大妈"等先进典型，已成为坚持发展新时代"枫桥经验"的新名片。

总体看来，世界上没有放之四海而皆准的社会治理模式，一个国家或地区的治理模式必须基于其国情来选择。新时代"枫桥经验"以党建引领为根本保证，将以人民为中心作为根本立场，走出了一条基层社会治理的新道路，这是党领导全国人民在社会主义建设进程中探索出来的、扎根于中国大地的社会治理新模式。同时，新时代"枫桥经验"能够得到推广，也离不开中华文化中讲信修睦的和谐基因以及党和人民的不断创新发展。总而言之，新时代"枫桥经验"是具有中国特色、符合中国国情的推进社会治理现代化的新路径，为新形势下社会的稳定发展创造了有利条件，充分彰显了中国特色社会主义的道路自信、理论自信、制度自信、文化自信，也为世界其他国家的基层社会治理提供了"中国方案"、贡献了"中国智慧"。

【文献扩展】

1. 张文显. 新时代"枫桥经验"的理论命题[J]. 法制与社会发展，2018（6）.
2. 褚宸舸. 基层社会治理的标准化研究——以"枫桥经验"为例[J]. 法学杂志，2019（1）.

【材料 10-10】坚持依规治党

党的二十大报告指出："坚持制度治党、依规治党，以党章为根本，以民主集中制为核心，完善党内法规制度体系，增强党内法规权威性和执行力，形成坚持真理、修正错误，发现问题、纠正偏差的机制。"

治国必先治党，治党务必从严，从严必依法度。习近平总书记强调，要发挥好党内法规在维护党中央集中统一领导、保障党长期执政和国家长治久安方面的重大作用。[1]党的十八大以来，以习近平同志为核心的党中央高度重视党内法规制度建设，截至 2022 年 6 月，共制定修订中央党内法规 156 部，占现行有效中央党内法规的 70.5%，其中制定修订起"四梁八柱"作用的准则、条例 45

---

[1] 习近平作出重要指示强调　发挥好党内法规维护党中央集中统一领导　保障党长期执政和国家长治久安方面的重大作用[N]. 人民日报，2021-12-21（01）.

部，占现行有效准则、条例的 90%。①目前，以党章为统领的党内法规制度体系已初步形成，为管党治党、执政治国提供了坚实的规则保障和制度支撑。

【法理分析】依规治党是指依据以党章为统领的党内法规管党治党，是进行党内自治、保持党的先进性与纯洁性的主要途径，是极具中国特色的政治概念。一百多年来，中国共产党始终坚持依规治党，一以贯之地推进党内法规制度建设，为管党治党、执政治国提供了坚实的制度保证。

1. 中国共产党依规治党的百年经验与制度实践

我们党自成立时起就形成了较为明确的规范意识。在新民主主义革命时期，我们党从理论上提出了"党内法规"的概念，标志着依规治党成为党自身建设的重要组成部分。在实践中，这一时期的党内法规制度建设也取得了一定成效，出台了许多党内法规性文件，涉及党章、党的组织、党的军事、党的纪律性、党员和党的干部等多方面，为新民主主义革命的胜利提供了有力的制度保障。

在社会主义革命和建设时期，党内法规建设曲折发展，1956 年通过中华人民共和国成立后的第一部党章，是探索执政党建设经验的初步成果。此外，基于党的建设需要，这一时期在党的基层组织建设、纪律检查工作、统一战线工作等方面出台了一系列党内法规。但随着当时党内政治生活的变化，依规治党陷入停滞状态。

在改革开放和社会主义现代化建设新时期，依规治党建设恢复前进，党内法规制度建设逐步程序化、规范化，党内法规的数量和质量也得到提升，为中国特色社会主义事业的建设和发展提供了坚实的制度支撑。

党的十八大以来，党中央厉行法治，深入推进全面从严治党，党内法规制度建设进入快车道，依规治党取得了历史性成就。如今，在依规治党的百年经验与制度实践基础上，我们党已经形成了比较完善的党内法规体系，成为中国特色社会主义法治体系的重要组成部分。

2. 坚持依规治党的重大意义

第一，坚持依规治党是推进党的自我革命的重要保障。勇于自我革命源于党的初心使命，也是跳出历史周期率、保证党历经百年而长盛不衰的成功秘诀，而党内法规是党进行自我革命的制度利器。坚持依规治党就是用制度约束权力，

---

① 程威. 法规建设这十年：为推进自我革命提供制度保障[EB/OL]. 中央纪委国家监委网站, [2022-07-06]. https://www.ccdi.gov.cn/yaowenn/202207/t20220706_203258.html.

以猛药去疴，不断清除侵蚀我们党的病毒，同时形成有力震慑，强化不敢腐、不能腐、不想腐的氛围，从而实现标本兼治，时刻保持党的先进性和纯洁性。

第二，坚持依规治党是提高党的执政能力和领导水平的必然举措。制度化、法治化是政党发展的必然趋势，"没有规矩不成其为政党，更不可能成其为马克思主义政党"①。国家法律是对全体公民和组织提出的最低限度的道德要求，而中国共产党作为先锋队，背负着实现中华民族伟大复兴的历史使命，必须对自身提出更高标准和要求，但仅靠国家法律难以做到这一点，必须进一步加强党内法规建设、严格依规治党，才能不断提升党的整体素质，提高党的执政能力和领导水平。

第三，坚持依规治党是推进国家治理现代化的必然要求。国家治理现代化的一个重要标志就是国家治理法治化。作为推进国家治理现代化事业的核心力量，我们党在国家治理过程中起着定海神针的作用。因此，要推进国家治理法治化，就必然要坚持依规治党，提高党的制度化、法治化水平。易言之，"依规治党的运行过程，本身就是推进国家治理现代化的过程，同时为国家治理现代化提供制度供给和政治保障。"②

📑【文献扩展】

1. 王立峰. 中国共产党依规治党的百年实践与制度经验[J]. 学习与探索，2021（10）.

2. 周叶中. 坚持依规治党 加强党内法规制度建设[J]. 红旗文稿，2022（8）.

---

① 习近平谈治国理政（第二卷）[M]. 北京：外文出版社，2017.
② 周叶中. 坚持依规治党 加强党内法规制度建设[J]. 红旗文稿，2022（8）.

南开大学"十四五"规划精品教材丛书

哲学系列

世界科技文化史教程（修订版）	李建珊 主编；贾向桐、张立静 副主编
实验逻辑学（第三版）	李娜 编著
模态逻辑（第二版）	李娜 编著

经济学系列

货币与金融经济学基础理论 12 讲	李俊青、李宝伟、张云 等编著
数理马克思主义政治经济学	乔晓楠 编著
旅游经济学（第五版）	徐虹 主编

法学系列

知识产权法案例教程（第二版）	张玲 主编；向波 副主编
新编房地产法学（第三版）	陈耀东 主编
法理学案例教材（第二版）	王彬 主编；李晟 副主编
环境法学（第二版）	史学瀛 主编； 申进忠、刘芳、刘安翠 副主编
环境法案例教材（第二版）	史学瀛 主编； 刘芳、申进忠、刘安翠、潘晓滨 副主编

文学系列

西方文明经典选读	李莉、李春江 编著

管理学系列

旅游饭店财务管理（第六版）	徐虹、刘宇青 主编